Max Zinterer

**Gegen Morgen
in der grauen Frühe**

Zur Geschichte des Lechrains

Max Zinterer

**Gegen Morgen
in der grauen Frühe**

Zur Geschichte des Lechrains

Bibliografische Information der Deutschen Nationalbibliothek
Die Deutsche Nationalbibliothek verzeichnet diese Publikation in der
Deutschen Nationalbibliografie; detaillierte bibliografische Daten sind
im Internet über http://dnb.d-nb.de abrufbar.

ISBN-13: 978-3-89639-572-6
ISBN-10: 3-89639-572-6

© Wißner-Verlag Augsburg 2006

Das Werk und seine Teile sind urheberrechtlich geschützt.
Jede Verwertung in anderen als den gesetzlich zulässigen Fällen
bedarf deshalb der vorherigen schriftlichen Einwilligung des Verlags.

Inhalt

Vorwort	7

Teil 1: Stadt – Land – Fluss — 10

1. Augusta Vindelicum — 10

Anfänge unter der julisch-claudischen Dynastie (bis 68)	10
Von der flavischen Dynastie (69–96) zu den Adoptivkaisern (96–192)	11
Markomannenkriege unter Marc Aurel (161–180)	14
Glanz und Elend unter den Severern (193–235)	15
Soldatenkaiser (235–284)	16
Reichsreform unter Diokletian (284–305)	17
Wende zum Christentum unter Konstantin (324–337)	18
Offene Völkerwanderung	21
Transformation Roms	23
Augsburg als Brücke zwischen den Zeiten	25

2. Der Lechrain — 25

Mittelsteinzeit (8000–4500 v. Chr.)	28
Jungsteinzeit (4500–1800 v. Chr.)	28
Bronzezeit (1800–1200 v. Chr.)	30
Urnenfelderzeit (1200–750 v. Chr.)	31
Hallstattzeit oder Ältere Eisenzeit (750–500 v. Chr.)	33
Latenezeit – Jüngere Eisenzeit – Keltenzeit (500–15 v. Chr.)	35
Römerzeit (15. v. Chr.–500 n. Chr.)	45
Straßen	45
Siedlungen	51

3. Der Lech — 62

Teil 2: Die germanische Besiedlung des Lechrains (Hintergründe – Bodenfunde – Ortsnamen) — 66

1. Ostgotisch-alamannische Phase (506–536) — 66

Die Erben Westroms	66
Siedlung unter Theoderich	70
Durch Furten über den Lech	71

2. Die fränkisch-alamannische Phase I (536–548) — 74

Fränkische Expansion	74
Siedlung unter Theudebert	75
Brückenköpfe am Lechrain	76

3. Fränkische Unterkönige am Lech	77
4. Venantius Fortunatus und die Augsburger Perspektive	79
5. Die fränkisch-alamannische Phase II (630–680)	83
Niedergang und Wiederkehr der fränkischen Hegemonie	83
Das Ende Raetiens	85
Die »Aufsiedlung« des Lechrains	87
6. Bajuwarische Überlagerung (680–720–742)	89
Stammesherzöge in Regensburg	89
7. Die Siedlungen	93
Reihengräbersiedlungen der fränkisch-alamannischen Phase II und der Gunzenlee	94
Siedlungen der bajuwarischen Überlagerung	105
Ortsnamen auf -ing	106
Ortsnamen auf -hausen, -hofen und -dorf	114
Nasse Ortsnamen auf -bach, -ach und -brunn, Ortsnamen auf -berg, -tal und -au, -wald, -moos und -wiesen	117

Teil 3: Wie es am Lechrain weiterging   119

1. Rodung	119
2. Geistliche Grundherrschaft	125
Geistliche Grundherrschaften aus Augsburg	131
Geistliche Grundherrschaften aus Bayern	134
Besitzungen der Soldaten Christi	138
3. … und der Lech als Grenze	141
Welfen – Staufer – Wittelsbacher	145
Wellenbewegungen	154
Epigramm	169
Anmerkungen	172
Glossar	181
Danksagung	182
Bildnachweis	183
Literatur	184
Ortsregister	186

Vorwort

Klio zeigt sich zuzeiten recht flatterhaft. Kaum dem Friedrich Engels entronnen, ist die Muse der Geschichtsschreibung nicht etwa zu ihren angestammten Jüngern zurückgekehrt. Nein! Das kapriziöse Ding musste sich auf die Schultern von Schliemanns Erben setzen, historische Materialisten auch sie, wenn auch aus anderem Holz. Mit diesem Seufzer ist die gegenwärtige Situation der bayrischen Landesgeschichtsschreibung angedeutet, wenn es um die Anfänge geht. Die Deutungshoheit ist auf die Archäologen übergegangen.

Die Historiker bemühen sich schon seit mehr als zweitausend Jahren um Wirklichkeiten, die sie vornehmlich aus schriftlichen Quellen schöpfen. Die Archäologen hingegen graben nach den Resten einer Gegenständlichkeit, die sich scheinbar widerspruchsfrei präsentiert. Keine Frage, wer dem gängigen Ideal einer Wissenschaft dabei näher kommt.

Das Manko der Historiker ist eine Sprache, die in ihrer Zeitgebundenheit das Gewesene nur annähernd beschreiben kann. Um so empfindlicher reagieren sie, wenn sie ein erkenntnistheoretischer Asket vom Kopf auf die Füße stellt.

Die Asketen dagegen müssen am Ende dann doch zur Interpretation ihrer Funde schreiten und haben damit ebenfalls ein sprachliches Problem. Ohne die begrifflichen Vorgaben der Historiker gibt es für sie kein Auskommen.

Was liegt angesichts eines solchen Dilemmas wohl näher als die Zusammenarbeit? Wenn es an schriftlichen Quellen mangelt, ist sie sogar unverzichtbar. Nur selbstverständlich ist sie offenbar immer noch nicht. Das jüngste Beispiel für das spannungsreiche Nebeneinander ist der Streit zweier Tübinger Gelehrten über Troja[1], an dessen Ende die Archäologie im Bündnis mit Poesie und Mythos über die Historie zu triumphieren scheint.

Weniger spektakulär ist ein Fall, der dem Verfasser widerfuhr und zum Auslöser des vorliegenden Versuchs geworden ist. Als im Jahre 1991 das Friedberger Stadtbuch erschien, da enthielt es zur Entstehung der Lechraindörfer zweierlei Aussagen, die nicht so recht zueinander passen wollten. Im Text des Verfassers über den »Stadtteil« Stätzling waren einige »Thesen zur Gründung« aufgelistet, die in der Literatur bis dahin aufgestellt worden waren.[2] Sie umfassten den Zeitraum von 260 bis 506, schlossen sich wechselseitig aus und waren im Grunde kaum mehr als das Eingeständnis, dass über die Anfänge dieser Siedlungen nichts Bestimmtes ausgesagt werden konnte. Als Auftakt mochte das dennoch hingehen.

Der andere Beitrag legte sich jedoch zu ebendieser Frage fest. Unter dem Titel »Zur frühmittelalterlichen Besiedlung Friedbergs und des näheren Umlands« zog der Bonner Archäologe Marcus Trier aus Gräberfunden den Schluss, mit der »Aufsiedlung« der östlichen Lechleite könne erst im Verlauf der zweiten Hälfte des 7. Jahrhunderts gerechnet werden.[3]

Das war ein bemerkenswerter Widerspruch, wenn er auch kaum bemerkt wurde. Sollte sich die Historikerzunft geirrt haben? Nach Gesprächen mit Archäologen und Althistorikern blieb schließlich nur eins: Die Frage, was sich am Lechrain im Frühmittelalter abgespielt haben mag, musste aufs Neue gestellt werden.

Das vorliegende Buch bemüht sich um eine Antwort. Fußend auf der archäologischen

Prämisse, ist die Thematik auf den Lechrain im Osten von Augsburg bzw. den westlichen Landkreis Aichach-Friedberg ausgeweitet. Es geht um die Entstehung der dortigen Siedlungen im Frühmittelalter. Dieser Teil bildet den innovativen Kern (Teil 2). Das Vorhaben war wenig aussichtsreich. Der Bestand an schriftlichen Primärquellen aus dem Frühmittelalter, der für den Augsburger Raum dürftig genug ist, würde sich nicht vergrößern lassen. Die Zeitmarke der Archäologen machte es jedoch notwendig, ja überhaupt erst möglich, an die Quellen mit neuen Fragen heranzugehen. Zusammen mit Indizien aus Sekundärquellen, die sich ebenfalls erst dem neuen Blick zu erkennen gaben, konnte die Siedlungsgeschichte am Lechrain dann doch eine gewisse Kontur gewinnen. Gleichwohl kommt auch sie nicht ohne Wahrscheinlichkeiten aus, die zwar dank ihrer Evidenz an Sicherheit grenzen mögen, aber nicht jene Exaktheit erreichen, die manche Adepten der Wissenschaft ausgerechnet von der Geschichtsschreibung glauben erwarten zu sollen. Wenn der eine oder andere Vorgang im Indikativ beschrieben wird, bedeutet das also nicht, dass er über jeden Zweifel erhaben ist.

Der Kontext (Teil 1 und 3) ist weniger problematisch, auch wenn er mit der Chronologie spielerisch umgeht. Er ist auf die Siedlungsgeschichte bezogen und weist sowohl vor das Frühmittelalter zurück wie auch darüber hinaus. Am Anfang steht die römisch-kaiserzeitliche Augusta Vindelicum, die für den Verlauf der germanischen Besiedlung des Lechrains Bedingung gewesen ist. Vorgezogen wird die Stadt aber auch wegen der »Augsburger Perspektive«. Augsburg ist wohl der einzige Ort, wo sich im Frühmittelalter ein tradierbares Bewußtsein von den Vorgängen auf dem Lechrain bilden konnte. Die daraus entstandenen Aufzeichnungen sind verloren gegangen. Der Wunsch nach einer Kompensation dieser Lücke ist nicht das letzte Motiv für die Bemühung gewesen.

Noch weiter zurück geht es bei der ersten Begegnung mit dem Lechrain. Sie geschieht im Dämmer der Vorgeschichte. Und über das Frühmittelalter hinaus geraten wir mit der Beschreibung der geistlichen Grundherrschaft. Dabei kann ihr Ende nicht übergangen werden, so dass wir uns unversehens im 19. Jahrhundert wiederfinden. Auch die Einbindung des Lechrains in das bayrische Herzogtum und die Grenzziehung am Lech verlangen nach einem Blick auf das Zeitalter der Revolution. Dass dieses Verfahren zu Lücken führt, wird in Kauf genommen.

Der Titel »Gegen Morgen in der grauen Frühe« ist dem Wagnis angemessen. Die »graue Frühe« ist eine Metapher für das Morgengrauen des Abendlandes, jenen Zeitraum, um den es in der Hauptsache geht. Gleichzeitig steht sie aber auch für die nebelhaften Gewissheiten im Kernbereich. Und schließlich findet auch der bewußte Verzicht auf bunte Bilder in ihr eine gewisse Rechtfertigung.

»Gegen Morgen« dagegen ist nichts anderes als eine Umschreibung der »Augsburger Perspektive«; sie nennt die Himmelsrichtung, in der man von Augsburg aus die Lechleite aufragen sieht, jenes »Gebürg«, das schon immer etwas Mystisches an sich hatte. Seit es Augsburger gibt, sind sie auf den Lueginsland gestiegen, um sich diesem Anblick hinzugeben. Im späten Mittelalter stand dort sogar ein Aussichtsturm.

»Gegen Morgen in der grauen Frühe« lag der Lechrain auch für Bertolt Brecht. Mit dieser Sentenz beginnt einer seiner Verse. Über unserem Thema gewinnt die Zeile sogar eine historische Dimension, ohne an poetischer Tiefe einzubüßen. Wer sich darüber mokiert, der sei daran erinnert, dass Schliemann noch viel weiter gegangen ist. Er hat ein Jahrtausend altes Gedicht als Forschungshypothese »missbraucht«, bis es sich schließlich als ein erstaunlich genauer Bericht entpuppte. Und von Homer führt eine Linie unmittelbar über Vergil nach Rom und von dort aus nicht weniger direkt nach Augsburg und damit auch zu Brecht. In Augsburg hat es die Jahrhunderte hindurch immer wieder den einen oder anderen Römer gegeben. Auch Brecht ist ein solcher gewesen, wenn auch ein sehr später.[4]

Im weiteren Verlauf seines Gedichts will er aus den »schwarzen Wäldern« gekommen sein. Man hat darunter den Schwarzwald verstanden, aus dem seine Mutter stammte. Dass damit auch die Wälder des Lechrains gemeint sein können, wird füglich niemand bezweifeln wollen. Der junge Dichter lief auf seinem Schulweg jeden Tag am Lueginsland vorbei. Das bedeutet, dass auch er die Augsburger Perspektive besaß. Es darf sogar angenommen werden, dass der bewaldete Saum im Osten für ihn zum Urbild eines Horizonts wurde. Mit ihm wuchs er auf, ihn überschreitend gewann er eine Welt.

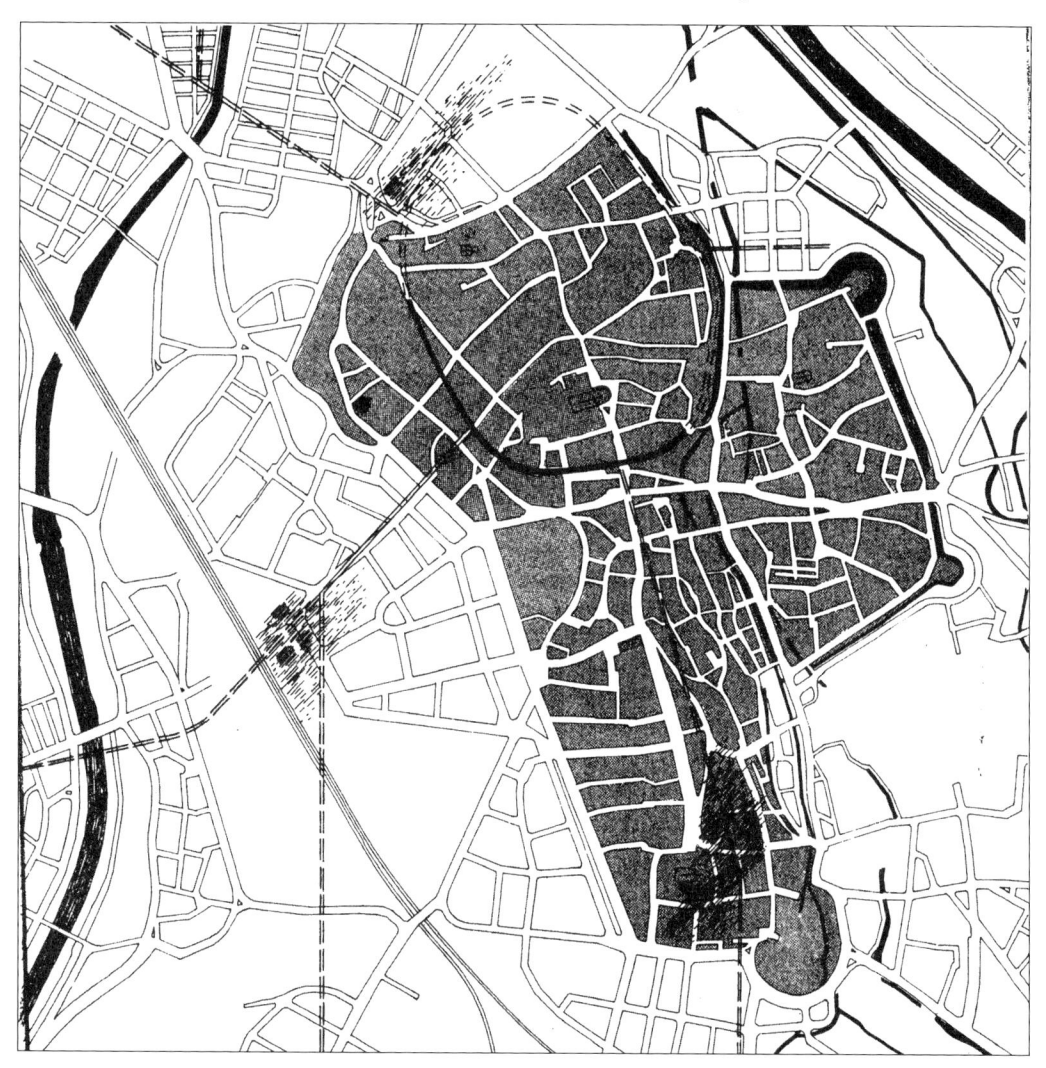

Bild 1: Topographische Lage der Römerstadt Augusta Vindelicum innerhalb des mittelalterlichen Stadtgrundrisses mit Gräberfeldern und Fernstraßen

Teil 1: Stadt – Land – Fluss

1. Augusta Vindelicum

Als die Augsburger im Jahre 1985 ein wenig zu früh des 2000jährigen Bestehens ihrer Stadt gedachten, da äußerte die Augsburger Allgemeine in ihrer bislang umfangreichsten Ausgabe die Vermutung, es handle sich bei der Jubilarin um ein Lebewesen. Das mag für manchen eine Marotte gewesen sein. Für den Verfasser kam diese Vorstellung jedoch nicht überraschend. Sie war ihm sogar zu allgemein ausgefallen. Für ihn war die Augusta seit jeher eine ehrwürdige alte Dame, deren Herkommen kaum hinreichend gewürdigt werden kann. Nicht ohne Genugtuung erinnert er sich der Zeit, als er unter ihrer milden Observanz junge Menschen unterrichtete, und er schämt sich auch nicht der Rührung, die ihn bisweilen ankommt, wenn er sie – die Augsburger Perspektive umkehrend – von den östlichen Höhen herab liegen sieht. Es ist das jener Prospekt, den fast ohne Ausnahme alle historischen Veduten der Stadt bevorzugen und den nur wenige Augsburger aus eigener Anschauung kennen. Ohne Zweifel nämlich ist sie von dort oben aus gesehen am schönsten.
Ihr Anblick an der Schwelle zum Frühmittelalter muss jedoch erbarmungswürdig gewesen sein. Noch vergleichsweise jung, schien sie schon an ihrem Ende angelangt. Doch der Reihe nach. Wir wollen zunächst einmal ihrer antiken Gestalt begegnen, die grundlegend auch für den Lechrain werden sollte.

Anfänge unter der julisch-claudischen Dynastie (bis 68)

Die Geschichte Augsburgs beginnt nicht schon mit der Eroberung des Alpenvorlandes durch Drusus und Tiberius im Jahre 15 vor unserer Zeitrechnung. Das Militärlager an der Wertach entstand erst 10 Jahre später und wurde nach 20 Jahren wieder aufgegeben. Das war die Zeit, als das Prinzipat des *Augustus* (27 vor – 14 nach Chr.) zu Ende ging.
Die Keimzelle der Stadt wurde ein großes rechteckiges Holz-Erde-Kastell für berittene Legions- und Auxiliartruppen, das zur gleichen Zeit auf der Hochterrasse zwischen Lech und Wertach im Umgriff des heutigen Gymnasiums St. Stephan errichtet wurde.[5] Es hatte vier Eingangstore, die durch zwei Straßen miteinander verbunden waren. In der Kreuzung stand das Stabsgebäude aus Stein und drumherum Unterkünfte für bis zu 3000 Soldaten und Ställe für 1000 Pferde. Außerhalb der Umwehrung des Kastells bildete sich im Süden und Westen ein ziviler Vicus aus Holz- und Fachwerkbauten, in denen Händler ihre Waren und Handwerker ihre Dienste anboten. Der Charakter einer vorgeschobenen Militärbasis blieb der Stadt aber noch lange erhalten. Der mächtigste Mann vor Ort war ein Militärpräfekt, wie der aus den Abruzzen stammende *Sextus Pedius Lusianus Hirrutus,* der nach der Xantener Meuterei der *legio XXI Rapax* eine steile militärische Karriere gemacht hatte und schließlich von Kaiser *Tiberius* (14–37) zum »Befehlshaber der Raeter, Vindeliker, des Wallis und der leichten Waffengattung« ernannt wurde.

Wohl schon unter *Tiberius* wurde auch die Provinz Raetien gebildet. Ob die Siedlung zwischen Lech und Wertach von Anfang an als deren Hauptstadt galt und nicht etwa Kempten (*Cambodunum*) ist eifrig diskutiert worden. Neuerdings neigt sich die Waagschale wieder Kempten zu. So schreibt Karlheinz Dietz in der Neuausgabe des Standardwerkes »Die Römer in Bayern«, die *Augusta Vindelicum*[6] sei bis zum Ende des 1. Jahrhunderts n. Chr. die zentrale Militärbasis im Alpenvorland gewesen, »ohne die Anzeichen des zivilisatorischen Aufschwungs im öffentlichen und privaten Bereich, der in einer Provinzhauptstadt zu erwarten gewesen wäre«[7] (vgl. Bild 1). Schon von Anfang an war das Schicksal der Stadt eng mit die Geschichte des Imperiums verbunden. Auch für sie gab es ein goldenes Zeitalter, das mit *Augustus* begann und mit *Commodus* (180–192) in eine »Epoche von Eisen und Rost« überging.[8]

Von der flavischen Dynastie (69–96) zu den Adoptivkaisern (96–192)

Gleichwohl wurde die Augusta schon nach dem Vierkaiserjahr (69) zum ersten Male zerstört.
In der Folge der kriegerischen Auseinandersetzungen nach dem Selbstmord *Neros* (54–68), des letzten Kaisers der julisch-claudischen Dynastie, kam es auch in Raetien zu blutigen Konflikten. Nach dem Scheitern des Usurpators *Otho* gerieten *Vitellius* und *Vespasian* aneinander. Letzterer hatte bis dahin mit seinem Sohn *Titus* den jüdischen Aufstand in Palästina bekämpft.[9] Von dem greisen *Galba*, dem einzigen rechtmäßigen *prinzeps* in dieser Quadriga, war keine Rede mehr.
Kaiser *Vespasian* (69–79), der Begründer des flavischen Hauses, ließ die zerstörten Städte nicht nur wieder aufbauen, sondern stattete sie mit repräsentativen Steinbauten aus. Nach außen betrieb er eine Politik der Konsolidierung. Er leitete die Maßnahmen ein, die schließlich unter *Trajan* (98–117) und *Hadrian* (117–138) zum obergermanischen und zum rätischen Limes führten. Die *Augusta* verlor damit den Charakter einer Frontstadt und wurde zur zivilen Metropole.
Wenngleich mit jener *splendissima Raetiae provinciae colonia,* von der Tacitus 98 in seiner *Germania* schrieb, noch Kempten gemeint sein mochte, so verlagerte sich das Gewicht nun doch zugunsten der Stadt am Lech. Als ihr *Hadrian* 121 unter dem offiziellen Namen *Municipium Aelium Augustum* das Stadtrecht verlieh, erhielt sie nach und nach jene repräsentativen Gebäude, die für eine Provinzhauptstadt unumgänglich waren. Die wichtigsten gruppierten sich um das *Forum*. Da waren die *Basilika* (Gericht), die *Curia* (Rathaus), das *Capitol* (Forumstempel) und das *Praetorium* (Statthalterpalast). An herausragender Stelle stand ein Reiterstandbild, das vielleicht *Hadrian* zeigte. An weiteren Großbauten gab es drei Thermen und einige Speicher. Nur das traditionelle Theater ist bis heute noch nicht aufgefunden worden. Vermutlich lag es im Osten, eingebaut in die Abbruchkante der Hochterrasse, und ist später von einem Hochwasser des Lechs zerstört worden (vgl. Bild 2).
Auf einer Gesamtfläche von 80 Hektar, das war das Vierfache Kemptens, lebte eine multiethnische Bevölkerung von bis zu 15 000 Menschen.
Nur die wenigsten davon waren Bürger Roms im ursprünglichen Sinne, wie etwa der Statthalter (*procurator*) der Provinz, ein Angehöriger des römischen Ritterstandes. Er vereinigte die politische, wirtschaftliche und militärische Macht über Raetien in seiner

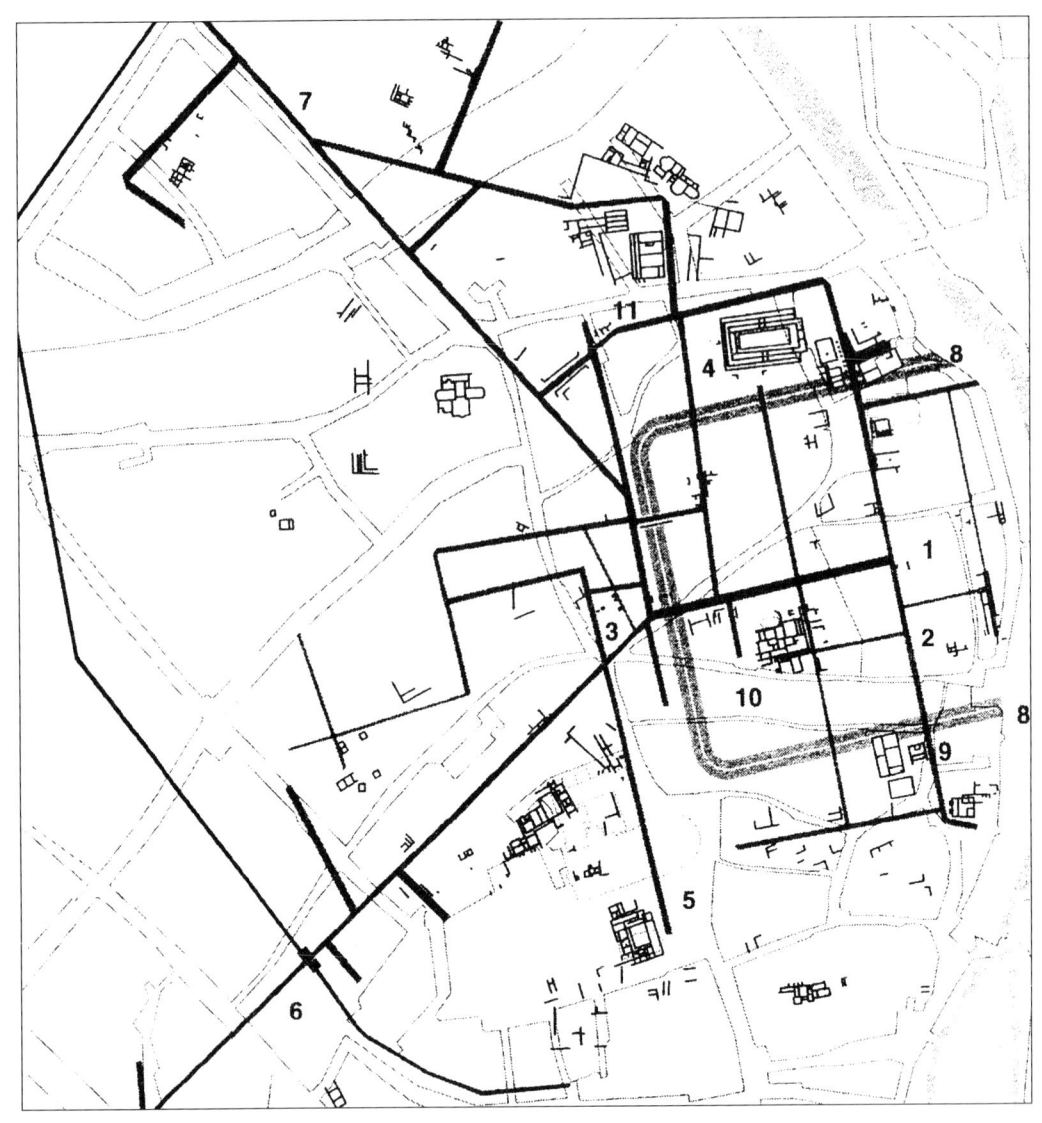

Bild 2: Römischer Stadtplan mit Grabungsgebieten
4 Markthalle, 5 Taufanlage, 8 Kastell, 10 Therme

Person. Unmittelbar zu seinen Diensten standen die Mitglieder der Provinzialverwaltung und eine berittene Leibgarde *(equites singulares)*.

Die Vollbürger *(cives)*, neben einigen echten Römern in ihrer Mehrzahl wohl reiche eingewanderte Italiker oder Keltoromanen, beherrschen das Wirtschaftsleben der Stadt, insbesondere den Fernhandel. Sie konnten auf Lebenszeit in den Stadtrat *(ordo decurionum) gewählt werden,* der mit etwa 100 *decuriones* dem Senat in Rom entsprach. Auch die Mitglieder des leitenden Beamtenkollegiums *(quatuorviri)* gehörten diesem Gremium an.

Die große Mehrheit der Stadtbevölkerung *(incolae)* hatte nur das aktive Wahlrecht. Sie war recht heterogen zusammengesetzt. Da gab es die keltischen Vindeliker, die sich in der Stadt niedergelassen, und germanische Hermunduren, die sich das Recht erworben hatten, innerhalb Raetiens Handel zu treiben. Für eine bunte Exotik sorgten die Veteranen aus den entlegensten Provinzen des Imperiums. Regional- und Kleinhandel, Gewerbe, Handwerk und Dienstleistung rekrutierten sich aus dieser Großgruppe.

Gänzlich rechtlos waren nur die Sklaven, die auch in der Kaiserzeit ein bedeutender Faktor der römischen Gesellschafts- und Wirtschaftsordnung gewesen sind.[10] »Sklave« war primär ein juristischer Begriff, der lediglich einen Menschen zum Eigentum eines anderen machte, nicht mehr und nicht weniger. Über die anderen Eigenschaften sagte er nichts aus. Wenn sein Herr damit einverstanden war, durfte ein Sklave auch am Wirtschaftsleben teilnehmen. In Einzelfällen haben Sklaven größeren Reichtum angehäuft als so mancher Privilegierte.

Bild 3: Weiheinschrift an Sol Elagabal des Statthalters C. Iulius Avitus Alexianus

Vielfältig und reich war auch das kulturell-religiöse Leben in der Stadt. Es erstreckte sich vom »gehobenen Wohnstil«[11] und den hohen Ansprüchen an die Gegenstände des täglichen Bedarfs[12] bis zum Kult. Zeugnisse für letzteren sind die zahlreich gefundenen Weiheinschriften. Unter Hinzunahme der Götterstatuetten lässt sich aus ihnen das römische Pantheon zusammenstellen. Die römische Religion durchdrang alle Lebensäußerungen. Sie ist also nicht als ein kultureller Teilbereich zu verstehen, sondern vielmehr als eine Symbol- und Handlungswelt, in der sich die soziale, politische und ökonomische Wirklichkeit spiegelte.[13]

In der Hauptsache galten die mit peinlicher Genauigkeit durchgeführten Zeremonien der Capitolinischen Trias *Jupiter, Juno* und *Minerva*. Daneben verehrten die Kaufleute den *Mercurius* und die Soldaten den *Mars* bzw. die *Victoria*. Truppen aus fernen Provinzen brachten fremde Götter in die *Augusta*, wie die ägyptische *Isis* und den syrischen *Sol Elagabal*. Die romanisierte Stadtbevölkerung zeigte dabei eine bemerkenswerte Toleranz. Viele mögen auch mit dem traditionellen Kult unzufrieden gewesen sein. Selbst dieser war schon früh aus etruskischen und griechischen Quellen ergänzt worden. In der späten Kaiserzeit gewann im Westen des Imperiums auch der persische *Mithras*-Kult an Bedeutung. Indem er religiös-mystische Bedürfnisse zu befriedigen vermochte wie keine der materialen Gottheiten des römischen Pantheons, bildete er zusammen mit allumgreifenden Kulten wie dem S*ol invictus* eine Konkurrenz zum aufsteigenden Christentum.

Ein Symptom besonderer Art war die Vergöttlichung der Kaiser und ihrer Familie. Man kann darin auch eine pragmatische Vorkehrung zur Stabilisierung des Prinzipats vermuten. In ihr kommt der umfassende Charakter römischer Religiosität zu einem besonders wirkungsmächtigen Ausdruck. In der *Augusta* gab es für den Kaiserkult eine eigene Gesellschaft, die von einem Sechsmännerkollegium geleitet wurde. Die *seviri augustales* sorgten während ihrer einjährigen Amtsperiode für Opfer und Spiele zur Ehre des göttlichen Kaiserhauses[14] (vgl. Bild 3).

Bei aller Heterogenität der Bevölkerung und der Vielfalt des wirtschaftlichen und kulturellen Lebens in der Stadt muss es auffallend gewesen sein, wie allgemein und gleichförmig das Selbstverständnis der Stadtbewohner geworden war. Gleichgültig woher sie stammten: es dauerte höchstens eine Generation, und sie fühlten sich als Römer, wenngleich sie Bürger Roms im rechtlichen Sinne erst unter *Caracalla* (211–217) werden sollten. Die militärische Seite dieses Phänomens wird in ihrer Bedeutung auch heute noch unterschätzt. Schon die Auxiliartruppen, die bei der Gründung der *Augusta Vindelicum* Pate standen, waren keine echten Römer und auch keine Italiker, sondern mehr oder weniger freiwillig angeworbene Söldner aus der näheren und weiteren Umgebung der Stadt.

Später ging die Überfremdung der Streitkräfte so weit, dass Germanen in die Offiziersränge aufstiegen und schließlich sogar als Heermeister imperiale Macht ausübten. Romanisierte Militärs und ihre Nachkommen stellten schließlich die ausschlaggebenden Minderheiten in den Staaten, die das römische Erbe antraten.

Als sich Rom zu universaler Bedeutung emporschwang, da wurde die mediterrane Welt nicht nur ein Opfer des römischen Imperialismus, sondern sie verfiel auch einer Symbiose aus griechischer Kultur und römischer Zivilisation. Und nicht nur sie. Rom hatte sich schließlich vertausendfacht und die Grenzen dieser Welt nach Osten und nach Norden überschritten.

Das *Imperium Romanum* als ein Archipel von tausend römischen Klonen war auf diese Weise zu einem angestaunten Nachbarn von Völkern geworden, die in harter Auseinandersetzung mit ihresgleichen in Bewegung geraten sollten. Der Sog, den die römische Lebensweise ausübte, besorgte den Rest.

Die *Augusta* war eine Stadt in diesem Archipel. Wie es mit ihr weiterging, das ist exemplarisch für das ewige Rom, aber auch schicksalhaft auf eine individuelle Weise.

Markomannenkriege unter Marc Aurel (161–180)

Der Anfang vom Ende der *pax Romana* waren die Markomannenkriege.[15] *Marc Aurel* (161–180), der stoische Philosoph auf dem Kaiserthron, hatte soeben erfolgreich im Osten des Reiches gegen die Parther gekämpft, als ihn zwei Katastrophen heimsuchten. Die erste war eine Seuche. Sie zwang ihn zum Abbruch des Krieges und legte das halbe Imperium lahm. Das zweite Unglück ging von der Tiefe des südosteuropäischen Raumes und von Skandinavien aus. Bedrängt von den sarmatischen Alanen, die vom Kaspischen Meer bis an die untere Donau vorgedrungen waren, und von der Südwanderung der Goten, die Burgunder, Semnonen und Langobarden vor sich hertrieben, überrannten im Jahre 166 die in Böhmen sitzenden Markomannen die Donaufront und stießen in der Folge bis nach Norditalien vor. *Marc Aurel* mobilisierte die letzten Kräfte und bewaffnete sogar Sklaven. Dennoch dauerte es fünf Jahre, bis er die Lage bereinigt hatte. Die Jahre bis 175 waren ausgefüllt mit erfolgreichen römischen Offensiven gegen Quaden, Markomannen, Jazygen und Sarmaten. In dieser Lage wurde der Kaiser zum Friedensschluss gezwungen, weil er in Syrien, wo sich sein Oberbefehlshaber gegen ihn erhoben hatte, für Ordnung sorgen musste. Schon im Jahre 178 lebten indes die Kämpfe an der Donau wieder auf (2. Markomannenkrieg). Zusammen mit seinem Sohn *Commodus* ging *Marc Aurel* erneut an die Donau, wo er im Jahre 180 starb.

In diese zweite Phase der Donausicherung fiel 179 die Gründung Regensburgs (*Castra Regina*). Erstmals wurde eine ganze Legion nach Raetien verlegt. Sie scheint im Süden der Augusta ein Kastell benützt und die Stadt mit einer Steinmauer umgeben zu haben, ehe sie nach Regensburg weiterzog.[16] Gleichzeitig stießen römische Verbände tief in das Gebiet der heutigen Slowakei vor. Das Imperium hatte sich noch einmal behaupten können.[17]

Glanz und Elend unter den Severern (193–235)

Aber der Preis war hoch. Als eine Folge der Markomannenkriege und des Bürgerkrieges nach der Beseitigung des *Commodus* setzte *Septimius Severus* (193–211) jene Veränderungen durch, die als eine militärische Überformung der Grenzprovinzen beschrieben worden sind. Dadurch wuchs der Einfluss der Peripherie auf Kosten Roms. Äußerlich war die Provinzhauptstadt am Lech vergleichsweise glimpflich davongekommen. Zwar soll es auch dort Zerstörungen gegeben haben, aber die Stadt erholte sich rasch und erlebte unter dem severischen Kaiserhaus sogar eine Blüte. Die wertvollsten Steindenkmäler stammen aus dieser Zeit. Auch das Provinzregiment erfuhr eine Aufwertung. Die *legio III Italica* in Regensburg konnte nur von einem Senator befehligt werden. In Fortsetzung der bisherigen Gepflogenheit übernahm er auch das Provinzregiment. Sein Titel lautete *Legatus Augusti pro praetore*. Die *Augusta Vindelicum* und die *Castra Regina* rückten zusammen.

Doch schon die nächste Krise des Imperiums bedeutete auch für Augsburg eine schwere Heimsuchung. Es begann im Jahre 213, als sich ein germanischer Großverband, der sich aus suebischen, thüringischen und hermundurischen Gruppen gebildet hatte, zusammen mit den Chatten am rätischen Limes bemerkbar machte. *Caracalla* (211–217) besiegte die Alamannen, wie sie sich schon bald nannten, in einer Schlacht am Main und verschaffte Raetien damit eine Ruhepause von 20 Jahren. Als »zweiter Alexander« wandte er sich daraufhin der Front an der unteren Donau und dem nahen Osten zu. Das »ausonische Raubtier«[18] ist einer der wenigen Kaiser, deren Aufenthalt in der rätischen Provinzhauptstadt als erwiesen gelten kann. Bekannt ist auch seine mutmaßliche Kur im Faiminger Bezirk des Spezialgottes *Apollo Grannus*.

Die Germanenvorstöße, die dieser ruhigen Phase in den Jahren 233 und 242 folgten, gingen noch westlich und östlich an Augsburg vorbei, richteten aber insgesamt ein derartiges Desaster an, dass die Reichsgewalt zerbrach.

Soldatenkaiser (235–284)

So war es denn gewiss nicht der blanke Übermut, wenn die Legionen in den Grenzprovinzen sich in der Folge immer wieder als Kaisermacher betätigten. In den Jahren 235 bis 284 hoben sie nacheinander nicht weniger als 26 ihrer Kommandeure auf den Schild, samt und sonders Haudegen, die zwar mit einer Ausnahme eines unrühmlichen Todes gestorben sind, aber aufs Ganze gesehen das Imperium ein weiteres Mal gerettet haben.

Um die Mitte des 3. Jahrhunderts stürmten die Barbaren von allen Seiten auf das Reich ein. Im Westen drangen die Franken, ein weiterer germanischer Großverband aus Brukterern, Chamaven und Saliern, auf gallisches Reichsgebiet vor und kamen bis nach Spanien. Das Versagen der Zentralgewalt und die Notwendigkeit der Verteidigung sollten dort schon bald zur Errichtung eines gallischen Sonderreiches unter dem »Gegenkaiser« *Postumus* (260–269) führen.

Über die mittlere Donau kommend, durchstürmten die Markomannen einmal mehr die Provinz Pannonien und kamen bis Ravenna, ehe sie geworfen und mit Siedelland besänftigt werden konnten. Quaden, Bastarner, Vandalen und vor allem die Karpen verheerten das Land südlich der unteren Donau.

Die größte Wucht aber entwickelte ein dritter Großverband, die Goten. Sie waren zur Zeit der Regierung des *Philippus Arabs* (244–249) aus Foederaten zu Feinden Roms geworden. Nun kamen sie über Moesien und Thrakien und überzogen, nachdem sie *Decius* (249–251) vernichtend geschlagen hatten, in immer wieder erneuerten Einfällen halb Kleinasien und ganz Griechenland mit Tod und Verderben.

Und schließlich eröffneten im Nahen Osten die Perser unter den Sassaniden eine neue Großoffensive. Der Kaiser *Valerian* (253–259), der sich in der misslichen Lage einer Feuerwehr befand, deren Stadt an allen Ecken brennt, zog nach Osten, geriet in Gefangenschaft und blieb verschollen. Als sein Sohn und Mitkaiser *Gallienus* (253–268) von Köln aus zu einem Feldzug nach Pannonien aufbrach, um den dortigen Statthalter *Ingenuus* wegen dessen Usurpation zu züchtigen, kam das für die Alamannen einer Einladung gleich. Und sie ließen sich nicht zweimal bitten.

Im Jahre 259 besetzten sie das Dekumatenland zwischen Limes, Rhein und Donau auf Dauer und überschwemmten bis 275 die drei Provinzen südlich der Donau. Mehrmals zogen sie und ihr Teilstamm, die Juthungen, raubend und plündernd nach Italien. Es bedurfte vierer siegreicher Schlachten und einiger Verträge, um sie zu bändigen und die Donauprovinzen zu befreien. Den wichtigsten Erfolg konnte *Aurelian* (270–275) an seine Standarten heften, als er die Eindringlinge in seinem letzten Regierungsjahr über die Donau zurückwarf.

Das Schicksal der Augusta während dieser fünfzehn Jahre nimmt sich aus wie eine Parabel auf die Agonie des Imperiums. Im Herbst 259 fielen Tausende von Juthungen über die Stadt her. Sie plünderten sie und erschlugen dabei die männliche Bevölkerung, soweit sie ihrer habhaft werden konnten.[19] Dann verschwanden sie so rasch in Richtung Süden, wie sie gekommen waren. Als sie am 24. April des folgenden Jahres mit ihrer Beute und gefangenen Italikern die Augusta passieren wollten, wurden sie von einer Streitmacht aus raetischen Soldaten, Einheiten aus der Provinz Obergermanien und einer Art Bürgerwehr erwartet, die der stellvertretende Statthalter *Marcus Simplicinius Genialis* in der Zwischenzeit aufgestellt hatte. Die erste Schlacht am Lech seit der Eroberung zog sich bis zum nächsten Tag hin und endete mit einem Sieg des provinzialen Aufgebots[20] (vgl. Bild 4).

Doch dieser Erfolg hatte nur lokale Auswirkungen. Das Land ächzte noch unter den Alamannen, als im Jahr 271 die Augusta sogar von durchziehenden Burgundern belagert wurde. Im Jahre 278 kehrten die Burgunder zusammen mit den Vandalen zurück, konnten aber von *Probus* (276–282) endgültig vertrieben werden. Dankbar errichtete die Stadt dem *Marcus Aurelius Probus*, dem »unvergleichlichen Wiederhersteller der Provinz und der Bauten« einen Weihestein.

Doch dieses Mal war der Preis für die Rettung des Imperiums noch höher als im zweiten Jahrhundert. Der Verlust des Landes nördlich der Donau und westlich der Iller war schmerzlich genug. Was noch schwerer wog, war die Entvölkerung, der wirtschaftliche Niedergang und der weitere Substanzverlust Roms. Die Veränderungen seit *Gallienus* hatten zu einem Staat geführt, der in seiner Rigorosität ein Mittel sein mochte, die außenpolitische Lage zu meistern. Aber er zerstörte auch vieles, was sich an Errungenschaften aus der Republik in das Prinzipat hatte retten können.

Bild 4: Siegesdenkmal von 260

Reichsreform unter Diokletian (284–305)

Das Dominat zog die Konsequenzen aus dieser Entwicklung. Es begann mit dem dalmatinischen Aufsteiger *Diokletian* (284–305) und seinen drei Kollegen *Maximinian*, *Galerius* und *Constantius Chlorus*. Dieser Tetrarchie (Viermännerherrschaft) entsprachen nun vier neue Hauptstädte (Trier, Mailand, Thessalonike und Nikomedia) und vier Reichsteile (Präfekturen). Nach unten setzte sich diese Organisation mit 12 Diözesen und 100 Provinzen fort. Die Provinz Raetien wurde geteilt. Die *Augusta* war jetzt die Hauptstadt der Provinz *Raetia secunda* mit einem Statthalter (*praeses*) und einem Finanzminister (*praepositus thesaurorum*).[21]

Mit eiserner Hand wurde die militärische Stärke den Erfordernissen angepasst. Ins Jahr 294 fiel der Ausbau des Rhein-Iller-Donau-Limes. Für die großräumige Strategie wurde ein bewegliches Feldheer (*comitatenses*) geschaffen, das großenteils aus germanischen Söldnern bestand. Seine Befehlshaber waren die Heermeister *(magister peditum und magister equitum).* Daneben gab es weiterhin die Grenztruppen (*limitanei*), die sich vornehmlich aus sesshaften Veteranen zusammensetzten. Die Provinzen Raetien I und II konnten über 11 000 *limitanei* verfügen. Ihr Vorgesetzter war nicht mehr der Statthalter, sondern eine Exzellenz (*vir spectabilis*) mit dem Titel *dux provinciae Raetiae primae et secundae;* er hielt sich ebenfalls in *Augustana* auf, wie die Stadt nun hieß, und wurde beschützt von vornehmen Gardeschwadronen, den *equites stablesiani.*

Nicht weniger konsequent wurde das Alltagsleben auf den Kopf gestellt. Eine Münzreform und ein Höchstpreisedikt sollten die Wirtschaft beherrschbar machen. Erbliche Berufsbindung hielt Handwerker und Händler ebenso in ihren *collegiae* fest wie die Pachtbauern auf ihrer Scholle. Auch die Ratsherren der Städte durften ihre Posten nicht verlassen, was sie wohl gerne getan hätten; denn sie hafteten für das Steueraufkommen der Kommune mit ihrem Privatvermögen. Was Wunder, dass die Steuern (Grund- und Kopfsteuer) mit rücksichtsloser Härte eingetrieben wurden. Ein System von Spitzeln *(agentes in rebus)* sollte alles kontrollieren. Kurz: Aus den Bürgern Roms waren Untertanen geworden.

Nach *Probus* war *Diokletian* der dritte Augustus, der sich in Augsburg aufhielt, um mit seinem Mitaugustus *Maximian* neue Dispositionen zu treffen. Daraufhin war *Maximian* mit der Abwehr der Franken in Gallien beschäftigt. *Diokletian* dagegen leitete eine siegreiche Expedition gegen die 288 erneut eingebrochenen Alamannen. Wiederum wurde in der *Augusta* ein Stein aufgestellt. Diesmal war die Inschrift dem »Begründer des ewigen Friedens« geweiht. Und tatsächlich konnte die Tetrarchie eine jahrzehntelange Stabilität und eine Erholung des durch Bürgerkriege und Usurpationen geschwächten Reiches verbuchen. Auch gelang es, die Donaufront gegen Sarmaten, Goten und Markomannen zu verteidigen und die römische Position gegenüber den Persern auf eindrucksvolle Weise zu behaupten.[22]

Wende zum Christentum unter Konstantin (324–337)

Doch die Konzeption des *Diokletian* hatte spezifische Schwächen. Die zweite und dritte Tetrarchie endete mit der Alleinherrschaft eines Mannes, der an Konsequenz und Voraussetzungslosigkeit alles übertraf, was seit *Augustus* den kaiserlichen Purpur getragen hatte. *Konstantin der Große* (324–337) setze sich 312 gegen *Maxentius* an Roms Milvischer Brücke durch und elf Jahre später gegen den anderen Rivalen *Licinius* bei Chrysopolis. Er war in Britannien wie ein Soldatenkaiser von den Truppen seines Vaters *Constantius Chlorus* auf den Schild gehoben worden und hatte während der innenpolitischen Durchsetzungsphase gegen die Franken an der Rheinfront und gegen die Goten im Donauraum gekämpft. Auch in seiner Religionspolitik bewegte sich *Konstantin* auf traditionellem Terrain. Besonders der Kriegsgott Mars und der auch im Kaiserkult zu Ehren gekommene synkretistische *sol invictus* erfüllten ihn und seine Propaganda mit göttlichem Beistand. Doch zusätzlich und beginnend mit der Schlacht an der Milvischen Brücke kam es zu jener religionspolitischen Weichenstellung, die ursächlich werden sollte für das Ende der Antike. Das Edikt von Mailand, das Konstantin noch zusammen mit *Licinius* im

Jahre 313 herausgab, befreite das Christentum von Verfolgung und brachte es auf den Weg zur Reichsreligion.

Mit dem Sieg der christlichen Kirche, den *Theodosius* (379–395) vollenden sollte, gewann das Reich »eine lebendige Seele, eine ökumenische Bekenntnisformel und eine haltende Macht ersten Ranges«.[23] Unbestreitbar ist aber auch, dass sich die Kirche dem Kaiser unterwarf, was nicht nur für ihre Struktur weitreichende Folgen hatte, sondern auch die Überhöhung des Kaisertums ins Maßlose steigerte. *Konstantin* betätigte sich bei den anstehenden Dogmenstreitigkeiten zwischen den Reichsteilen als Schiedsrichter, so 325 bei dem Konzil von *Nicaea*, als sich im Streit um das Verhältnis von Gottvater und Sohn die Alexandrinische Schule gegen den Presbyter *Arius von Antiochia* durchsetzte.

Das christliche Bekenntnis war aus dem messianischen, monotheistischen Judentum herausgewachsen und trat von Anfang an mit universellem Anspruch auf. So war es nur konsequent, dass die christliche Mission in der Person des römischen Bürgers *Paulus*, ausgehend von Palästina, über den griechisch-syrischen und kleinasiatischen Raum schon im ersten Jahrhundert Rom erreichte. Dort kam es schon unter *Claudius* zu ersten Auseinandersetzungen. In einer Gesellschaft, die polytheistische Religion und Politik symbiotisch miteinander verband, wirkten Christen, die Staatsgottheiten ablehnten, den Herrscherkult verweigerten und sich von den traditionellen Lebensformen distanzierten, wie eine anmaßende Herausforderung. Dazu kam, dass sich die Anhänger Jesu, die im Bewusstsein einer baldigen Wiederkehr des Herrn und eines nahen Weltuntergangs lebten, innerlich von aller profanen Geschichte trennten. Sie wurden zu Sonderlingen in einer durch und durch pragmatischen Welt, die von innen her zu erobern und zu erlösen sie sich vorgenommen hatten.

Der erste systematische Verfolger der Christen war *Nero* (54–68). Er machte Rom selbst zur Blutstätte der Märtyrer. Auch *Domitian* (81–96) und *Trajan* (98–117) lösten begrenzte Verfolgungen aus. Bekannt ist der Briefwechsel, den der *jüngere Plinius* als Statthalter mit *Trajan* führte, um das Vorgehen zu vereinheitlichen. Hauptziel war die Wiedereingliederung der Christen in die altrömische Kultgemeinschaft.

Ab der Mitte des dritten Jahrhunderts ging es dann schon um mehr. Der »Sklavenaufstand der Moral gegen das Herrentum der damaligen Welt« (Nietzsche) hatte das ganze Imperium erfasst. Überall gab es nun christliche Gemeinden mit der sozialen Attraktion ihrer Caritas und der unerhörten Kraft ihrer Märtyrer. Mit einer Konsequenz, die sich die Christen selber nur als einen Ausfluss göttlicher Gnade erklären konnten, hatte sich ein Gegenreich gebildet, dem im Unterschied zu dem Nebeneinander der Municipien die Struktur einer autoritativen Gesamtgliederung zugewachsen war.[24] Aus einer Ansammlung christlicher Gemeinden war eine das Reich durchgreifende Heilsorganisation geworden.

Decius (249–251), *Valerian* (253–260) und besonders *Diokletian* bekämpften die Christen denn auch mit zunehmender Härte im ganzen Reich. Für den letzteren war die Christenverfolgung Bestandteil seiner Gesamtkonzeption mit dem Zweck der Restauration des Imperiums im Namen der altrömischen Götter.

Eineinhalb Jahrzehnte nachdem sich *Diokletian* in der *Augusta* aufgehalten hatte, sollte diese Politik auch für das Munizipium am Lech Folgen haben, die bis auf den heutigen Tag reichen. Auch ihrentwegen haben wir die römische Geschichte der Stadt unserem engeren Thema vorangestellt. Augsburg erhielt seine Hauptpatronin.

Nach der Legende[25] betrieb die Zypriotin *Hilaria* in der Stadt eine Schenke, in der vier Frauen der Göttin Venus dienten, darunter ihre Tochter *Afra*. Nachdem *Narcissus*, ein flüchtiger Bischof aus Gerona, und sein Diakon *Felix* die Frauen um Aufnahme gebeten hatten, kam es zu deren Bekehrung zum christlichen Glauben. *Narcissus* weihte ihr Haus zur ersten christlichen Kirche und missionierte neun Monate lang in der *Augusta* und »auf dem Lande ringsum«.

Bild 5: Glasschale mit Adam und Eva und Christusmonogramm

Dann verließ er die Stadt, nicht ohne zuvor *Dionysius*, den Onkel *Afras*, zum ersten Bischof eingesetzt zu haben. *Afra* hingegen wurde angeklagt und nach ihrer Weigerung, den Göttern zu opfern, am 7. August 304 auf einer Lechinsel durch Feuer zu Tode gebracht.[26]

Die Verehrung der Afra begann bald nach der konstantinischen Wende und setzte sich ohne Unterbrechung bis in die Gegenwart fort. Diese Feststellung involviert eine ungebrochene Kontinuität des christlichen Glaubens in Augsburg und logischerweise auch eine Fortdauer der Besiedlung auf dem Areal der Lechmetropole. Erfreulicherweise haben die Indizien, die diese Annahmen stützen, in jüngster Zeit Zuwachs erhalten. »Hinter dem Schwalbeneck«, nahe der antiken Stadtmauer, kam im September 2000 ein fast vollständiges, schliffverziertes Glasgefäß mit eindeutig christlicher Symbolik zutage, das um die Mitte des 4. Jahrhunderts, also nach dem Ende der konstantinischen Epoche dort »verloren« gegangen war.[27] Neben diesem ältesten Zeugnis des Christentums in Augsburg ist darauf hinzuweisen, dass etwa zur selben Zeit bei St. Afra (*extra muros*) schon Bestattungen vorgenommen wurden, ein durchgehender Brauch, dem sich 200 Jahre später sogar privilegierte Germanen anschlossen[28] (vgl. Bild 5).

Auch für die Weiterentwicklung des Imperiums spielte *Konstantin der Große* eine Schlüsselrolle. Seine Motivation, an der Stelle des alten Byzanz eine neue Hauptstadt zu errichten (Konstantinopel ab 324), kann mit dem traditionell hochentwickelten Bedürfnis der *principes* nach Selbstverherrlichung zu tun gehabt haben, das die *domini* noch einmal gesteigert hatten, oder sie mag einer Neigung zu hellenistisch-orientalischen Herrschaftsformen entstammen, die eine Distanz zu den Beherrschten pflegten, wie sie seit den Soldatenkaisern auch im Westen lebenserhaltend geworden war. Möglich ist aber auch, dass *Konstantinopel* die dritte Komponente eines kühnen und weitschauenden Planes gewesen ist, der dem gefährdeten Reich nicht nur die christliche Kirche, sondern auch die Germanen als haltende Mächte[29] zuzuführen gedachte. Die kirchliche Perspektive haben wir schon genannt, die außenpolitische knüpfte an die Erfahrungen des 3. Jahrhunderts an, setzte im Umgang mit den Germanen auf Diplomatie und gipfelte im Gotenvertrag des *Theodosius* (379–395) von 382, der erstmals einen germanischen Staat auf Reichsboden zuließ. Das »zweite Rom« mit dem Namen *Konstantinopel* konnte schließlich die Rückversicherung sein für den Fall, dass die Germanenpolitik scheitern sollte. Die Stadt am Bosporus lag am Rande des zu befürchtenden Stroms landfordernder Germanen.

Offene Völkerwanderung

Als jedoch *Theodosius* die Goten als Foederaten gewann, da war der große Plan schon Makulatur, wenn es ihn denn je gegeben hat. Im Jahre 375 waren die Hunnen unter *Attila* über das Ostgotenreich in Südrussland hergefallen und trieben nun Goten, Alanen und Sarmaten vor sich her. So entwickelte die nunmehr »offene« Völkerwanderung eine Dynamik, die alle bisherigen Bewegungen in den Schatten stellte. Und als *Theodosius* im Jahre 395 starb, da driftete das *Imperium Romanum* in Ost und West auseinander.
Ganz im Sinne einer Rechtfertigung des dritten Motivs, konnte sich Konstantinopel aus dem Fiasko heraushalten, das über Westrom hereinbrach. Auch wurde es in die Lage versetzt, ein Jahrtausend lang Europa vor den Fernkräften abzuschirmen, die aus dem Südosten herandrängen sollten. Das »zweite Rom« wurde die erste von drei Varianten, in die das ewige Rom einfloss. Im Gegensatz zu den zwei folgenden, war Konstantinopel jedoch lediglich ein Rahmen für die erstrebte Synthese hellenistischer, spätantiker und christlicher Elemente und damit »die stärkste Negation des römischen Wesens« überhaupt (Jacob Burckhardt).[30]
Für die Provinz Raetien II und damit für die *Augusta Vindelicensis* (letzter römischer Name) bedeutete das letzte Jahrhundert, in dem das Reich noch ein Ganzes war, die Fortsetzung der trüben Erfahrungen mit der »latenten Völkerwanderung«, die nun schon 200 Jahre währte. Von der *Augusta* aus gesehen spielte sich die fast schon traditionelle Auseinandersetzung mit den Alamannen zunächst noch in der Ferne ab. Die Akteure auf römischer Seite waren die Augusti *Constans* (337–350) und *Constantius II.* (337–361). Doch der Feldzug, den *Constans* 341/42 führte, hatte nur bescheidenen Erfolg. Um das Jahr 350, als sich der Heermeister *Magnentius* gegen *Constans* erhob und zur Eroberung Italiens Truppen aus dem Rheinland abzog, kam es zu einer abermaligen Überschwemmung des Reichsgebietes durch Alamannen, die auch Raetien nicht ausnahm. *Constantius II.*, seit 352 alleiniger Augustus, konnte sie zurückdrängen. Um sie ruhig zu stellen, schloss er mit ihnen einen »wenig ruhmreichen Vertrag«, der ihren Königen reiche Subsidien bescherte und vielen Alamannen den Weg in den römischen Militärdienst bahnte.[31] Im Sommer 355 erzielte er gemeinsam mit dem Heermeister *Arbetio* einen weiteren mühseligen Erfolg gegen die Lentienser, das waren die Alamannen nördlich des Bodensees. Wieder ein Jahr später unternahmen er aus Raetien und sein neuer Cäsar *Julian* »*Apostata*« (361–363) aus Gallien einen

Zangenfeldzug gegen die Alamannen.³² Und im Jahre 357 gelang *Julian* ein denkwürdiger Sieg gegen denselben Gegner bei Straßburg (*Argentorate*).

Für die *Augusta* bedrohlich wurde das Jahr 358. Als *Constantius II.* nach Osten abgezogen war und *Julian* noch am Rhein zu tun hatte, fielen die Juthungen in Raetien ein und wagten sich sogar an die Belagerung befestigter Plätze. Doch der von *Constantius II.* aus Sirmium in Marsch gesetzte Heermeister *Barbatio* konnte sie vertreiben. Und nach einer Pause von sechs Jahren waren wieder die Alamannen an der Reihe. Ihr Zug scheint aber an der *Augusta* vorbeigegangen zu sein.

Die Augusti *Valentinian I.* (364–375) und *Valens* (364–378), die sich die Aufgabenbereiche wiederum in West und Ost aufteilten und von Mailand-Trier bzw. von Konstantinopel-Antiochia aus regierten, wurden durch die offene Völkerwanderung an der beabsichtigten Zusammenarbeit gehindert. Nicht nur der Osten sah sich einem beispiellosen Druck ausgesetzt, auch im Westen nahmen die Invasionen zu. Doch *Valentinian I.* gelang es in den zehn Jahren seiner Herrschaft, die Grenze gegen die Alamannen, Franken und Burgunder nicht nur zu halten, sondern sie auch durch zahlreiche Befestigungen zu sichern. Am 1. Januar 370 wurde er in Trier als »unsterblicher Verteidiger« des Reiches gefeiert, der mit seinen Taten sogar die mythischen Giganten übertreffe.³³ Doch schon 378 musste sein Sohn *Gratian* (367–383) eine Expedition ins Voralpenland unternehmen, weil 30 000 Alamannen dort eingedrungen waren. Am 9. August desselben Jahres verlor *Valens* gegen die Goten bei Adrianopel eine welthistorische Schlacht und sein Leben. Der herbeieilende *Gratian* kam zu spät.

Ein drastisches Beispiel für die um sich greifende Ambivalenz der Verhältnisse bietet das Auftreten des Usurpators *Magnus Maximus*, der 383 von Britannien ausgehend rasch auf das Festland übergriff und von Trier aus Spanien und Gallien beherrschte. Der rechtmäßige Augustus *Valentinian II.* (375–392) und der seit 379 mitregierende Augustus *Theodosius* beugten sich der Realität und erkannten *Maximus* widerstrebend als Mitregenten an. Nachdem dieser jedoch die Juthungen zum Überfall auf Raetien angestiftet hatte, wendete sich das Blatt. Ein Versuch, ihn von der Provinz mit Hilfe von hunnischen und alanischen Foederaten fernzuhalten, scheiterte zwar, als er aber das Land 387 als Basis für den Einmarsch in Norditalien missbrauchte, nahm ihn *Theodosius* bei Aquileia ohne größere Mühe gefangen und ließ ihn hinrichten.

Noch ein weiterer Usurpator machte *Theodosius* zu schaffen. Es war der Rhetor *Eugenius*, den der Heermeister *Arbogast* 392 auf den Schild hob, nachdem er *Valentinian II.* in den Tod getrieben hatte. Nach *Julian* »Apostata« war *Eugenius* der letzte Machthaber, der das Christentum wieder abschaffen wollte. *Theodosius* reagierte damit, dass er nach seinem älteren Sohn *Arcadius* (383–408) nun auch den erst neunjährigen *Honorius* (393–423) zum Augustus ausrief und abermals nach Westen zog.³⁴ Im »letzten Gefecht« des Christentums gegen das Heidentum an der Nahtstelle zwischen Dalmatien und Italien standen auf christlicher Seite ein großes Aufgebot von Hunnen und nicht weniger als 20 000 Goten.

Es ist das jene Armee gewesen, in der sich der Vandale *Stilicho*, der spätere Heermeister des Reiches, und der Westgotenkönig *Alarich* als Kampfgenossen begegneten.

Die nächsten 14 Jahre hatte *Stilicho*, nunmehriger Heermeister des Westens, alle Hände voll zu tun, um *Alarich* im Zaum zu halten. Die Goten wurden von Konstantinopel immer wieder mit großen Geldmitteln versehen, nicht weniger als dreimal »angesiedelt« und zweimal von *Stilicho* auf eklatante Weise geschont. Dennoch plünderten und brandschatzten sie während dieser Zeit Illyrien, Dalmatien und ganz Griechenland. Im Jahre 401, während *Stilicho* eingedrungene Vandalen aus Raetien vertrieb, ging *Alarich* auf Westwanderung und tauchte vor Mailand auf, der Residenz des *Honorius*. Er konnte die Stadt zwar nicht einnehmen, verheerte aber dafür Oberitalien und Etrurien. Erst ein Jahr später konnte ihm *Stilicho* mit einem Heer aus Alanen bei Verona eine Niederlage bereiten. Daraufhin beschränkte *Alarich*, der zum »illyrischen Heermeister« ernannt worden war, seine Raubzüge fürs erste wieder auf Illyrien.

Nachdem aber *Stilicho* bei dem Versuch, die Reichseinheit wiederherzustellen, in Ravenna den Tod gefunden hatte, nahmen die Goten ihre Westwanderung wieder auf. Dreimal marschierte *Alarich* auf Rom. Im Sommer des Jahres 410 nahm er die Stadt und ließ sie drei Tage lang plündern.

Transformation Roms

Der erste *Sacco di Roma* traf die Römer schwer. Dennoch war das ewige Rom nicht am Ende. Weltweit erhoben sich heidnische wie christliche Apologeten zu seiner Verteidigung. Die heidnischen verbreiteten Zuversicht. Rom habe nach solchen Nackenschlägen sein Haupt noch immer in noch größerem Stolz erhoben. Das Prinzip der Wiedergeburt sei es, im Unglück wachsen zu können.[35] Sie sollten auf eine besondere Weise recht behalten. Den nachhaltigsten Beitrag lieferte nämlich ein Christ, der Bischof *Aurelius Augustinus* (354–430) im nordafrikanischen Hippo. Er stellte in seinem monumentalen Werk über den Gottesstaat (*De civitate dei*) den *Sacco di Roma* in einen heilsgeschichtlichen Zusammenhang. Jedes irdische Geschehen sei allein vom Willen Gottes abhängig. Entscheidend sei aber die ewige Seligkeit. Das war die Relativierung der Welt.

Schon im 4. Jahrhundert war der Bischof von Rom zur wichtigsten Kraft innerhalb der Stadt aufgestiegen. Die Tatsache, dass die weltlichen Herrscher woanders residierten, hatte den Ausbau seiner Macht und ihre Ausdehnung möglich gemacht. *Augustinus* lieferte nun die Lehre für ein himmlisches Imperium, dem die irdischen Herrscher zu Diensten sein sollten. Wenige Jahre später ließ Papst *Leo I.* die Autorität des römischen Bischofs gegenüber den Kirchen des Westreiches durch den Kaiser *Valentinian III.* (425–455) bestätigen und verkündete in Chalcedon die gemeinsame Glaubensformel.[36] Damit war das *Sacerdotium* geschaffen, das im Wettstreit mit dem weltlichen Kaiserreich – der späteren dritten Variante des *Imperium Romanum* – die Idee des Abendlandes bilden sollte. Das ewige Rom war nicht am Ende; aber es hatte eine neue Form gefunden. Das germanische Komplement, das diese neue Form nun mit Leben füllte, bedeutete zwar für Jahrhunderte eine »Barbarisierung« der Gesellschaft,[37] schaffte es aber auch, die Achse des Weltgeschehens aus dem Mittelmeerraum nach Norden zu verlagern.

Die alte Form hingegen trieb weiter ihrem Untergang entgegen. *Valentinian III.*, der Sohn des Heermeisters *Flavius Constantius* und der *Gallia Placidia*, einer Halbschwester des *Honorius*, regierte von Ravenna aus das Westreich über 30 Jahre. Das erweckt zwar den Anschein neuer Stabilität, aber es waren nur noch die Reste des westlichen Imperiums, die da mühselig zusammengehalten wurden. Die Vandalen gründeten in Nordafrika ein eigenes Reich und wiederholten später von dort aus den *Sacco di Roma*. Die Westgoten waren nach dem Tod von Alarich nach Gallien weitergezogen und hatten im Süden des Landes und in Spanien das Tolosanische Reich errichtet. Im Norden und im Osten setzten Franken bzw. Burgunder ihre Gebietsansprüche gegen den Kaiserhof durch. Und einen Großteil von Spanien hatten die Sueben in Besitz genommen.

Der Heermeister des westlichen Rumpfreiches war der aus Moesien stammenden *Flavius Aetius*. Er kämpfte 429 bis 431 in Raetien gegen eingedrungene Juthungen und aufständische Vindeliker.[38] Im Jahre 435 erteilte er den bei Worms ansässigen Burgundern eine Lektion mit Hilfe der foederierten Hunnen (historischer Hintergrund des Nibelungenliedes). Diese waren nicht weniger »anhänglich« als die Westgoten. Unter ihrem König *Attila* und unzufrieden mit den in Pannonien angewiesenen Landstrichen, machten sie sich 451 mit zahlreichen anderen Völkerschaften auf nach Westen. In Gallien, auf den Katalaunischen Feldern, lieferte ihnen *Aetius* mit einem ähnlich bunten Heer eine der berühmtesten Schlachten der Kriegsgeschichte und – behielt knapp die Oberhand. Nach dem Tod *Attilas* wenige Jahre später verschwanden die Hunnen aus der Geschichte.

Die Frage, ob schlechte Herrscher schlechte Zeiten hervorbringen oder umgekehrt, ist im Fall von *Valentinian III.* nicht schwer zu beantworten. Die einzige aus ihm selbst erwachsene Tat war im September 454 der hinterhältige Mord an *Aetius*, seinem fähigsten Feldherrn. Er beraubte das Reich damit des Verbindungsmannes zu den Foederaten. Die Folgen ließen nicht auf sich warten. Von Afrika aus kam es zu jener Invasion Italiens, die in Rom zum sprichwörtlichen Vandalismus führte. Und das zweite Raetien erlebte das rasche Ende der römischen Geschichte. Die Alamannen unter ihrem König *Gibuld* kamen über die Iller und überschwemmten das Alpenvorland bis an den Inn und darüber hinaus. *Gibuld*, der auf dem Runden Berg bei Urach eine feste Residenz hatte, konnte schon bald behaupten, er habe die Provinz unter Kontrolle.

Eugippius, der Biograph des heiligen *Severin*, legt das Ende der Römerherrschaft zwar erst in das Jahr 476, als *Odoaker* den letzten Herrscher Westroms absetzte. Für »Ufernorikum«, in das die Schützlinge Severins sich schrittweise vor den Alamannen zurückzogen, trifft das auch zu. Die *Augusta* versetzten die Alamannen jedoch schon Jahre zuvor in jenen Zustand, der noch bis vor kurzem zu der Befürchtung Anlass gab, die Stadt sei damals menschenleer gewesen. Lothar Bakker, der verdienstvolle Althistoriker und Leiter des Römischen Museums relativiert diese düstere Vision mit der Bemerkung, in Augsburg habe »alles Römische« um 450 aufgehört. Der Archäologe meint damit die Bodenfunde, wie etwa jene Scherbe eines aus Nordostfrankreich importierten römischen Keramikgefäßes, die 1998 bei den Ausgrabungen in der Ulrichskapelle des Domes gefunden wurde. Sie stammt aus der ersten Hälfte des 5. Jahrhunderts und ist vielleicht wirklich das letzte »Römische« in Augsburg. Daneben wurde aber ein trockener Mauersockel, zwei Pfostengruben sowie ein zugehöriger dünner Mörtelfußboden eines Fachwerkhauses ausgegraben, das wenig später errichtet worden war. Entsprechende Baubefunde gab es auf dem etwa 200 Meter östlich des Domes gelegenen Grabungsgelände »Hinter dem Schwalbeneck«. Damit kann die Frage nach einer Siedlungskontinuität in Augsburg nun auch aus archäologischer Sicht bejaht werden.[39]

Zumindest ein »verarmter Rest der romanischen Mischbevölkerung« war in der Stadt verblieben und hütete das Christentum.[40] Ohne Unterbrechung setzten sich die Bestattungen *ad Sanctos* fort. Voraussetzung dafür war eine kirchliche Verwaltung. Sie fühlte sich dem römischen Recht verpflichtet und pflegte Latein als Amtssprache und als Schrift. Auch gab es noch die *Romanitas*, das Bewusstsein von der gemeinsamen Herkunft aus der griechisch-römischen Kultur. Und es gab die Erinnerung an das Reich.

Ein Ende fand jedoch die topographische Gestalt der römischen Metropole. Noch 1984 schreibt Lothar Bakker in dem umfangreichen Geschichtswerk zum 2000jährigen Jubiläum der Stadt: »Die spätrömischen und frühmittelalterlichen Fundschichten sind weitgehend durch die mittelalterlichen und neuzeitlichen Bodeneingriffe infolge von Bautätigkeit zerstört, in verschiedenen Bereichen der römischen Stadt scheinen sie abgetragen zu sein.«[41] Inzwischen hat Lothar Bakker zwar viel getan, um den resignativen Ton dieser Beschreibung vergessen zu machen. Dennoch gilt nach wie vor, dass die *Augusta* unter Augsburg verschwunden und ein Eindruck von der antiken Stadt durch unmittelbare Anschauung nicht zu gewinnen ist.

Augsburg als Brücke zwischen den Zeiten

Aber vielleicht schärft gerade dieser Mangel die Sinne für die Verbindungslinien, die von der Antike bis in unsere Gegenwart heraufreichen, Wirkungen, für die Augsburg zumindest eine Metapher darstellt. In einer früheren Ausgabe des bekannten Werkes »Die Römer in Bayern« nennt Hans-Jörg Kellner diesen Zusammenhang. Nachdem er die verbindende Rolle der Romanen im Frühmittelalter gewürdigt hat, kommt er auf Augsburg zu sprechen: »Stärker noch war das Band, das die Germanen mit dem römischen Element verknüpfte, in den Städten. Augsburg als die ehemalige Hauptstadt, stellt eine lebendige Brücke zwischen den Zeiten dar.«[42]

Für den Landstrich im Osten, dessen Wiederbesiedlung im Frühmittelalter wir zum Thema haben, ist das Bild von der Brücke in besonderer Weise treffend. Ganz konkret war die »Brücke« von dort aus nur über Brücken zu erreichen. Eine Brücke konnte man aber auch meiden. Beide Varianten haben sich im Verlauf der Jahrhunderte immer wieder abgewechselt. Das Verhältnis zu Augsburg wurde für die Lechrainbewohner ambivalent. Und selbstgenügsam gab sich die Stadt. Das entsprach ihrem hellenistischen Wesen. Territorialen Ambitionen folgte sie nur widerwillig. Und so ragte sie denn auch auf dem Lechrain in die jeweilige Gegenwart herein wie eine antike Stele. Wo sie wirkte, tat sie das fast ausschließlich durch ihr Sein. Vornehme Herablassung auf der einen und ehrfürchtige Scheu auf der anderen Seite waren die Pole dieser Beziehung.

2. Der Lechrain

Für den zweiten grundlegenden Aspekt müssen wir wesentlich weiter ausholen. Die Landschaft, von der nun die Rede ist, verdankt sich zwei Erdzeitaltern. Der Untergrund stammt aus dem Tertiär, genauer dem »Miozän«, und die Oberfläche hat das Quartär gestaltet, genauer das »Pleistozän«. An der Oberfläche fällt neben dem östlichen Hügelland eine starke Süd-Nord-Dominante auf. Es ist die kilometerbreite kastenförmige Rinne, welche das Schmelzwasser des Loisach-Ammersee-Gletschers

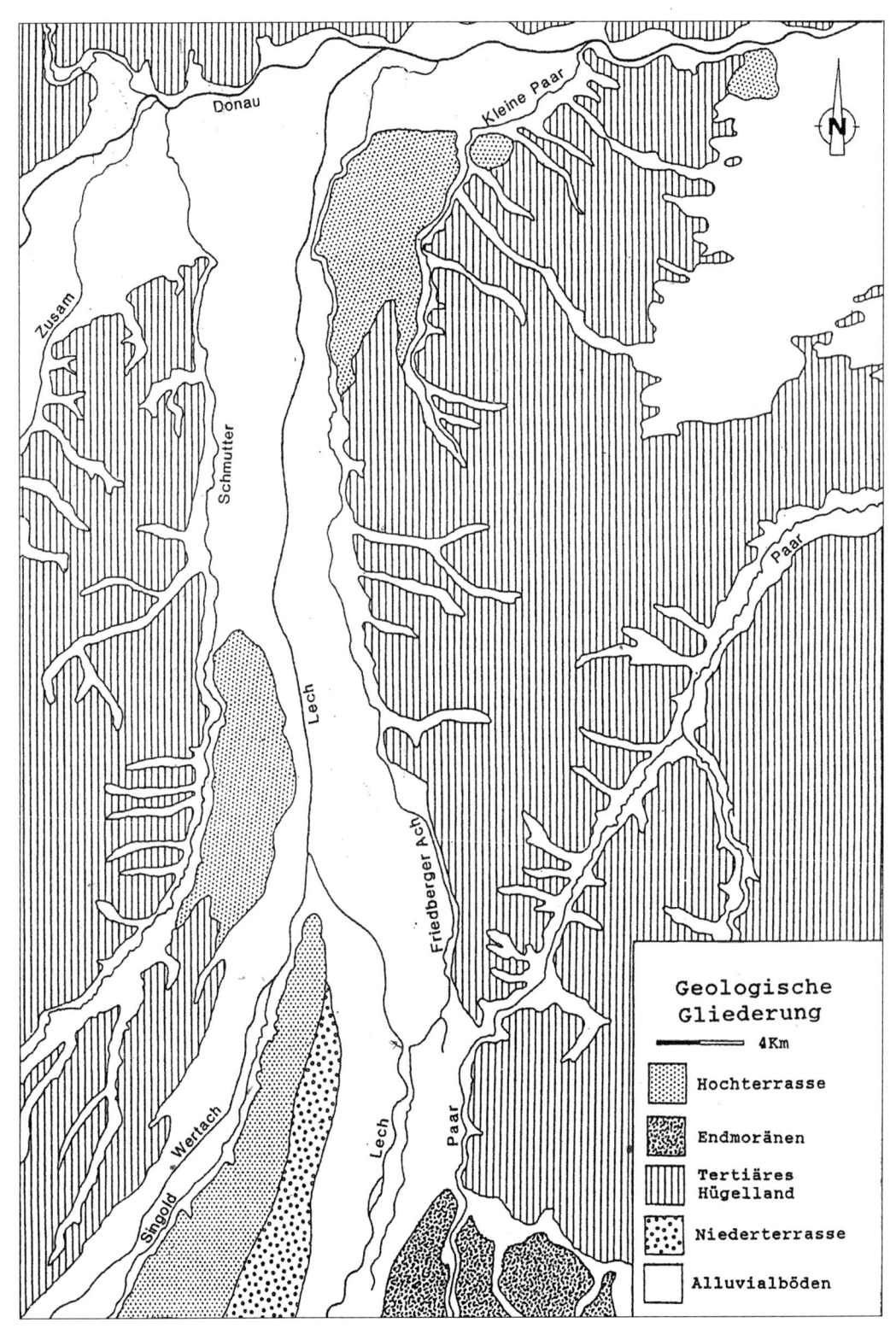

Bild 6: Geologische Gliederung des unteren Lechtals

während der vorletzten Kaltzeit (Riss-Eiszeit) in die bestehenden Formationen grub. Am Grunde dieses Urlechs lagen die Ablagerungen von Schottern älterer Eiszeiten. Die Wassermassen trugen sie davon, ließen aber einige Terrassen stehen, wie etwa den Platz, auf dem Augsburg glänzen sollte.

Am Rand der Rinne formte das Schmelzwasser aus der tertiären Süßwassermolasse steile, bis zu 30 Meter hohe Hangkanten. Die ausgeprägteste liegt am Ostufer und reicht von den Endmoränen des besagten Gletschers bei Merching bis zum Beginn der Aindlinger Terrassentreppe bei Mühlhausen.[43] Sie wird in jüngerer Zeit gerne als Lechrain bezeichnet (vgl. Bild 6).

Für ältere Autoren, wie I. G. von Lori in seiner »Geschichte des Lechrains« (1764) oder Karl von Leoprechting in seiner Sagensammlung »Aus dem Lechrain« (1855) ist dagegen der Lechrain viel länger und nicht nur die Kante, sondern auch der Landstrich dahinter. Dieser Auffassung schließen wir uns an, konzentrieren unser Augenmerk jedoch auf den westlichen Bereich des Landkreises Aichach-Friedberg mit einem Teil des Paartales.[44] Dieser breite Streifen, den man auch den »Friedberger Lechrain« nennen kann, ist gemeint, wenn wir im Folgenden vom Lechrain sprechen.

Für die Kante allein, wo Tertiär und Quartär aufeinander treffen, ziehen wir die Bezeichnung »Lechleite« vor.

Das Paartal gibt uns das Stichwort für zwei kleinere Flüsse, die den Lechrain begleiten bzw. ihn durchqueren. Der ältere ist die Paar. Schon vor etwa 150 000 Jahren und in einer Warmzeit entsprang die obere Paar bei Kaltenberg, durchquerte das westliche Altmoränengebiet und floss daraufhin die Lechleite entlang, bis sie schließlich in den Lech mündete. Die untere Paar hatte zur selben Zeit ihr Quellgebiet bei Ottmaring und floss von dort aus auf nordöstlichem Weg in die Donau. Nach dem Ende der letzten Eiszeit vor etwa 10 000 Jahren fing die untere Paar durch »Rückerosion« die obere Paar ein, oder diese benutzte einen Einschnitt in der Lechleite und vereinigte sich mit ihrer unteren Schwester. Die Hydrologen schwanken da noch. Jedenfalls war der heutige Paarlauf erreicht.

Die Friedberger Ach ist nichts anderes als der ehemalige Unterlauf der oberen Paar. Sie lebte zunächst von den Quellen des Michels- und des Riedlochgrabens, die sich drei Kilometer südlich von Friedberg mit dem Hagenbach vereinigen. Als diese in Folge der Lechregulierung fast versiegten, wurde der »Verlorene Bach« über den Michelskanal und den Hagenbach in ihr Bett geleitet. Damit führte die Ach Wasser des bei Prittriching entspringenden Galgenbachs, der noch dreimal den Namen wechselt, ehe er sich der Ach zur Verfügung stellt.[45] Auch aus dem Lech wurde dem Flüsschen schon Wasser zugeführt. Zum ersten Mal im Jahre 1888.

Die Mündung der Ach ist nicht weniger variabel gewesen. Zuerst ergoss sie sich bei Sand in den Lech. Im Spätmittelalter wurde ihr Bett dann »zu Mühlzwecken« bis Thierhaupten geführt und 1555 weiter bis Niederschönenfeld. Seitdem mündet sie erst bei Rain am Lech, und zwar in die Donau.

Die ersten Menschen, die vor etwa 100 000 Jahren am Lechrain umherstreiften, sollen Neandertaler gewesen sein. Von den Cro-Magnon-Menschen, unseren unmittelbaren Vorfahren, die ihnen um 30 000 v. Chr. folgten, gibt es bereits Funde aus der Gegend von Pfronten sowie vom Hopfen- und Bannwaldsee bei Füssen. Nachdem die letzte Kaltzeit (Würmeiszeit) vor etwa 10 000 Jahren zu Ende gegangen war, sind sie auch am Lechrain nachzuweisen. Sie dezimierten die Rentier- und Wildpferdherden, die auf der mit Kiefern und Haselnusssträuchern durchsetzten Steppe grasten oder aus der noch jungen Ach tranken.

Mittelsteinzeit (8000–4500 v. Chr.)

Jäger waren auch die Leute der Mittelsteinzeit, zusätzlich aber auch Sammler. Sie stellten in den nun schon ausgedehnten Wäldern Rothirsch, Reh und Wildschwein nach und sammelten Honig, Früchte und Vogeleier.[46] Ihre aus Fellen, Leder, Geflecht, Bast, Rinde, Holz, Knochen, Horn und Geweih bestehende Sachkultur ist im Boden vergangen. Eine Ausnahme machen nur die Kleingeräte aus spaltbarem Stein, die man sich als Einsätze in Pfeile, Speere, Messer oder in Knochenwerkzeuge denken muss.[47] Solche Artefakte sind bei Wulfertshausen und in der Friedberger Flur gefunden worden. Außerdem sind diese Menschen durch Rastplätze bzw. »Jagdstationen« in Mühlhausen und Sielenbach nachzuweisen.

Jungsteinzeit (4500–1800 v. Chr.)

Die Siedlungsgeschichte des Lechrains beginnt mit der Jungsteinzeit. Seit etwa 5000 v. Chr. kamen die Donau aufwärts die ersten Bauern ins Land und ließen sich häuslich nieder. Über mehrere Jahrhunderte hinweg spielte sich ein Prozess ab, den man die Neolithische Revolution genannt hat: Ackerbau und Viehzucht verdrängten die Hunderttausende von Jahren betriebenen Aneignungstechniken des Jagens und Sammelns. Gerste, Emmer und Einkorn wurden die wichtigsten Getreidesorten. Bevorzugte Nutztiere waren Rind und Schwein, daneben züchtete man Schafe und Ziegen. Das alles ging nicht ohne festen Wohnsitz. Auch die Arbeitsteilung war eine zwingende Folge dieser Lebensweise. Die Steinbearbeitung wurde durch Schleifen (Sicheln und Dolche) und Bohren (Lochäxte) bereichert. Weitere Errungenschaften waren Weberei und Töpferei.
Anhand der Verzierung von Keramik lassen sich verschiedene Kulturgruppen unterscheiden. Da gab es die Linienbandkeramiker in der Älteren Jungsteinzeit und die stichband- bzw. tiefstichkeramischen Kulturen in der Mittleren Jungsteinzeit. In der Jüngeren Jungsteinzeit (3500–2500 v. Chr.) differenziert man nach den Fundorten die Kulturstufen von Altheim und Polling, und in der Endjungsteinzeit (2500–1800 v. Chr.) unterscheidet man in einem Mischverfahren die Schnurkeramiker von der Chamer Gruppe und diese von den Glockenbecherleuten.
Besondere Beachtung verdienen die Schnurkeramiker, auch Streitaxtleute oder nach ihren Grabhügeln Kurganleute genannt. Ihre bäuerlichen Vorfahren hatten in der Steppe zwischen der unteren Wolga und dem oberen Jenissei gelebt und dort das Pferd domestiziert. Um 4000 v. Chr. waren sie aufgebrochen und hatten sich bis zum Ende der Steinzeit in vier Wellen nicht nur über Indien und den vorderen Orient ergossen, sondern waren auch nach Europa vorgedrungen.
Am bekanntesten wurden sie als »Indogermanen«. So nannte man sie nach den äußersten Völkern ihres Ausbreitungsgebietes. Seit dieser Begriff jedoch zweideutig wurde, nennt man sie lieber Indoeuropäer, wobei nun der sprachliche Aspekt im Vordergrund steht. Neben der indoiranischen Sprachenfamilie sind auch die europäischen Grundidiome des Slawischen, Baltischen, Griechischen, Italischen und Germanischen aus ihrer Ursprache hervorgegangen.[48] Allgemein lässt sich sagen, dass mit

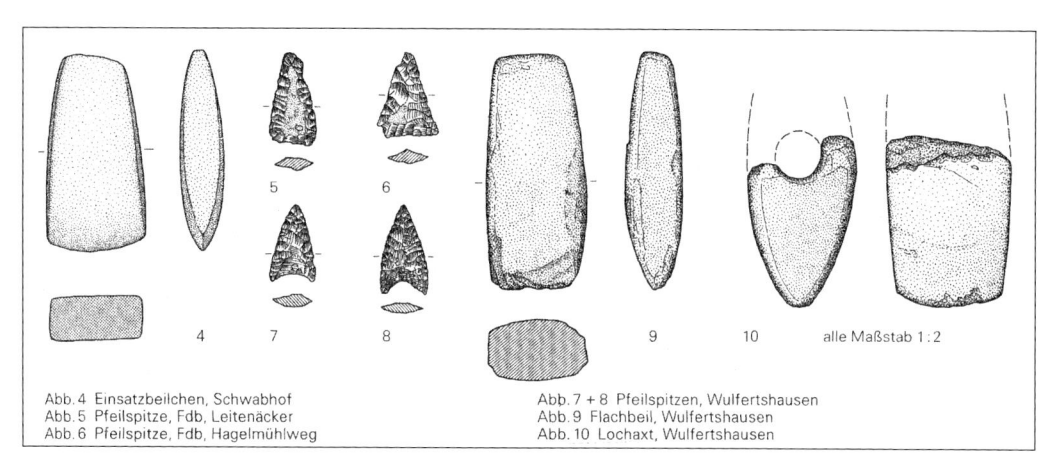

Abb. 4 Einsatzbeilchen, Schwabhof
Abb. 5 Pfeilspitze, Fdb, Leitenäcker
Abb. 6 Pfeilspitze, Fdb, Hagelmühlweg
Abb. 7 + 8 Pfeilspitzen, Wulfertshausen
Abb. 9 Flachbeil, Wulfertshausen
Abb. 10 Lochaxt, Wulfertshausen

Bild 7: Jungsteinzeitliche Funde um Friedberg

dem Eintreffen dieser Stämme die Geschichte Europas begann. Ruhelos, rücksichtslos und tatkräftig schufen sie eine Basis, von der aus ihre Nachkommen das Weltreich Alexanders des Großen, das römische Imperium, das spanische Kolonialreich und das britische Empire errichtet haben. Sie besiedelten Nord- und Südamerika, durchdrangen von Russland aus ganz Sibirien, kolonisierten Afrika und schufen die meisten der Staaten, die heute über den Reichtum der Erde verfügen.[49]

Die Siedler am Lechrain scheinen sich in nord-südlicher Richtung vorgeschoben zu haben; sie haben uns zahlreiche Einzelfunde hinterlassen. Es beginnt mit Steinwerkzeugen aus Untergriesbach und einem Feuersteindolch aus Oberwittelsbach.

Gar nicht so selten sind auch die aufgefundenen Siedlungen. Eine mit Langhäusern aus der Mittleren Jungsteinzeit ist im Jahre 1979 von dem Friedberger Historiker Hubert Raab auf dem Gemeindegebiet von Schmiechen-Unterbergen aufgedeckt worden. Dass es sich um bevorzugte Gründe handelt, beweist eine kleinere Niederlassung auf demselben Gelände, die um 1000 Jahre jünger ist und ausweislich ihrer Keramik der Pollinger Gruppe angehört. In die Jungsteinzeit datierte Hubert Raab zuletzt auch die älteste Phase einer mehrperiodigen Anlage nordwestlich von Todtenweis.

Von 1988 bis 2004 hat der Feuchtboden-Archäologe Guntram Schönfeld im Loosbachtal zwischen Pestenacker und Unfriedshausen im Landkreis Landsberg drei Dörfer aus der Zeit zwischen 3535 und 3496 v. Chr. ausgegraben. »Es waren kleine Hütten mit etwa zwanzig Quadratmeter Grundfläche; sie standen eng aneinander geschmiegt an einer schmalen Gasse und waren von einem Holzzaun umgeben.«[50] Aus dem Jahr 3491 v. Chr. ist dort ein großes Stück Leinen erhalten geblieben[51] und ein Hut aus Baumbast, der aussieht wie eine Pickelhaube.[52] Im Meringer Raum schließlich fanden sich deutliche Spuren einer Siedlung aus der Altheimer Kultur (Jüngere Jungsteinzeit) und nahe Wulfertshausen eine Höhensiedlung der Chamer Kulturgruppe (Endjungsteinzeit) (vgl. Bild 7).

Bronzezeit (1800–1200 v. Chr.)

Eine Epoche großer technischer wie sozialer Veränderungen und beträchtlichen Wohlstands war die Bronzezeit. Schon von der Altheimer Kultur war hin und wieder Kupfer als Werkstoff verwendet worden. Nun lernte man das Kupfer so mit Zinn zu legieren, dass ein goldschimmerndes Metall von einiger Härte entstand: die Bronze. Aus ihr stellten die Handwerker nicht nur Gebrauchsgegenstände und Waffen her, sondern auch Schmuck, wie Ringe, Armbänder, Hals- Arm- und Fußreife sowie Gewandnadeln und Pfrieme.

Auch die Keramikherstellung erlebte einen lebhaften Aufschwung. Die feinkeramischen Gefäße wurden nun mit umfangreichen Strich-, Ritz-, Kornstich- und Stempeldekors versehen.

Als Hügelgräberbronzezeit wird die Mittlere Bronzezeit (1700–1300 v.Chr.) bezeichnet. Zuvor waren die Toten in Hockstellung und auf der Seite liegend in Flachgräbern bestattet worden. Nun bettete man sie in gestreckter Lage zusammen mit ihren Waffen bzw. ihrem Schmuck in einen Sarg oder eine kleine Kammer und schüttete darüber einen Erdhügel (Kurgan) auf. Zusammen mit den Schwertern, die nun erstmals auftauchten, ist die Hügelgräbersitte Mitbringsel der indoeuropäischen Zuwanderer gewesen, die auf leichten, zweirädrigen Streitwagen kamen und sich als Herrenschicht über die eingesessene Bevölkerung legten.

Schon um 2000 v.Chr. waren die Kurganleute im Balkan angelangt, hatten sich dann über Dänemark, Südnorwegen, Schweden und die britischen Inseln ausgebreitet und sich dort bereits zu einzelnen Völkern ausdifferenziert, wie den Proto-Germanen. Im europäischen Kernraum blieben sie dagegen noch homogen und entwickelten die Aunjetitzer Kultur, benannt nach einem Fundort in Böhmen. Der Abstammung von Viehzüchtern gemäß war ihr hervorstechendes Merkmal das Patriarchat und eine deutliche Teilung in Herren und Knechte. Steinzeitliche Muttergottheiten rotteten sie aus und ersetzten sie durch den Sonnengott.

Mit der im Jahre 2002 in Thüringen aufgefundenen Himmelsscheibe von Bebra haben indoeuropäische Herrenmenschen die älteste kosmologische Darstellung geschaffen. Eine andere Fähigkeit ist ihre erstaunliche Flexibilität gewesen. Man kann sie weder als Nomaden noch als sesshafte Bauern bezeichnen. Sie waren beides, je nach den Umständen. Noch ihre keltischen Nachfahren trugen ihr Vermögen in Form goldener Torques um den Hals. Man konnte ja nie wissen.

Mit der Spätbronzezeit (1300–1200 v.Chr.) war die Ruhe endgültig dahin. Die illyrischen Völker Südwesteuropas, die wie die Italiker aus dem Aunjetitzer Bereich stammten, wurden durch Klimaverschlechterung und Bevölkerungszunahme aufgescheucht und setzten sich in Bewegung. Bekannt ist die Dorische Wanderung, die in Griechenland der mykenischen Kultur ein Ende setzte. Der Trojanische Krieg ist in diesem Zusammenhang nur eine Episode. Mitteleuropa und schließlich auch Westeuropa wurden durch die sog. «Urnenfelderwanderung» einem starken Veränderungsdruck ausgesetzt. Vielleicht war sie das Ergebnis einer inneren Renomadisierung.

Der Lechrain gehört zum Bereich der Straubinger Kultur,[53] die mit der Aunjetitzer verwandt ist. Die Hügelgräber dort werden jedoch nur vereinzelt der Mittleren Bronzezeit zugeschrieben. Die meisten stammen aus der Hallstattzeit. Auch Hinweise auf bronzezeitliche Siedlungen sind nicht gerade häufig. In Merching und Ottmaring sind Reste von Ständerhäusern nachgewiesen worden. Und im Süden Friedbergs auf der Lechleitenkante begann eine Siedeltätigkeit, die ohne längere Unterbrechungen bis ins Mittelalter immer wieder erneuert wurde. Wir werden uns noch mehrmals mit diesem Bereich beschäftigen. Auch die schon angesprochene mehrperiodige Anlage im

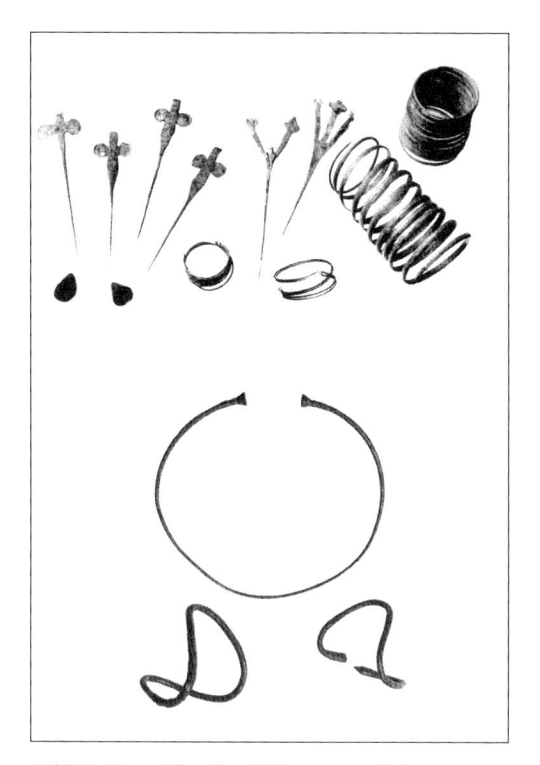

Bild 8: Depotfund mit Bronzenadeln, Blechhütchen und Armspiralen bei Haberskirch

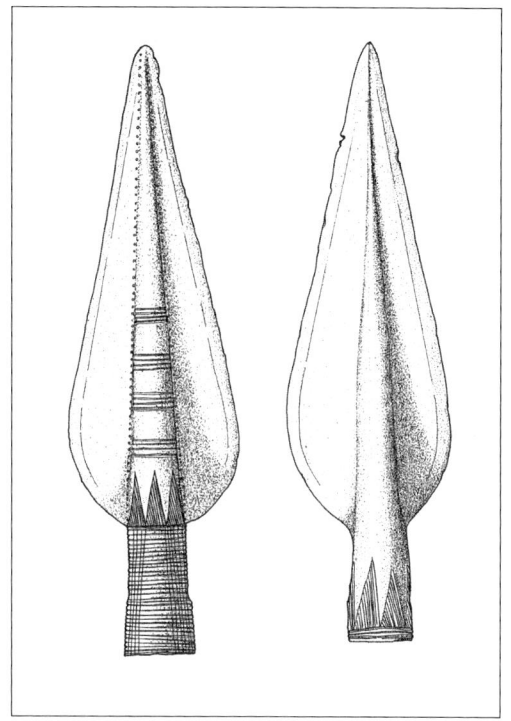

Bild 9: Zwei verzierte Bronzelanzenspitzen von Rederzhausen

Nordwesten von Todtenweis war in der Bronzezeit bewohnt. Dazu kommt als Besonderheit ein benachbartes Feld von 30 mittelbronzezeitlichen Grabhügeln, von denen zwei schon zu Beginn des vorigen Jahrhunderts geöffnet wurden.
Zahlreich sind auch die Einzelfunde. Hier eine repräsentative Auswahl:
Schon 1865 wurde in einer alten Deichselgrube nahe Haberskirch das Depot eines Bronzewarenhändlers entdeckt. Der Bestand aus Kleeblatt- und Rudernadeln, Blechhütchen und Armspiralen ist heute auf Museen in ganz Deutschland verteilt. Aus Oberwittelsbach und Kissing stammen zwei Randleistenbeile, und aus Rederzhausen zwei verzierte Lanzenspitzen. Verschiedene Typen von Schwertern sind in Lechhausen, auf Gut Lindenau und in Willprechtszell gefunden worden. Das Rixheimschwert von Hochzoll und das Riegseeschwert aus Kissing, beide aus der Spätbronzezeit, könnten im Kampf gegeneinander eingesetzt worden sein (vgl. Bild 8, Bild 9).

Urnenfelderzeit (1200–750 v. Chr.)

Die Urnenfelderzeit verdankt ihren Namen einer neuen Bestattungsweise. Schon um 1300 v. Chr. begannen die Aunjetitzer ihre Toten zu verbrennen und die Aschegefäße in Flachgräbern beizusetzen. Es entstanden große Friedhöfe (Urnenfelder). Bald breitete sich die neue Sitte fast über ganz Mitteleuropa aus. Die Ursachen mögen vielfach gewesen sein. Wahrscheinlich hatten sich die Vorstellungen vom Weiterleben nach dem Tode verändert. Vielleicht hat auch die zunehmende Grabräuberei die Grabbei-

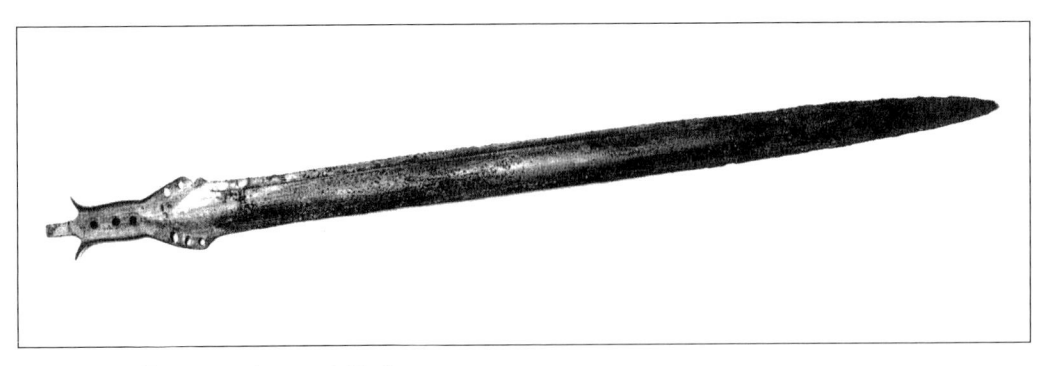

Bild 10: Griffzungenschwert, Stätzling

gaben als sinnlos erscheinen lassen, was die Versenkung von Waffen in Gewässern als Ersatzhandlung erklären könnte. Oder es war einfach Hektik, die das Aufschütten eines Kurgans als Zeitverschwendung erscheinen ließ.
Jedenfalls gab es wieder einmal viel Neues.
Die Töpferei entwickelte nicht nur zahlreiche neue Formen, sondern baute auch die größten und prächtigsten Tongefäße, die es in Mitteleuropa je gegeben hat. Dass man Keramik mit Graphit überzog, um metallischen Glanz nachzuahmen, zeigt die Wertschätzung der Bronze, bzw. des Eisens, welches sich in Einzelfällen schon bemerkbar machte. Das Bronzehandwerk entwickelte sich zu einer königlichen Branche mit prunkvollen Schilden, Helmen, Lanzen und Streitäxten für Männer und mit glänzenden Amuletten, Halsgehängen, Finger- und Armreifen für Frauen. Auch die Gefäße, welche die Handwerker aus Bronze trieben, waren zuweilen ungewöhnlich groß.
Auf dem Sektor der Mode kam es zur Erfindung der Sicherheitsnadel, die als Gewandfibel eine Karriere von anderthalb Jahrtausenden vor sich hatte. Und Glasperlen traten in Konkurrenz zu dem schon längst bewunderten Bernstein. Kurz: es muss ein beträchtlicher Luxus gewesen sein, durch den sich eine Herrenkaste von ihren Untertanen abhob.
Strittig ist, ob es sich dabei erneut um dominante Zuwanderer handelte, die sich sogar eigene Siedlungsstellen suchten, oder ob die angestammte Bevölkerung lediglich dem Anpassungsdruck nachgab, der von außen auf sie einwirkte. Jedenfalls entwickelte sich in Mitteleuropa so etwas wie ein urnenfelderzeitliches Kultursystem.
Die Straubinger Kultur scheint allerdings von dieser Entwicklung weniger betroffen gewesen zu sein. Befestigte Höhensiedlungen gab es nur in Nordbayern. Die Siedlungen im Flachland südlich der Donau bestanden aus Hofgruppen mit streng genordeten Pfostenhäusern, die manchmal mit Zäunen oder Palisaden umgeben waren.
Am Lechrain sind die Nachweise solcher Niederlassungen spärlich. Allein in Mergenthau sind zwei Siedlungsstellen bezeugt, und in Schiltberg arbeitete eine Bronzegießerei.
Regelrechte Urnenfelder liegen in der Nähe von Kissing und im Süden von Friedberg. Das Friedberger Feld beansprucht den westlichen Teil einer 5 Hektar großen Fläche am Hagelmühlweg. Von 1200–1000 waren dort 60 Bestattungen von Leichenbrand in großen Gefäßen vorgenommen worden. Kleinere Behältnisse waren in der Regel um die großen drapiert. Sie haben wohl die Wegzehrung für den Toten enthalten. Die üb-

rigen Beigaben werden von den Archäologen als »ärmlich« klassifiziert.[54] Ausnahmen sind lediglich das »Grab 3«, dessen übergroße Urne von einer Mohnkopfnadel, einem Griffangelmesser und einem Satz Pfeilspitzen begleitet war. »Grab 5« enthielt einen großen Geschirrsatz und ein Amulett aus menschlichen Schädelknochen.
Einzelfunde aus der Urnenfelderzeit sind ein Bronzedolch aus Friedberg, ein Lappenbeil aus Anwalting und aus der Ach zwischen Stätzling und Derching ein Griffzungenschwert, das dort in einer »Gumpen« versenkt worden war (vgl. Bild 10).
Im Verlauf des 8. Jahrhunderts v. Chr. kam es zu einem kulturellen Auseinanderdriften des Rhonetals im Westen und des mittleren Donaugebietes im Osten. Es ist kein Zufall, dass zur gleichen Zeit das östliche Karpatenbecken unter den Einfluss der Kimmerer oder der Skythen geriet, beides Reitervölker aus dem indoeuropäischen Ursprungsland.[55] Archäologische Nachweise sind die »thrakisch-kimmerischen« Trensen, die schließlich auch den Lechrain erreichten und das Reiten ganz wesentlich erleichtert haben sollen. Das kulturelle Zentrum verlagerte sich in das Ostalpengebiet, aus dem der Name der folgenden Epoche stammt:

Hallstattzeit oder Ältere Eisenzeit (750–500 v. Chr.)

Der westliche Hallstattkreis, der sich schließlich von Ostfrankreich über die Nordschweiz und Südwestdeutschland erstreckte, erfuhr den Kulturwandel durch die griechische Kolonisation an den Küsten des westlichen Mittelmeers. Die Hafenstadt Marseille (*Massilia*) wurde zum Handelszentrum. Befestigte Herrensitze, wie der Mont Lassois in Burgund, der Üetliberg in der Schweiz oder die Heuneburg in Württemberg waren die Partner. Das Repräsentationsbedürfnis der Herren bediente sich griechischer und etruskischer Gebrauchs- und Luxusgüter. Überaus reich ausgestattet waren auch die Grablegen, die durchaus mit den prächtigen Kurganen in der Ukraine mithalten können. Besonderes Aufsehen hat im Jahr 1978 die Entdeckung des »frühkeltischen« Fürstengrabes in Hochdorf erregt.
Zu den Zeremonien, die mit einer solchen Bestattung einhergingen, gehörte auch der Leichentrunk. Er wurde mit langstieligen Schöpfern aus großen Kesseln ausgeschenkt. Das sind Geräte, wie sie nicht nur in Hochdorf, sondern auch im Heilachwald bei Bachern gefunden wurden. Damit sind wir am Lechrain, der zwar eine weniger prächtige Entwicklung nahm, aber dennoch zum westlichen Hallstattkreis gehörte. Das Voralpenland scheint, was die Wiederaufnahme der Hügelgräbersitte anlangt, eine Mittlerrolle gespielt zu haben. Wie im Grabhügel von Hochdorf sind auch im Hailachwald Teile eines Wagens gefunden worden. Wenngleich von der Pracht der Grabausstattungen in Südwestdeutschland weit entfernt, sind diese Funde doch ein Beleg dafür, dass es auch am Lechrain eine aristokratisch verfasste Gesellschaft gab.
Wie zahlreich sie gewesen sein muss, das bezeugen die hallstattzeitlichen Grabhügel. Mindestens 500 sind im Bereich des Landkreises Aichach-Friedberg noch nachweisbar.
Den Altlandkreis Aichach betreffend vermutet noch Max Anneser »die einzigen Hügelgräber der Hallstattzeit« im Bannholz bei Großhausen und »vielleicht auch im Kreiter Holz«.[56] Die Hügel auf der Pöttmeser Flur und im Schiltberger Forst bei Unterbernbach konnte er mangels Untersuchung noch nicht einordnen. Das ist auch heute noch so. Eindeutig in die Hallstattzeit fallen zahlreiche Hügel im Friedberger Land. Da ist die

schon genannte Grabhügelnekropole im Hailachwald bei Kissing. Sie umfasst etwa 70 Hügel und ist zusammen mit der Nekropole bei Eismannsberg (22) dem Lauf der Paar zugeordnet. Es gab also die Perspektive nach Nordosten. Und nach Südosten ist es die alte Salzstraße, welche die Verbindung nach außen herstellte. Keramik aus Grabhügelgruppen im Landkreis Fürstenfeldbruck stimmt nämlich derart mit jener aus dem Heilachwald überein, dass es unmittelbare Kontakte gegeben haben muss. Als die Römer 600 Jahre später ihre Straße von der *Augusta* über Gauting nach Salzburg bauten, da fanden sie eine alte Trasse vor.

Das Gros der Grabhügelgruppen erstreckt sich auf 14 Orte entlang der Lechleite. Die größte ist die von Todtenweis mit nicht weniger als 180 Hügeln, darunter sind 30, die wohl der Bronzezeit zuzuordnen sind. Weitere Orte mit überdurchschnittlicher Ausstattung sind Rehling (63) und Friedberg (32).

Nur etwa die Hälfte der Grabhügel ist bisher untersucht worden. Ältere Untersuchungen sprechen auch von Anlagen, die heute nicht mehr auffindbar sind. So zählt Otto Schneider noch im Landkreisbuch Friedberg von 1967 nicht weniger als 21 Fundorte auf und erwähnt weitere 9, deren Grabhügel »älteren Forschern« noch bekannt gewesen seien.[57] Einer dieser frühen Archäologen war der bayrische Freiherr Nicolaus Dr. Caron du Val, nachmaliger Erbe der Hofmark Stätzling und schließlich Erster Bürgermeister der Stadt Augsburg. Als Patrimonialrichter von Affing grub er im Jahre 1819 bei Gebenhofen und Anwalting je ein Hügelgrab aus und fand dabei außer einigen Urnen aus Ton je eine römische Münze von *Augustus* und *Tiberius*. Offensichtlich handelte es sich um römische Nachbestattungen. Bedauernd stellt der Berichterstatter des Jahres 1895 fest, die erste der beiden Grabhügelgruppen sei »jetzt verschwunden«.[58]

Fasst man diese Befunde zusammen, so kann man wohl zu der Behauptung gelangen, dass der Lechrain in der Hallstattzeit dichter besiedelt war als je zuvor. Dabei ist noch nicht berücksichtigt, dass die Grabhügel nur den wohlhabenden Teil der Bevölkerung aufgenommen haben. Der größere Rest, der aus Unfreien bestand, hat seine letzte Ruhestätte in unscheinbaren Flachgräbern gefunden. Die Erwartung, dass es also auch größere Ansammlungen von solchen gegeben haben muss, hat sich gegen Ende des letzten Jahrhunderts eindrucksvoll bestätigt. Diese »neuen« Denkmälergruppen sind in der Regel in der Nähe oder in Kombination mit Grabhügelnekropolen aufgefunden worden. Am Lechrain gehört Oberpeiching zur ersten Kategorie und Todtenweis-Sand zur zweiten.

Brandgräberfelder ohne Bezug auf Hügelgräber sind jedoch wegen ihrer Unscheinbarkeit nur schwer zu entdecken. Es ist also schon etwas mehr als eine »kleine Sensation«[59], dass auf dem schon genannten Gelände am Hagelmühlweg in Friedberg das größte hallstattzeitliche Brandgräberfeld in Bayern gefunden wurde. Es handelt sich um 62 Einzelbestattungen in der östlichen Hälfte des Areals. Sie erscheinen noch ärmlicher als die urnengräberzeitliche Nachbarschaft. Der Leichenbrand wurde mit oder ohne Gefäß in kreisförmigen, flachen Wannen beigesetzt. Ausnahmen sind das »Grab 118«, das in einer hölzernen Kammer außer dem Leichenbrand noch die Scherben von fünf Gefäßen enthielt, und zwei weitere Gräber mit kleinen kugelförmigen Rasseln aus Ton.

Die generelle Erfahrung, dass die Wohnstätten vorgeschichtlicher Menschen schwerer zu entdecken sind als ihre Gräber, trifft für die Hallstattzeit in ganz besonderem Maße zu.

Bild 11: Aus der Hallstattzeit vom Heilachwald bei Bachern

In Friedberg allerdings, westlich des Gräberareals, sind vielfältige Spuren einer offenen, dorfähnlichen Siedlung mit Hausgrundrissen, Gruben und Sachmaterial aufgetaucht. Davon abgesondert, unmittelbar an der Leitenkante und auf dem höchsten Punkt des Geländes stand sogar ein Herrenhof. Auch aus Mergenthau liegen einige Stücke vor, die auf Wohnstätten hindeuten.
Andere bemerkenswerte Relikte sind ein eisernes Hallstattschwert aus einem Grabhügel auf der Friedberger Bauernbräuwiese, ein bronzenes Pilzknaufschwert mit einem Pferdegeschirr aus Kissing und große Bronzeblechbehälter aus Aichach, Au und Unterach. Zu Letzteren kommen noch etliche bronzene Dolche mit antennenförmigem Knauf (vgl. Bild 11).

Latenezeit – Jüngere Eisenzeit – Keltenzeit (500–15 v. Chr.)

Für die verbleibenden 500 Jahre bis zur Eroberung des Voralpenlandes durch Drusus gibt es drei verschiedene Bezeichnungen. Den archäologischen Brauch fortsetzend, beruht die erste auf einem Fundort am Neuenburger See. Als Latenezeit unterscheidet sie sich in besonderer Weise von der vorausgehenden Epoche. Auf etruskischer und griechischer Grundlage wurde an ihrem Beginn ein erster mitteleuropäischer Stil geschaffen, »dessen Fabeltiere, Masken und Mischwesen gerade durch die moderne Kunstentwicklung wieder tieferem Verständnis begegnen«.[60] Zusammen mit neuen Zierformen, wie Paletten und Ranken, die sich auf phantastische Weise mit tierischen und menschlichen Formen vermengen, vermittelt dieser Reichtum eine einfühlsame Begegnung mit der magischen Welt seiner Erfinder (vgl. Bild 12).

Bild 12: Frühlatenezeitlicher Gürtelhaken von Hölzelsau bei Kufstein

Auch als Jüngere Eisenzeit wird das halbe Jahrtausend gehandelt. In ihm gewann das neue Metall endgültig die Oberhand über die Bronze. Der Siegeszug des Eisens bedeutete nicht weniger als eine Revolution. Wer Eisen verarbeiten konnte, war nicht mehr auf das Zinnmonopol der Handelsfürsten angewiesen. Eisen gab es überall. Die Gestalt des Schmieds wurde zur Gefahr für eine Aristokratie, die der Hallstattzeit ihren Stempel aufgedrückt hatte.

Und noch mehr. Auf den Ambossen entstanden nicht nur schärfere Waffen, sondern auch Scharen für Räderpflüge. Damit war es möglich, schwere Böden in fruchtbaren Tallagen zu beackern. Die Getreidebauern mussten sich nicht mehr mit den trockenen und steinigen Hängen begnügen. Sie besetzten die fetten Weiden und verwiesen die »schweifenden Herdentreiber in jene dürren Gefilde, die früher ihr eigenes Revier gewesen waren«.[61] Es kam zu einer regelrechten Revolution, in deren Verlauf sich die wirtschaftliche Vernunft durchsetzte. Neuerdings wird angenommen, dass diese Umwälzung 465 v. Chr. durch den Einschlag eines Kometen im Chiemgau ausgelöst wurde. Doch wie dem auch gewesen sein mag, die Sieger nannten sich Kelten, das heißt die Tapferen. Damit sind wir bei dem dritten Namen, den die Epoche trägt. Die Keltenzeit wurde von einem Volk belebt, das zwar schon seit Jahrhunderten in relativer Sesshaftigkeit verharrte, aber erst durch eine Revolution zum Bewusstsein seiner selbst kam. Die Kunstwerke des frühen Latenestils sind ein auch heute noch erlebbarer Ausdruck dieses Erwachens.

Der lechrainische Fundbestand aus der Früh- und Mittel-Latenezeit ist spärlich, bestätigt aber die Tendenzen der keltischen Sachkultur.

Der Erfindung der Töpferscheibe entspricht frühlatenezeitliche Keramik unter »mehr-

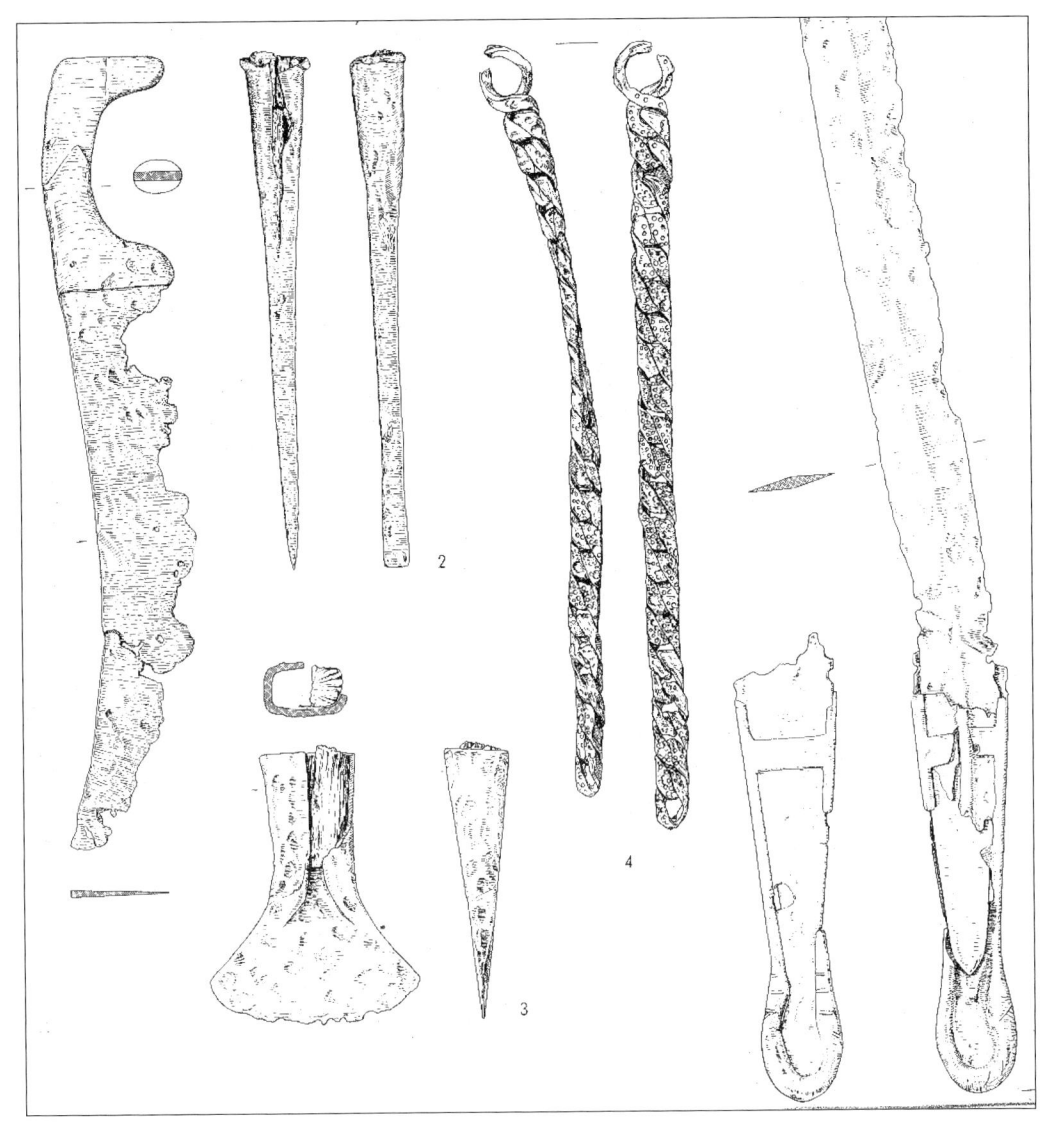

Bild 13: Werkzeuge und Schwert mit Schwertkette aus der Sandgrube von Sand

periodigen Siedlungsniederschlägen« bei Mergenthau.[62] Ihre Form und die Verzierung mit umlaufenden Farbzonen ergeben sich aus der neuen Technik.

In einem Flachgrab bei Stätzling wurden zwei sattelförmig gebogene Armringe gefunden und ein Halsring mit verdickten Enden, der als Vorläufer der späteren *Torques* gelten kann.

In einer Sandgrube bei Sand schließlich tauchten einige Werkzeuge auf (Hiebmesser, Tüllenmeißel, Herdschaufel, Treibhammer und Beil mit geschlitzter Tülle)[63], die zwar als Sammelfund verschiedenen Abschnitten der Latenezeit angehören, aber insgesamt doch einen Eindruck davon vermitteln, welch große Fortschritte die keltischen Schmiede bei der Gestaltung von eisernen Werkzeugen gemacht hatten. Sie erarbeiteten Formen, deren Zweckmäßigkeit auch heute noch nicht übertroffen ist. Außerdem gehören zu diesem Fund ein Schwert mit eisernem Ortband und Reste einer eisernen Scheide sowie eine Schwertkette, wie sie die Kelten für ihre Langschwerter benutzten (vgl. Bild 13).

Um mehr über die Kelten zu erfahren, müssen wir den Lechrain noch einmal verlassen und mit ihnen auf Wanderschaft gehen. Das Schwert von Sand ist nicht das schlechteste Stichwort für diese Reise, wenngleich »Schlagwort« treffender wäre, denn die keltischen Schwerter eigneten sich nicht zum Stechen. Von etwa 400 v. Chr. an jedenfalls packte die Schnauzbärtigen der Abenteuer-, Entdecker- und Eroberungstrieb ihrer indogermanischen Vorfahren. Sie begannen mit Oberitalien, und am Ende erstreckte sich der keltische Bereich mit seiner eigenwilligen Kultur quer über Europa vom Atlantik (britische Inseln) bis zu den Karpaten und darüber hinaus. Ganz gegen die geläufige Meinung, die Kelten seien nicht dazu fähig gewesen, gelang ihnen mit *Galatia* im Zentrum Kleinasiens sogar die Gründung eines Staates. Im übrigen Gebiet gab es Ansätze öffentlicher Strukturen. Allein in Gallien, das der römische Prokonsul *Gaius Julius Caesar* von 58–51 v. Chr. für sich und die römische Republik eroberte, tummelten sich nicht weniger als sechzig keltische Stämme, die freilich bis dahin schon viel von der römischen Lebensart angenommen hatten.

Zum Spektakel wurde die »Keltische Wanderung« durch Geschichtsschreibung. Eher beiläufig hatten schon die beiden Griechen *Hekaitos von Milet* und *Herodot von Halikarnass* auf die *Keltoi* aufmerksam gemacht. Sie sollten irgendwo im Nordwesten hausen, auf einem mythischen Erdteil, den die Griechen das Land der *Hyperboräer* nannten.

Als die Kelten jedoch um 400 v. Chr. in die Poebene eindrangen (Gründung von Mailand), die Etrusker verdrängten und nach der Schlacht an der Allia dem aufstrebenden Rom ein Trauma bereiteten, das die Römer weder vergessen noch jemals bewältigen konnten, da fanden sie jene widerwillige Aufmerksamkeit, die am ehesten in Geschichte mündet. Es waren vor allem die griechischen Geschichtsschreiber *Polybios, Poseidonios, Diodorus, Strabo* und die Römer *Caesar* und *Livius*, denen wir Nachrichten über die »Gallier« verdanken.

Ihr Anblick sei furchterregend. Hochgewachsen, mit blonden, künstlich gesträubten Haaren und einem Schnurrbart, der bei der Nahrungsaufnahme wie ein Sieb wirkt, kleiden sie sich in grell gefärbte und bestickte Hemden und nicht weniger bunte Mäntel, welche auf der Schulter von einer Brosche festgehalten werden. Darunter tragen sie Hosen, die sie bracae (Breeches) nennen. Für die Schlacht setzen einige von ihnen Bronzehelme auf mit getriebenen Figuren oder Hörnern, so dass sie noch größer erscheinen, als sie ohnehin sind; oder sie schützen den Oberkörper mit Brustpanzern aus eisernen Ketten. Andere stürzen sich jedoch nackt in den Kampf, wie die Gaesaten. Ehe sie losbrechen, schlagen sie ihre Schwerter rhythmisch gegen die hölzernen Schilde. Zusammen mit ihren misstönenden Hörnern und ihrem vielstimmigen Geschrei ergibt das ein Getöse, das den Gegnern das Blut in den Adern gefrieren macht. Gleichzeitig mit den Fußkämpfern setzen sich an den Flanken vierrädrige Kampfwagen in Bewegung, die in der Regel mit zwei Mann besetzt sind. Der eine lenkt die Pferde und der andere schleudert seine Wurfspieße in den Gegner, um dann zum Schwert oder zur Stoßlanze zu greifen und zu Fuß weiterzukämpfen. Auch bei der Kavallerie hat das Pferd zunächst zwei Reiter. Und sie kämpfen nicht nur wie die Berserker, sie steigern sich regelmäßig in einen Blutrausch hinein. Nach der Schlacht schneiden sie den toten Feinden die Köpfe ab, binden sie an ihre Gürtel und nageln sie nach ihrer Heimkehr über die Haustür.

Es dauerte, ehe die Römer mental soweit waren, dem *furor* der Kelten standzuhalten und die Überlegenheit ihrer Waffen in Siege umzumünzen. Ganz sind sie ihre Furcht nie losgeworden. Sie mussten in der Folge der Katastrophe von 387 v. Chr. immer wieder gegen Gallier kämpfen. Die Schnauzbärtigen verbündeten sich mit den Etruskern bzw. mit den Samnitern und sie dienten dem Pyrrhos von Ephesus oder dem Hannibal von Karthago als Söldner. Die Furcht vor den Barbaren trieb die Römer sogar zu einem Völkermord an den keltischen Senonen, die im *ager Gallicus* an der oberen Adria siedelten. Zu Beginn des 2. Jahrhunderts führten sie einen zähen Kleinkrieg gegen die keltischen Boier und Insubrer südlich der Alpen. Dort, in der *Gallia Cisalpina*, wurden sie der Plage erst Herr, nachdem sie die Städte *Placenta, Cremona, Aquilea, Modena* und *Parma* gepflanzt hatten. Von dem »*Vae Victis*« des Brennus unter dem Capitol bis zur unangefochtenen Herrschaft der Gedemütigten über Italien waren nicht weniger als 200 Jahre vergangen.

Unmittelbar im Anschluss an diese »Bereinigung« breitete sich Rom zum Imperium aus. Die Provinzen Sizilien und Spanien wurden im Verlauf der Punischen Kriege erworben. Makedonien mutierte 148 v. Chr. zur römischen Provinz. Zwei Jahre danach kam mit der Zerstörung Korinths das Gebiet des Achäischen Bundes dazu. Gleichzeitig wurde Karthago dem Erdboden gleichgemacht. An seine Stelle trat die Provinz Africa. Und im Jahre 133 v. Chr. vermachte den Römern König *Attalos* von Pergamon sein Reich. Die neue Provinz Asia grenzte an die Galater, das waren die staatsbildenden Kelten in Kleinasien.

Diese stürmische Entwicklung scheint die Leistungsfähigkeit des senatorischen Regimes in Rom überfordert zu haben. Es kam die Zeit der mehr oder weniger erfolgreichen Glücksritter aus dem römischen Magistrat. In der ersten Hälfte des letzten vorchristlichen Jahrhunderts waren die Römer in blutigen Bürgerkriegen mit sich selbst beschäftigt. Sie vergaßen darüber aber nicht die Gefahr, die ihnen von den Kelten drohte. Der Konsul *Marius* besiegte die Kimbern und Teutonen, zwei wandernde Stämme, von denen der eine schon zu den Germanen gezählt wird, der andere jedoch ein Teil der keltischen Helvetier gewesen sein soll. Eindeutig zum Keltenkrieg gehört die Eroberung Galliens durch den schöpferischen Außenseiter *Gaius Julius Caesar*, einen Neffen des *Marius*.[64] Als *Caesar* im Jahre 44 v. Chr. einer Verschwörung des Senats zum Opfer fiel, stand er auf der Scheidelinie zwischen Republik und Monarchie. In seinem Buch *de bello gallico* hat er sich neben den Kriegsberichten mit der Welt der Kelten beschäftigt. Dabei schrieb er bei *Poseidonios* ab oder er bezog sich auf Gespräche mit hochgestellten Galliern.

Die keltische Gesellschaft kannte drei Klassen. Die Masse des abhängigen Volkes bestand aus freien und halbfreien Bauern, dazu kamen etliche Sklaven, die man verkaufen konnte oder bei blutigen Ritualen den Göttern als Opfer darbrachte *(Diodoros)*. Beherrscht wurde diese Basis von einer Doppelspitze, deren Angehörige aufeinander bezogen waren. Der Aristokratie aus den Abkömmlingen indoeuropäischer Erobererschichten stand eine Klasse gegenüber, die in der Sozialgeschichte der Menschheit ihresgleichen sucht: die Druiden.

Am sechsten Tag jeden Monats begingen die Kelten ein Fest. Weißgekleidete Druiden stiegen dabei auf Eichbäume, um mit einer goldenen Sichel Mistelzweige abzuschneiden und sie auf weißen Tüchern abzulegen *(Plinius)*.[65] Die geläufigste Erklärung für diese feierliche Ernte weist die Druiden den Bereichen der Medizin und der Philosophie zu. Danach sind die Männer der Eichbäume Naturheilkundige und Naturphilosophen in einem gewesen *(Strabo)*. Ebenso traten die Druiden aber auch als Rechtsgelehrte und als Richter auf, als Sternkundige und als Experten für den Mondkalender. Als Seher waren sie die Herren über die Zeit. Als Magier geboten sie über den Raum und als Dichter und Sänger über das Gemüt ihrer suggestiblen Klientel. Es gab keine Kluft zwischen Praxis und höchster Abstraktion, es gab überhaupt keine Grenzen. Nicht einmal zwischen Leben und Tod, nicht einmal zu den Göttern.

Nicht das geringste Amt der Druiden war das der Priester und Wächter über nicht weniger als 374 Götter. Wenn auch nach Abzug der Lokalgötter »nur« 69 übrig bleiben, so liegt es doch nahe, die keltische Religion als Vielgötterei zu bezeichnen. Dass es angesichts dieser Vielfalt pure Zeitverschwendung wäre, sich in die Kelten versetzen zu wollen,[66] wird schon *Caesar* empfunden haben, als er sich an eine Beschreibung der keltischen Götterwelt machte.[67] Deshalb beschränkte er sich auf fünf Hauptgötter und versah sie mit Namen, die den Römern aus ihrem eigenen Pantheon vertraut waren. Das war so gewalttätig nicht, wie es auf den ersten Blick scheinen mag.

Der oberste Gott der Gallier sei *Merkur*, gefolgt von *Apoll*, *Mars*, *Jupiter* und *Minerva*. Nach dem französischen Keltenkenner Jean Markale trägt *Merkur* bei den Kelten den Namen Lug.[68] Er ist der Herr aller Künste, der Führer auf allen Wegen und der Helfer bei Gelderwerb und Handel. Vor allem aber ist Lug die Inkarnation einer Wesenheit, die so allumfassend ist, dass sie nicht mehr genannt werden kann.

An zweiter Stelle steht *Apoll*. Er ist von Haus aus ein indoeuropäischer Gott, der mit der Dorischen Wanderung nach Griechenland und von dort nach Rom gekommen ist. Bei den westlichen Kelten heißt er Diancecht. Als Gott des Lichts gebietet er auch über die Heilkraft des Wassers (der spätere *Apollo Grannus*) und kann Tote zum Leben erwecken. Und so geht es weiter: *Mars* trägt im ganzen Keltengebiet nicht weniger als zehn Namen. Als Ogme ist er eine Art Herakles und der Gott der Beredsamkeit, als Nuada der Ernährer der Soldaten und als Camulos ein Gott, der die Winkelzüge macht. Noch mehr Funktionen erfüllt der Gott, den *Caesar* als *Jupiter* bezeichnet. Im Allgemeinen nennen ihn die Gallier Dagda. Als Teutates indes schützt er die Stammesgemeinschaft, als Dispater ist er der Gott des Lebens und des Todes, als Gargan zeichnen ihn Fress- und Sinneslust aus, als Reiter auf dem Schlangenfluss bekämpft er die Ungeheuer, als guter Esus beherrscht er die Tiere des Waldes und als Sucellos ist er der tapfere Krieger.

Minerva schließlich, die auf die skythische Diana zurückgeht, wird bei den Kelten zur dreifachen Brigit. Sie ist die Schutzgöttin der Dichter, Ärzte und Krieger, der Handwerker, Schmiede und Bronzegießer. In Irland mutiert sie später ohne Übergang zur heiligen Brigitte von Kildare.

Jean Markale kommt bezüglich der Religion des »Druidentums« zu einer erstaunlichen Schlussfolgerung. Danach sind die keltischen Götter nichts weiter als symbolische Projektionen gesellschaftlicher Tätigkeiten gewesen. Der wahre Gott der Druiden sei dagegen etwas ununterbrochen Werdendes und damit auf das Streben jedes einzelnen Menschen angewiesen. Aus diesem Grund ist auch die menschliche Einzelseele unsterblich. In einer Welt, die weder Gegensätze noch Grenzen kennt, muss Gott unentwegt erst geschaffen werden.

Die geistige Welt der Druiden ist somit der einzige bekannte philosophische Ansatz, in dem ein Monismus konsequent zu Ende gedacht wurde. Vielleicht war dieses Konzept auch das große Geheimnis der Druiden, das sie unter keinen Umständen schriftlich niederlegen mochten. Die Fähigkeit, es mündlich weiterzugeben, erforderte eine Lehrzeit von nicht weniger als 20 Jahren.

Auch am Lechrain kann das alles nicht anders gewesen sein, denn er gehörte zur Urheimat der Kelten, und die Verhältnisse hatten sich im ganzen keltischen Siedlungsgebiet einheitlich entwickelt. Ein Beispiel dafür ist der heilige

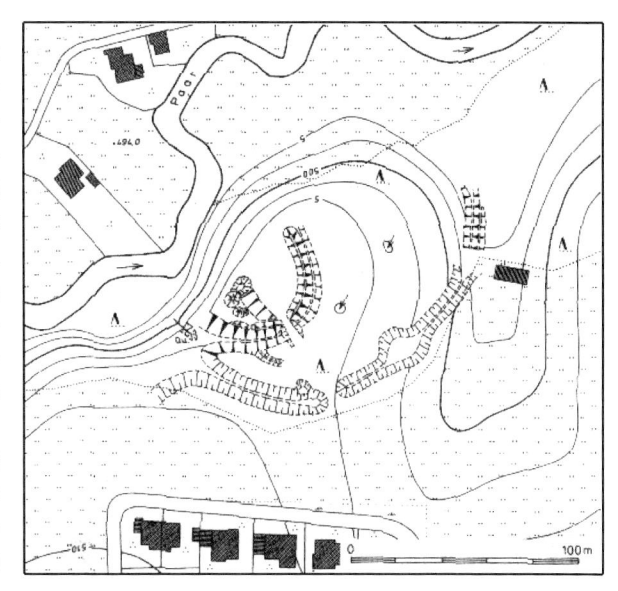

Bild 14: Ottmaring, Kultanlage

Ort, der überall anzutreffen war. Heiligtum konnte eine Waldlichtung (nemeton), ein Hügel oder eine Insel sein. Es war nur für Druiden zugänglich. Das Volk hatte dort nichts zu suchen. Für dieses waren die vier großen Feste da, wie die Samain-Nacht am 1. November, in der es große Gelage mit Schweinefleisch gab und die Lebenden den Toten begegneten. Das christliche Allerheiligenfest, das an die Stelle der Samain-Nacht getreten ist, hat den Aspekt der »Gemeinschaft der Heiligen« beibehalten. Drei Monate später am 1. Februar fand das Imbolc-Fest statt, das der Reinigung diente und aus dem das christliche Lichtmess geworden ist. Bedeutsamer noch war das Beltaine-Fest am 1. Mai. Es war von zahlreichen Feuerritualen begleitet, zu denen die Druiden sicherlich das Ihre beitrugen. Die Johannisfeuer sind eine Erinnerung daran. Luganasad schließlich, das Fest des Hauptgottes Lug, wurde am 1. August gefeiert. Es lebt in anderen christlichen Festen weiter, wie dem Erntedankfest oder dem Flurumgang.

Der heilige Ort dagegen diente vor allem dem Opferkult. Die antiken Autoren berichten sogar von Menschenopfern: »Sie töten die Opfer im Heiligtum durch Pfeilschüsse oder kreuzigen sie«*(Strabo)*. Jean Markale behauptet jedoch, es habe sich bei diesen Menschenopfern um Transformations-Rituale gehandelt, bei denen einem symbolischen Tod eine ebensolche Auferstehung folgte.[69] Auf dem berühmten Silberkessel von Gundestrup ist sogar eine solche Abfolge dargestellt.

Nach 200 v. Chr. wurden die heiligen Orte zu »Keltenschanzen« ausgebaut. Sie erhielten einen hölzernen Tempel mit Kultschacht und eine Umfriedung.

Die »Keltenschanzen« am Lechrain konzentrieren sich um das untere Paartal, in einem Bereich also, der die schon erwähnte Orientierung nach Nordosten aufweist. Die Standorte sind Burgadelzhausen, der Heilachwald bei Bachern und an der Leite bei Ottmaring eine halbrunde, mehrstufige Anlage[70] (vgl. Bild 14).

In welchem Umfang die Kelten am Lechrain sich an der Wanderung ihrer Brüder beteiligt haben ist nicht bekannt. Es müssen jedoch welche dagblieben sein. Andere wanderten in Etappen und wurden zwischenzeitlich wieder sesshaft. Auf eine solche

Gruppe scheint ein kleiner Friedhof hinzuweisen, der etwa zwischen 250 und 210 vor Christus in Friedberg-Hagelmühlweg belegt wurde. Er bestand aus fünf Brandgräbern und lag genau zwischen der schon beschriebenen urnenfelderzeitlichen Nekropole und deren hallstattzeitlichem Pendant. Das Frauengrab enthielt eine Gürtelkette aus Eisen, einen Glasarmring mit blauer Fadennetzauflage und einen Armring mit Knotenverzierung. Das klassische Kriegergrab war mit Schwert, Lanze, Schild und einer Fibel ausgestattet. Die Waffen waren unbrauchbar gemacht. Nur in diesem Zustand scheint ihr Übergang ins Jenseits möglich gewesen zu sein. Die restlichen Gräber waren beigabenlos.

Zusammen mit dem fast identischen kleinen Friedhof in Thierhaupten sind das Zeugen für eine Übergangszeit an der Schwelle zu einer neuen Konsolidierung der Verhältnisse.

Die Wanderzeit war nicht spurlos an den Kelten vorübergegangen. Der Brauch, die Toten unter Grabhügeln zu bestatten, hatte die turbulenten Jahrhunderte nicht überdauert. Auch die Beigaben in den Flachgräbern waren spärlicher geworden, was sowohl ihre Anzahl wie auch ihre Kunstfertigkeit betrifft. Der überbordende Zierrat in der Kleinkunst war verschwunden. Es waren die Schwerter, die nun den reichsten Schmuck trugen.

Eine auf lange Sicht belebende Wirkung scheint die Keltische Wanderung auf die heimische Wirtschaft ausgeübt zu haben. Geschickte Handwerker waren die Kelten schon seit langem. Besonders in der Metallverarbeitung hatten sie es zur Meisterschaft gebracht. Nun mutierten die herrschenden Aristokraten zu Unternehmern. Sie zogen die Handwerker in stadtähnlichen Siedlungen zusammen und gingen per Arbeitsteilung zur Serienproduktion über. Die Erzeugnisse vertrieb ein leistungsfähiger Handel. Es gab sogar regelrechte Speditionen, die weiträumige Beziehungen pflegten. Nach griechischem Muster wurde eine Goldwährung eingeführt. Besonders die Fernhändler verwendeten die »Regenbogenschüsselchen« als Wertmesser und Tauschmittel.

Die bedeutendste dieser frühen Industrie- und Handelsstädte im Süddeutschen Raum war das Oppidum von Manching. Daneben gab es noch Passau und den Michelsberg bei Kehlheim. Manching lag an der Nahtstelle von west- und ostkeltischer Macht und zugleich an der Kreuzung der Ost-West-Donaustraße mit der Salzstraße, die hier in Süd-Nord-Richtung den Fluss überquerte. Ausgebreitet auf einer Niederterrasse der Donau, wurde es abgeschirmt durch Sümpfe und Wasserläufe[71] und geschützt von einer sieben Kilometer langen, kreisrunden Befestigungsanlage, deren Konstruktion die gleiche war, wie sie *Caesar* in Gallien bewundern sollte. Für das Holz dieses östlichsten *Murus gallicus* waren 370 Hektar Wald geschlagen und für die Verfüllung 6900 Kubikmeter Steine herangeschafft worden.

Den Kern des Oppidums bildete ein Handwerkerviertel mit Goldschmieden, Bronzegießereien, Glasverarbeitungsbetrieben, Töpfereien und Handelshäusern. Unter anderem wurden dort Hirschhorngriffe für Messer, Ringe aus Sapropelit (kohleähnlicher Stein aus Böhmen), gefasster Bernstein, Mühlsteine aus Porphyr oder Basalt, bunte Glasringe und Münzen angefertigt. Fässer, die neueste Errungenschaft keltischen Ingeniums, und Fahrzeuge von bisher unerreichter Perfektion wurden in großen Stückzahlen gebaut und rundeten die handwerkliche Produktion ab. Doch das war noch nicht alles. Abseits von dem Handwerkerviertel standen große Höfe mit bis zu 80 Meter langen Häusern, in denen ganze Belegschaften von Schmieden aus den angelieferten Eisenbarren Werkzeuge als Massenware hämmerten. Nur so sind die vielen Schlacken zu erklären und der Umstand, dass Äxte, Hämmer und Hacken aus dieser Zeit überall gleich aussehen. Ähnlich organisierte Manufakturen gab es für Kleidung, Sattelzeug und Schuhe.

Nicht weniger bunt war die Liste der Importwaren, die über den Handel weitervertrieben wurden oder dem Eigenbedarf dienten. Beziehungen über weite Entfernungen belegen Funde aus dem germanischen Norden (Bernstein) sowie aus Gallien und Böhmen (Sapropelit). Die wichtigsten Handelsbeziehungen bestanden jedoch zum Süden. Aus Italien kamen Amphoren mit Wein, Bronzegeschirr, feines Glas, schwarzglänzende kampanische Keramik und republikanische Münzen. Außerdem waren die etwa 10 000 Einwohner des Oppidums auf die Zufuhr von Erzeugnissen der Landwirtschaft angewiesen. Als Getreide bevorzugten sie Gerste und Dinkel, und als Fleischlieferanten vornehmlich Rinder, gefolgt von Schweinen, Ziegen und Schafen.[72]

Wer immer die Urheber von Manching und ähnlicher Städte gewesen sein mögen, Handelsfürsten im Stile der Hallstattzeit oder Nachkommen der Revolutionäre von 500 v. Chr., es handelte sich um industrielle Pioniere, wie man sie in der Vorgeschichte kaum erwartet. Auch über die sozialen Konsequenzen darf man sich wundern. Wenn in einer »Sklavenhaltergesellschaft« bürgerliche Strukturen aufscheinen, wie es in Manching »einigermaßen« nachzuweisen ist,[73] dann kommen nicht nur marxistische Kategorien durcheinander, dann liegen sehr reale Gegensätze vor. Wie denn überhaupt das historische Szenarium nicht gerade einen harmonischen Eindruck hinterlässt. Da war der Umstand, dass zur selben Stunde, in der an der Donau der Kapitalismus ausbrach, in Oberitalien die letzten Insubrer, Boier und Gaesaten gegen die Römer kämpften. Dazu kamen Erscheinungen, die an den Nahtstellen zweier Kulturen nichts Ungewöhnliches sind. Im Oppidum von Manching, von dem wir nicht einmal den Namen kennen, trafen die Einflüsse der rational geprägten griechisch-mediterranen Kultur auf das indoeuropäische Erbe. Der Ort dieser Begegnung war eine Gesellschaft, die wieder einmal im Aufbruch begriffen war. Und nach wie vor hatte diese Welt eine irreale Dimension: das Druidentum.

Unmittelbar auf den Lechrain verweist uns die Rohstoffversorgung der eisenverarbeitenden Industrie. Zwar kam das Ausgangsmaterial aus der ganzen Region. Wo Eisenerz zu finden war, wurde es gewonnen, und jede größere Siedlung betrieb ein Rennfeuer. Das Land befand sich in einem Zustand, wie ihn Mao Tse-tung zwanzig Jahrhunderte später mit seinem »Großen Sprung nach vorn« in China vergeblich anstreben wird. Überall war Eisenzeit. Darüber hinaus gab es aber auch Zentren, wie Karlskron am Donaumoosrand, wo nicht weniger als 62 Rennfeuer brannten. Und im »Grubet« bei Aichach könnte schon so früh in großem Stil Raseneisenerz abgebaut und teilweise auch verhüttet worden sein.[74] Weitere Erzgruben bzw. Schlacken fand man bei Unterumbach und im Eurasburger Forst.

Zusammen mit Siedlungsarealen in Schmiechen, Mering und im mittleren Paartal lässt diese Ansammlung den Schluss zu, das Oppidum von Manching sei ein Mittelpunkt gewesen, auf den vom Lechrain aus gesehen alles zulief. Hatte nicht auch die Paar in ihrem Lauf dasselbe Ziel, ehe sie neben dem Oppidum in die Donau mündete? Und wird diese Anziehungskraft nicht allein schon dadurch hinreichend begründet, dass die Stadt eine Fläche bedeckte, die jene der späteren *Augusta Vindelicum* um das Vierfache übertraf? Die Vermutung, es habe sich um die Hauptstadt eines Fürstentums gehandelt, dessen Bevölkerung die Römer Vindeliker nennen sollten, ist nicht weit hergeholt.

Dass umgekehrt von dort aus Waren auch an den Lechrain gelangten, das macht eine Reihe weiterer Funde deutlich: Graphittonkeramik in Merching, Rederzhausen, Eurasburg, Stätzling und Wulfertshausen, ein bunter Glasarmring ebenda und Schätze von »Regenbogenschüsselchen« in Mering, Paar, Unterzell und Gagers.

Wann und warum es mit dem Oppidum zu Ende ging, ist nicht recht erfahrbar. Für manche Berichterstatter liegt es auf der Hand, dass es anlässlich der römischen Okkupation zerstört wurde. Bei den Ausgrabungen ist aber kein Hinweis darauf gefunden worden, und die römischen Geschichtsschreiber erwähnen es mit keinem Wort. Wahrscheinlicher ist, dass es schon früher an Auszehrung einging. Schon gegen Ende des 2. Jahrhunderts v. Chr. dürften germanische Wanderungen das Geschäftsklima beträchtlich gestört haben. (Kimbern-Teutonen, Sueben). Als dann mit dem Wegfall Galliens in der Mitte des letzten Jahrhunderts v. Chr. das Handelssystem zusammenbrach, wird das Oppidum aufgegeben worden sein.

Die keltischen Stämme westlich des Inn hatten schon viel von ihrer Lebenskraft verloren, als die Römer kamen. Im Jahre 59 v.Chr. zogen 32 000 Boier durch Süddeutschland nach Frankreich.[75] Große Teile der niedergelassenen Bevölkerung schlossen sich ihnen an. Gänzlich leer kann das Land aber nicht gewesen sein.[76] Dagegen spricht vor allem, dass sowohl *Drusus* wie auch *Tiberius* mit ihren Truppen nicht nur gegen die Raeter kämpfen mussten, sondern auch gegen die Vindeliker und insbesondere gegen die Likater, deren Name sie unzweideutig als Lechanwohner ausweist. Die Likater seien sogar die kühnsten Kämpfer gewesen.

Dagegen spricht auch die anschließende Zwangsrekrutierung bei den Kelten. Was *Cassius Dio* über die Raeter schrieb, das galt auch für die Vindeliker: » Da sie aber an Männern sehr reich waren und die Gefahr einer Rebellion bestand, führten sie (die Römer) den tüchtigsten und größten Teil ihrer Jungmannschaft aus dem Lande und ließen nur so viele zurück, dass sie wohl das Land zu bebauen fähig wären, aber nicht, erneut Unruhe zu stiften.«[77] Im Jahre 16 n.Chr. kämpften vindelikische Hilfstruppen der Römer im Wesergebiet gegen die germanischen Cherusker. Und im Verlauf des ersten nachchristlichen Jahrhunderts war eine *Cohors Raetorum et Vindelicorum* in Obergermanien stationiert.

Und dagegen spricht schließlich eine Bemerkung, die der Geograph *Strabo* etwa um 18 n. Chr. niederschrieb. Die Raeter und Vindeliker seien seit 33 Jahren friedlich und bezahlten regelmäßig ihre Steuern.[78]

Für den Umstand, dass die Kelten nach der römischen Eroberung des Alpenvorlandes archäologisch nicht mehr nachzuweisen sind, gibt es eine andere Erklärung. Sie könnten sich in einem Tempo romanisiert haben, dass von ihrem Keltentum nichts mehr in den Boden gelangte. Sie selbst aber blieben über die gesamte römische Zeit im Alpenvorland präsent. Wie sonst wäre es zu verstehen, dass der römische Heermeister *Aetius* noch in der ersten Hälfte des 5. Jahrhunderts in Raetien gegen aufständische Vindeliker *(rebellantes)* kämpfen musste?

Nur zögernd gehen renommierte Historiographen über die resignierende Feststellung hinaus, ein »bodenständiges ethnisches Substrat« sei im Alpenvorland bisher in den Bodenfunden nicht erkennbar.[79] Es scheint, dass das »Substrat« doch viel tüchtiger gewesen ist, als der merkwürdige Begriff suggerieren möchte. Möglich ist sogar, dass bei der Suche nach den Bestandteilen des späteren bajuwarischen »Konglomerats« die Kelten sich ihren Stammplatz zurückerobern werden, den sie als Boier schon einmal innehatten. Dann käme Hans F. Nöhbauer endlich zu Ehren, der 1976 schrieb: »Still und unbemerkt sind die Kelten einst ins Land gekommen und ebenso still und unbemerkt sind sie 500 Jahre später wieder daraus verschwunden. Doch dieses halbe Jahrtausend hat ausgereicht, die Baiern für alle Zeit zu prägen und zu zeichnen.«[80] Was Anfang und Ende betrifft, ist diese Aussage wohl als überholt zu bezeichnen, nicht aber, was ihre Substanz anlangt. In der Auseinandersetzung mit seinen germanophilen Kollegen meint Hans Nöhbauer schließlich: »Bei ihrem passionierten Eintreten für die germanischen Urahnen haben die streitbaren Herren ganz übersehen, dass sie mit einigem Glück zwar die böhmischen Boier aus dem Stammbaum vertreiben können, die keltischen Vorbewohner des Baiernlandes aber nie loswerden.«[81] Jedenfalls kann bei der Betrachtung der römerzeitlichen Verhältnisse am Lechrain die gleichzeitige Präsenz des keltischen »Substrats« stillschweigend vorausgesetzt werden.

Römerzeit (15 v. Chr.–500 n. Chr.)

Für den Sommerfeldzug der Römer im Jahre 15 vor unserer Zeitrechnung lassen sich mehrere Motive finden. Da war das Sicherheitsbedürfnis, das sie seit der Gallierkatastrophe beseelte. Da war aber auch das Überlegenheitsgefühl gegenüber den Barbaren, die es zu zähmen galt. Noch 94 v. Chr. hatten raetische Horden Como verwüstet. Und was besonders einleuchtet, da gab es zwischen dem römischen Gallien im Westen und den Provinzen an der unteren Donau einen Keil, der zu zeitraubenden Umwegen zwang, wenn es dort wieder einmal brannte. Für *Augustus,* der das Geschehen von Lyon aus beobachtete, war die Schließung dieser Lücke die Krönung seiner im Grunde defensiven Außenpolitik. »Sie hat wie nichts anderes vorher das Europa nördlich der Alpen dem römischen Blick geöffnet.«[82] Und nicht nur dem Blick.

Straßen

Das *Imperium Romanum* als ein Archipel aus römischen Klonen lässt sich auch als ein Netz von Straßen beschreiben.[83] Die Fernverkehrswege hatten schließlich eine Länge von 85 000 Kilometern. In dem unterworfenen Gebiet des Alpenvorlandes kam es zu recht unterschiedlichen Tendenzen im Straßenbau. Straßen in Süd-Nord-Richtung sind jewels dem Motiv der Eroberung bzw. der Sicherung zuzuordnen, solche in West-Ost-Orientierung dem Zweck der Verkürzung imperial-strategischer Linien.
In der Phase der Eroberung unter *Augustus* und *Tiberius* entstand die älteste und prominenteste Süd-Nord-Fernverbindung. Es war die später so genannte *Via Claudia Augusta,* die von *Drusus* schon während des Feldzugs gangbar gemacht und später von seinem Sohn *Claudius* verlängert und ausgebaut wurde. Sie ging von Altino (*Altinum*) aus, einer kleinen Stadt nordöstlich des späteren Venedig, und folgte dann drei Flüssen. Die Etsch entlang verlief sie über Trient (*Tridentum*) nach Meran, westwärts durch den Vinschgau und dann wieder nordwärts zum Reschenpass. Den Inn begleitete die Straße bis zum Fernpass, und von da an den Lech über Reutte, Füssen (*Foetes*) und Epfach *(Abodiacum)* nach Augsburg. *Claudius* selbst verlängerte seine Straße nach *Submuntorium,* das ist das Kastell Burghöfe nahe der Mündung des Lechs.
Die Gesamtlänge der *Via Claudia* betrug schließlich 350 römische Meilen, das sind

gute 518 Kilometer. Der Straßenkörper, auf beiden Seiten von Entwässerungsgräben gesäumt, bestand aus einem Schotterpaket von etwa einem Meter Dicke und fünf bis sieben Meter Breite. Obenauf lag eine Kiesschicht.

Die der *Via Claudia* folgende Umsetzung der augusteischen Vision in West-Ost-Richtung war die Queralpenspange, eine antike Vorläuferin der modernen Queralpenstraße. Sie zog einen Bogen von Bregenz (*Brigantium*) über Kempten nach Epfach, Gauting (*Bratananium*), Seebruck (*Bedaium*) und Salzburg (*Iuvavum*).

Die zweite Alpenüberquerung benützte den Brenner. Sie begann in Trient, trennte sich bei Bozen (*Pons Drusi*) von der *Via Claudia* und erreichte den Pass über Sterzing (*Vipitenum*). Der Abstieg verlief über Matrei (*Matreium*) ins Inntal. Innaufwärts ging es bis Zirl (*Teriolis*) und von da an nach Mittenwald-Klais und Partenkirchen (*Partanum*). Über Murnau und Weilheim gelangte die Route schließlich in die Provinzhauptstadt.

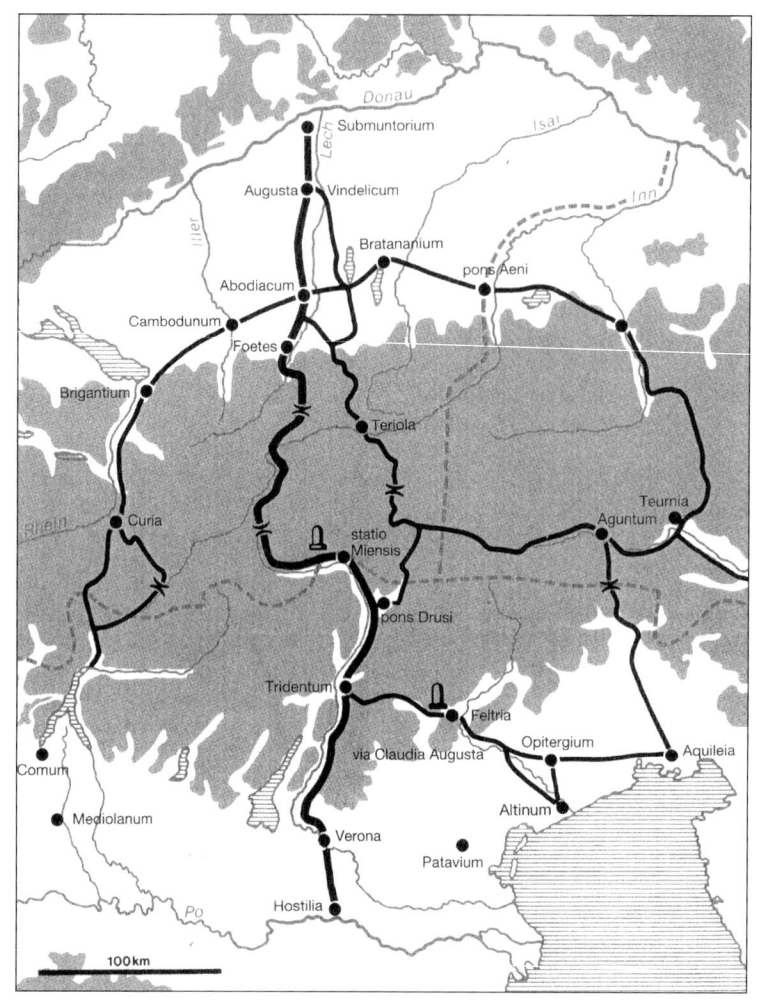

Bild 15: Via Claudia Augusta, Queralpenspange und Brenner-Strecke

Die Frage nach dem Ursprung der Brennerstrecke lässt sich nicht so leicht beantworten wie bei ihrer älteren Schwester. Nach Wolfgang Czysz war der Brennerzugang oberhalb von Bozen noch bis ins 2. Jahrhundert durch die Kanterschlucht versperrt, so dass er für »ein größeres Verkehrsaufkommen« nicht in Frage kam.[84] Der Römerstraßen-Monograph Werner Heinz bezeichnet die Route dagegen als »sehr alt«.[85] Vermutlich haben beide recht. Sie ist sicherlich nicht in einem Stück gebaut worden. Zumindest der Abschnitt von Weilheim bis zur *Augusta*, die »Lechtalstraße«, dürfte schon im ersten Drittel des 1. Jahrhunderts entstanden sein, so dass ihre Einordnung in die militärische Kategorie gerechtfertigt erscheint. Nach dem Ausbau durch *Caracalla* hat die Brennerstrecke die *Via Claudia* überflügelt (vgl. Bild 15).

Die andere große Querverbindung 100 km nördlich der Alpenspange war die Donau-Süd-Straße. Auch sie ist *Claudius* zu verdanken. Nachdem er die *Via Claudia* bis an die Donau verlängert hatte, rekonstruierte er die uralte Völkerstraße am Südufer des Stromes. Zur Sicherung der Donaulinie gegen Norden errichtete er die Kastelle Hüfingen, Emerkingen, Rißtissen, Unterkirchberg, Burlafingen, Nersingen, Aislingen, Burghöfe, Oberpeiching, Neuburg und Oberstimm. Ihren endgültigen Ausbau und ein imperiales Ausmaß erfuhr die Strecke mit der Errichtung des raetischen Limes durch *Trajan*. Sie reichte schließlich von den Quellen der Donau bis zu deren Mündung ins Schwarze Meer.

Die *Augusta* musste spätestens mit ihrer Erhebung zur Hauptstadt der Provinz in das System eingebunden werden. Diesem Zweck dienten weitere überregionale Straßenschöpfungen, die ebenfalls in West-Ost-Richtung verliefen. Die wichtigste war eine Diagonale, die unter *Domitian* (81–96) errichtet wurde und ausgehend von Mainz (*Mogontiacum*) über die Donau bei Günzburg (*Gontia*) an den Lech kam. Sie setzte sich fort über Seebruck nach Salzburg oder weiter nördlich auf der Trasse der mittelalterlichen »Ochsenstraße« über das Isartal nach Künzing und Passau.

Straßen von provinzieller Bedeutung, wie die Verbindung nach Kempten *(Cambodunum)* oder Regensburg (*Castra Regina*) schlossen sich an. Die letztere führt uns wieder zu den Anfängen der römischen Herrschaft und an den Lechrain zurück.

Es begann mit einem Brückenkopf östlich des Lechs zur Zeit des Großkastells. Die Vermutung, dass sich die Anwesenheit und die Aktionen der Römer bis dahin auf das linke Lechufer beschränkt hatten, ist nicht von der Hand zu weisen. Es sei auf die *Via Claudia* verwiesen, die linkslechisch verlief, oder auf die frühen Höhensiedlungen der Römer, wie den Auerberg am Fuße der Alpen oder den Lorenzberg bei Epfach. Auch sie ließen den Fluss rechts liegen.

In den Jahren 1980 und 1982 wurden bei Rederzhausen aus der Luft zwei rechteckige Erdkastelle entdeckt, die neben Augsburg die ältesten Bauspuren der römischen Armee in dem späteren Raetien darstellen. Sie lagen vor dem Eintritt des Paartales in das tertiäre Hügelland, auf einer kaum erkennbaren Niederterrasse des Lechs. Beide Anlagen (155 x 144m und 125 x 110m) waren von einem aus Rasensoden aufgeschichteten Wall umgeben mit zwei vorgelagerten flachen, parallel verlaufenden Gräben. Je vier Eingangstore führten zu einer Reihe von barackenähnlichen Gebäuden.

Im Jahre 1982 wurde während einer zweimonatigen Grabung aus dem »Pflughorizont« eine Reihe von militärischen Gegenständen und eine kleine Münzserie geborgen. Diesen Funden nach haben die Rederzhauser Kastelle in den 20er Jahren des 1. Jahrhunderts über mehrere Kampagnen hinweg Auxiliartruppen beherbergt, die nicht nur das Land besetzten, sondern auf dreifache Weise dem Zweck der Verkehrserschließung dienten.[86]

Schon die Brücke, auf der sie den Lech überschritten, war wohl ihr Werk. Dazu kam der Bau einer Straße das Paartal abwärts,[87] die wenig später die Sicherung der Donaulinie erleichterte. Das claudische Donau-Kastell an ihrem Ende wurde Oberstimm. Später bot diese Straße die kürzeste Verbindung nach Regensburg und nahm noch zwei abkürzende Zubringer aus der *Augusta* auf. Mit einiger Wahrscheinlichkeit errichteten die Baukommandos von Rederzhausen auch einen Teil der Brennerstrecke, soweit sie den oberen Lechrain begleitete. Man könnte sie auch die obere Lechtalstraße nennen. Sie bewegten sich zu diesem Zweck das Paartal aufwärts bis zur Kreuzung

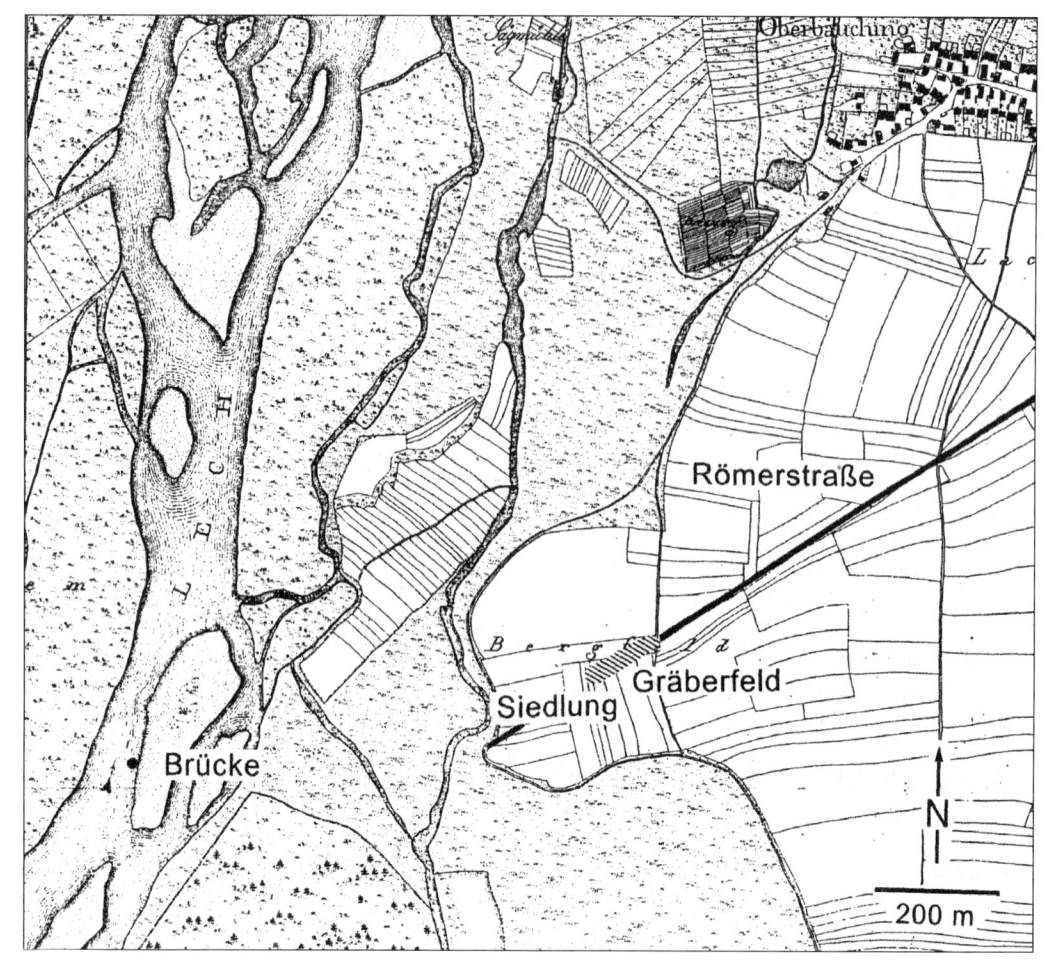

Bild 16: Donau-Süd-Straße bei Oberpeiching mit Brücke, Siedlung und Gräberfeld. Flurkarte von 1830

von Steindorf-Putzmühle, wo sich ein Zubringer für die »Queralpenspange« von der Brennerroute trennte.

Eng mit dem mittleren und unteren Lechrain verbunden war eine »Nebenstraße« aus der zweiten Hälfte des 1. Jahrhunderts, die eigentlich eine Verlängerung der Brennerstrecke bis an die Donau gewesen ist. Sie verlief westlich der Friedberger Ach, nahm bei Mühlhausen einen Zweig auf, der unmittelbar von der *Augusta* kam, und gelangte bis nach Oberpeiching, wo schon die Kelten gesiedelt hatten. Um 164 n. Chr. wurde dort eine Brücke über den Lech geschlagen. Diese dritte Lechüberquerung im Bereich des Lechrains erleichterte den Verkehr auf der Donau-Süd-Straße und verband die nördlichen Enden der beiden Süd-Nord-Strecken. Nach Oberpeiching gehörte auch einer der wenigen Meilensteine, die der Lechrain bis heute hergegeben hat. Er stammt aus dem Jahr 215 n. Chr., als der Kaiser *Septimus Severus* und sein mitregierender Sohn *Caracalla* die Straßen in Raetien überholen ließen. Gefunden wurde er allerdings in Nähermittenhausen, als Spolie im Hochaltar der Sebastianskirche. Die Inschrift mit der Entfernung von der *Augusta* bis zum Stein entspricht jedoch mit 24 Meilen (35,4

Kilometer) genau derjenigen nach Oberpeiching (vgl. Bild 16).

Mindestens sechs Abzweigungen verließen die untere Lechtalstraße in östlicher oder nordöstlicher Richtung. Sie alle erschlossen im Laufe der Zeit den unteren Lechrain für die Besiedlung mit bäuerlichen Betrieben. Drei von ihnen gewannen überregionale Bedeutung.

Die nördlichste bog »irgendwo bei Aindling«[88] nach Nordosten ab, um über Pöttmes und das Donaumoos den Ingolstädter Raum und schließlich Regensburg zu erreichen. An dieser Strecke stand der Meilenstein von Aindling.

Die südlichste Abzweigung zwischen Friedberg und Wulfertshausen war ein abkürzender Zubringer für die Paartalstraße. Sie erstieg bei der Mühle nördlich von Friedberg die Lechleite und wurde von dort über das Unterzeller Bachtal nach dem Knotenpunkt Dasing weitergeführt.[89] Durch dieses idyllische Tal führten in der Römerzeit drei Trassen. Das Holz für den in bröseligem Süßwasserkalk-Tuff eingebetteten Unterbau der ältesten wurde zwischen 54 und 74 n. Chr. geschlagen.

Bild 17: Kreuzung der Ausfallstraße mit der Lechtalstraße bei Stätzling mit Station

Den dichtesten Verkehr dürfte die mittlere Abzweigung aufgenommen haben, die von der *Augusta* über Stätzling ebenfalls nach Dasing führte und damit dem Lechleitenanstieg aus dem Wege ging. Sie war der zweite abkürzende Zubringer für die Paartalstraße. An ihrer Einmündung in die bestehenden Trasse nach Dasing scheint sich eine Station befunden zu haben.[90] Es wurde schon die Vermutung geäußert, diese Ausfallstraße sei im Zusammenhang mit der zweiten Lechbrücke in Lechhausen errichtet worden.[91] Gegen diese Annahme spricht, dass der bisher erkennbare Trassenverlauf im Lechtal nach Südwesten weist, dorthin, wo die erste Lechbrücke stand. Dass sie eine Spätere gewesen ist, das zeigt sie bei ihrer Kreuzung mit der Lechtalstraße südwestlich von Stätzling. Dort schnitt sie nämlich von der dortigen Straßenstation kurzerhand eine Ecke ab. Wahrscheinlich stammt sie aus dem 2. Jahrhundert, als die Verbindung mit Regensburg immer wichtiger wurde[92] (vgl. Bild 17).

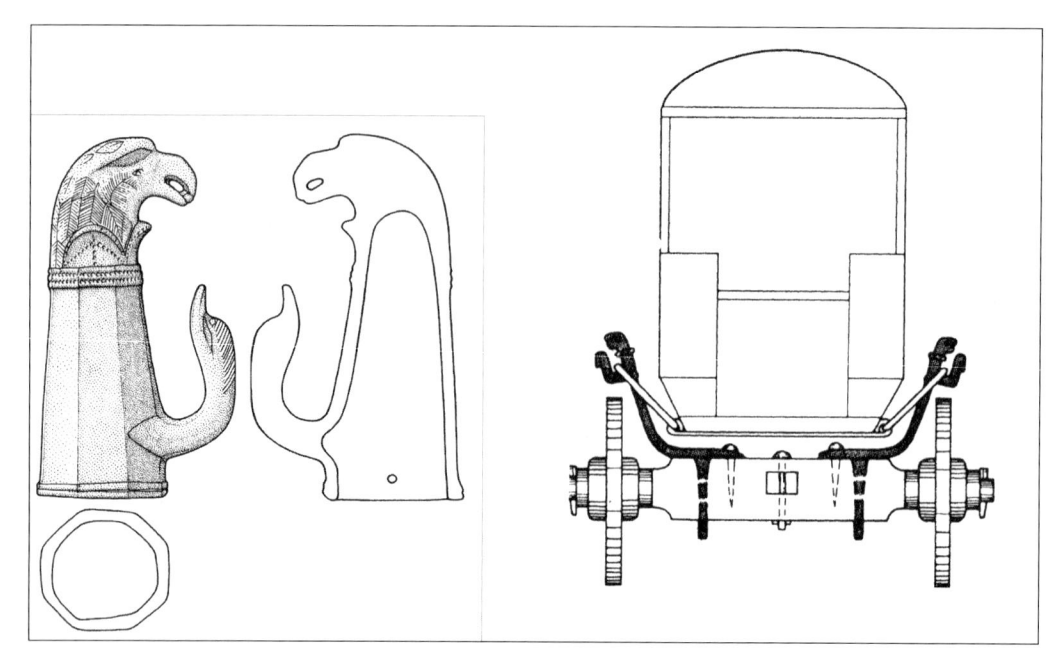

Bild 18: Tüllenaufsatz aus Stätzling   *Bild 19: Reisewagen mit Kabinenaufhängung*

Auch diese Straße wurde durch das Unterzeller Bachtal geführt. Im 4. Jahrhundert nahm sie außer dem Fernverkehr auch den Transport von Ziegeln und Geschirr aus den Betrieben in Rohrbach und Stätzling auf. Die schweren Lastwagen *(carrus)* wurden von Ochsen gezogen, die mit mühevoller Stetigkeit unter dem Stirnjoch gingen. Viel länger schon und vergleichsweise elegant bewegten sich dagegen die staatlichen Kuriere *(cursus publicus)* und die Geschäftsleute auf dieser Straße. Sie benutzten leichte, von Pferden gezogene Reisewagen *(carruca* oder *carpentum)* mit einer komfortablen Kabine. Im Juni 1992 wurde bei Gartenarbeiten in Stätzling der Rest eines solchen Wagens gefunden. Es ist ein Tüllenaufsatz aus Bronze. Auf einer 10,4 Zentimeter hohen, achteckigen und sich nach oben verjüngenden Tülle sitzt ein massiver Adlerkopf, der aus einem dreiteiligen, verzierten Blattkelch wächst und ein Kügelchen im Schnabel trägt. Ein unten angebrachter Haken endet in dem Kopf einer Ente. Feine Ziselierung deutet das Gefieder der beiden Vögel an.

Durch solche Aufsätze konnte eine gewisse Federung der Kabine erreicht werden. Zu diesem Zweck hängte man sie mit Lederriemen elastisch an vieren solcher Tüllen auf, die ihrerseits über Hängestöcke fest mit dem Wagenschemel verbunden waren. Man darf annehmen, dass die vielfach beklagten Beschwerden einer Reise dadurch nicht unwesentlich gemildert wurden[93] (vgl. Bild 18, Bild 19).

Die Perfektion des imperialen Straßennetzes war wohl einer der Gründe für das Überlegenheitsgefühl, das die Bürger Roms gegenüber den Barbaren hegten. Ab dem dritten Jahrhundert wird jedoch so mancher an diesem Gefühl irre geworden sein.

Zum Entsetzen der Provinzialen nämlich wurden die Nachteile offenbar, die das Netz in Kriegszeiten hatte. Ohne die schnellen Nord-Süd-Verbindungen sind die wiederholten Raubzüge der Alamannen bzw. der Juthungen nach Italien nicht vorstellbar. In der *Via Claudia* bildete wenigstens die *Augusta* noch einen Pfropf. Auf der Lechtalstraße und ihrer Fortsetzung, der Brenner-Route dagegen, konnte man der Stadt nach Belieben ausweichen oder sie an der Flanke packen. Der Fundort des Siegesdenkmals von 260 n. Chr. lässt vermuten, dass die Juthungen auf ihrem Rückmarsch – sie waren bis Ravenna gekommen – diesen Weg nahmen.

Es war also eine strategische Notwendigkeit, den neuralgischen Punkt im Osten der Stadt zu sichern. Tatsächlich ist das um das Jahr 272 auch geschehen. Auf der Lechleitenkante entstanden mehrere Aussichtstürme. Möglicherweise ist auch die zunächst als mittelalterliche Wasserburg betrachtete Anlage im Süden von Stätzling ein römisches Kastell gewesen, das diesem Zweck diente,[94] ähnlich wie die Vorkehrungen im Norden der Hauptstadt. Diese konzentrierten sich um das nördliche Ende der *Via Claudia* in dem Kastell Burghöfe *(Summuntorium)* und auf der herüberen Seite des Lechs um Oberpeiching.

Zu den unbeabsichtigten Folgen des römischen Straßennetzes gehört auch seine ausschlaggebende Bedeutung bei den germanischen Niederlassungen in der Spätantike und im Frühmittelalter. So wäre ohne die zwei West-Ost-Verbindungen die Überschwemmung des Voralpenlandes durch die Alamannen Gibulds nicht möglich gewesen. Auch liegen die Kernräume der bajuwarischen Stammesbildung um Regensburg und München in der Nähe der Donau-Süd-Straße und der Alpenspange. Ähnliches gilt für die bajuwarische Überlagerung des Lechrains, die 300 Jahre später ebenfalls von den römischen Straßen Gebrauch machte.

Siedlungen

Die ältesten römischen Behausungen, die sich der Archäologie bisher zu erkennen gegeben haben, waren militärischen Ursprungs, wie die Gebäude in den Kastellen von Rederzhausen. Ihnen folgten Niederlassungen, von denen aus eine Art Straßenpolizei tätig werden konnte. So dürfte die Straßenstation bei Stätzling von *beneficiarii* betrieben worden sein, von privilegierten «Wohltätern», die den Warenzoll eintrieben und die Sicherheit der Reisenden gewährleisten sollten.

Vollends zivilen Bedürfnissen dienten Rastplätze und Straßendörfer, die sich gegen Ende des 1. Jahrhunderts entwickelten. Niederlassungen solcher Art sind am Lechrain bisher vier nachgewiesen. Da lag im Süden Steindorf-Putzmühle, wo sich der Zubringer der Kempten-Salzburg-Transversale in Richtung Gauting von der Brennerroute trennte. Im Norden befand sich das Straßendorf Oberpeiching, das außerdem noch für die Lechbrücke zuständig gewesen ist. Und da gab es am Knotenpunkt Dasing eine Doppelsiedlung westlich und östlich der Paar («Brückenkopfsiedlung»).[95] Die vierte Siedlung schließlich erstreckte sich an der Lechtalstraße westlich der Leite auf der Höhe der heutigen Kussmühle.[96] Diese Versorgungsplätze *(mansiones, hospitia)* waren recht einheitlich ausgestattet. Obligatorisch waren eine Herberge mit Badegebäude und Schmiede. Dazu kamen Ställe, Scheunen und Tränken für die Zugtiere. In Dasing klapperte in einiger Entfernung von diesen Gebäuden eine Wassermühle, die im Mittelalter einige Nachfolgerinnen bekommen sollte und deren Reste »zu den ältesten Belegen der Mühlentechnologie nördlich der Alpen« zählen.[97]

Die Besiedlung des Landes mit bäuerlichen Anwesen hatte zwar schon unter *Tiberius* begonnen, war aber nur im Umfeld der Hauptstadt in nennenswertem Umfang in Gang gekommen, wobei der Landstrich östlich des Lechs wiederum nachhinkte. Erst

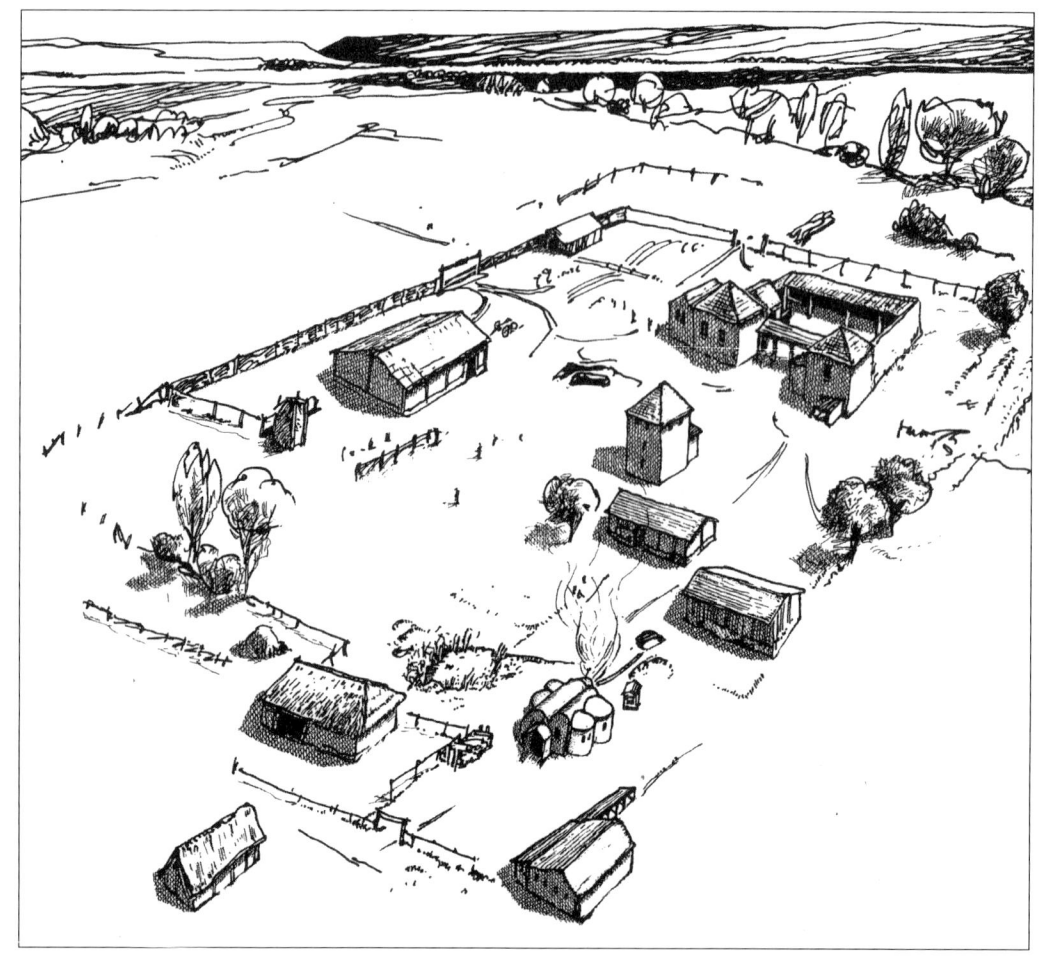

Bild 20: Rekonstruktion der »Holzvilla« bei Oberndorf am Lech.

um die Wende zum 2. Jahrhundert gab es offizielle Bemühungen, die man als Siedlungspolitik bezeichnen kann.

Grundsätzlich gehörte das Land einer eroberten Provinz als *ager publicus* dem Kaiser bzw. dem Fiskus. Dieser verteilte es durch Verpachtung *(praedia tributaria)* oder Verkauf an eine recht unterschiedliche Klientel.

Es versteht sich, dass die kaiserlichen Domänenbezirke in der Nähe der Provinzhauptstadt lagen. Darüber hinaus gab es provinzunmittelbare Bereiche und militärische Territorien. Sie wurden bevorzugt an landständige Veteranen bzw. an romanisierte Vindeliker vergeben. Letztere werden das Land gepachtet haben. Die Pächter (*Coloni*) mussten Pachtzins (*tributum*) zahlen und Naturalabgaben (*annona*) leisten. Die Arbeit taten sie wohl selbst bzw. ihre Familien.

Als Muster für die Mehrzahl dieser Niederlassungen darf die *Villa rustica* gelten, ein Einzelgehöft, das gerne mit dem heutigen Aussiedlerhof verglichen wird. Über die Gebäude sagt der Begriff zunächst nichts anderes aus, als dass sie auf dem Lande liegen. Im Gegensatz zu den Barbaren wollte der römische Bauer nicht mit dem Vieh unter einem Dach hausen. Er trennte das Gehöft deshalb in einen städtischen Teil (*pars urbana*) und einen Wirtschaftsteil (*pars rustica*). Dazu kam ein Bad und, wenn irgend möglich, noch innerhalb der Umfriedung eine Quelle. Im Familienbetrieb (zur *familia* konnten auch Sklaven gehören) widmete sich der Inhaber dem Feldbau, der Viehwirtschaft, der Forstwirtschaft und in vielen Fällen auch noch einem Gewerbe, wie z.B. der Ziegelei oder einem Handwerk. Eine *Villa rustica* beherbergte deshalb in der Regel neben einem Fuhrpark samt den landwirtschaftlichen Geräten und Gefäßen zur Aufbewahrung der Ernte auch einen umfangreichen Werkzeugsatz, der zum Mauern, Schmieden oder für die Holzbearbeitung taugte. Im Rahmen des üblichen Hausfleißes wurden Abfälle verarbeitet, wie Knochen, Horn und Häute. Es wurde gesägt, geschnitzt und gedrechselt. Dass die Frauen wie selbstverständlich am Spinnrad saßen und am Webstuhl, wird vielfach von der antiken Literatur bestätigt.

Eine frühe *Villa rustica,* die zwar jenseits des Lechs dafür aber in unmittelbarer Nähe von Oberpeiching ausgegraben wurde, war die bei Oberndorf. Sie war noch aus Holz errichtet. Wir dürfen annehmen, dass auch die am Lechrain im ersten Jahrhundert errichteten *Villae rusticae* diesem Muster entsprachen. Am zahlreichsten dürften sie in der Mitte des 2. Jahrhunderts gewesen sein, erlitten jedoch spürbare Einbußen durch die Markomannenkriege und verschwanden mit den Einfällen der Alamannen bzw. der Juthungen ganz. Auf der Grundlage von Einzelfunden können sie an folgenden Orten angenommen werden: In der Nähe von Pfaffenzell (kleinteilige Keramik, Bruchstücke von Baukeramik), im Norden von Edenried (zwei mittelkaiserzeitliche Brandgräber), im Südosten von Affing (Nachbestattungen in hallstattzeitlichen Grabhügeln), bei der Kapelle St. Lorenz in Latzenhausen (spärliche Hinweise) und in Obergriesbach-Weidach (Brandgräberfeld).[98] Ausdrücklich als *Villa* rustica angesprochen wurde schon 1916 eine Fundstelle zwischen Bayerzell und Vogach[99] (vgl. Bild 20).

Der zähere Typus der landwirtschaftlichen Siedlung war die *Villa suburbana*. Sie unterschied sich von der *Villa rustica* in mancherlei Hinsicht. Nicht nur, dass sie zum Teil bis in die Spätantike durchhielt, was wohl auch daran lag, dass sie näher an der Hauptstadt lag. Sie war der Mittelpunkt eines Areals von land- oder forstwirtschaftlich genutzten Flächen; kurz: ein Gut. Darüber hinaus war die *Villa suburbana* auch noch ein Herrenhaus. Der Herr war ein wohlhabender Stadtbürger (*conductor*), der den Besitz als Kapitalanlage betrieb, oder ein Angehöriger des Provinzadels bzw. ein Spitzenbeamter der Provinz. Da er sich in der Regel nur sommers auf seinem Besitz aufhielt, beschäftigte er einen Verwalter (*vilicus*). Für die Arbeit auf den Feldern hielt er sich Sklaven.

Die Gutsbesitzer waren es auch, die am ehesten einer Lebensauffassung anhängen konnten, welche die Landwirtschaft zu den erstrebenswertesten Formen menschlichen Daseins zählte. Die alten Römer waren Bauern gewesen und hatten eine Zivilisation geschaffen, die eine bis dahin unbekannte Vielfalt und Verfeinerung des Lebens ermöglichte. Dafür fanden sie sich unversehens in der Stadt wieder, einem unübersichtlichen, lauten Gebilde mit einem Netz wechselseitiger Abhängigkeiten. Da erinnerten sie sich der unbeschwerten Frühzeit italischer Existenz und träumten von einer Rückkehr. Doch die gab es nicht. So blieb also nur eine Art von grüner Romantik. Wenn Cicero (106–43 v.Chr.) schwärmt: »Nichts ist besser als die Landwirtschaft, nichts schöner, nichts angenehmer, nichts würdiger für einen freien Mann«, dann wirkt das wie ein Nachruf. Dass zwischen seinen Zeilen die Sklaverei nistet, gibt dem Seufzer einen Hauch von unfreiwilliger romantischer Ironie.

Bild 21: Rekonstruktion der Villa suburbana vom Fladerlach in Friedberg mit Blick nach Osten

Wie beschwerlich das Landleben in Wirklichkeit gewesen ist, darauf weist ein anderer Römer hin, der Verfasser eines der Berufshandbücher für die Landwirtschaft mit dem Titel *»De re rustica«*. *Columella* nennt das Tagwerk des Landarbeiters *rem rusticam sordidum opus* – ein hartes Los. So ist es denn nicht schwer, den Kreis der Römer, die vom Landleben träumten, einzuschränken. Es waren die entnervten Städter. Und nur die Eigentümer von Sklaven oder die Patrone unfreier Pächter konnten sich auf dem Land der *vita contemplativa* hingeben, einer von der Plage des Daseinskampfes unbehelligten Beschaulichkeit.

Die am gründlichsten ausgegrabene und erforschte *villa suburbana* stand in der Friedberger Flur am Fladerlach, hart an der Lechleitenkante, am Rande eines Areals, das uns nun schon zum wiederholten Male beschäftigt.[100] Fünfzehn Meter über dem Lechtal und etwa sechs Kilometer von der *Augusta* entfernt, beherbergte schon die erste Variante des Gebäudes, von der das Füllmaterial einer Grube erzählt, anspruchsvolle Bewohner. Sie lebten in bemalten Innenräumen und bedienten sich dort eines bronzenen Hockers *(subsellium)*, der zusammen mit einem Sessel oder einer Tricliniumsliege ein Höchstmaß an Bequemlichkeit bot. Auf dem Speisezettel standen neben Schweine- bzw. Rindfleisch auch Weinbergschnecken. Im Keller lagerten Amphoren, darunter eine mit süßem gekochten Wein *(passum)*, eine andere mit »Wein aus *Massicum*, drei Jahre alt«, und eine dritte spitzkonische für Datteln, Oliven und Feigen. Von *Tiberius*, *Claudius* oder *Caligula* stammen die in der Grube gefundenen Münzen. Das Ende dieses ersten Hauses dürften die Unruhen des Vierkaiserjahres heraufbeschworen haben. Es stand also nur wenige Jahrzehnte.

Eine Lebensdauer von etwa 300 Jahren hatte dagegen ein Gebäude, das um die Wende zum 2. Jahrhundert an derselben Stelle entstand und 1973 in der Folge einer Rettungsgrabung aufgedeckt wurde. Es zählt zu den schönsten Herrensitzen, die jemals am Lechrain errichtet worden sind[101] (vgl. Bild 21).

Die beiden Flügel des 55 Meter langen Risalitbaues verband eine Säulenhalle *(porticus)*. Der südliche von einer Apsis abgeschlossene Flügel enthielt die Badeanlage mit einem Warmbad *(caldarium)*, einem lauwarmen Bad *(tepidarium)* und einem

Kaltbad *(frigidarium)*. Am besten ausgestattet war der Warmbaderaum. Außer dem obligatorischen Bodenmosaik muss er eine farbenprächtige Wandbemalung aufgewiesen haben, die gegen die Decke mit einem Stuckgesims abschloss. Daneben war in einem eigenen Gemach ein von außen beheizbares Becken aus graugrünen polierten Natursteinplatten untergebracht.

Bild 22: Wandmalerei aus der Villa von Wulfertshausen

Auch die Hypokaustheizung für das ganze Gebäude wurde von außen betrieben. Sie wärmte neben der Badeanlage den großen Repräsentationsraum im Mitteltrakt und im zweigeschossigen Nordrisalit zwei »private« Räume.

Von den Bewohnern der »Villa am Hang« wissen wir herzlich wenig. Da gibt es zwei Gräber im Umfeld. Das erste ist ein beigabenloses, undatierbares Körpergrab eines erwachsenen Mannes, etwa 40 Meter östlich des Hauptgebäudes. Das zweite, ein ärmlich ausgestattetes Brandgrab, liegt inmitten des großflächig ausgegrabenen vorgeschichtlichen Gräberfeldes »Am Bierweg« und 400 Meter südöstlich des Villenareals. Auch dieses Grab birgt die Reste eines erwachsenen Mannes. Anhand der Beigaben lässt es sich in die frühflavische Zeit einordnen.

Lebendiger ist da schon ein Fund in den Resten der Villa. Unter zahlreichen Gefäßen und Werkzeugen kam der Arm einer Puppe und ein rot eingefärbter Hahn aus Terrakotta zum Vorschein. Kinderspielzeug also, ein lebensfroher Aspekt, den auch die Lämmergeier nicht trüben können, die in der Spätantike über der Villa kreisten.

Ein letzter Versuch, etwas über die Bewohner der Villa zu erfahren, ist die Erinnerung an ein Bild, das in der Literatur schon mehrmals bemüht wurde, wenn von der Christianisierung der Lechrainbewohner die Rede war. Sie hätten im Jahre 304 n. Chr. den Scheiterhaufen lodern sehen, in dem die heilige Afra starb. Eine frühe Bekehrung sei also möglich, hieß es. Die Beweiskraft dieses Arguments soll hier nicht erörtert werden. Erwähnenswert erscheint jedoch, dass dieses Ereignis wenigstens den Bewohnern der Villa am Hang schwerlich hätte entgehen können. Die Stätte des Martyriums lag unübersehbar in ihrem Blickfeld, so wie für uns Heutige die Kirche St. Afra im Felde.

Eine zweite *Villa suburbana* auf der Lechleitenkante stand südlich von Wulfertshausen. Franz Weber beschrieb sie schon 1895.[102] Im Jahre 1877 seien auf der Lechrainhöhe zwischen Friedberg und Wulfertshausen auf dem »Kegelberg« die Grundmauern eines römischen Wohngebäudes ausgegraben worden. Es liege ganz in der Nähe der Regensburger Straße, bei ihrem Austritt aus dem Hohlweg auf der Höhe. Von einem mit *Hypocaustum* versehenen Wohngemach seien größere Wandstücke gefunden worden, bemalt mit weißen, grünen und gelben Arabesken und Ornamenten auf pompeianischem Rot. Auch ein Bodenmosaik sei zu Tage getreten. Kurz: es habe sich um ein feineres Haus gehandelt. An Einzelfunden gibt Franz Weber Gefäßreste an, ein Steingewicht, eine zerbrochene Zierscheibe in Bronze und zwei Münzen. Eine davon

sei aus Silber und völlig unkenntlich, die andere sei eine gut erhaltene Kupfermünze von *Magnentius* (350–353). Brandspuren deuteten auf ein gewaltsames Ende des Hauses hin (vgl. Bild 22).
Eine Datierung dieser Anlage versucht die Fundliste des Landesamts für Denkmalpflege. Sie stützt sich dabei auf Vergleiche der gefundenen Wandmalerei-Fragmente mit standardisierten Beispielen. Demnach müsste das Gebäude vom Ende des 1. Jahrhunderts bis zur Mitte des 2. Jahrhunderts bestanden haben. Die Münze des *Magnentius* dagegen habe wenig datierende Beweiskraft, heißt es, weil sie »gleichzeitig« mit der durchbrochenen Bronzescheibe gefunden wurde, welche merowingischen Ursprungs sei. Wie eng die beiden Funde vergesellschaftet waren, darüber verlautet nichts. Schenkt man der Münze dennoch Glauben, dann könnte die *Villa suburbana* am Kegelberg eine ähnlich lange Lebensdauer gehabt haben, wie ihre Friedberger Schwester. Im Unterschied zu dieser wäre in ihr sogar eine gewisse römisch-germanische Kontinuität vorstellbar. Die bronzene Zierscheibe aus der Zeit der Merowinger würde auf diese Weise zu einem kostbaren Indiz.
Um die Spekulation noch zu steigern, soll drittens auf eine *Villa suburbana* hingewiesen werden, von der wir nur wissen dass es sie gegeben haben muss. In einer grotesken Umkehrung der Verhältnisse kennen wir in diesem Fall nämlich den Besitzer. Im Mai 1908 wurde aus dem westlichen Sockel der Sebastianskirche in Derching ein Stein geborgen, auf dem Folgendes eingemeißelt ist:

    (FLAVIUS) VETTIUS TI(TUS)
    (DO)M(O) CL(AUDIA) SAVAR(IA) ADVOC(ATUS)
    (F)ISCI RAETIC(I) EX TEST(AMENTO) IPSIU(S)
    FL(AVII) QUINTILIANUS ET FORTUNATUS
    LIBERT(I) ET HERD(ES) PATRON(O) OPTIM(O)
    FECERUNT EX SESTERTIIS N(UMMIS) XLVIIII
    VIX(IT) ANN(IS) XLVIIII

In der Übersetzung heißt das: »(Dem Gedächtnis des) *Flavius Vettius Titus* aus Claudia Savaria, Anwalt der raetischen Kasse. Nach seinem Testament haben seine Freigelassenen und Erben *Flavius Quintilianus* und *Fortunatus* ihrem besten Herrn (dieses Grabmal) errichtet; es hat 14000 Sesterzen gekostet. Er hat 49 Jahre gelebt.«
Flavius Vettius Titus stammte also aus der Colonia Claudia Savaria in der Provinz Pannonien, dem heutigen Scombathely in Westungarn, wo seine Familie wohl unter dem flavischen Kaiser *Titus* das Bürgerrecht erhalten hatte. In seiner Eigenschaft als Staatsanwalt in der Provinzhauptstadt wahrte er die Interessen der Provinzialkasse bzw. des Kronvermögens *(patrimonium)* und vertrat die beiden Einrichtungen bei Prozessen. Die Erträgnisse des Grundbesitzes bei Derching erlaubten ihm einen Lebensstil, der zur Repräsentation seines Amtes unerlässlich schien. Dass er zwei Freigelassene als Erben einsetzte, das zeigt zunächst, dass er wohl ein Junggeselle gewesen ist, stellt ihm aber auch als Herrn ein gutes Zeugnis aus. Nebenbei ist dieser Passus ein Beleg dafür, dass die Arbeit auf den größeren Gütern von Sklaven getan wurde.
Für den Standort der *Villa suburbana* in Derching gibt es zunächst zwei Möglichkeiten.[103] Da fanden sich römische Siedlungsspuren sowohl nördlich als auch südlich des Dorfes. Die nördlichen enthielten Reste eines Bades, die südlichen dagegen

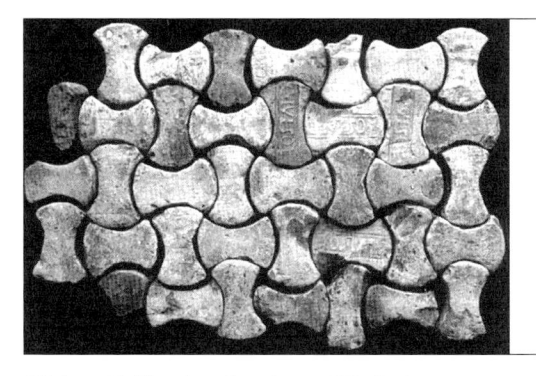

Bild 23: Fußbodenziegel aus Miedering

Bruchstücke von Putz mit roter und gelber Malerei. In beiden Fällen wäre die Villa auf der Lechleitenkante gelegen. Das Pfeilergrabmal für *Flavius Vettius Titus* mit dem Gedenkstein könnte 700 Meter südsüdwestlich von der Sebastianskirche an der Lechtalstraße gestanden haben. Dort wurden 1907 bei der Anlage eines Drainagegrabens zwei parallele Tuffsteinmauern durchschnitten. Zwischen ihnen fand man vier Sigillata-Urnen und ein Glasgefäß.
Eine dritte Möglichkeit für den Standort der Villa des *Flavius Vettius Titus* ist Miedering.
Einen guten Kilometer südlich dieses Weilers, also nicht weit von Derching, sind 1973 die Umrisse von drei Gebäuden entdeckt worden, deren größtes nach Süden ausgerichtet war.
Aus den Lesefunden, die sich über mehrere Jahre hinzogen, ragen lediglich 38 kleine Fußbodenziegel hervor, wie sie ähnlich auch in den Augsburger Thermen aufgetaucht sind.[104] Sie haben die Form eines doppelten Deltas und waren im Wechsel von 90 Grad raumfüllend verlegt. Vier von ihnen tragen einen Stempel, der auf den Augsburger *C. Iulius Silanus* oder auf den *decurio municipii quatroviralis C. Iulianus Iulius* bezogen sein könnte. Wir hätten es im zweiten Fall mit dem amtlichen Verwalter der Ziegelei zu tun (vgl. Bild 23).
Ob die Miederinger Villa eine *suburbana* oder »nur« eine *rustica* gewesen ist, das könnten nur genauere Untersuchungen ergeben. *Flavius Vettius Titus* jedenfalls hat sommers wohl in einer *Villa suburbana* residiert.
Das nördliche Gegenstück zur Friedberger Fladerlach-Villa lag bei Unterbaar an der Aindlinger Terrassentreppe. Dort im Wiesenbachtal auf dem Semmelacker, zwischen der kleinen Paar und dem Gänsleberg, ist ab 1960 ein umfriedetes Ensemble von drei Häusern ausgegraben worden.[105] Das Herrenhaus war 54 Meter lang und bestand aus einem quadratischen und einem rechteckigen Teil mit je sechs Räumen und einer vorgelagerten Säulenhalle, die sich fast am ganzen Gebäude entlang bis zu einer Apsis hinzog. Im Gegensatz zu Friedberg beherbergte diese einen Andachtsraum. Die Badeanlage befand sich in einem der Nebenhäuser. Der in der Apsis gefundene Schlangentopf lässt an den Mithraskult denken, dessen Praxis um die *Augusta* vor kurzem auch noch an anderer Stelle nachgewiesen wurde[106] (vgl. Bild 24).
Der größte Raum im quadratischen Teil der Villa diente wohl repräsentativen Zwecken. Er hatte einen Mosaikfußboden aus weißen Steinchen mit grauen, symmetrisch

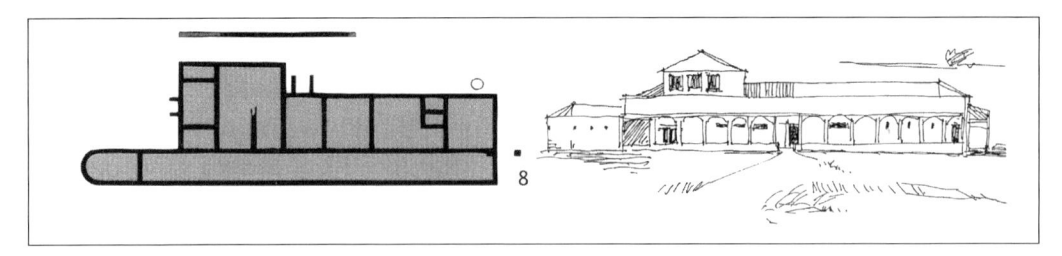

Bild 24: Die Villa suburbana von Unterbaar

angeordneten Dreiecken und auf die Spitze gestellten Rauten. Die Wände waren mit bunten Fresken bemalt. Beide Gebäudeteile waren über Hypokausten von zwei Praefurnien aus beheizbar.

Einzelfunde aus zwei Planierschichten neben dem Haupthaus und von der anderen Bachseite sind vor allem Scherben aus Sigillata (1. und 4. Jahrhundert), eine Austernschale und drei Münzen.

Ein Antoninian des *Tetricus* (270–273) und zwei Stücke des *Constantinus II.* (330–345) lassen für die Villa ein ähnlich langes Leben vermuten, wie es ihren Schwestern auf der Lechleitenkante unmittelbar neben der Hauptstadt vergönnt war. Dass das Überleben weiter nördlich doch schwieriger gewesen sein muss als in unmittelbarer Nähe der Stadt, dafür spricht in Unterbaar die Einfriedungsmauer.

Der Lechrain ist innerhalb der Kette von Zerstörungen, die das Land von der Mitte des 3. bis zum Ende des 4. Jahrhunderts heimsuchten, vergleichsweise glimpflich davongekommen. Besonders im 4. Jahrhundert kann er geradezu als Refugium gelten, wie anderwärts die Höhensiedlungen. Erst die alamannische Sturmflut, die danach mehrmals quer über Raetien fegte, machte auch unseren Landstrich so gut wie menschenleer.

Gründe für die zeitweilige Verschonung gab es zweierlei. Da war der Lech. Für die Alamannen, die vornehmlich aus dem Westen oder dem Nordwesten kamen, ist er ein zusätzliches Hindernis gewesen. Und die Erfahrungen mit den nördlich der Donau lebenden Juthungen führten zu Beginn der ersten Tetrarchie zur Konzentration von Grenzschutzeinheiten östlich der Lechmündung. Oberpeiching wurde ein Angelpunkt dieser Vorkehrungen. Ein neuerbauter Burgus, der von drei benachbarten Garnisonen mit Truppen versorgt wurde, sperrte sowohl die Lechbrücke wie auch die Lechtalstraße. Wir kennen sogar die Namen der Einheiten, die dort Dienst taten. In Burgheim *(Parrodunum)* lag die *cohors I Herculea Raetorum* in einer Festung auf dem Kirchberg. In Neuburg *(Venaxamodurum)* übte die *cohors VI Valeria Raetorum*, die zu einem guten Teil aus germanischen Söldnern bestand, und in Weltenburg *(Vallatum)* harrte eine Reitereinheit des Einsatzes, die *ala II Valeria Singularis*.[107]

Dass schließlich auch die *Augusta* wieder eine Garnison bekam, die *equites stablesiani seniores*, rundete die Verteidigungsbemühungen des nunmehr autoritären Regimes ab.

Wenn Wolfgang Czysz schreibt, ein verhältnismäßig hoher Prozentsatz der Villen im Umland der Provinzhauptstadt sei im 4. Jahrhundert wieder bewohnt und bewirtschaftet gewesen, dann muss wohl in der Hauptsache der Lechrain gemeint sein.[108] Um wieviel sicherer als der Westen der Stadt er tatsächlich gewesen ist, das beweist eine Entwicklung wirtschaftlicher Art.

Zur Zeit des Limesfalls stellten die bewährten Produktionsstätten für Keramik in Westheim und Schwabmünchen-Schwabegg ihre Tätigkeit ein. Hundert Jahre später, als die Juthungen Raetien verwüsteten und Augsburg belagerten, waren wohl auch die Ersatzbemühungen westlich des Lechs endgültig gescheitert. Angesichts dieser Lage sorgte die Provinzverwaltung für Abhilfe und verlegte die Keramikproduktion auf den Lechrain. Den schon bestehenden Ziegeleien in Stätzling, Rohrbach und wohl auch in Tödtenried wurde je eine Töpferei angegliedert. Zumindest in Stätzling stellte die Belegschaft das Militär.

Die Anlage von Rohrbach auf dem Rücken eines langgestreckten Höhenzuges im Eurasburger Wald war schon 1925 von den Friedbergern Friedrich Schuck und Hans Trinkl entdeckt worden, fiel aber bald wieder der Vergessenheit anheim. Im Jahre 1975 wurde sie von Hubert Raab wiederentdeckt und von da an gemeinsam mit Helmut Stickroth regelmäßig begangen. Das Ergebnis war ein namhafter Bestand an Fehlbränden und Ausschuss.[109]

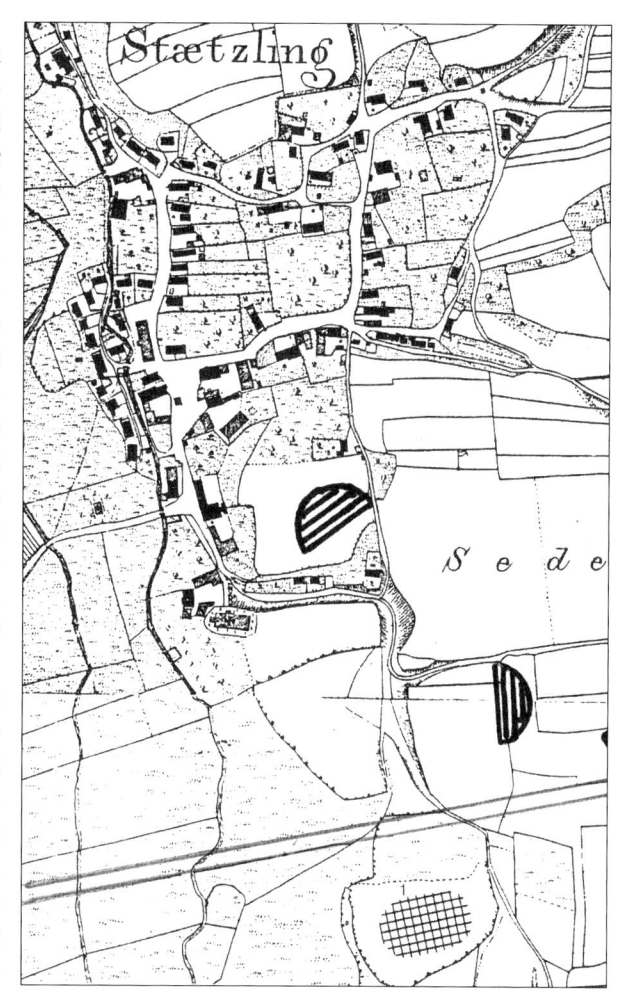

Bild 25: Stätzling mit dem Gelände der Töpferei/Ziegelei (1); zwei der Sandgruben und der Ausfallstraße nach Dasing.

Auf der Grundlage von zwei Gebäuden, 4 Ziegelöfen und 8 Tongruben produzierte die Ziegelei alle gängigen Typen von Ziegelsteinen. Hauptsächlich waren das
– *lateres* (Mauersteine), *laterculi* (für Hypokaustpfeiler), *suspensura* (Bodenplatten),
– *tegulae* (Dachziegel mit Leisten) und *imbrices* (Hohlziegel für die Abdeckung),
– *tegulae sine marginibus* (einseitig aufgeraute Verblendziegel),
– *tegulae mammatae* (Plattenziegel mit flachgedrückten Kugeln in den Ecken) und
– *tubuli* (Röhrenziegel bzw. Heizkacheln).

Die Töpferei drehte Teller, Töpfe, Schüsseln (tongrundig oder glasiert) und große Mengen von glasierten *mortarii* (Mörser, Reibschüsseln). Der Brand erfolgte zusammen mit den Ziegeln. Dabei färbte sich die Glasur von hafnerbraun über braungelb bis grün, je nachdem ob der Ofen oxydierend oder reduzierend gefahren wurde.

Im Vergleich zu Stätzling fällt in Rohrbach die größere Gestaltungsfreiheit der Töpfer auf. Möglicherweise war sie die Folge einer privaten Betreiberschaft.

Bild 26: Ziegelstempel und Scherbe mit Glättverzierung (5)

Die Entdeckung der spätrömischen Töpferei und Ziegelei in Stätzling verdanken wir der Aufmerksamkeit von Helmut Stickroth, dem langjährigen Vorsitzenden des Friedberger Heimatvereins und dem Arbeitskreis für Vor- und Frühgeschichte des Landkreises Aichach-Friedberg.[110] Als im Oktober 1973 zwischen der Straße von Stätzling nach Wulfertshausen und der Leitenkante zu Zwecken der Kanalisation ein 10 Meter breiter Graben ausgebaggert wurde, fielen Helmut Stickroth die Scherben auf. Er veranlasste daraufhin je zwei Suchschnitte im Norden und Süden dieses Grabens und übergab die weitere Ausgrabung dem Landesamt für Denkmalpflege unter der Leitung von Günther Krahe. Die Schnitte erbrachten einen Ziegelofen, der in der Zeit der Töpferei abgerissen worden war, und einen zweiten, in dem sowohl Ziegel als auch Töpferwaren gebrannt wurden (vgl. Bild 25).

Alle Ziegeltypen, die wir schon von Rohrbach kennen, wurden auch in Stätzling hergestellt. Ähnlich wie dort gab es auch unterschiedliche Wischmarken auf den Ziegeln. Nur die Ziegelstempel waren der Stätzlinger Anlage vorbehalten, ein Symptom dafür, dass diese vom Fiskus betrieben wurde. Einer dieser Stempel verrät uns wie in Miedering sogar den Namen des zuständigen Dekurionen: (JUS)TINNUS.

Bei der Gefäßkeramik machten auch in Stätzling die glasierten Reibschüsseln den Löwenanteil aus. Danach kamen der Reihe nach Töpfe, Schüsseln und Krüge, gefolgt von Tellern, Platten, Siebgefäßen und Knickwandschüsseln. Außerdem wurden als Modelware Lampen hergestellt.

Unter den zahlreichen Einzelfunden auf den Halden und in den Gruben sind Scherben von Sigillata, die aus den Argonnen eingeführt wurde, und zerbrochenes Lavezgeschirr aus dem Wallis und aus Graubünden. Besondere Aufmerksamkeit verdienen der bronzene Beschlag eines Militärgürtels und die Scherbe einer grauen Schüssel mit eingeglättetem Gittermuster. Während der eine zusammen mit dem Justinnus-Stempel die Annahme stärkt, in Stätzling hätten Soldaten als Ziegler und Töpfer gewirkt, ist die andere ein Indiz für die Herkunft eines dieser Militärs (vgl. Bild 26).

In den römischen Zusammenhängen des 4. Jahrhunderts weist diese Schüssel näm-

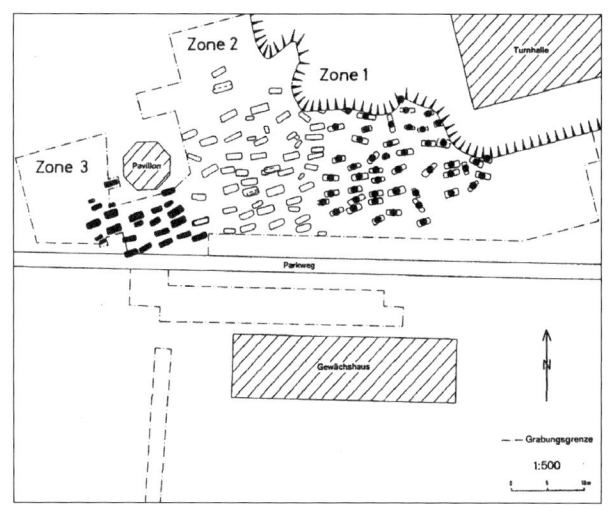

Bild 27: Neuburg an der Donau. Chronologisch-ethnische Zonengliederung des spätrömischen Friedhofs

lich nach Südrussland und an die mittlere Donau.[111] Es liegt nahe, in ihrem Eigentümer einen gotischen Söldner zu sehen, der in Erfüllung seines Dienstes der Töpferei nachging. Dennoch wäre diese Schlussfolgerung zu kühn, hätte es in der Nähe gegen Ende des 4. Jahrhunderts nicht auch andere Goten gegeben, die in römischen Diensten standen.

In Neuburg wurde 1969–1971 ein spätrömisches Gräberfeld freigelegt, das zum Kastell auf dem Stadtberg gehörte. Zum Vorschein kamen 134 Bestattungen mit auffallendem Männerüberschuss, die sich auf drei recht unterschiedliche Zonen verteilten. Während in Zone 1 und 2 (von 330–360–390) vorwiegend elbgermanische Söldner bestattet wurden, waren es in Zone 3 (390–400)

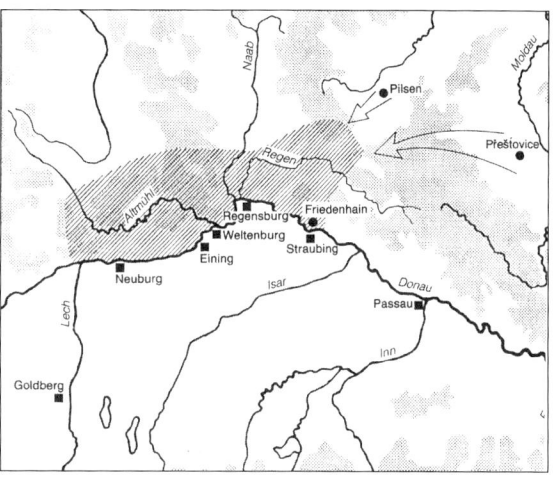

Bild 28: Verbreitung von Keramik des Typus Friedenhain/Prestovice nördlich der Donau

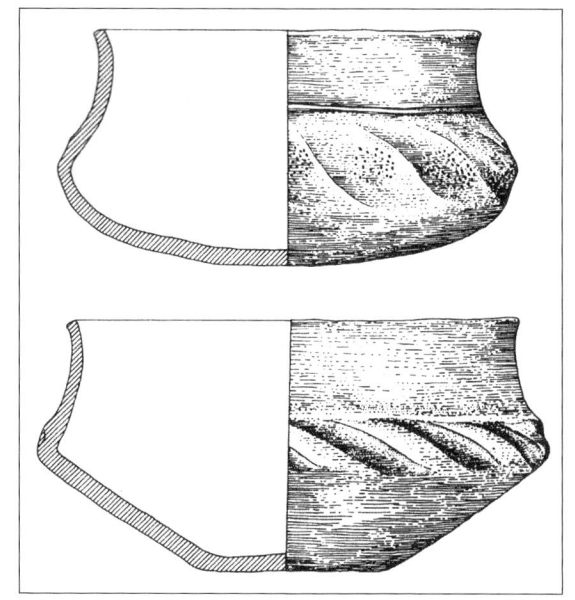

solche von ostgermanisch-gotischer Herkunft. Sie waren offenbar während der Auseinandersetzung mit dem Usurpator *Maximus* nach Raetien gekommen und als letzte Besatzung in das Kastell eingezogen (vgl. Bild 27). Auch die anderen Militärstützpunkte an der Donaufront von Eining über

Bild 29: Keramik des Typus Friedenhain/Prestovice aus spätrömischen Befestigungen Raetiens

die Festung Regensburg bis Straubing waren im 4. und bis weit ins 5. Jahrhundert hinein mit germanischen Söldnern besetzt. Das Gros dieser Hilfswilligen war ab der Mitte des 5. Jahrhundert samt den Familien aus Südböhmen zugewandert und hatte sich am Nordufer der Donau niedergelassen, um in römische Dienste zu treten. Die Art ihrer charakteristischen Keramik wird nach den wichtigsten Fundorten als Friedenhain/Prestovice-Typus bezeichnet. Es handelte sich in der Hauptsache um flache, handgemachte Schalen mit glatter Oberfläche, Schrägkanneluren oder linsenförmigen Dellen.

Die Männer aus Böhmen sollten als *Baibari, Baiobari, Baioarii* oder *Baiovarii* dem späteren Stamm der Baiern den Namen und wohl auch den politischen Willen geben (vgl. Bild 28, Bild 29).

Irgendwann in der ersten Hälfte des letzten weströmischen Jahrhunderts sind auch die Drehscheiben in den lechrainischen Töpfereien stehen geblieben. Und die letzten Gutshöfe verwaisten. Die relative Unzugänglichkeit des Landstrichs, die zuletzt als Schutz gewirkt hatte, verhinderte eine schnelle Wiederbesiedlung. Als sie dann zögerlich einsetzte, waren es zwar Nachkommen germanischer Stämme, die sich dort niederließen. Aber im Unterschied zu den Bewohnern der nahen Stadt gab es für sie keine Brücke der Erinnerung, über die sie hätten gehen können.

3. Der Lech

Wer über Augsburg und den Lechrain nachdenkt, der muss sich auch mit dem Lech auseinandersetzen. In den bisherigen Überlegungen sind wir deshalb auch einige Male auf den Fluss zu sprechen gekommen, wenn auch nur beiläufig.

Die jüngsten Veröffentlichungen über den Lech[112] legen besonderes Gewicht auf die dramatische Naturgeschichte des Flusses. Noch vor 100 Jahren bot er auf weite Strecken das Bild eines ungebärdigen Gebirglers, der immer wieder anders daherkam (vgl. Bild 30).

Für unser Thema nicht weniger bedeutsam scheint der Lech als eine Gegebenheit zu sein, die in die Menschenwelt hineinfließt. Zweifellos tat er das auch dann, wenn er die Menschen an seinen Ufern wieder einmal ins Unglück stürzte. Solche Katastrophen werden in den Büchern denn auch sorgsam registriert und in angemessenem Tremolo bedauert. Aber auch das interessiert hier nicht so sehr. Uns geht es um die habituelle Wirkung des Flusses. Sie ist so selbstverständlich, dass sie nicht auffällt. Sein bloßes Vorhandensein, sein breites Fließen und Vagabundieren ist jedoch aufs Ganze gesehen mächtiger gewesen als seine Eskapaden. Mächtiger vor allem als »fließende« Grenze.

Seinen Aufsatz über die »Entstehung und frühe Geschichte der alamannisch-baierischen Stammesgrenze am Lech«[113] beginnt Pankraz Fried mit der Bemerkung, naturräumlich sei der Lech mit seinen breiten Ödlandstreifen eine natürliche Grenze zwischen West und Ost. Dieser wenig überraschende Sachverhalt wird erst dann pikant, wenn man sich vergegenwärtigt, dass der Raum zwischen den Alpen und der Donau seit je querläufig gewesen ist. Eine Grenze, die ihn von Süden nach Norden durchzog, widersetzte sich dieser Tendenz. Im Unterschied zu den anderen Donauzuflüssen hat der Lech jedoch immer wieder diese Wirkung getan. In der Jüngeren Steinzeit scheint

Bild 30: Das Bett des Lechs bei Mering im Jahre 1915

er sogar die Großräume der Glockenbecherleute Westeuropas und der Schnurkeramiker des Ostens getrennt zu haben. Ähnliche Beobachtungen gelten für die Bronzezeit, als sich die Metallformen zu beiden Seiten des Flusses deutlich voneinander unterschieden.
Mit der Urnengräberkultur und spätestens mit der keltischen Revolution jedoch gewann die alte Querläufigkeit wieder die Oberhand. Und schließlich waren die knappen 500 Jahre, in denen die Römer dem Land ihr Siegel aufgedrückt haben, sogar die längste geschichtliche Epoche mit einem Lech, der kein Grenzfluss gewesen ist.
Die Phase der Eroberung setzte allerdings noch einmal eine Zäsur, die in die andere Richtung weist. Wie oben beschrieben, ist der untere Lech erst in den 20er Jahren des ersten Jahrhunderts nach Osten überschritten worden. Zuvor hatte das Erreichen der Donaulinie oberste Priorität. Der gleichzeitige Bau der *Via Claudia Augusta* nahm die Ressourcen der Truppe auf eine Weise in Anspruch, die allein schon ein hinreichender Grund für die Beschränkung war. Auch dass zunächst nur die linke Seite des Flusses in Frage kam, versteht sich von selbst. Die beiden Heersäulen der Stiefsöhne des Augustus hatten ein strategisches Interesse daran, möglichst nahe aneinander zu operieren. Kurz und gut: Für etwa 30 Jahre bildete der Lech wieder eine Grenze. Spätestens mit der Erhebung Raetiens zur Provinz endete jedoch dieses Intermezzo.
Außer den zahlreichen Furten führten schließlich sieben Brücken über den Lech. Die erste dürfte schon in Tiberischer Zeit südlich der *Augusta* gebaut worden sein. Nicht viel jünger war die Brücke bei Epfach. Sie gehörte zur Alpen-Transversale und wurde im Jahre 233 n. Chr. durch einen Neubau ersetzt. Weitere Brücken werden vor Füssen

und bei Landsberg und Kaufering angenommen. In das 2. Jahrhundert n. Chr. gehören schließlich die zweite Augsburger Brücke und der Übergang von Oberpeiching.
Neue Bedeutung gewann der Lech ab der Mitte des 1. Jahrhunderts n.Chr. als Transportweg. Als die Holzhäuser der *Augusta* durch Steinbauten ersetzt wurden, kamen Süßwasserkalktuffe zusammen mit Bauholz aus der Gegend von Polling in die Stadt. Später lieferten die großen Steinbrüche des Heidenheim-Aalener Bezirks, die nach der Besetzung des Dekumatenlandes abgebaut wurden, den Jurakalk. Insbesondere der Transport des letzteren war eine schier unglaubliche Leistung. Die Rohlinge wurden zwar die Brenz und die Donau abwärts auf Flößen bis an die Lechmündung gebracht, von dort mussten sie aber den Lech hinauf getreidelt werden. Für die Anlandung stand im Osten der *Augusta* ein regelrechter Hafen zur Verfügung. Im November 1994 wurde in der Jakobervorstadt eine hölzerne Uferbefestigung entdeckt mit verzapftem Rahmenwerk und senkrechten Pollern.
Tausende von Tonnen Baumaterial waren dort angeliefert worden, um der Hauptstadt der Provinz Raetien den ihr gebührenden Glanz zu verschaffen.
Eine andere, weit weniger rationale Rolle, die der Lech in der Menschenwelt spielte, währte nicht weniger als eineinhalb Jahrtausende. Um sie zu verstehen, müssen wir noch einmal zu den Anfängen zurück. Es begann, als die Legionäre und die Auxiliaren des *Drusus* in das Tiefland herabstiegen, nachdem sie sich in den Alpen mit einigen raetischen Wegelagerern, wie den *Isarci* im Etschtal oder den *Venostes* im Vinschgau, herumgeschlagen hatten.[114] Welches Szenarium sie vorfanden, ist nicht geklärt. Entweder mussten sie eine Bergfestung namens *Damasia* stürmen oder sie sahen sich plötzlich einer Streitmacht gegenüber, die sie zur offenen Feldschlacht zwang. In jedem Fall machten sie die Bekanntschaft eines keltischen Stammes von trotziger Wildheit, dessen sie nur unter Aufbietung ihrer ganzen Wucht Herr zu werden vermochten. Unwillkürlich prägte sich ihnen auch der Name des Flusses ein, der sie schon seit einiger Zeit begleitete: Es war *Licca,* der Lech. *Licca* war nicht weniger wild als seine Anwohner, und es war nur folgerichtig, dass er deren Pate wurde. *Licater* wurden die Wächter über dem Tiefland genannt. *Damasia* aber, das nach *Strabo* die Akropolis der *Licater* gewesen sein soll, machten die Römer zu einem eigenen Stützpunkt. Sie besiedelten den Auerberg und hielten an ihm fest, bis die Donaulinie gewonnen war. Für den weiteren Vormarsch auf dieses Ziel hin »gab der Lech die Linie vor«.[115]
Als es dann erreicht war, drehte sich die Blickrichtung um 180 Grad. Es gibt dafür zwar keine schriftlichen Belege und schon gar keine archäologischen Funde, aber es ist nicht schwer nachzuvollziehen, dass der Weg zurück nach Italien zur kollektiven Wunschvorstellung wurde. Sogar den romanisierten Provinzialen von unterschiedlicher Herkunft wird es nicht anders ergangen sein, wenn ihre Assimilation so radikal gewesen ist, wie es gewisse Symptome anzunehmen erlauben. Rom war das Haupt der Welt. Alle Wege führten dorthin. Der über die Zentralalpen war der beschwerlichste. Umso schöner die Genugtuung, wenn man ihn gemeistert hatte. Und von Augsburg aus gesehen, gab der Lech die Linie vor. Er wurde zum Symbol für eine Sehnsucht.
Was dann im Mittelalter aus dieser Neigung wurde, taugt vielleicht doch dazu, ihre Existenz zu beweisen. Ohne Wurzeln in der Antike wäre das Phänomen nämlich nicht zu verstehen. Von *Karl dem Großen* (768–814) bis zu *Friedrich III.* (1440–1493) war der Zug nach Rom über das machtpolitische Kalkül hinaus immer auch ein Desiderat.

Schon von Austrien aus sind sie losgezogen, und auch als man sie Deutsche nannte, haben sie sich in ihrem Drang nach Italien nicht beirren lassen. Für uns ist diese Entwicklung auch insofern von Interesse, weil wir damit wieder einmal am Lechrain angekommen sind. Der Landstrich spielte dabei eine nicht zu unterschätzende Rolle. Meist traf man sich auf dem Lechfeld bei Mering und versammelte sich um den Gunzenlee, einem mythischen Hügel, der den Reisigen den Willen gab.

Teil 2: Die germanische Besiedlung des Lechrains (Hintergründe – Bodenfunde – Ortsnamen)

Mit der Wiederbesiedlung des Lechrains im Frühmittelalter sind wir bei unserem Kernthema angelangt. Unerlässlich ist an dieser Stelle der dankbare Hinweis auf eine Dissertation mit dem Titel: »Die frühmittelalterliche Besiedlung des unteren und mittleren Lechtales nach archäologischen Quellen«, die der Archäologe Marcus Trier im Jahre 1990 in Bonn vorgelegt hat.[116] Dass er die Arbeit von einem anderen übernahm, kann man getrost als Kühnheit gelten lassen.[117]

Im Gegensatz zu Marcus Trier beschränken wir uns jedoch auf den östlichen Lechrain. Wie kein anderer in der Region hat dieser Landstrich nämlich eine Geschichte mit dialektischen Zügen. Deshalb gehen wir auch über Marcus Trier hinaus, indem wir die Hintergründe und Zusammenhänge gleichberechtigt neben die Bodenfunde stellen.

Die germanische Besiedlung des Lechrains geschah in vier recht unterschiedlichen Schüben. Die ersten drei sind vom Westen ausgegangen und wurden hauptsächlich von Alamannen getragen. Sie sind eingebettet in den größeren Zusammenhang der fränkisch-merowingischen Reichsgeschichte und der fränkischen Dominanz über Alamannien, die im Anschluss an die Kolonisierung Thüringens zu zahlreichen fränkischen Stützpunkten sowohl an der Donau wie zwischen Iller und Lech führte, wie sie auch im Norden und Süden unseres Landstrichs schon im 6. Jahrhundert über den Lech herübergegriffen hat.

Der vierte Schub, mit dem doch wohl unzweifelhaften Beitrag der Bajuwaren, unterscheidet sich von den drei Vorgängern durch eine völlig anders geartete Quellenlage. Die Bodenfunde bleiben aus. Die Primärquellen betreffend, ist man auf die sog. Ortsnamenkunde angewiesen, deren Ergebnisse bei weitem nicht die Stringenz erreichen, wie sie die an den Naturwissenschaften orientierten Archäologen erwarten. Da hilft es auch nicht, wenn man sie zur sprachlichen Archäologie aufzuwerten versucht. Um so bedeutsamer wird angesichts dieses Mangels der oben schon einmal bemühte größere Zusammenhang. Den Beitrag der Bajuwaren bei der Besiedlung des Lechrains betreffend ist es die Geschichte ihres Stammes, in deren Verlauf nach hilfreichen Symptomen zu suchen ist.

1. Die ostgotisch-alamannische Phase (506–536)

Die Erben Westroms

Die politische Großwetterlage um das Jahr 500 wurde von zwei Hochdruckgebieten beherrscht, die freilich in recht unterschiedlicher Dauer ursächlich geworden sind für die Besiedlung des Lechrains. Das erste Hochdruckgebiet entstand bei dem Versuch germanischer Heerkönige, auf italischem Boden in die Fußstapfen der Cäsaren zu treten.

Im Jahre 476 als der skirische Gardeoffizier *Odoaker* das letzte »Kaiserlein« mit dem Namen *Romulus* absetzte und die Reichsinsignien nach Konstantinopel schickte mit der Bemerkung, Italien brauche keinen Kaiser mehr, da ist dieses Ereignis wohl nur von den Römern selbst als die Katastrophe erlebt worden, für die es seitdem in der Geschichtsschreibung herhalten muss. Dabei war sogar die Reichseinheit wieder hergestellt worden. Lediglich die Souveränität war auf Ostrom übergegangen.

Problematisch wurde die Herrschaft des Usurpators aus mehreren Gründen. Da wurde er vom oströmischen Kaiser *Zeno (474–491)* widerwillig als Patrizius bestätigt, eine Art von Obergeneral, der zwar über das Militär gebot, aber die Zivilverwaltung notgedrungen den Römern überlassen musste, die in ihm einen Ketzer sahen. Als einen germanischen Volkskönig verehrte ihn dagegen das weströmische Heer, das sich aus Herulern, Rugiern und Skiren zusammensetzte und dessen Anspruch auf ein Drittel des Grundbesitzes die Römer empörend fanden.[118]

Dennoch betrieb *Odoaker* eine energische Außenpolitik. Allerdings war sie pragmatisch genug, auf die Provinzen im Norden der Alpen zu verzichten. Im Jahre 488, nachdem er das Reich der Rugier jenseits der Donau vernichtet hatte, sah er sich veranlasst, die Romanen Norikums, die von den Alamannen über den Inn gedrängt worden waren, nach Italien zurückzuholen. Damit gab er die letzte Provinz auf. Möglich, dass ihn dieser Verzicht die Macht gekostet hat.

Schon 479 hatte der Amaler *Theoderich*, der seine Ostgoten nach abenteuerlichen Wechselfällen an der unteren Donau angesiedelt hatte, dem Kaiser *Zeno* angeboten, in Italien für Ordnung zu sorgen. Nun rüstete er im Einverständnis mit diesem gegen *Odoaker*, marschierte in Italien ein, bezwang den Usurpator in offener Feldschlacht nahe Verona und bereitete ihm nach dreijähriger Belagerung in Ravenna (»Rabenschlacht«) durch Täuschung und höchstselbst begangenen Mord das Ende. Damit hatte er den kaiserlichen Auftrag erfüllt. Man schrieb das Jahr 493 n. Chr.

Als die siegreichen Ostgoten jedoch keine Anstalten machten, Italien wieder zu verlassen und ihren Anführer sogar zum König ausriefen, zeigte sich, dass man den Teufel mit dem Beelzebub ausgetrieben hatte. Die Proklamation eines Gotenstaates auf italischem Boden unterschied sich nur wenig von einer Usurpation.

Auch *Theoderich* musste sich des römischen Senats für die Verwaltung des Landes bedienen. Und die religiöse Kluft zwischen den katholischen Römern und den arianischen Goten vertiefte *Theoderich* noch, indem er Mischehen verbot. So kam es denn, dass das Misstrauen in Ostrom sich unter *Justinian (527–565)* zur Feindschaft auswuchs. Am Ende stand die Vernichtung der Emporkömmlinge.

Der Ostgote *Theoderich (493–526)* unterschied sich von seinem Vorgänger dadurch, dass er nicht bereit war, auf Territorien zu verzichten, die soeben noch zum weströmischen Reich gehört hatten. Das waren am Ende des 5. Jahrhunderts die Provinzen Norikum und Raetien. Wie es scheint, hat er diese Haltung auch in Politik umgesetzt. Dennoch gibt es vor allem über das Ausmaß der ostgotischen Staatlichkeit in Raetien noch Meinungsunterschiede zwischen einer archäologischen Fraktion und Autoren mit einer historisch orientierten Sensibilität. Beide Gruppen stützen sich auf die spiralrankenverzierten Bügelfibeln ostgotischer Art, die in Gräberfeldern um Regensburg und München in großer Zahl gefunden worden sind (vgl. Bild 31).

Nachdem er festgestellt hat, dass eine ostgotische Herkunft der Trägerinnen aus trachtgeschichtlichen Gründen ausscheidet, konstatiert Volker Bierbrauer 1971 »ein

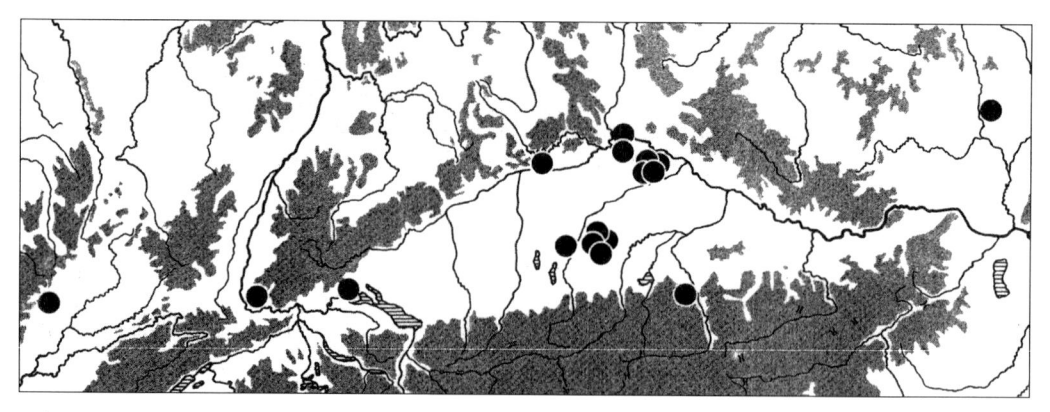

Bild 31: Verbreitung ostgotischer Bügelfibeln in der Zeit um 500

nicht näher zu umschreibendes Abhängigkeitsverhältnis von alamannischen Volksteilen zum Ostgotenreich«.[119] Raetien sei eine »Interessensphäre« gewesen, durch die auch die Verbindungen des Ostgotenreiches zu den Thüringern laufen konnten.
Ganz anders liest sich das bei Horst W. Böhme 1988: »Dass Raetien damals, unbeschadet seiner stark alamannisch geprägten Bevölkerung, wirklich fester Bestandteil des Ostgotenreiches war, mögen die zahlreichen Fibeln ostgotischer Herkunft andeuten, die allenthalben in frühmittelalterlichen Gräberfeldern Südbayerns gefunden werden. Die Verbreitung dieser Schmuckformen zeigt eine derart starke Massierung in Raetien zwischen Lech und Salzach, die nicht auf Zufall beruhen kann, zumal die entsprechenden Fibeln nur einer recht kurzen Zeitspanne angehören, nämlich dem ersten Drittel des 6. Jahrhunderts, das genau der Zeitphase entspricht, die die Ostgotenherrschaft in Raetien währte.«[120]
Die Präsenz der Ostgoten in Raetien dürfte sogar eine der Ursachen für die Stammesbildung der Bajuwaren gewesen sein. Auch sie spielte sich in ihrer entscheidenden Phase in dem bewussten Zeitraum ab. Aus welchen Quellen sie schöpfte, das zeigt der Gesamtbestand der Funde aus den besagten Gräberfeldern. Am Beispiel von Straubing-Bajuwarenstraße sei das verdeutlicht. Drei Kilometer südwestlich des schon erwähnten römischen Kastells und des zugehörigen Friedhofs wurde 1980 ein Feld mit 819 Bestattungen ausgegraben. In den ältesten Gräbern fanden sich die charakteristischen Schalen vom Typ Friedenhain/Prestovice oder Beigaben von elbgermanischem bzw. romanischem Charakter. Im folgenden Abschnitt, ab etwa 475 belegt, fielen vor allem die Fibeln in Frauengräbern auf. Sie stammen aus alamannischen, ostgotischen, thüringischen, fränkischen und langobardischen Provenienzen. Deformationen des Schädels, wie bei den Hunnen gebräuchlich, waren in zehn Fällen zu verzeichnen. Erst in der letzten Belegungsphase, die um die Mitte des 6. Jahrhunderts begann und nach hundert Jahren aufhörte, kann man von einem Reihengräberfriedhof sprechen, dessen Grabfunde schon eine gewisse Vereinheitlichung erkennen lassen. Straubing stellt damit einen der Kernräume dar, in denen sich der Stamm der Bajuwaren aus verschiedenen Gruppen heraus kristallisierte.
Hier wie im Großraum München und in der Gegend von Neuburg scheinen nicht nur die namengebenden Männer aus Böhmen, sondern auch die Ostgoten eine führende Rolle gespielt zu haben. Sollte der gotische Historiograph *Jordanes*, der um 551 erst-

mals die *Baiwarii* nennt, diese Bemerkung tatsächlich aus der Gotengeschichte des *Cassiodor* (530) abgeschrieben haben, dann war das eine Nachricht aus erster Hand. Der tatkräftige Minister *Theoderichs* war zwar nicht der Schöpfer der großgermanischen Politik, kannte aber die Gedankengänge seines Herrn wie kein anderer und war Zeitzeuge der bajuwarischen Ethnogenese.[121] Dass *Theoderich* an der Wiege dieses Stammes stand, könnte auch die Ehrfurcht erklären, mit der die Baiern den Namen des »Dietrich von Bern« über die Jahrhunderte hinweg ausgesprochen haben. Noch der mönchische Dichter des Nibelungenliedes ließ ihn bei dem Gemetzel bei Etzel als den vergleichsweise farblosen Helden einer im Grunde schon christlichen Besonnenheit erscheinen.[122]

Von Ravenna aus betrieb *Theoderich* eine großgermanische Außenpolitik mit dem Ziel der Unabhängigkeit von Byzanz. Das Hauptmittel dieser Politik waren dynastische Ehebündnisse mit den Königen der Thüringer, Westgoten, Burgunder, Vandalen und der Franken, die den Anschein erweckten, als würden sie sich einer ostgotischen Hegemonie beugen. Es gab nur eine Ausnahme. Sie führte in Gallien zu dem zweiten politischen Hochdruckgebiet.

Im Nordwesten des Landes saßen die Franken, die sich als die begabtesten, anspruchsvollsten und ausdauerndsten Erben Westroms erweisen sollten. Sie waren im 3. Jahrhundert über den Niederrhein nach Westen vorgedrungen, ohne die Verbindung zur Heimat aufzugeben. Im 5. Jahrhundert hatten sie die Somme erreicht, als *Chlodwig* (482–511) ihre zahlreichen Gaukönige beseitigte und die politische Einheit des Gesamtstammes erzwang. Im Jahre 486 siegte er über den römischen Dux *Syagrius* und besetzte das Land zwischen Somme und Loire, den letzten Rest des römischen Territoriums auf gallischem Boden. Er war damit zum unmittelbaren Nachbarn der Westgoten im Süden, der Burgunder im Südosten und der Alamannen im Osten geworden. Sie alle sollten seiner Großmachtpolitik zum Opfer fallen.

Theoderich versuchte noch, *Chlodwig* in sein Bündnissystem einzubinden und vom Mittelmeer fernzuhalten – er vermählte sich mit seiner Schwester und bahnte seine Ehe mit der burgundischen Prinzessin *Chrodehilde* an –, musste aber erleben, dass bloße Heiratspolitik bei dem fränkischen Realisten nicht verfing.

Das nächste Opfer der fränkischen Expansion wurden die Alamannen, die an der Iller und an der oberen Donau eine gemeinsame Grenze mit *Theoderichs* Italien hatten. Im Jahre 496 unterlagen sie den Franken bei Zülpich in der Eifel.

Chlodwig soll schon vor der Schlacht von seiner Gemahlin *Chrodehilde* zum römischen Christentum überredet worden sein. Die Legende spricht dagegen von einem Gelübde während der Auseinandersetzung. Jedenfalls ließ der Stammvater der Merowinger sich 497 in Reims taufen und traf damit eine Entscheidung von weltgeschichtlicher Dimension. Im Gegensatz zu dem dualistischen System *Theoderichs* bot dieser Schritt die Voraussetzung für die Verschmelzung der Franken mit den Gallo-Romanen zu einem homogenen Staatsvolk. Die langfristigen Folgen waren die machtvolle Verbindung von Kirche und Staat und das abendländische Imperium.

Zehn Jahre nach der Bekehrung überzog *Chlodwig* die Alamannen abermals mit Krieg, weil sie sich nicht an die Abmachungen gehalten hatten. Er zerschlug ihre staatliche Struktur, zu der auch zahlreiche Bergfestungen gehörten, und unterjochte das Volk. Wer es sich leisten konnte, floh über die obere Donau und die Iller auf ostgotisches Gebiet.

Theoderich, dessen Bündnispolitik nun an *Chlodwig* gescheitert war, wollte dem Rivalen zu verstehen geben, dass er eine Verfolgung der geschlagenen Alamannen in seinen Machtbereich nicht dulden werde. Diesem Zweck diente eine Gesandtschaft, in deren Mitte sich ein Zitherspieler befand, der die Taten *Chlodwigs* besingen sollte. Ihre Hauptaufgabe war aber die Überreichung eines Briefes:
»Wir freuen uns … über die ruhmreiche Verwandtschaft mit Eurer Tapferkeit, weil Ihr den Stamm der Franken, der in früherer Zeit untätig war, erfolgreich zu neuen Schlachten angestachelt habt und die Alamannenvölker, die sich beugten, nachdem ihre recht tapferen Krieger gefallen waren, mit Eurer siegreichen Rechten unterworfen habt. Aber da ja immer … die strafbare Schuld der Anführer nicht eine Strafe für alle bedeuten darf, mäßigt Euren Zorn gegenüber dem erschöpften Rest, weil diejenigen verdienen mit dem Recht der Gnade zu entkommen, die, wie Ihr seht, in den Schutz Eurer Verwandten geflohen sind. Seid nachsichtig bei jenen, die eingeschüchtert sich in unserem Gebiet verstecken … .«[123]
Brief, Zitherspiel und Lobgesang scheinen Chlodwig umgestimmt zu haben, keine Selbstverständlichkeit bei einem Manne, der als zynisch, heimtückisch, kleinlich und prosaisch geschildert wird. Jedenfalls ließ er von den Alamannen ab, fiel aber dafür über die Westgoten her. Die »Familie der arianischen Könige« hatte sich als ein Wunschtraum Theoderichs entpuppt. Auch er schaltete nun auf Machtpolitik um und herrschte für kurze Zeit über ein gesamtgotisches Reich, das sich von Spanien bis zum Balkan erstreckte.[124]

Siedlung unter Theoderich (506–537)

Die Alamannen waren weiß Gott keine Unbekannten in Raetien. Sie hatten das Land Jahrhunderte lang immer wieder ausgeplündert und zuletzt in die Steinzeit zurückbefördert. Einige von ihnen waren dabei sogar sesshaft geworden. Andere hielten sich schon länger in der Provinz auf. Als allein gelassene Söldner blieb aber auch ihnen nun nichts anderes übrig, als sich auf ihr Bauerntum zu besinnen. Dazu gesellte sich 506 nicht etwa eine »bös durcheinander gewirbelte, zersprengte Flüchtlingsschar«, wie schon gemutmaßt wurde,[125] sondern Angehörige der für das Fiasko an Rhein, Main und Neckar mitverantwortlichen Adelsschicht. Sie kamen in verhältnismäßiger Ordnung. Unter anderem hatten sie die Grundherrschaft im Gepäck.
Theoderich wusste, wie nützlich sie ihm als »Wächter des Reichs« werden konnten, und siedelte sie planmäßig in Raetien und Norikum an. Wie sorgfältig er dabei vorging, das erhellt aus einem Schreiben an die Noriker. Sie sollten ihre leistungsfähigen kleinen Rinder gegen die ausgemergelten größeren der durchziehenden Alamannen tauschen, dann hätten alle etwas davon.[126]
In Raetien kamen die Exilanten an der Provinzhauptstadt um so weniger vorbei, als auch dort mit ihnen gerechnet wurde. Raetien war zu einem festen Bestandteil des Ostgotenreiches geworden. Der König amtierte in Ravenna und der Senat in Rom. Beider Wille musste in der Provinz wirksam werden, auch wenn dort kein eigener Comes saß, wie es für die Grenzprovinzen vorgesehen war.[127] Dafür gab es *Servatius*, den *dux Raetiarum,* bei dessen Bestallung Theoderich ausdrücklich auf die *clausurae augustanae* hinwies, womit er wohl die Befestigung Augsburgs meinte.[128]
Augsburg war auch unter *Theoderich* die Hauptstadt Raetiens.[129] Es gab keine Alter-

native in einer ähnlich verkehrsgünstigen Lage. Dasselbe gilt für den Umstand, dass es dort eine Kirchengemeinde gab, deren Verwaltung auch für profane Zwecke genutzt werden konnte. Die Kirche als eine Form weltlicher Macht sollte sogar die Norm werden. Bei der Würdigung dieses Sachverhalts, darf die Symbiose nicht übersehen werden, die im *Imperium Romanum* der Staat mit der Religion gebildet hatte. Die setzte sich nun in einer Weise fort, die den »aufgeklärten« Menschen leicht irritiert.
Die alte *Augusta* war also keineswegs in einem so desolaten Zustand, wie es lange gemutmaßt worden ist. Und so bildeten sich denn an der Via Claudia vier Siedlungen. Eine im Süden der *Augusta* – auf dem Areal von Schwabmünchen, zwei im Norden bei Gablingen und nahe dem heutigen Nordendorf. Die vierte könnte das mitten in der heutigen Stadt untergegangene Sträffingen gewesen sein.[130] Andere Niederlassungen entstanden in Sichtweite der Stadt. Eine am Rande der donaueiszeitlichen Platte, wo später Kriegshaber liegen sollte, und mindestens zwei jenseits des Lechs in der moorigen Niederung.

Durch Furten über den Lech

Im Jahre 1925 wurden an der Derchinger Straße in Augsburg-Lechhausen einige Gräber aufgedeckt. Im Jahre 1968 kamen auf demselben Gelände noch weitere hinzu, so dass der Friedhof schließlich vom »Holzplatz Heindl bis zur Mitte der Kleestraße« reichte. Von den Funden ist nur noch eine Spatha (Langschwert) erhalten.
Eine zweite Nekropole ist in den Kriegsjahren 1943/44 vom Reichsarbeitsdienst an der Steinernen Furt ausgegraben worden. Sie bestand aus 18 Gräbern. Geborgen wurden zwei Langschwerter, ein Schildbuckel, zwei Saxe (Kurzschwerter), zwei Franzisken (Wurfäxte), eine Lanzenspitze mit einem »gleichbreiten« Blatt, »das nur wenig oberhalb des kurzen Schaftes stark ausschwingt, und einem Tüllenniet mit bronzenen, doppelkonischen Knöpfen«[131] (vgl. Bild 32).
Die Frauengräber enthielten Halsperlen, einen Armreif, eine kleine hellgrüne Glasflasche mit weißer Fadenauflage und einen mit Monogramm gravierten silbernen Kultlöffel. Besonders wertvoll war der Inhalt des »siebten Grabes«. Es handelte sich um zwei vergoldete Fünfknopffibeln mit halbrunder Kopfplatte. Sie lassen sich wie ein weiteres Fibelpaar aus Schwabmünchen in einen Fundhorizont einordnen, mit dem im Neckarraum die Gräberfelder einer Kriegerkaste aufhörten[132] (vgl. Bild 33).
Ins Historische übersetzt heißt das: Hochmögende alamannische Krieger brachen um 506 am Neckar auf, durchzogen halb Raetien, um sich schließlich bei Augsburg in Gruppen aufzuteilen. Drei davon taten das Nächstliegende und ließen sich an der *Via Claudia* oder im Angesicht der Stadt auf fruchtbarem Boden nieder. Andere verhielten sich dagegen recht merkwürdig. Mühselig überquerten sie den Lech und bauten ihre Hütten neben einer Ausfallstraße auf den mageren Gründen der Flussniederung. Das kann eigentlich nur bedeuten, dass sie keine Landwirtschaft zu betreiben beabsichtigten. Vielleicht wollten sie den spärlichen Handel und Wandel kontrollieren, der trotz den schlechten Zeiten noch über diese Wege nach Osten strebte. Weniger wahrscheinlich ist, dass sie als Grundherren die Wiederbesiedlung des Lechrains in die Wege leiten sollten. Das wäre für sie zwar nichts Neues gewesen, hätte aber einen Auftrag der Verwaltung in der Stadt vorausgesetzt.
Über die Siedlungen, die zu diesen Friedhöfen gehörten, ist nichts bekannt. Wenn sie

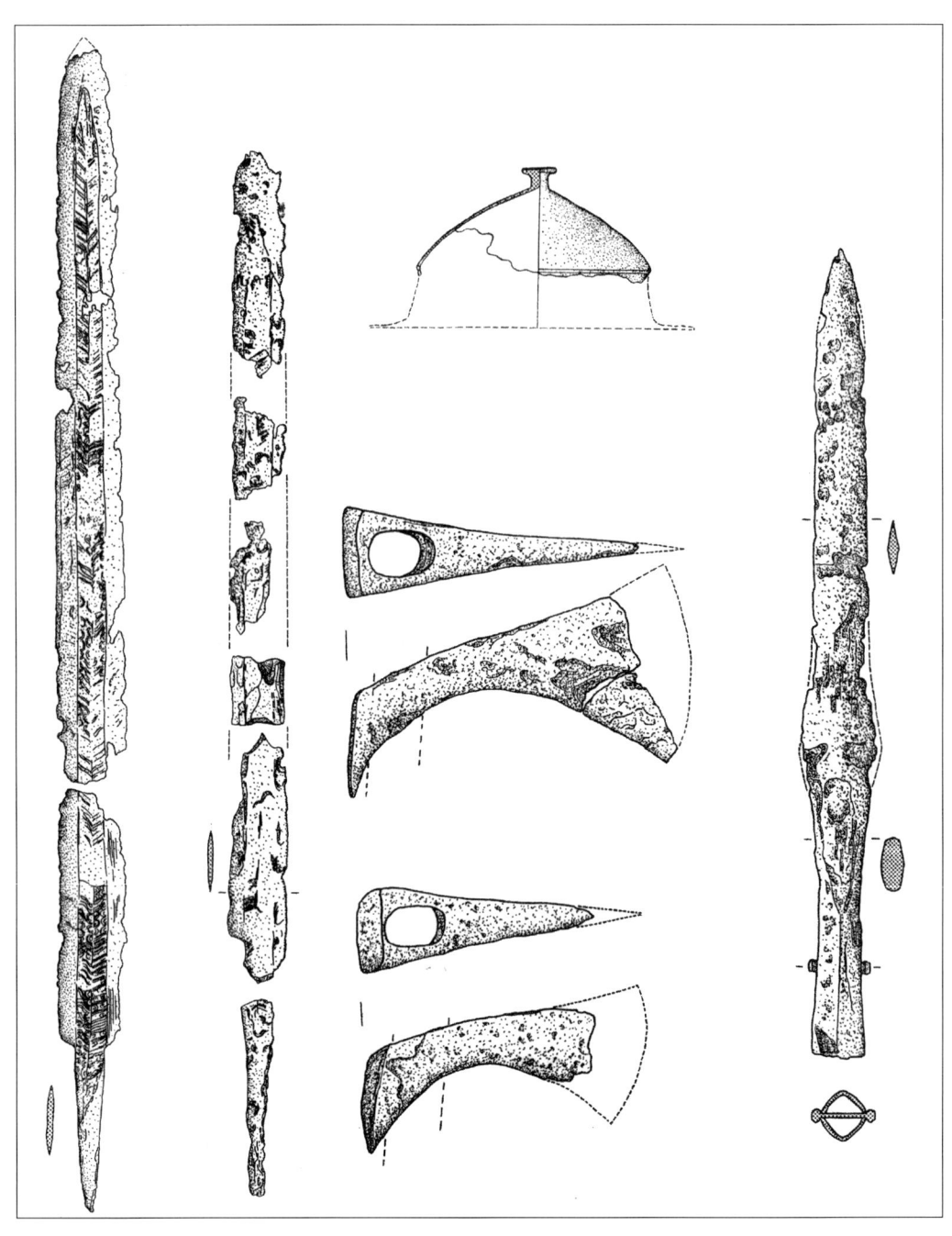

*Bild 32: Waffen aus Lechhausen v. l. n. r. Derchinger Straße: Spatha,
Steinerne Furt: Spatha, Schildbuckel, 2 Franzisken, Lanzenspitze*

bis weit ins 7. Jahrhundert bewohnt gewesen sind, wie vermutet wurde,[133] könnten sie am Ende doch noch Muttersiedlungen für die Wiederbesiedlung des Lechrains geworden sein (vgl. Bild 34).

Dass der Lechrain nach dem Ausweis der Grabfunde erst 150 Jahre später dann tatsächlich wieder besiedelt worden ist – »aufgesiedelt«, wie die Archäologen sagen –, mag, wenn man nicht annehmen will, dass schon *Theoderich* am Lech eine administrative Grenze gezogen hat, eine Reihe von anderen Gründen gehabt haben. Da war die relative Unzugänglichkeit, die in der Spätantike noch schützend gewirkt hatte, nun zu einer fast absoluten geworden. Die Lechbrücken in Oberpeiching und Augsburg waren »abgeworfen«. Erst in Landsberg scheint es noch einen festen Übergang gegeben zu haben. Zwar haben Furten dieses Manko gemildert. Die Lage der ersten rechtslechischen Siedlungen an der »Steinernen Furt« ist ein Hinweis auf diesen Ausweg, wenn dieser Flurname auch erst später entstanden sein mag.

Ein weiterer Grund war der Menschenmangel. Der Zustrom von Alamannen in den ersten Jahren des 6. Jahrhunderts versiegte bald. Und so war der Siedlungsdruck nicht groß genug, um die schlechteren Existenzbedingungen jenseits des Lechs zu kompensieren. Eine tiefere Ursache für die Leere am Lechrain ist schließlich in den möglichen Siedlern selbst zu suchen. Von allen germanischen Stammesverbänden der Völkerwanderungszeit hatten die Alamannen die wenigsten Kontakte friedlicher Art mit den Römern gehabt. Um so schwächer war ihre *Romanitas*, worunter die Assimilation griechisch-römischer Kultur unter Einschluss der christlichen Religion zu verstehen ist. Besonders schwerwiegend war das Fehlen der Schriftlichkeit.

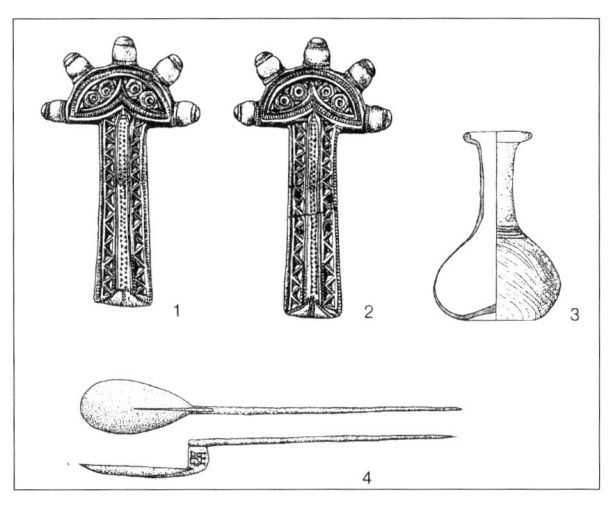

Bild 33: Funde aus den Frauengräbern an der Steinernen Furt

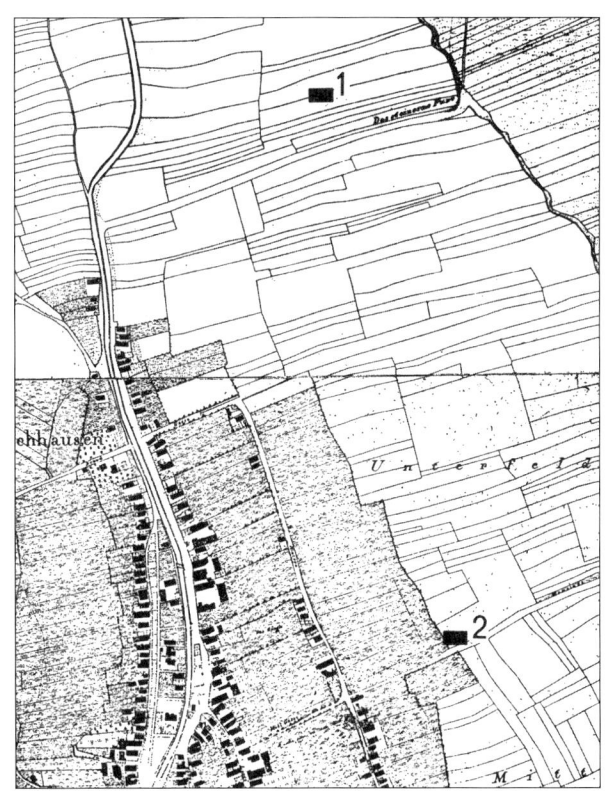

Bild 34: Augsburg-Lechhausen. Lage der Gräbergruppen an der Steinernen Furt (1) und an der Derchinger Straße (2). Flurkarte von 1828

Dieser Mangel mag auch die Geringschätzung erklären, mit der die Römer auf die Barbaren hinunterschauten, wie umgekehrt die Barbaren alles Römische mieden. Es ist kein Zufall, dass ihre Siedlungen zwar bald wie ein Ring um die Augusta lagen, die Stadt selbst aber unbehelligt blieb. Eine von Amts wegen betriebene Besiedlung des Lechrains mit Alamannen – und nur eine solche wäre in den Anfängen möglich gewesen – war unter diesen Bedingungen nicht durchführbar.

Bemerkenswert ist auch, dass die Namen der ersten Niederlassungen östlich des Lechs verschollen sind. Auch bei den genannten Namen westlich des Flusses ist es keineswegs sicher, dass sie schon die ursprünglichen darstellen. Vor Ort fehlte die schriftliche Form und die Fähigkeit, sie zu lesen, wenn sie einem denn doch einmal begegnete. Und in Augsburg ging sie verloren. Es fällt nicht schwer, in Welf II., der dafür verantwortlich gewesen ist, einen Nachfahren der alamannischen Barbaren zu sehen.

2. Die fränkisch-alamannische Phase I (536–548)

Fränkische Expansion

Die Besiedlung des Landes zwischen Iller und Lech setzte sich fort auf dem Hintergrund einer dramatisch sich wandelnden Szenerie. Es begann damit, dass sich das Misstrauen Ostroms gegenüber den Ostgoten zu offener Feindschaft auswuchs. Schon der Kaiser *Justinus* (518–527) hatte seine kirchenpolitische Neutralität zugunsten der Orthodoxen aufgegeben und die Arianer unterdrückt. In Italien kam es daraufhin zur Bildung einer römischen Nationalpartei, in der die kirchliche und die römische Opposition gegen das ostgotische Regime zusammenwirkten.[134] Kurz vor seinem Tode musste *Theoderich* das Scheitern seiner Ausgleichsbemühungen zur Kenntnis nehmen. *Justinian* (527–565), der schon unter seinem Onkel *Justinus* die Leitung der byzantinischen Reichspolitik übernommen hatte, betrieb nun die Wiederherstellung des Imperiums in einer Hand. Zu diesem Zweck glaubte er das Vandalenreich in Nordafrika ausschalten (534) und die Ostgoten in Italien vernichten zu müssen (Gotenkrieg 535–553). Was er erreichte, war aber der nun endgültige Untergang des weströmischen Reiches als mediterraner politischer Struktur.

Dafür dehnte sich der Machtbereich der Franken weiter aus. Im Jahre 531 eroberten die Söhne *Chlodwigs* mit den Namen *Theuderich* und *Chlothar* das Reich der Thüringer nördlich der oberen Donau. Zwei Jahre später vollendeten sie die Einnahme Burgunds, woran sie *Theoderich* noch gehindert hatte. Und 537 musste ihnen *Witigis*, der zweite Nachfolger *Theoderichs*, die Provence und ganz Alamannien überlassen, um sich im Kampf gegen *Justinian* den Rücken frei zu halten.

Das bedeutete für das Alpenvorland den Umsturz der makropolitischen Verhältnisse. Die Bindung über das Ostgotenreich an Ostrom war eine Orientierung im Sinne des Wortes gewesen. Nun verleibte sich das Merowingische Frankenreich mitteleuropäische Territorien ein, die ab dem 7. Jahrhundert zu »Austrasien« zählen sollten, einem wesentlichen Bestandteil jenes spirituellen Erdteils, den seine späteren Bewohner nicht ohne Stolz das Abendland nannten.

Die Intensität der Machtausübung der Merowingerkönige in den neuerworbenen Ländern war jedoch großen Schwankungen unterworfen.

Der erste Herrscher agierte recht eindrucksvoll. Auf der Basis der Neuerwerbungen betrieb *Theudebert* (534–547) eine Machtpolitik großen Stils. Der Enkel *Chlodwigs* hatte bereits 536 die Alamannen und »gewisse benachbarte Stämme«[135] unterworfen und damit vollendete Tatsachen geschaffen. In Oberitalien griff er 539 in den Gotenkrieg ein und focht mit wechselnden Allianzen um einen möglichst großen Vorteil. Die alamannischen Statthalter *Leuthari* und *Butilin* mussten ihm dabei Heeresfolge leisten. Schließlich schrieb er triumphierend an Kaiser *Justinian*, seine Herrschaft reiche über die Donau und die Grenze Pannoniens bis zu den Küsten des Ozeans.[136] Tatsächlich hatte er im Süden sämtliche Alpenpässe erobert und seine Macht über Karantanien (Kärnten) ausgedehnt. Im Osten war er bis nach Pannonien vorgedrungen, wo seit dem Tode *Theoderichs* die Langobarden saßen. Mit ihnen waren die Franken gegen Byzanz verbündet. *Theudebert* hatte *Wisigarda,* die Tochter des Königs *Wacho* geheiratet.

Siedlung unter Theudebert

In ruhigeren Bahnen verlief die Besiedlung des Landes. Schon *Theudebert* scheint im alamannischen Teil Siedlungspolitik betrieben zu haben, die dann von den königlichen Statthaltern fortgesetzt wurde. Um die Mitte des 6. Jahrhunderts jedenfalls hatten sich dort »die Verhältnisse soweit konsolidiert, dass fast alle größeren Tallandschaften bis weit in das Allgäuer Jungmoränengebiet zumindest punktuell erschlossen waren«.[137] Das gilt für den Donauraum, die Täler der Iller und Mindel sowie die weiten Ebenen der Lech-Wertach-Terrassen und für das Altdorfer Becken an der oberen Wertach. Im Süden Augsburgs sind es Göggingen, Bobingen, Wehringen und Großaitingen, deren erste germanische Besiedlung in diesen Zeitraum fällt.[138] Göggingen mit seinem auf der westlichen Wertachterrasse gelegenen Ortsgräberfeld und einer abgesetzten reichbestückten Familiensepultur bietet auch einen nicht zu übersehenden Beleg für die soziale Differenzierung dieser Siedler. Dass sie bis in das 8. Jahrhundert hinein an der heidnischen Sitte der Grabbeigaben festgehalten haben, weist auf ihre relativ späte Christianisierung hin. Generell ist die Dichte dieser Besiedlung eine der Voraussetzungen für ihr späteres Ausgreifen auf die Flächen des Lechrains.
Eine planmäßige Maßnahme der fränkischen Administration war die Abordnung von Dienstmannen zur Sicherung strategisch bedeutsamer Plätze. Exemplarisch veranschaulicht diesen Sachverhalt eine Beschreibung des Augsburger Archäologen Volker Babucke.[139] Unter den 393 freigelegten Bestattungen in Pforzen, diesem südlichsten Gräberfeld des frühen 6. Jahrhunderts, befanden sich auch die einer fränkischen Familie, die zur Zeit *Theudeberts* dort ansässig geworden war. Besonders beweiskräftig ist die Ausstattung der Frau mit einer vollständigen fränkischen Vierfibeltracht und einem Rüsselbecher aus hellgrünem Glas, wie sie in fränkischen Glashütten hergestellt wurden.
Schon die ersten alamannischen Siedler in Pforzen hatten den Platz nicht ohne Bedacht gewählt. Er liegt an einer römischen Altstraße bei ihrer Überwindung der Wertach mittels einer Furt. Für den Auftraggeber der fränkischen Familie kam noch ein weiteres Motiv hinzu. Es war das Bedürfnis, die Nord-Süd-Verbindung zu sichern zwischen dem soeben eroberten Thüringerreich und Italien, das im machtstrategischen Denken *Theudeberts* eine große Rolle spielte.

Pforzen war nur ein Steinchen in einem Mosaik. Volker Babucke nennt u.a. noch Bittenbrunn, Nordendorf, Langweid, Schwabmünchen, Unterigling und Salgen. An allen diesen Orten sind Relikte einer fränkischen Präsenz ans Tageslicht getreten. Dazu kommt Spötting, ein Stadtteil von Landsberg, wo wir die einzige noch funktionsfähige Brücke über den Lech vermutet haben. Dass Augsburg, das auch unter den neuen Herren die raetische Hauptstadt geblieben sein dürfte, ein Zentrum der »staatsfränkischen Kolonisation« zwischen Iller und Lech gewesen ist, braucht nicht eigens betont zu werden.

Brückenköpfe am Lechrain

Und ganz selbstverständlich griff die fränkische Präsenz und mit ihr die alamannische Ausbausiedlung über den Lech hinaus, so dass man von einer zweiten Phase frühmittelalterlicher Siedeltätigkeit östlich des Flusses sprechen kann. Das gilt insbesondere für das Lech-Donau-Dreieck und für den Raum zwischen Lech und Ammersee. Aber auch in unserem mittleren Bereich gibt es einige Belege. Es sind sechs Fundplätze, darunter vier Reihengräberfriedhöfe, die freilich recht unzureichend erforscht worden sind.

Vom ersten Friedhof wurden lediglich zwei Gräber zusammen mit Resten der zugehörigen Siedlung aufgedeckt. Er liegt nördlich von Oberpeiching, jenem Ort, dessen strategische Bedeutung an der Kreuzung der römischen Lechtalstraße mit dem Lechübergang der Donau-Süd-Straße die Franken nicht übersehen konnten. So werden sie die Brücke wohl bald wieder hergestellt und durch einen Straßenposten gesichert haben.

Das zweite Reihengräberfeld, 2000 Meter westlich von Sand und unmittelbar an einer Lechfurt, wurde zerstört, ohne dass dies beobachtet worden wäre. Unter den geretteten Beigaben befindet sich ein gegossenes, »koptisches« Bronzegefäß, das auf beträchtlichen Wohlstand schließen lässt.

Aus dem Norden unseres engeren Untersuchungsgebietes stammen auch die Reste eines Baumsarges, der 2003 am Fuß der ehemaligen Benediktinerabtei von Thierhaupten aufgefunden wurde,[140] und eine Reihe von Streufunden (germanische Fibeln und Perlen) auf dem Gelände einer römischen Straßenstation bei Bach.

Die verbleibenden zwei Reihengräberfriedhöfe mit einem Belegungsbeginn in der zweiten Hälfte des 6. Jahrhunderts liegen im Süden unseres Landstrichs. Der eine gehörte zu einer unbekannten Siedlung bei Steindorf, wo sich die römische Straße nach Salzburg von der Brennerstrecke trennte. In einer Kampagne, die mit Unterbrechungen von 1922 bis 1955 dauerte und mit recht unterschiedlicher Sorgfalt vorging, sind nicht weniger als 65 Gräber untersucht worden. Dabei kamen Spathen (3), Saxe (8), Lanzenspitzen (3) und Messer (9) zum Vorschein sowie Glasperlenketten, Ringe, Kämme und vielteilige Gürtelgarnituren. Ein mit Runen und Tierornamentik beschriftetes Kurzsax sowie ein silberplattierter und messingtauschierter Pyramidenknopf ragen qualitativ aus diesem Fundbestand heraus (vgl. Bild 35).

Nichts dergleichen liegt bis heute von dem zweiten Reihengräberfeld vor, das 1200 Meter nordwestlich des Gutes Lindenau durch den Luftbildarchäologen O. Braasch entdeckt wurde und das Marcus Trier wegen seiner angenommenen Größe (»100 Bestattungen«) ebenfalls einer abgegangenen Siedlung aus dem 6. Jahrhundert zuordnet.

Diese Ergebnisse sind recht dürftig. Dennoch sind Folgerungen möglich. Die Lage der zu den Friedhöfen gehörenden Siedlungen sowohl im Süden wie im Norden unseres Untersuchungsgebietes entspricht der dort schon mehrmals beobachteten größeren West-Ost-Durchlässigkeit für Verkehrsströme jeglicher Art. Diese Mobilität wurde durch die Ansiedlung fränkischer Parteigänger gesichert. Ein anderes Motiv, das insbesondere für die beiden südlichen Siedlungen in Frage kommt, ist die Erschließung des dort vorhandenen römischen Fiskalgutes für das fränkische Königtum. Es ist kein Zufall, dass der spätere Königshof Mering zwischen diesen beiden Friedhöfen zu liegen kam. Innerhalb unseres engeren Areals spielt dieser Raum eine Sonderrolle insofern, als er weiter nach Osten ausgreift als das mit dem »Lechrain« zu vereinbaren wäre.

3. Fränkische Unterkönige am Lech

Dass es schon *Theudebert* gewesen ist oder gar *Theoderich*, der mit Allemannien und Bayern zwei Herzogtümer schuf, mit dem Lech als politischer Grenze,[141] muss neuerdings in Zweifel gezogen werden. Die alten Strukturen haben offenbar länger bestanden als bisher angenommen.

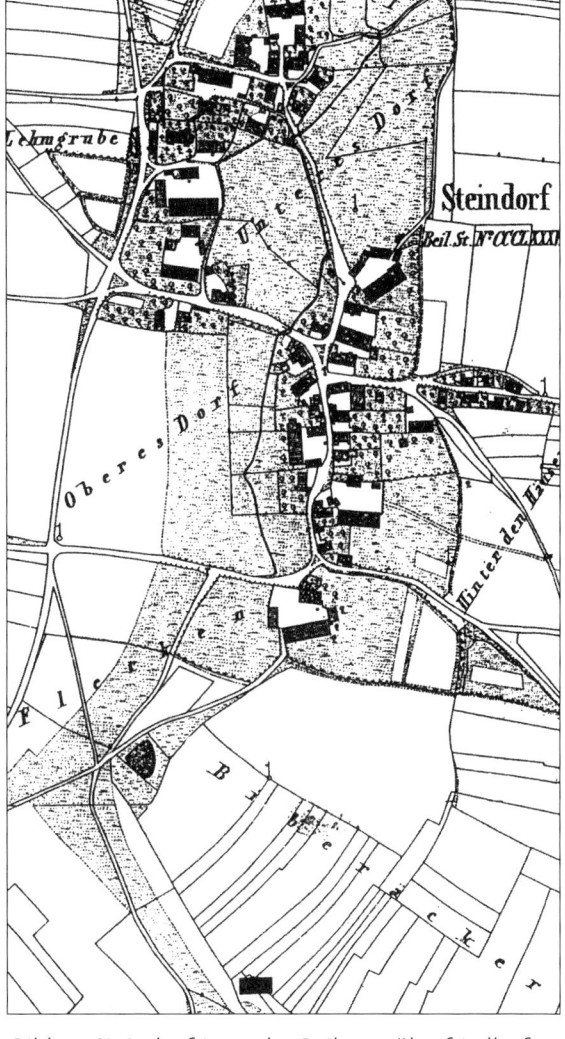

Bild 35: Steindorf, Lage des Reihengräberfriedhofes (schwarzes Rechteck unten)

Arno Rettner von der archäologischen Staatssammlung in München hat auf dem 3. Internationalen Kongress der Archäologie des Mittelalters 2002 in Basel sogar die These aufgestellt, die Hauptstadt der Agilolfinger sei ab der Mitte es 6. Jahrhunderts nicht Regensburg gewesen, sondern Augsburg.[142] Wörtlich heißt es da: »Nichts spricht dagegen, dass auch die Franken 536, nach dem Verzicht der Ostgoten auf nordalpine Gebiete an vorgefundene Gegebenheiten anknüpften und ihren *dux* zunächst in Augsburg installierten.« Arno Rettner untermauert diese These mit überzeugenden Indizien. Die naheliegende Folgerung, die ersten Agilolfinger seien Nachfolger des ostgotischen *dux Raetiarum* gewesen und nicht Stammesherzöge der Bajuwaren, zieht er jedoch nicht. Freilich ist seine These auch so noch sensationell genug.

Dazu gehört auch Rettners Aussage über den ersten »bayrischen Herzog« *Garibald*. Wenn ihn der Frankenkönig *Chlothar I.* »einen der Seinen«[143] nennt, so sei das wohl zu begründen. *Garibald sei* ein Spross des burgundischen Hochadels gewesen[144] und gleichzeitig ein Vetter *Chlotars*. Er habe bis 555 als Unterkönig in Clermont gewirkt, als ihm *Chlotar* auf einen Protest der Kirche hin seine Gemahlin *Walderada* abtrat. *Walderada* war die jüngste Tochter des Langobardenkönigs *Wacho* und die Witwe von *Theudebald, Chlotars* Neffen. Solchermaßen ausgezeichnet, sei *Garibald* als Unterkönig an den Lech gegangen. Soweit Arno Rettner.

Damit wäre diese Herrschaft also nicht etwa die »Modifikation eines vorfränkischen Volkskönigtums« gewesen,[145] sondern ein fränkisches Amtskönigtum, und *Garibalds* »Königreich« nicht etwa Bayern, sondern das alte Raetien II von der Iller bis an die Salzach. Das sind die Konsequenzen, wenn man der These Arno Rettners folgt.

Garibalds Politik musste die Erwartungen seiner Verwandten jenseits des Rheins enttäuschen. Er trat in Beziehung zu den Langobarden, die im Jahre 568 in der letzten großen Wanderung von Pannonien aus in Oberitalien eingedrungen waren und damit sowohl Byzanz wie auch die Franken gegen sich aufgebracht hatten. Unter *Childebert II.* (575–596) versuchten die Franken, die im Solde von Byzanz standen, die Langobarden in mehreren Feldzügen aus Italien wieder zu vertreiben. Zuletzt wurden sie jedoch von dem Herzog *Eoin von Trient* vernichtend geschlagen. Spätestens jetzt ging *Garibald* ein Bündnis mit den Langobarden ein, das er durch Heiraten stützte. Eine Tochter, deren Name nicht bekannt ist, erhielt *Eoin von Trient*. Die andere Tochter *Theodelinde* heiratete den jungen König *Authari* und nach dessen frühem Tod wählte sie *Agilulf* »als Mann und König«. Als auch dieser gestorben war, wirkte sie erfolgreich als Regentin für ihren unmündigen Sohn *Adaloald* und leistete dem Vatikan unschätzbare Dienste bei der Bekehrung der Langobarden zum römischen Christentum (vgl. Bild 36).

Garibalds Sohn *Gundoald,* der wie seine Schwester vor den drohenden Franken nach Italien gegangen war, wurde Herzog von Asti und zum Begründer der »bairischen Dynastie«, die in der 2. Hälfte des 7. Jahrhunderts die Geschicke der Langobarden lenkte.

Auch die weiteren Feldzüge der Franken nach Italien scheiterten. Der letzte jedoch wurde über das Alpenvorland geführt und kostete *Garibald* die Macht. Nachfolger wurde Sohn *Tassilo I.* Er wurde von Frankenkönig *Childebert* als König eingesetzt. Im Gegensatz zu seinem Vater verhielt er sich den Franken gegenüber loyal. Dafür wurde er mit dem Land der Breonen im Inntal belohnt und gewann in der Folge den Brennerübergang samt Säben, Brixen und Bozen, kurz: »den Ausgang aus dem Gebirge«. Weniger erfolgreich war er bei der Bekämpfung der Slawen, die hinter den Langobarden ins Pustertal eingedrungen waren. Mit zwei Feldzügen, von denen der zweite sehr verlustreich gewesen ist, konnte er sie aber zum Stehen bringen. Im Kampf gegen die nachdrängenden Awaren ist er schließlich ums Leben gekommen.

Garibald II., der auf ihn folgte, firmierte nicht mehr als König. Möglicherweise saß er schon in Regensburg. Er kämpfte im Südosten gegen Slawen und Awaren und konnte sie auch zurückdrängen. Im Süden schaffte er es bis zu einer gemeinsamen Grenze mit den Langobarden. Und im Osten vergrößerte er seinen Machtbereich bis an die Enns. Wie es 629 nach dem Tod *Garibalds II.* weitergegangen ist, liegt im Dunkeln. Der Biograph der Agilolfinger Rudolf Reiser findet zwar für einen Herzog *Agilolf* noch

Bild 36: Krone der Königin Theodelinde aus dem Domschatz zu Monza

ein Indiz,[146] das immerhin einen Anhaltspunkt bietet, woher der Name der Dynastie gekommen sein könnte. Der folgende *Chrodoald* und sein Sohn *Fara* sind jedoch nur noch »vage Vermutungen«. Erst der nächste Herzog gewinnt wieder an Kontur. Es ist *Theodo*.

4. Venantius Fortunatus und die Augsburger Perspektive

Die vorliegende Bemühung, projiziert auf Augsburger, die allein ein tradierbares Bewusstsein von den Verhältnissen am Lechrain hätten entwickeln können, darf keine Gelegenheit auslassen, ein tatsächlich tradiertes Wort zu würdigen, vor allem dann, wenn es für Jahrhunderte das einzige ist und ungeachtet der Tatsache, dass es über die Maßen karg daherkommt und zu Missverständnissen verleitet. Eigentlich sind es zwei Auslassungen des italischen Dichters *Venantius Fortunatus*, die sich auf seine Reise nach Tours und seinen Aufenthalt in Augsburg beziehen. Sie seien an den Anfang gestellt.
In einer Vorbemerkung zur Edition seiner Gedichte zählt *Venantius* einige Flüsse auf, die er – dichtend – überquert habe. Auf diese Weise habe er u.a. die Drau in Noricum, den Inn im Land der Breonen und den Lech in Bayern überschritten (»*Liccam Baiuaria transiens*«).[147]
Die bekanntere Stelle stammt aus der Nachrede zur *Vita Sancti Martini,* die der Dichter zwischen 573 und 576 verfasste, wobei er seine Reise von 565 zurückverfolgt.

> *Si tibi barbaricos conceditur ire per amnes,*
> *ut placide Rhenum transcendere possis et Histrum*
> *pergis ad Augustam, qua Virdo et Lica fluentant,*
> *illic ossa sacrae venerabere martyris Afrae.*
> *Si vacat ire viam neque Baiovarius obstat,*
> *qua vicina sedent Breonum loca, perge per Alpem,*
> *ingrediens rapido qua gurgito volvitur Aenus.*[148]

In der Übertragung heißt das:

> Wenn dir die Barbaren erlauben, über die Flüsse zu gehen,
> und du friedlich den Rhein und die Donau überschreitest,
> gelangst du nach Augsburg, wo fließen Wertach und Lech,
> und verehrst die heiligen Gebeine der Martyrin Afra.
> Wenn frei dann die Straße, und dir nicht der Baier im Weg steht,
> so zieh durchs Gebirge nahe dem Sitz der Breonen,
> es betretend, wo in reißendem Strudel wälzt sich der Inn.

Aus der Vorbemerkung hat man den halsbrecherischen Schluss gezogen, dass Baiuaria zur Zeit des *Venantius* bis an die Iller gereicht habe.[149] Dabei ist damit nicht einmal die durchgehende Grenze am Lech glaubhaft zu machen.

Um die Nachrede zur *Vita Martini* hinreichend würdigen zu können, müssen wir rekapitulieren, wo *Venantius* die Jahre verbracht hat, die zwischen seiner ersten Reise und dieser Aufzeichnung vergangen sind. Vor allem aber müssen wir dem Dichter in Sphären folgen, die uns Heutigen nur schwerlich noch zugänglich sind.

Venantius Honorius Clementianus Fortunatus, geboren um 540 in Valdobbiadene bei Treviso und in klassischer Literatur und Rhetorik erzogen in Ravenna, begibt sich im Frühjahr 565 auf eine Reise, die an Abenteuerlichkeit nichts zu wünschen übrig lässt und von der es für ihn keine Heimkehr geben wird. Er verlässt Italien kurz bevor dort die Langobarden eindringen. Eine Pilgerfahrt soll es gewesen sein, versprochen dem heiligen *Martin von Tours* für die Heilung eines Augenleidens. Allein der Umstand, dass er die Bischofsstadt Tours erst nach acht Jahren erreicht, lässt diese Begründung als wohl kaum zutreffend erscheinen. Der Verlauf der Reise[150] macht es viel wahrscheinlicher, dass der 25jährige einem inneren Ruf folgt. Er muss als Dichter leben und spürt instinktiv, dass er zur Verwirklichung dieser Vision erhabene Anlässe braucht. Solche Stimulanzien sind für ihn nur im Umfeld der Mächtigen vorstellbar. Byzanz, das von Ravenna aus leicht zu erreichen wäre, kommt jedoch aus religiösen Gründen nicht in Betracht. Und so wendet sich *Venantius* einem anderen Machtzentrum zu. Als er hört, dass der austrasische König *Sigibert* (561–575) im Donautal Krieg gegen die Awaren führt, bricht er auf, durchquert Venetien, erreicht über die Julischen Alpen das Pustertal und über den Brenner das Land der Breonen im Inntal.[151]

Der illyrische Stamm der Breonen, der schon *Theoderich* Grenzwächterdienste an der Iller geleistet hat, muss sich gerade gegen den südwärts gerichteten Expansionsdrang der Bajuwaren zur Wehr setzen. Gut möglich, dass auch *Venantius* auf diesem Teil der Reise unliebsame Erfahrungen mit ihnen macht. Möglicherweise kommt eine solche Begegnung aber erst weiter nördlich nach dem Austritt der alten Brennerstrecke aus dem Gebirge zustande. Dass man von Westen kommend bei Augsburg und am Lech auf die Baiern stoße, kann jedoch diesem Text nicht entnommen werden.[152] Der Respekt vor den »Straßenräubern« hingegen, die man in den Baiern argwöhnen zu müssen glaubt, wird von solch örtlichen Erwägungen nicht geschmälert.

Nach dem Lechübergang, der sich also noch in Bayern abgespielt haben soll, und dem Aufenthalt in Augsburg stößt *Venantius* irgendwo im Donautal zum Heer des Königs *Sigibert*. Dieser hat die Awaren zwar 562 besiegt, ist aber bei einem zweiten Einfall des Reitervolkes derart in Bedrängnis geraten, dass er einen Vertrag hat unterschreiben müssen. Das Heerlager an der Donau dient nun der Sicherung des fränkischen Kronlandes.

Venantius wird freundlich aufgenommen und erhält sogar den Edlen *Singoald* als Beschützer. Er revanchiert sich mit einem Huldigungsgedicht an den Referendarius *Boso*, das ist offenbar der Heerführer. Die Weiterreise wird ihm jedoch verweigert.

Im Frühjahr 566 finden wir *Venantius* im Hoflager von Metz. Er hält die Festrede bei der Hochzeit des Königs mit der westgotischen Prinzessin *Brunichild*. Im Jahr darauf begleitet er *Sigibert* bei seinen Zügen im linksrheinischen Austrasien. Dabei wird er zum Lobredner über die Großen der höfischen Gesellschaft und zum Schiedsrichter bei dem ehrgeizigen literarischen Wettbewerb, den er unter ihnen auslöst. Sicherlich kann man es eine Missbildung schimpfen, wenn » ... germanische Recken den verkünstelten Briefstil der späten Römer nachahmen und blutige Tyrannen nach dem Dichterlorbeer greifen«.[153] Was *Venantius* dennoch auf seiner Habenseite verbuchen kann, sind Ansätze zu einer neuartigen Persönlichkeitsbildung und eine erwachende Tendenz von Geistigkeit im fränkischen Adel.[154]

Das gesellschaftliche Hochgefühl, das *Venantius* in dieser ersten höfischen Phase umtreibt, wird noch überboten von der Faszination, die unseren Dichter in seinem nächsten Lebensabschnitt ergreift. Als er im Jahre 567 endlich nach Tours und damit an das Ziel seiner Reise gelangt, da hört er von der Klostergründerin *Radegunde* in Poitiers. Ohne Zögern reist er zu ihr.

Radegunde, eine Thüringische Prinzessin und 531 nach der Eroberung ihrer Heimat als Kriegsbeute ins Merowingerreich verschleppt, ist als dritte Ehefrau mit dem Wüstling *Chlotar* verheiratet gewesen und hat, nachdem dieser ihren jüngsten Bruder hat umbringen lassen, den Schleier genommen. In relativer Zurückgezogenheit und strengster Askese lebt sie in dem Kloster Sainte Cruix. Äbtissin ist ihre Schülerin *Agnes*.

Venantius verfällt rückhaltlos der Heiligkeit seiner Gastgeberin. Und so macht er den Geschäftsträger, der für die weltlichen Belange des Klosters zuständig ist, und begleitet *Radegunde* »innerlich in ihrem Gebet wie in ihrem Traum von der Schönheit des Paradieses«.[155] Er gewinnt einen Begriff von den tiefsten Gehalten der ekstatischen Selbstauflösung und sieht sich unvermittelt in der Lage, große menschliche und religiöse Stoffe zu bewältigen. Das Ergebnis sind Heiligenviten und ergreifende Elegien. Im Gegenzug verwöhnen ihn seine Freundinnen mit Leckerbissen. Wenn es um Dritte geht, hat *Radegunde* ihre Wurzeln nicht vergessen. Aus dem Kloster Sainte Cruix aber wird ein Musenhof.

Im Jahre 573 beginnt die zwanzigjährige Freundschaft des Dichters mit *Gregor von Tours*. Der neue Bischof und Historiograph der Merowinger veranlasst ihn zu der Herausgabe seiner Gedichte. *Gregor* ist es auch, der den formkünstlerischen Ehrgeiz unseres Protagonisten zu einer Kraftprobe anstachelt. Es ist die *Vita Martini*, deren 2500 Hexameter *Venantius* in sechs Monaten bewältigt haben soll. Weltruhm will er damit gewinnen. Die Welt besteht damals immer noch aus dem Mittelmeerraum und vor allem aus Byzanz. Also muss das Werk auf Reisen gehen. Über Ravenna soll es mit Hilfe von Freunden und Standesgenossen in die glänzende Kosmopole gelangen.

Und so kehren auch wir mit der *Vita Martini* nach Augsburg und an den Lechrain zurück, und zwar im wörtlichen Sinne. *Venantius* hat das Werk mit einer Schlussrede versehen, in der er seine erste Reise in umgekehrter Reihenfolge wiederholt. Dieser Text ist also keine »Reisebeschreibung«,[156] wie vielfach vermutet wird, sondern eine Art Routenführer.

Rätselhaft ist das vertraute Du, für das dieser Führer geschrieben zu sein scheint. Zunächst könnte man meinen, damit sei diejenige Person angesprochen, die mit dem Epos unterwegs ist, um es schließlich bei Freunden in Ravenna abzuliefern. Wahrscheinlicher ist aber eine andere Adresse. Es ist der heilige *Martin* selbst. Um das verstehen zu können, müssen wir uns in die zeitgenössischen Christen zurückversetzen. Schon in heidnischer Zeit hat es die Anschauung von der engen Verbindung zwischen Himmel und Erde gegeben. Die Christen haben sie weiter entwickelt zu der Vorstellung von der Allgegenwart Gottes und seiner Heiligen. Unter bestimmten Bedingungen begegnen auch gewöhnliche Leute verstorbenen Heiligen oder Engeln auf einer räumlichen Ebene. Dazu gehört »natürlich«, dass man von der neuen, anspruchsvollen Religion durchdrungen ist. *Venantius* ist es, und zwar ganz und gar. Seine Gewährsfrau ist *Radegunde*. Und mit Martin hat er sich auf eine Weise vertraut gemacht, die ihn zu einem Zwiegespräch mit dem Heiligen berechtigt. Unter diesen Umständen ist es nicht mehr wichtig, ob die rückwärts gewendete Reise »tatsächlich« stattgefunden hat. Sie ist wohl von Anfang an metaphorisch gewesen. In der transzendentalen Welt des *Heiligen Martin* jedenfalls ist ein Zweifel an dieser »Heimkehr« gänzlich ausgeschlossen. Und so gewinnt denn auch der zweite, der virtuelle Aufenthalt in Augsburg eine eigentümliche Relevanz.

Die Stadt am Lech ist über die Völkerwanderung hinweg eine Bastion des Christentums geblieben und hat nicht nur Reste ihrer römischen Verwaltung mit klerikalem Personal über die Zeitenschwelle gerettet, sie ist darüber hinaus, wenn man der These Arno Rettners vertrauen darf, sogar die Residenz fränkischer Unterkönige geworden. *Venantius* verliert darüber kein Wort, was aber auch bedeuten kann, dass es selbstverständlich ist. Das Wenige, was er von sich gibt, wird dadurch nur umso bedeutsamer. *Venantius* nennt die Stadt am Lech die Erhabene – denn das bedeutet »*Augusta*« nach wie vor –, und fügt auch sofort einen zusätzlichen Grund an, den es für diese Einschätzung gibt. Sie ist die Stadt der *Heiligen Afra*. Um nachzufühlen, was bei der Nennung dieses Namens in ihm vorgeht, brauchen wir obige Überlegungen über den *Heiligen Martin* nur auf die Augsburger Hauptpatronin zu übertragen. Indem *Venantius* von der Verehrung spricht, welche die Gebeine der Heiligen beanspruchen, verbeugt er sich auch vor der Fülle ihrer Macht. *Afra* ist die Herrin Augsburgs.

Was die Augsburger Perspektive auf den Lechrain betrifft, die wir für unabdingbar halten, so können wir darauf vertrauen, dass die Verwaltung der Stadt sie nicht vernachlässigt hat. Die beiden Niederlassungen in Lechhausen zur Zeit *Theoderichs* können in diesem Sinne gedeutet werden. Auf die hagiographische Ebene des *Venantius Fortunatus* gehoben, kann diese Orientierung aber auch für *Afra* in Anspruch genommen werden. Der Lechrain wird dadurch zu einem der Felder, auf denen sich ihre Macht bewährt. *Afra* ist, wenn man ihr jenseitiges Leben mit ihrem diesseitigen Sterben in Beziehung setzt, nach Osten hin ausgerichtet. Die Pilger, die sich von ihrem Grab auf die Hinrichtungsstätte hin bewegen, müssen mindestens einen Lecharm durchwaten und haben ständig die Lechleite im Blick, jenen Saum, über dem jeden Morgen die Sonne aufgeht. Das Land dahinter übt auf die Asketen der Zeit eine merkwürdige Anziehung aus; es ist eine Ödnis, ein Ort, an dem zwar Dämonen lauern, wo aber dem Standhaften die herrlichsten Siege winken. Eremiten widmen sich dieser Art von Landgewinnung sogar auf Dauer. Einzelne mögen sich schon zu Zeiten des *Vernantius* aufgemacht haben, um dort mit Unterstützung der *Heiligen Afra* gegen den Teufel zu kämpfen.

Immerhin ist es bemerkenswert, dass es noch heute im Osten ihrer Stadt ein paar Dutzend Orte gibt, deren Namen mit »...zell« enden, im Westen dagegen nur einen.

5. Die fränkisch-alamannische Phase II (630–680)

Niedergang und Wiederkehr der fränkischen Hegemonie

Nach *Chlotars I.* Tod im Jahre 561 war das Reich unter seine vier Söhne aufgeteilt worden. *Charibert I.* residierte in Paris, *Guntram* in Orleans, *Chilperich I.* in Soissons und *Sigibert I.* in Reims. Die dramatischen Ereignisse des folgenden halben Jahrhunderts spielten sich jedoch nur noch auf drei Bühnen ab, weil *Chariberts* wüstes Leben bald beendet und sein Teilreich in den drei anderen aufgegangen war. Gegen Ende des Jahrhunderts bürgerten sich auch die Namen ein, unter denen die verbliebenen Teilreiche lange firmieren sollten: Neustrien, Austrien und Burgund. Besonderheiten der Könige waren, dass *Sigibert* sich bewusst mit einer Frau begnügte und *Guntram*, als die Krise ihren Tiefpunkt erreicht hatte, sich zweimal in uneigennütziger Weise für den Bestand des Herrscherhauses einsetzte. Bemerkenswert ist auch ein weiterer Akteur, der freilich von den zeitgenössischen Geschichtsschreibern nicht wahrgenommen wurde: der aufstrebende fränkische Adel.

Das Unheil begann damit, dass *Chilperich* versuchte, sich der Stadt Paris zu bemächtigen, was ihm misslang. Daraufhin drang er in *Sigiberts* Teilreich ein, als dieser sich auf einem Feldzug gegen die Awaren befand, wurde aber geschlagen und musste seine Eroberungen wieder herausrücken. Zu einer Tragödie führte der Drang, es seinem Halbbruder bezüglich der Frauen gleichzutun. Er warb um die Schwester von *Brunechilde* mit dem Namen *Galswinth*. Seine zahlreichen anderen *uxores,* darunter die Königin *Audovera,* die ihm bereits drei Söhne und zwei Töchter geboren hatte, versprach er zu verlassen. Nach der Hochzeit jedoch war davon keine Rede mehr. Er nahm auch die Kebse *Fredegunde* wieder zu sich, was für die westgotische Prinzessin unerträglich war. Sie begehrte, zu ihrer Familie zurückzukehren, worauf er sie auf Betreiben *Fredegundes* erdrosseln ließ.

Brunechilde in Reims sann auf Rache. Aus »einer Jungfrau von feiner Bildung, schön von Angesicht, züchtig und wohlgefällig in ihrem Benehmen«,[157] wurde ein Dämon des Hasses.

Ihre Feindin *Fredegunde* musste sich nicht ändern, um ein ähnliches Prädikat zu verdienen.

Zur Lähmung der Reichspolitik führte diese Situation, als im Abstand von wenigen Jahren sowohl *Sigibert* als auch *Chilperich* auf Betreiben des Adels ermordet wurden. Übrig blieben drei minderjährige Söhne und zwei Regentinnen, die sich einen Ruf erwarben, der in der Geschichte seinesgleichen sucht.[158]

Chilperichs Neustrien wäre nach seinem Tod zusammengebrochen, wenn der gute *Guntram* nicht geholfen hätte. Gleichwohl hatte *Fredegunde* alle Hände voll zu tun, um das Erbe für ihren Nachwuchs zu sichern. Sie war in dieser Kunst nicht ohne Übung. Im Jahre 580 hatte sie gerade zwei Söhne verloren, als *Chlodowech*, ein Sohn *Chilperichs* aus der Ehe mit *Audovera*, Erbansprüche erhob. *Chilperich* ließ *Chlodowech* verhaften und der Königin übergeben, was für ihn und *Audovera* den Tod bedeutete.

Im Jahre 584 wiederholte sich die makabre Szenerie. Zwei weitere Söhne der *Fredegunde* starben. Daraufhin verlangte eine austrasische Gesandtschaft die Auslieferung der Mutter. *Guntram*, der unverzüglich in Paris einmarschiert war, verhinderte das und bestätigte sie als Regentin für ihren jüngsten und letzten Sohn *Chlotar*. Als »die Feindin Gottes und der Menschen« (*Gregor von Tours*) im Jahre 597 starb, erbte er als *Chlotar II*. (613–629) die Macht und den Hass auf *Brunechilde*.

Auch *Brunechilde* und *ihr* Sohn *Childebert*, der neue König in Austrien, hätten sich gegen den Adel nicht halten können, wenn ihnen Onkel *Guntram* nicht beigesprungen wäre. Als Erbe *Guntrams* gewann *Childebert II*. sogar noch Burgund hinzu. Doch drei Jahre später starb er und hinterließ zwei minderjährige Söhne, *Theudebert II*. und *Theuderich II*. Wieder wurde *Brunehilde* zur Regentin, diesmal für ihre Enkel. Nachdem sie dem Druck des Adels nachgegeben und einer Teilung von Austro-Burgund zugestimmt hatte, kam es zum Bruderkrieg, bei dem *Theudebert* unterlag und zusammen mit seinem Sohn *Merowech* getötet wurde. Als im Jahre 613 auch *Theuderich* starb, versuchte *Brunechilde*, ihren Urenkel *Sigibert II*. als König Austrasiens zu etablieren. Doch es war zu spät. *Chlotar II*. fiel auf Anraten des austrasischen Hausmeiers *Pippin* und des Bischofs *Arnulf von Metz*[159] in Austrasien ein. Der dortige Adel ging zum Eroberer über. *Brunechilde* wurde ihrem Todfeind übergeben, der sie von einem wilden Pferde zu Tode schleifen ließ. Auch die beiden letzten Erben wurden getötet. Die austro-burgundische Linie der Merowinger gab es nicht mehr.

Die mythische Wucht des Verhältnisses zwischen *Brunechilde* und *Fredegunde* ist als »Zank der Königinnen« ins Nibelungenlied eingegangen. *Brunechilde* als Walküre, welche die toten Helden nach Walhall begleitet, ist darüber hinaus ein Beleg für die Dauer germanischer Jenseitsvorstellungen bis ins hohe Mittelalter hinauf.

Mit dem nun allein herrschenden König *Chlotar II*. und seinem Nachfolger *Dagobert* (629–638) fasste die fränkische Reichspolitik wieder Fuß. *Chlotar II*. galt als gottesfürchtig und freigebig gegenüber der Kirche.[160] Er leitete die Konsolidierung ein, indem er in Paris eine Synode veranstaltete, an der die Vertreter von 75 Bistümern aus allen Teilen des Frankenreiches teilnahmen. Man beschloss, erprobte Männer zu den benachbarten Völkern zu schicken, um sie von ihren Irrlehren in den Schoß der Kirche zurückzuführen. Das *Edictum Chlotarii* verbriefte den Bistümern das Recht zur Bischofswahl durch Klerus und Volk. Die Weihe des Bischofs setzte jedoch die Zustimmung des Königs voraus.

Für unser Thema von Bedeutung ist der daraus folgende Versuch, die Bajuwaren zu missionieren. Er ging von dem frühen Kloster Weltenburg aus. Dessen erster Abt *St. Eustasius* wurde in Luxeuil auf seine Aufgabe vorbereitet und kehrte später wieder nach Luxeuil zurück.
Als Wohltäter des Bistums Augsburg[161] gilt *Dagobert*, der letzte tüchtige Merowinger. Er verlegte die Residenz von Reims nach Paris und entfernte den Hausmeier *Pippin d.Ä.*, der ihm hätte gefährlich werden können, umgehend nach Orleans. Als er im Jahre 630 daranging, das Slawenreich des Franken *Samo,* das von Kärnten bis zur mittleren Elbe reichte, anzugreifen, da hatte er die Alamannen und die Langobarden als Bundesgenossen.[162] Nur die Baiern machten nicht mit. Vielleicht waren ihnen die Slawen als Nachbarn lieber als die dahinter reitenden Awaren. Auf jeden Fall war das ein Verstoß gegen die fränkische Reichsraison.

Das Ende Raetiens

Die Verbündeten hatten zwar Erfolge, aber *Dagobert* erlitt eine Niederlage bei Wogastisburg. Er reagierte mit einer Stärkung der fränkischen Präsenz westlich des Lechs, schlug das Gebiet zwischen Iller und Lech dem alamannischen Herzogtum zu und führte dort die fränkische Verwaltungsorganisation ein.[163] Das bedeutete die Grafschaftsverfassung. Auch Augsburg, der fränkische Stützpunkt am Lech, erhielt einen Gaugrafen (*Comes*). Und das Bistum wurde mit umfangreichen Besitzungen in Südtirol[164] und bei Bingen am Mittelrhein[165] ausgestattet.
Spätestens zu dieser Zeit scheinen die Agilolfinger schon in Regensburg residiert zu haben.
Die bairische Verweigerung der Heerfolge ist dafür ein Indiz. Wenn es zutrifft, dass noch im frühen Mittelalter von Augsburg aus die alte Provinz Raetien regiert wurde, dann sind die Reformen *Dagoberts* das Ende dieses Zustands gewesen und damit auch das endgültige Aus für die Provinz.
Die alte Provinzhauptstadt Augsburg verlor damit ihr angestammtes Territorium. Dafür begann mit dieser Reform die Geschichte eines anderen territorialen Gebildes, das von Augsburg aus verwaltet wurde und für das die Stadt sogar den Namen hergab. Es handelt sich um den Augstgau.
Für die neue Situation in der Stadt zeugen einige eindrucksvolle archäologische Funde.
Im Spätherbst 1961, anlässlich des Aushubs für eine neue Krypta in der Vierung der Basilika des heiligen Ulrich, traten Steinplattengräber und ein römischer Sarkophag zutage.[166] Die sofort eingeleitete Notgrabung[167] erbrachte neben 22 spätrömischen Bestattungen auch 12 Gräber aus der Merowingerzeit. Zwei davon bargen hohe Geistliche. Das erste, ein Kalksteinplattengrab mit einem Boden aus römischen Hypokaustziegeln, enthielt das Skelett eines etwa sechzigjährigen Mannes in Hose und Kittel aus Leinen, zusammengehalten von ledernen Wadenbinden und einem ebensolchen Gürtel. Darüber trug der Mann einen knielangen wollenen Mantel. Die Textilien waren in einem ungewöhnlich guten Zustand. Die Füße steckten in kurzen Stiefeln aus Schafsleder, die vom Knöchel an aufwärts mit schmalen Lederstreifen umwickelt waren. Mit einem Riemchen aus Ziegenleder und einer Eisenschnalle war an der linken Ferse ein eiserner Sporn befestigt. Beigaben für den Toten waren ein Krummstab aus Buchenholz, ein bei-

nerner Kamm, ein eisernes Messer, ein zugespitzter Eisenstift und eine Tasche (Gewebereste aus Hanf) (vgl. Bild 37).

Das andere Klerikergrab war ähnlich ausgestattet. Der Tote trug jedoch einen ärmellosen, mit aufgenähten Lederborten besetzten Otternpelzmantel. Auch war die Kleidung mit Leder gesäumt und der Gürtel mit eingezogenen Fäden und aufgenieteten Zierbeschlägen aus Messing veredelt. Die kostbarste Beigabe war eine Gürtelschnalle aus dem späten 6. Jahrhundert. Sie zeigt auf ihrer Oberseite das christliche Kreuz, darunter eine sich ringelnde doppelköpfige Schlange und in den Seitenfeldern je einen geflügelten Greifen. In einem Hohlraum der Schnalle fanden sich drei Bienenwachsklümpchen von Kerzen, dazu Leinen- und Wollfasern sowie eine Baumwollblütenkapsel. Für das Messer war eine mit Tannenholz gefütterte Scheide aus kostbar verziertem Rindsleder vorhanden. Vom Krummstab gab es nur noch einen Rest (vgl. Bild 38).

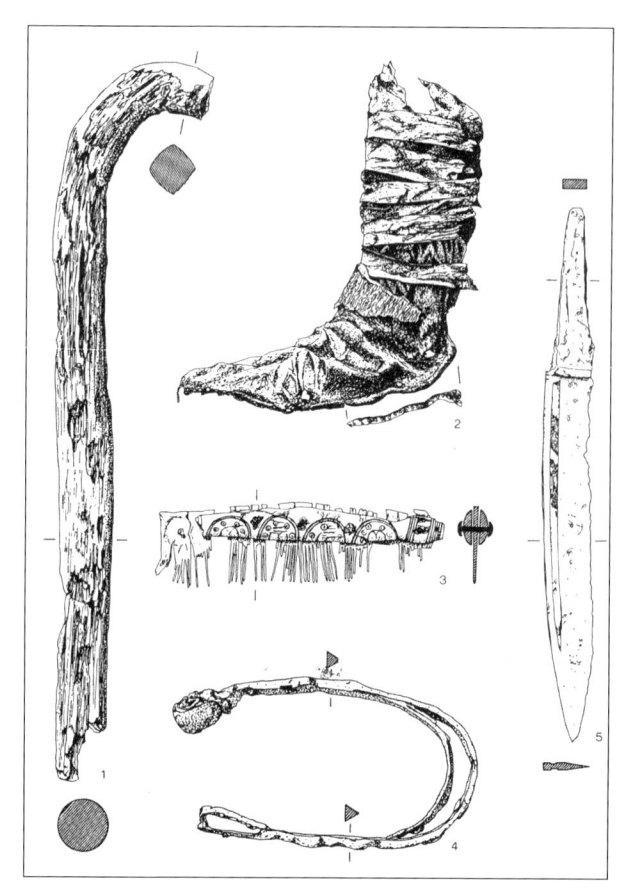

Bild 37: St. Ulrich und Afra, Beigaben im 1. Klerikergrab

Zwei weitere Gräber bargen adelige »Laien« und Beigaben von fast noch größerer Seltenheit. Eines davon enthielt außer einem 40jährigen Mann noch Sax, Streitaxt, Messer und Sporn, eine byzantinische Bronzeschnalle und eine Knochenschnalle mit der Darstellung des Jonaswunders. Die Lederscheide des Kurzschwertes war mit 100 Silbernieten verziert.

Sensationell sind diese Funde weniger wegen ihrer Kostbarkeit, sondern weil sie die Herkunft der Männer verraten. Diese waren aus Austro-Burgund gekommen. Zwei von ihnen scheinen Bischöfe gewesen zu sein, die um die Zeit des Königs *Dagobert* gewirkt haben müssen. Was liegt also näher, als in ihnen merowingerzeitliche Bischöfe in Augsburg zu sehen?

Ob nun einer der beiden *Tagebertus* geheißen hat und sogar mit König *Dagobert* verwandt gewesen ist[168] oder der andere den Namen *Perewulf* trug,[169] ist wohl angesichts der »legendären« Quellen zweifelhaft. Es ist aber auch zweitrangig gegenüber der Annahme, wir hätten es mit Repräsentanten des Königsheils in einem neuralgischen Grenzbereich des Reiches zu tun und auch mit Trägern der auf *Columban* ruhenden Mission, die von Irland ausgegangen war und in dem lothringischen Kloster Luxeuil einen weit ausstrahlenden Stützpunkt gefunden hatte.

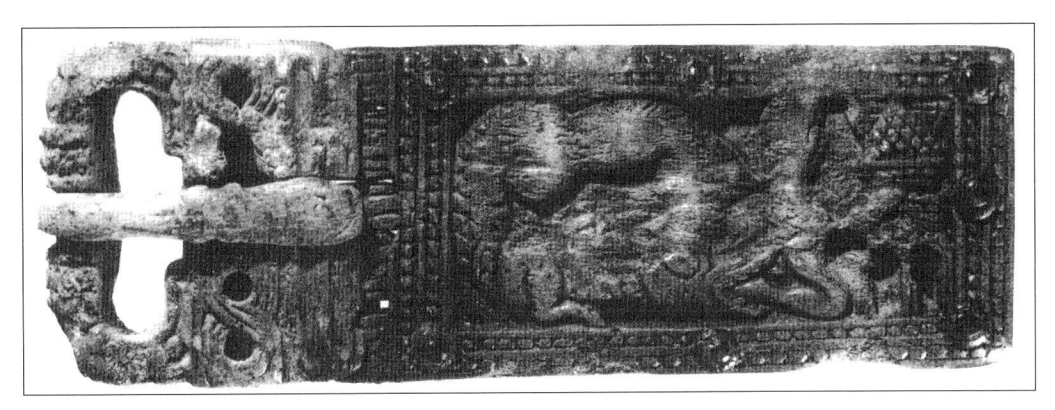

Bild 38: St. Ulrich und Afra, Reliquiarschnalle aus dem 2. Klerikergrab

Wenn kein eigener Graf in der Stadt installiert wurde, dann war der Bischof geistlicher Herr und königlicher Graf für das Finanz- und Gerichtswesen der Stadt und des sie umgebenden Augstgaues in einer Person.[170] Zusammen mit den vornehmen Laien, die als Bedienstete Schreiber (*notarii*), Finanzverwalter (*cubicularii*) und Domänenverwalter (*domestici*) des Bischofs gelten können, gab es also eine multifunktionale Behörde. Sie verwaltete weiterhin das Königsgut im Südosten, hat aber mit Sicherheit auch bei der nun einsetzenden Wiederbesiedlung des Lechrains mitgewirkt. Dass dabei die Bischofskirche nicht zu kurz kam, darf angenommen werden. Über die Verwaltung des fränkischen Königsguts hinausgehend, verteilte der Bischof als königlicher Amtsträger Rodungsrechte an den landhungrigen alamannischen Adel.[171] Sich selbst wird er dabei nicht ausgenommen haben.

Wie schon erwähnt, ging es auch um den Ausbau der fränkischen Präsenz in den Herzogtümern Alemannien und Bayern, deren Existenz von nun an zweifelsfrei erscheint. Wie schon zuvor die Orte Nordendorf, Westendorf und Ostendorf an der Via Claudia wurden nun an der alten Donausüdstraße die »Heim«-Orte gegründet. Sie gelten als fränkische Siedlungen, wenn es auch schon genügt haben mag, dass nur der Herr des Ortes ein Franke war und seine Hörigen aus Alamannen oder Thüringern bestanden.

Im Süden des Landstrichs drang die fränkisch-alamannische Kolonisation über den Lech bis in die Gegend von Weilheim vor. Und das Bistum folgte ihr auf dem Fuße. Es gab da eigentlich gar keinen Unterschied. Am Ende hatte die Diözese zwei Ausbuchtungen, die seit über 1000 Jahren charakteristisch sind für ihren östlichen Grenzverlauf (vgl. Bild 39).

Die »Aufsiedlung« des Lechrains

Auch die Wiederbesiedlung des Lechrains war ein Teil jenes Programms. Schon das schlagartige Einsetzen der Bewegung spricht für ein planmäßiges Vorgehen. Es gab nun ein genuin fränkisches Interesse, die Grenze zum Herzogtum der Baiern auch gegenüber Augsburg möglichst weit nach Osten vorzuschieben.

Zu diesem Zweck könnte eine neue Lechbrücke gebaut worden sein, und auch die Reaktivierung der verwahrlosten Straßen durch die ausgedehnten und verfilzten Auenwälder der Lechebene, die nach jedem Hochwasser zu Seen wurden, wird einige Mühe gekostet haben. Und auf dem Lechrain gab es nicht etwa jungfräuliches

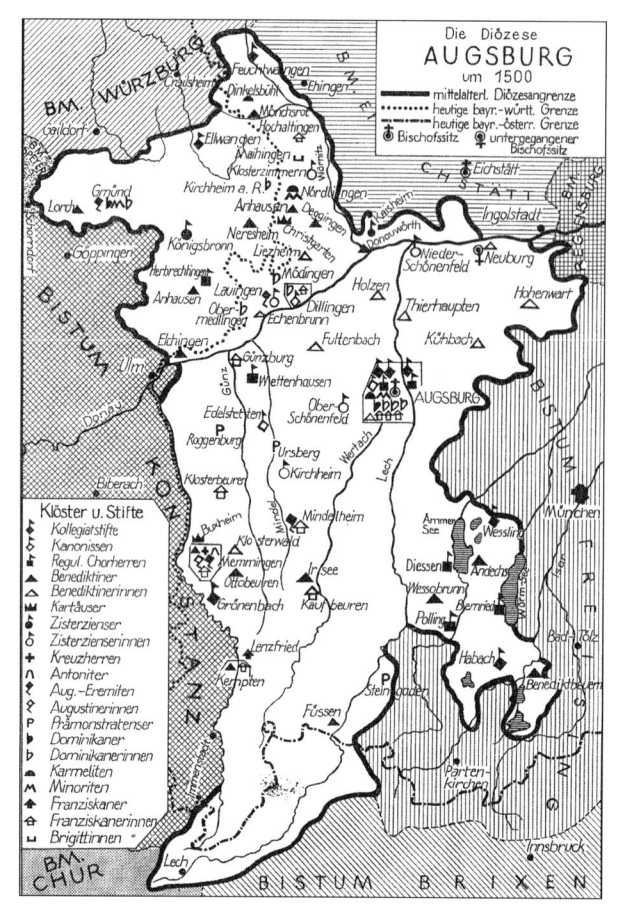

Bild 39: Das Bistum Augsburg um 1500

Land, das man nur unter den Pflug zu nehmen brauchte. Die in der Römerzeit bewirtschafteten Flächen hatte sich der Wald zurückerobert. Also musste gerodet werden. Freilich war diese Arbeit auf den ehemaligen römischen Äckern leichter als in den angrenzenden Urwäldern. Das erklärt die Vorliebe der Siedler für römisches Kulturland. Maßgeblich für die Niederlassungen waren jedoch allein die Grundherren, also edle Alamannen und der Bischof in seiner Eigenschaft als königlicher Graf.

Auch für die Kirche war die Grundherrschaft kein einfaches Unterfangen. Die Herren waren an Gotteshäuser gebunden und konnten die Kontrolle über ihre »Grundholden« nicht selbst ausüben. Also musste eine Aufsicht her. Diese werden die Halbfreien geleistet haben, die auf diese Weise in den niederen Adel aufstiegen.

Aus einer analogen Notwendigkeit sollte später die Vogtei hervorgehen, ein Instrument der Vertretung geistlicher Herrschaft in allen weltlichen Belangen. Der Bereich der kirchlichen »Immunität« wurde durch die Vogtei zum Gerichtsbezirk, in dem sich der Adel nur zu gern als Richter in die Pflicht nehmen ließ, denn das bedeutete Macht und den möglichen Aufstieg in den Hochadel. Zusammen mit der »Bußengerichtsbarkeit« des Grafen waren das die Wurzeln, aus denen schließlich der Territorialstaat erwachsen sollte. Aber noch war es nicht soweit.

Immerhin gab es schon den Augstgau, dessen rechtslechischer Teil mit der Errichtung zahlreicher Höfe und Kleinsiedlungen entlang der Ränder und in den Taleinschnitten der östlichen Lechleite nun besiedelt werden konnte.

Dass wir von diesen alamannischen Siedlern mehr wissen als von den Nachzüglern, beruht auf einem eklatanten »Mangel«. Sie sind wohl in ihrer Mehrheit noch keine Christen gewesen, gleichgültig ob sie dem Bischof untertan waren oder einem anderen Grundherrn. Jedenfalls hielten sie noch an den heidnischen Bräuchen fest. Dazu gehörte es, die Toten in der Nähe ihrer Behausungen zu bestatten und ihnen Waffen bzw. Schmuck ins Grab zu legen. Auch für die Erforschung der letzten Phase der alamannischen Wiederbesiedlung des Lechrains ist die Archäologie deshalb die Königsdisziplin.

6. Bajuwarische Überlagerung (680–720–742)

Auch die vierte Phase der Lechrainbesiedlung sei vor dem Hintergrund des historischen Herkommens betrachtet. Allerdings fließen dabei die Quellen noch spärlicher als bisher. Nur eines ist gewiss. Die bajuwarische Überlagerung hat stattgefunden. Überlagerung nennen wir sie, weil der Lechrain ja schon besiedelt war, und die Neuankömmlinge sich in oder neben bereits bestehende Niederlassungen setzten. In den meisten Fällen werden sie durch Rodungen zu ihrem Land gekommen sein. Des weiteren sind die bajuwarischen Neusiedler zum Zeitpunkt ihres Aufbruchs schon Christen gewesen. Nur in der Anfangsphase ihrer Siedeltätigkeit haben sie ihren Toten noch Beigaben ins Grab gelegt. Nach 700 erstarb die Sitte. Vor allem aber hatten die Neulinge ein gegenüber den Alamannen ausgeprägteres Stammesbewußtsein, obwohl oder gerade weil ihr Stamm noch jung gewesen ist, und unberührt davon, dass in ihm auch viele Alamannen aufgegangen waren. Zusammen mit ihrer deutlicheren »Romanitas«, die sie der Beziehung ihrer multiethnischen Vorfahren zu den Römern verdankten, erklärt das, warum sie zwar weniger Spuren im Boden hinterlassen haben, dafür aber umso deutlichere in der Geschichte.
Soweit die Bedingungen, unter denen die Überlagerung vor sich ging. Bis dahin muss sich aber auch die allgemeine Befindlichkeit wieder einmal gedreht haben. Da war der Perspektivenwechsel, der sich nach der Residenzverlagerung von Augsburg nach Regensburg ergeben hatte. An die Stelle der Augsburger Nord-Süd-Tendenz war eine Orientierung im Sinn des Wortes getreten.[172] Die Linie gab nun die Donau vor. Die bajuwarische Ostkolonisation hatte sicherlich nicht wenig zu diesem Bewusstseinswandel beigetragen und auch das Selbstwertgefühl der Baiern gesteigert. Auch der frankophile Adel, der sich in rhaetischen Zeiten bis an die Isar breitgemacht hatte, scheint dadurch ein bairisches Stammesgefühl entwickelt zu haben.
Noch unter *Dagobert* hatten sich die Baiern einen Exzess an Botmäßigkeit geleistet. Nach einer Niederlage gegen die Awaren hatten 9000 Bulgaren den König um Aufnahme in sein Reich gebeten. Er hatte sie daraufhin auf den Höfen der Baiern untergebracht, und diese hatten die Flüchtlinge auf seinen Befehl hin in einer einzigen Nacht erschlagen. Nur 700 Bulgaren seien davongekommen, berichtet *Fredegar*.[173]
Unter den Nachfolgern *Dagoberts* glitt jedoch die fränkische Reichspolitik erneut in einen Zustand der Schwäche. Ursache dafür war nicht zuletzt der »Rückfall« in die Reichsteilung. Und fast eine Agonie wurde daraus, nachdem im Jahre 662 der Hausmeier *Grimoald*, ein Sohn des alten *Pippin*, mit dem Versuch, die Merowinger zu beseitigen, gescheitert und hingerichtet worden war. Fürs Erste gab es im Frankenreich nur noch Schattenkönige und vorsichtig gewordene Hausmeier. Die Herzogtümer blieben weitgehend sich selbst überlassen.

Stammesherzöge in Regensburg

Als nach einem halben Jahrhundert des Schweigens die schriftliche Überlieferung wieder einsetzte, saß in Regensburg ein *dux Bavariae* und hatten die Baiern ein eigenes Gesetzbuch, die *lex Baiuvariorum*, in der die Agilolfinger als die einzig rechtmäßigen Herzöge der Baiern bezeichnet und die fünf Familien der *Huosi, Drozza, Fagana, Hahilinga* und *Anniona* quasi als Hochadel geführt werden.

Der erste Herzog, von dem wir wieder etwas wissen, war also *Theodo* (ca. 680–717). Er markierte einen Höhepunkt bairischer Machtentfaltung. »Nie vorher war von einem Herzog eine so selbständige Politik betrieben worden,« schreibt Wilhelm Störmer 1988 im Katalog der Ausstellung über die Bajuwaren in Rosenheim und Mattsee.[174] Diese neue Souveränität bewährte sich gleich zu Anfang in einer flächendeckenden Missionierung. Es war die erste aus eigener bairischer Initiative. *Theodo* holte drei fränkische Glaubensboten ins Land und wies ihnen Zentren zu, von denen aus sie ihre Tätigkeit aufnehmen konnten. *Emmeram* wirkte von Regensburg aus, *Rupert* von Salzburg, und *Corbinian*, der für unseren Raum maßgebende Missionsbischof, hatte Freising als Basis. Die machtpolitische Konsequenz aus dieser doch wohl gelungenen Kampagne zog *Theodo* gegen Ende seines Regimes. Er versuchte, mit Hilfe des Papstes *Gregor II.* eine eigene Bistumsorganisation zu schaffen. Zu diesem Zweck zog er nach Rom und konnte den Papst auch für seine Vision erwärmen. Die Ausführung allerdings kam über Anfänge nicht hinaus. Diesseits der frommen Absicht zeugen diese Bemühungen jedoch von einem ausgeprägten territorialen Bewusstsein des Herzogs. Wir können davon ausgehen, dass auch die Vorkehrungen König *Dagoberts* zur Verhinderung bairischer Alleingänge zu seinem politischen Erfahrungsschatz gehörten. Er war der erste, der etwas dagegen tun konnte, und so beginnt mit dem Herzog *Theodo*[175] eine Zeit, in der man sich das Vordringen bajuwarischer Siedler an den Lechrain vorstellen kann. Die Siedlungen auf -ing, die sich auf der Lechleite gegenüber Augsburg zu einer Kette aufreihen, würden zur Tatkraft dieses Herzogs passen.

Auch nach außen betrieb *Theodo* eine kraftvolle Politik. Er befestigte die Ennslinie gegen die Awaren und mischte sich ebenfalls 680 zugunsten der »bairischen Dynastie« in die Thronkämpfe der Langobarden ein. Doch zunächst noch ohne Erfolg. Um die Jahrhundertwende wurde das bairische Herzogtum im Südosten jedoch zur Vormacht, »indem es in die inneren Verhältnisse des Langobardenreiches eingriff, im eigenen Interesse handelnd, ohne Rücksicht auf die Franken, ... , deren Großmachtpolitik hier ... eine indirekte Niederlage erlitten hat«.[176]

Was war geschehen? Als im Langobardenreich sich die ältere agilolfingische Linie in einem weiteren Thronstreit durchsetzte, wurde deren Gegner *Ansprand* vertrieben und floh zu *Theodo*. Er konnte sich zusammen mit seinem Sohn *Liutbrand* neun Jahre lang beim Herzog aufhalten und agitierte hartnäckig für einen Feldzug nach Italien. Schließlich hatte er Erfolg. Der Herzogssohn *Theodebert* half ihm bei der Rückeroberung. Die fehlende Verschwägerung wurde nachgeholt. Der neue Langobardenkönig *Liutbrand* heiratete *Guntrud*, die Tochter des »uneigennützigen« Helfers *Theodo*. Zum zweiten Mal gelangte eine nordalpine Prinzessin auf den langobardischen Thron.

Vor der Romfahrt traf *Theodo* eine Entscheidung, die zwar seine Eigenständigkeit noch einmal betonte, das Herzogtum aber schwächte. Er teilte es unter seine Söhne auf. Nur der wegen des bestialischen Mordes an dem Bischof Emmeram in der Verbannung lebende *Lantpert* aus der ersten Ehe des Herzogs wurde übergangen. Der älteste Sohn aus der Ehe mit *Folchaid* mit dem Namen *Theodebert* war schon vorher als Mitregent in der Herzogspfalz Salzburg etabliert worden und machte die Stadt nun zu seiner Residenz. Auch *Theodoald* und *Tassilo II.* erhielten Teilherzogtümer mit den Zentren Regensburg und Passau. Und *Grimoald* zog in Freising ein. Er verdient damit gleich dem von dort aus missionierenden Bischof *Corbinian* unsere besondere

Aufmerksamkeit, und das um so mehr, als die Brüder bald starben, so dass er Herzog des ganzen Stammes wurde.

Die wenigen Jahre (715–725), die *Grimoald* auf sein Teilherzogtum beschränkt gewesen ist, lassen an die zweite Möglichkeit eines Trecks an den Lechrain denken. Wir gehen sicherlich nicht fehl in der Annahme, dass der Eroberungs- und Wanderdrang im jungen Stamm der Baiern so kurze Zeit nach dem Ende der Völkerwanderung noch sehr mächtig gewesen ist. Im Süden und Osten hatten sie ihn denn auch zur Genüge ausleben können. Im Freisinger Teilherzogtum dagegen fehlten die Tummelplätze für diese Gewohnheit. Wenn dann noch der missionarische Eifer dazukam und das schon traditionelle Aufbegehren gegen die fränkische Vormacht gerade Konjunktur hatte, dann ist eine Kampagne, die von der herzoglichen Verwaltung gelenkt worden wäre, leicht vorstellbar.

Das Teilherzogtum *Grimoalds* mit der Residenz in Freising entspricht auch dem Raum, aus dem die bairischen Siedler an den Lechrain gekommen sind. Es ist die neben Regensburg-Straubing zweite Kernlandschaft der bajuwarischen Stammesbildung, in deren Zentrum das spätere München liegt. Gertrud Diepolder nennt sie eine »Schaltzentrale« des herzoglichen Personenverbandes, »ein Raum, in dem vieles früher geschieht, als es nach der üblichen Chronologie der bairischen Siedlungsgeschichte zu geschehen hätte«.[177] Und wenn man schließlich nach einem Namen sucht, mit dem man die Siedler in Zusammenhang bringen könnte, dann drängen sich die *Huosi* auf, jene neben den Agilolfingern mächtigste Genealogie aus der *Lex Baiuvariorum*. Die *Huosi* sind zwar nicht die Initiatoren des Gesamtunternehmens gewesen, scheinen aber den Kern des bajuwarischen Vordringens gebildet zu haben. Kleinere Adelsgeschlechter, die im bairischen Westen saßen, wie die *Waltriche*, die 760 das Frühkloster Schäftlarn im Süden Münchens gegründet haben, schlossen sich an. Ihnen allen gemeinsam war ihre Herkunft aus dem Neckar-Kocher-Jagstraum,[178] den sie wohl schon ab der Mitte des 5. Jahrhunderts verlassen hatten. Rainer Christlein, einer der weitsichtigsten unter den bairischen Archäologen des letzten Jahrhunderts, drückt das mit der traditionellen Vorsicht aus: »Es ist fraglich, aber durchaus im Bereich des Möglichen, dass auch die spätestens zur gleichen Zeit (Mitte des 5. Jahrhunderts) beginnende Wiederbesiedlung der Münchener Schotterebene ... von Alamannen getragen wurde.«[179] Die Bajuwaren der Überlagerung haben also mit einiger Wahrscheinlichkeit alamannische Vorfahren gehabt. Aber es waren nicht die einzigen. Der Reihengräberfriedhof von Altenerding – 2000 Gräber mit Alamannen, Ostgoten, Thüringern und Langobarden –, der für die Stammesbildung der Bajuwaren ähnlich aufschlussreich ist wie die Friedhöfe von Straubing, verrät das Spektrum der beteiligten Ethnien.

Das Zeit-Fenster für einen zweiten Treck schlug schon bald wieder zu. *Grimoald* hatte bei seinem Aufstieg *Hucbert* verdrängt, den Erben seines toten Bruders *Theodebert*, und die Witwe *Theodoalds* geheiratet, die schöne *Pilitrud*, die der spätere Bischof und Historiograph *Arbeo von Freising* als den bösen Geist des Herzogs bezeichnen sollte. Als nun *Corbinian* von einer Romreise nach Freising zurückkehrte, kam es zum Zerwürfnis mit *Pilitrud*, weil die Kirche eine solche Ehe nicht erlaubte. *Pilitrud* hatte schon einen Mörder gedungen, als *Corbinian* unter Verwünschungen floh.

Das war die Situation, als der austrasische Emporkömmling und Hausmeier *Karl Martell* (714–741) von *Hucbert* ins Land gerufen wurde. Er kam, stellte die Reichsordnung mit militärischer Gewalt wieder her und setzte *Hucbert* (727–737) als alleinigen Herzog ein. Auch *Corbinian* kehrte zurück. Als Kriegsbeute nahm der Hausmeier zwei vornehme Frauen mit nach Metz, das waren die immer noch schöne *Pilitrud,* die nun schon zum zweiten Male Witwe geworden war, und ihre Nichte *Swanahilt,* die der Sieger zu seiner zweiten Gemahlin machte.

Swanahilt erwies sich für die beiden Herzogtümer südlich der Donau als recht nützlich. Auf ihre Veranlassung hin wurden sie in Ruhe gelassen. Und der neue bairische Herzog Odilo (736–748), der ein Bruder des alamannischen Herzogs Landfrid gewesen sein soll,[180] hatte seine Erhebung wohl ihr zu verdanken.

Für die Franken hingegen war *Swanahilt* eine Quelle der Schwierigkeiten. Das gilt vor allem für die Ehe ihrer Stieftochter *Hiltrud* mit *Odilo,* die sie gegen den Widerstand von *Pippin* und *Karlmann* einfädelte.

Die beiden waren die Brüder *Hiltruds,* aber vor allem die Erben *Karls* und fühlten sich durch diese Verbindung ihrer Handlungsfreiheit beraubt. Als sie dann die Nachfolge ihres Vaters antraten, war es mit der bairisch-alamannischen Ruhe vorbei. Sie zögerten keinen Augenblick mit der Disziplinierung der beiden Herzogtümer. Bekannt ist die Niederlage *Odilos* und seiner sächsischen, alamannischen und slawischen Verbündeten bei Apfeldorf am Lech[181] im Jahre 743 und die darauf folgende Besetzung Bayerns für 52 Tage. In Alamannien fielen die Brüder abwechselnd nicht weniger als dreimal ein, und *Karlmann* dezimierte schließlich den dortigen Adel 746 im Blutgericht von Cannstatt.

Unruhe brachte auch *Swanahilts* Bestreben, ihren Sohn *Grifo* zum Alleinerben zu machen. Nach *Karls* Tod stachelte sie ihn zum Aufstand gegen seine Halbbrüder an. Doch noch im Jahre 741 wurde er besiegt und gefangen gesetzt. Seine Mutter musste ins Kloster. Als *Grifo* 747 aus der Haft entlassen war, begann für ihn eine Odyssee, die ihn schließlich nach Bayern führte, wo soeben Herzog *Odilo* gestorben war. *Hiltrud* regierte als Vormund für ihren unmündigen Sohn *Tassilo.*

Grifo bemächtigte sich der beiden, begann aus eigenem Recht zu herrschen und fand als Agilolfingerspross auch Unterstützung. Er setzte die antifränkische Bewegung fort. So zog denn *Pippin* 749 abermals mit einem starken Aufgebot nach Bayern und trieb *Grifo* über den Inn. Als er Anstalten machte, dem Usurpator über den Fluss nachzusetzen, gaben die Baiern auf.

Für die dritte Möglichkeit der bajuwarischen Lechrainbesiedlung müssen wir zu *Odilo* zurück. Nach seiner Erhebung hatte er die Pläne *Theodos* wieder aufgegriffen, im Zeichen der Unabhängigkeit eine bairische Kirchenorganisation zu schaffen. Er konnte sich dabei auf den römischen Sendboten *Bonifatius* stützen, der, von Papst *Gregor III.* beauftragt, 739 in Regensburg, Passau, Salzburg und Freising Bischöfe einsetzte. Dies bedeutete eine Steigerung seiner herzoglichen Macht. Im Jahre 740 wird *Odilo* auch das *Consilium Baiuwaricum* begonnen haben.[182] Er hätte damit die erste einer Folge von kirchlichen Synoden organisiert, die nicht nur Regeln für das Leben der Gläubigen erarbeiteten, sondern eindrucksvolle Demonstrationen einer königsgleichen Herrschaft gewesen sind. Da war es nur konsequent, sich von Papst *Zacharias* die Zusage zu holen, den rechtslechischen Teil des Bistums Augsburg zu einem eigenen bayrischen Sprengel umwidmen zu wollen. Im Jahre 742, kurz bevor er von den Hausmeiern gedemütigt wurde, schritt er zur Tat und gründete das Bistum Neuburg. Geholfen hat ihm dabei der päpstliche Legat *Sergius,* derselbe, der ein Jahr später den am Lech lagernden Hausmeiern die Schlacht auszureden versuchte.

Die *aecclesia Niuuinburgensis provinciae Bajuarorum* grenzte im Westen an den Lech und ging im Osten von Neuburg über das spätere Aichach und die obere Glonn an den Ammersee und bis nach Benediktbeuren.[183]

Spätestens jetzt sind Siedler an den Lechrain geschickt worden, um die geistliche und weltliche Herrschaft im Westen des Herzogtums zu konsolidieren. Wenn also nicht schon *Theodo* (ab 680) oder *Grimoald* (um 720) durch die Ansiedlung von Gefolgsleuten den Lechrain für das Herzogtum erschlossen haben, dann ist es *Odilo* (vor 742) gewesen.

Aber auch ein schubweises Vorgehen ist vorstellbar, je eine Kampagne unter *Theodo* und *Grimoald*, denen *Odilo* dann eine eigene angeschlossen hätte. Seine Bistumsgründung jedenfalls war nichts weiter als die machtpolitische Konsequenz aus den Veränderungen am Lechrain.

Nach der Schlacht von Apfeldorf, als *Odilo* über den Inn fliehen musste, war es mit der bayrischen Herrlichkeit vorbei. Zwar dauerte es nicht lange, bis ihn die Hausmeier wieder in seine herzogliche Würden einsetzten. Immerhin war er ihr Schwager. Aber den Nordgau nahmen sie ihm weg, und *Bonifatius* gründete auf fränkisches Geheiß das Bistum Eichstätt.

Pippin, der im Jahre 751 die fränkische Königskrone gewann, stattete die Augsburger Domkirche mit Königsgut aus, das im Bistum Neuburg lag. Und sein Sohn *Karl*, den die Geschichte *den Großen* nennt, stellte kurz nach 800 das Augsburger Bistum in seiner ursprünglichen Gestalt wieder her, wenige Jahre, nachdem er *Tassilo III.* (748–788), den letzten *Agilolfinger* auf dem bairischen Herzogsstuhl, abgesetzt, zum Tode verurteilt und samt seiner Familie zur Klosterhaft »begnadigt« hatte.

Die bajuwarische Überlagerung der Lechrainsiedlungen war für die Franken zum Symptom eines makropolitischen Mangels geworden. Das römische Reich hatte eine Lücke. Das schien Grund genug für außergewöhnliche Maßnahmen.

Und so wurde denn auch der fränkisch orientierte, rechtslechische Augstgau wieder in sein Recht gesetzt, das er sich jedoch mit den frankophilen Adelsgeschlechtern teilen musste, die ihre Herrschaft im westlichen Bayern durch die Gründung von Familienklöstern festigten und bald mit dem fränkischen Reichsadel verschmolzen. Zusammen mit den fränkischen Präfekten, die den Herzog ersetzten, machte das aus Bayern vollends eine Provinz.

Die bairischen Siedler am Lechrain aber blieben.

7. Die Siedlungen

Bevor wir zu den Niederlassungen selber kommen, sind Überlegungen anzustellen über die Vorgehensweise. Ihre schiere Zahl lässt es nicht zu, auf jede einzelne einzugehen, geschweige denn einer jeden bis in alle Verästelungen ihrer Individualität zu folgen. Schon ein einziges Dorf kann ein solches Unterfangen zum Lebenswerk machen. Also müssen wir auswählen. Wir tun das auf mehrfache Weise. Eine Auswahl treffen wir dadurch, dass wir uns auf die Siedlungen im westlichen Bereich des Landkreises Aichach-Friedberg beschränken. Diese Eingrenzung ist nichts weniger als willkürlich. Das nördliche Lech-Donau-Dreieck sowohl wie die südliche Völkerbrücke zwischen dem Lech und dem Ammersee unterlagen anderen Bedingungen.[184] Als Symptome

können die Orte auf -heim gelten, die im engeren Gebiet nicht vorkommen, oder der Umstand, dass östlich von Augsburg die Ing-orte nur bis Laimering reichen, wohingegen sie sich nördlich und südlich davon ohne Unterbrechung nach Osten fortsetzen.
Eine Auswahl treffen wir aber auch durch Typisierung. Das bedeutet die Zusammenfassung von Orten, die eine oder mehrere Eigenschaften gemeinsam haben. Diese sind es dann, über die sich allgemeine Aussagen machen lassen. Über diese rigorose Beschränkung hinaus soll aber überall dort, wo es sich anbietet, das Einzigartige zu seinem Recht kommen; denn streng genommen ist nur das Geschichte, alles andere ist Soziologie.

Reihengräbersiedlungen der fränkisch-alamannischen Phase II und der Gunzenlee

Alle germanischen Niederlassungen vor der Bajuwarisierung gehören einem ausgeprägten Typus an. Er ist dadurch gekennzeichnet, dass er sich fast ausschließlich über Gräber und Grabfunde zu erkennen gibt. Die Siedlungen selbst halten sich bedeckt. Nur wenige Funde stammen unmittelbar aus Behausungen, und noch seltener sind Hinweise sprachlicher Natur.

Problematisch ist die Zuordnung von Reihengräberfeldern zu den heutigen Ortschaften.

Wenn sie mehr als 300 Meter auseinander liegen, dann gehören sie nicht zusammen. Diese in der Archäologie des Frühmittelalters eingebürgerte Regel leuchtet ein. Marcus Trier wendet sie denn auch in seiner Arbeit konsequent an. Weniger überzeugend ist dagegen der Umkehrschluss, dass eine kürzere Distanz das Ortsgräberfeld anzeigt, und vor allem die daraus abgeleitete Vermutung, mit dem heutigen Namen der Siedlung sei dann auch der ursprüngliche überliefert.[185]

Die Funde aus der fränkisch-alamannischen Phase II lassen die Behauptung zu, sie habe frühestens um 630 begonnen. Auch für die relative Wohlhabenheit der Siedler liefern sie Belege. Zur Benennung der Plätze können sie jedoch nichts beitragen. Und so dürften denn fast alle der frühen Namen vergessen sein. Um die Fundorte lokalisieren zu können, müssen deshalb die heutigen Bezeichnungen herhalten. Das könnte den unbefangenen Leser irritieren. Deshalb sei auf diese Notwendigkeit hingewiesen.

Die beteiligten Gräberfelder sind relativ klein. Das liegt zum einen daran, dass die zugehörigen Siedlungen in der Regel nur aus einem Hof bestanden, zum anderen an der kurzen Zeitspanne bis zum Ende der Beigabensitte. Regelrechte Reihengräberfriedhöfe, wie etwa der von Oberbaar im Norden oder von Steindorf im Süden, sind entweder älter, oder sie sind anderen siedlungspolitischen Bedingungen unterworfen gewesen. Bald nach 700 werden die Toten entweder neben den Behausungen beigesetzt oder schon an einer Kirche. Auch die traditionelle West-Ost-Ausrichtung der Gräber ist von da an nicht mehr gewährleistet.

Unsere Überschrift betreffend zählen die Listen des Landesamtes für Denkmalpflege im Westen des Landkreises Aichach-Friedberg bis heute 17 Fundorte (Schema 1).

Es geht hier nicht darum, alle Funde zu nennen oder sie sogar in ihren Einzelheiten zu beschreiben.[187] Es genügt, eine repräsentative Auswahl zu treffen, die dennoch die schuldige Referenz gegenüber der Archäologie nicht schmälert und die Siedlungsbewegung der fränkisch-alamannischen Phase II hinreichend zu veranschaulichen

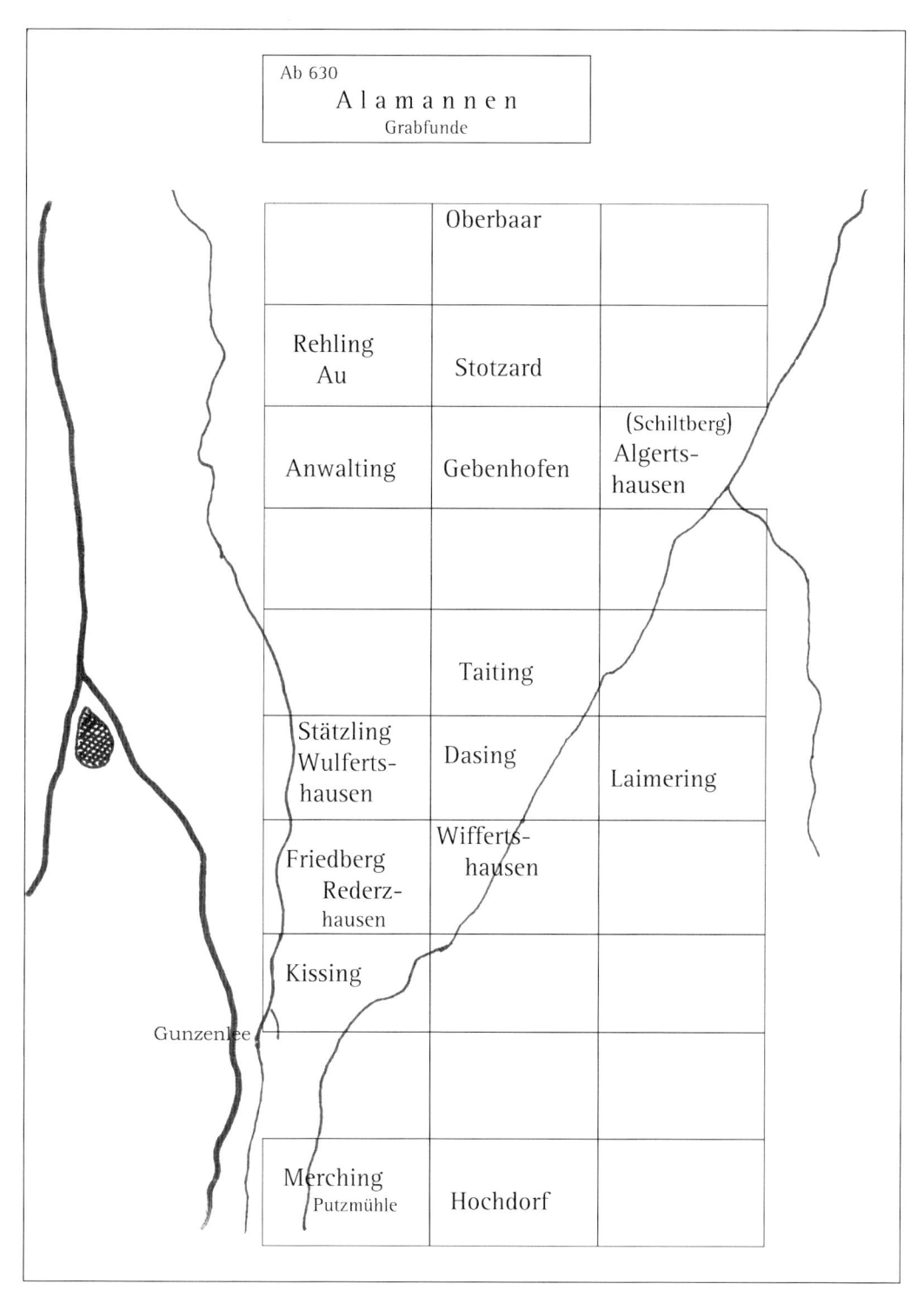

	Ab 630 **A l a m a n n e n** Grabfunde	
	Oberbaar	
Rehling Au	Stotzard	
Anwalting	Gebenhofen	(Schiltberg) Algertshausen
	Taiting	
Stätzling Wulfertshausen	Dasing	Laimering
Friedberg Rederzhausen	Wiffertshausen	
Kissing		
Merching Putzmühle	Hochdorf	

Gunzenlee

Schema 1: Frühmittelalterliche Gräberfunde im westlichen Landkreis Aichach-Friedberg mit Belegungsbeginn ab 650.[187] Die Namen bedeuten lediglich, dass die Funde aus der jeweiligen Gemarkung stammen.

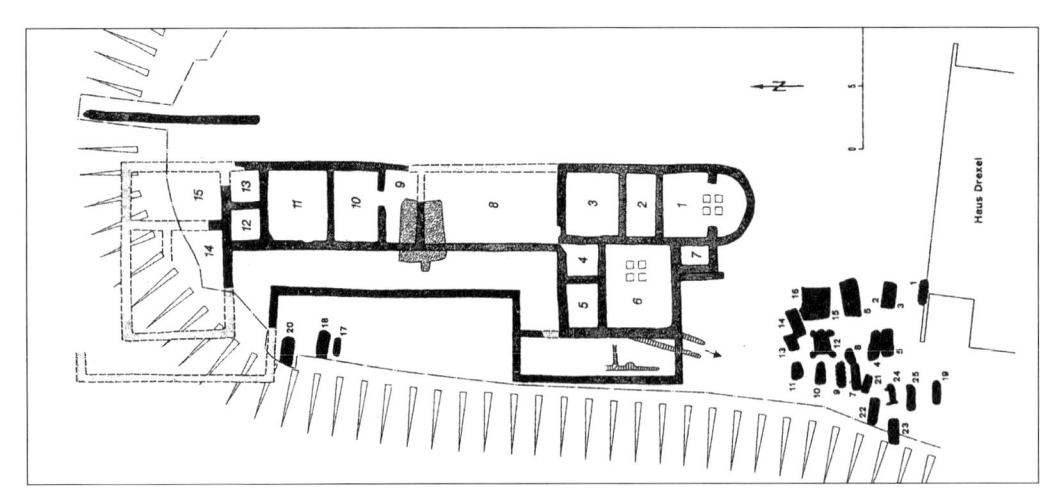

Bild 40: Die Situation der Gräber neben der spätrömischen Villa suburbana in Friedberg-Fladerlach

vermag. Wir teilen sie in vier Gruppen ein und belegen sie jeweils mit den heutigen Namen naher Ortschaften. Vermutungen, dass der heutige Name gleichzeitig der ursprüngliche sei, werden zwar erwähnt, müssen aber nicht zutreffen.

1. Gruppe

Gleich in mehrfachem Sinne im Zentrum der Betrachtung stehen die Funde in Friedberg-Fladerlach, deren lückenlose Dokumentation im Verein mit den ortsbezogenen Berichten aus Bronze-Urnenfelder-Hallstatt- und Römerzeit die Friedberger Flur zur »besterforschten« in ganz Bayern hat werden lassen (Lothar Bakker) (vgl. Bild 40).
Es handelt sich um 25 Bestattungen einer Familie aus alamannischem Adel, die etwa um 670 beginnend, unmittelbar südlich bzw. westlich der Villa suburbana vorgenommen wurden. Sie waren alle nach Sonnenaufgang ausgerichtet, wie es der Brauch gewesen ist. Der spätrömische Bau muss dabei zumindest noch als Ruine bestanden haben. Für Wohnzwecke kam die Villa wohl nicht in Betracht. Ein Keller im Nordosten und Grubenhäuser im Südosten, bislang der spätrömischen Phase zugeordnet, könnten jedoch Reste der alamannischen Wohnbebauung sein.
Der Grund für die Trennung der westlichen Gräber von den übrigen erschließt sich aus ihrer Beigabenlosigkeit. Sie waren für Unfreie vorgesehen, die zwar zur *familia* aber nicht zur Verwandtschaft gehörten.
Aufschlussreicher sind die Gräber der Herrschaft im Süden der Villa. Dem agonalen Weltbild der »barbarischen Gesellschaft« Tribut zollend, seien die Männer vorgezogen. Es handelte sich um fünf schwerbewaffnete Reiter. So war dem Manne in »Grab Nr. 16« Spatha, Sax, Lanze und Schild beigegeben. Er ist es gewesen, der die Niederlassung wenige Jahre vor seinem Tode gegründet hat. Sein Sohn, der zum Zeitpunkt der Gründung noch ein Knabe war, lag im Grab mit der »Nummer 6«. Er hatte am Schädel zwei Hiebverletzungen »ohne Heilungsanzeichen«,[188] ist also an ihnen gestorben. Und dem Enkel schließlich, dessen Kindergrab einst durch einen vierpfostigen hölzernen Aufbau über die anderen herausragte, war ein Miniatursax beigegeben, ein überzeugendes Symptom für den hohen Wert, den die Wehrhaftig-

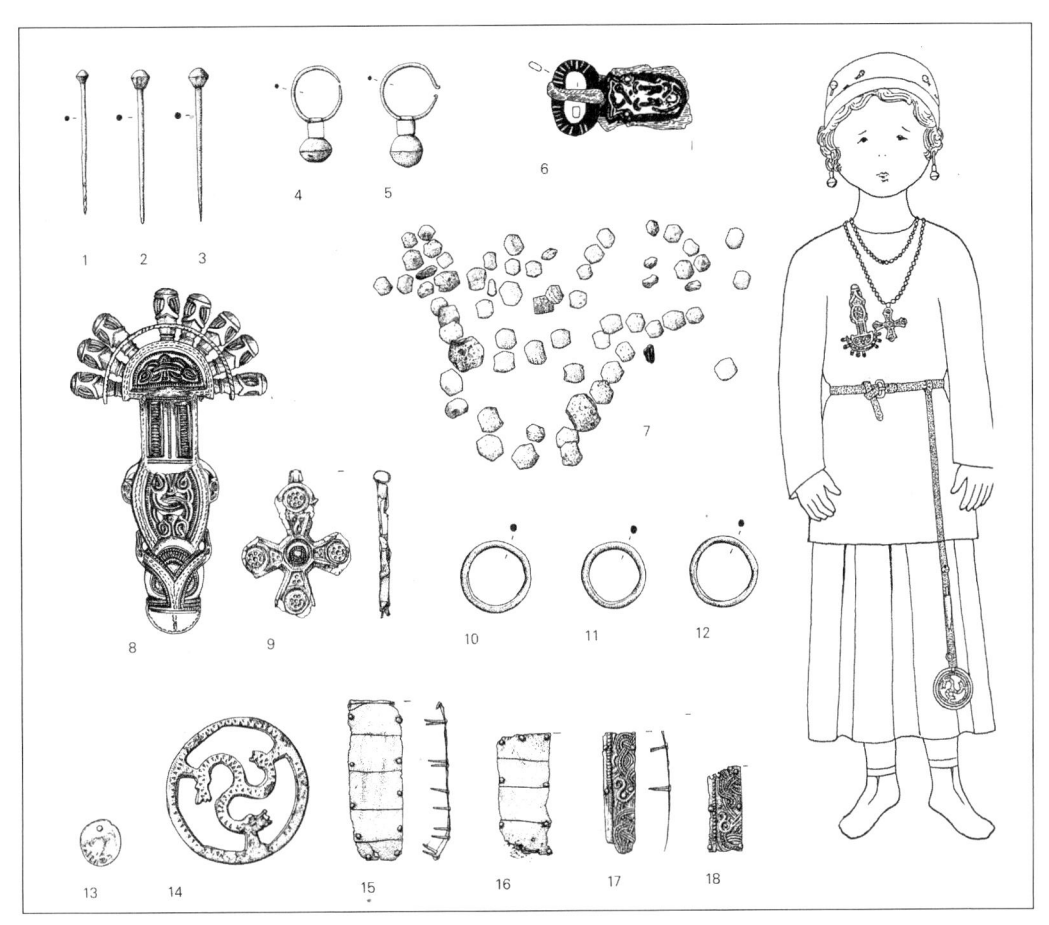

Bild 41: Ausstattung des Mädchengrabes (15) von Friedberg-Fladerlach mit Rekonstruktion der Tracht

keit in der Familie darstellte. Für die Ausübung der Grundherrschaft war Kampfkraft eine der wichtigsten Voraussetzungen. Die Familie am Fladerlach scheint sogar über ein größeres Areal geherrscht zu haben. Ob für sich oder für andere, das steht dahin. Sie kontrollierte die ebenfalls besiedelten Plateaus im Norden, die bisher nur ein paar dürftige Einzelfunde freigegeben haben, aber im Hochmittelalter zwei Niederlassungen trugen mit den Namen Winzenpurch und Punen, die Vorläufer von Burg und Stadt Friedberg. Auch die späteren Gemarkungen von Rederzhausen, Wiffertshausen und Wulfertshausen gehörten möglicherweise noch zum Einflussbereich dieser Grundherren.

Aber damit ist über den kleinen Familienfriedhof noch nicht alles gesagt. Die anrührendste und spektakulärste Bestattung ist die eines 6jährigen Mädchens. Sie trug eine mit drei bronzenen Nadeln befestigte Haube, zwei silberne Bommelohrringe und eine Halskette aus 76 opaken Glasperlen samt einem Pektoralkreuz, das aus dem östlichen Mittelmeerraum zur Zeit *Justinians* stammt. Nicht viel jünger ist eine vergoldete Bügelfibel aus Silber, die dem Mädchen als Amulett beigegeben wurde. Sie war in einer langobardischen Werkstatt Pannoniens gefertigt worden, also im heutigen Ungarn.

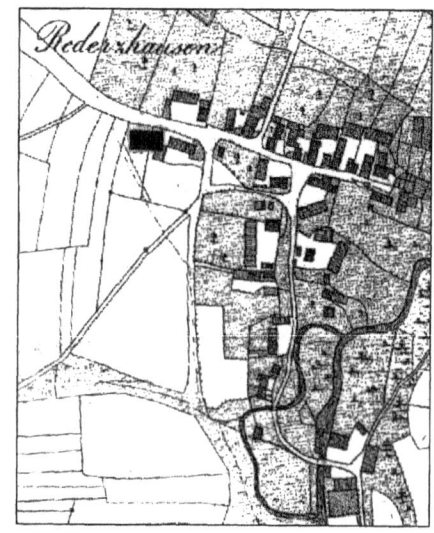

Bild 42: Wiffertshausen   *Bild 43: Rederzhausen*

Der zeitgemäßen alamannischen Sitte entsprach schließlich ein langes Gürtelgehänge. Es wurde mit einer Schnalle zusammengehalten, die von Messing und Silber glänzte. Unter den Anhängseln waren eine römische Bronzemünze, Ringe aus Bronze und Eisen und am unteren Ende eine durchbrochene, Unheil abwehrende Zierscheibe, die von einer fränkischen Werkstatt im Nordosten Frankreichs an den Lech gelangt war (vgl. Bild 41).

Wenn die Archäologie eine solche Grabausstattung mit traditioneller Zurückhaltung als synkretistisch bezeichnet, dann ist das entschieden zu wenig. Gewiss meint sie damit, dass die offensichtlich christliche Familie noch dem heidnischen Brauch der Grabbeigaben anhing. Aber da war noch mehr. Da war die staunenswerte Möglichkeit, dem Kunstgewerbe der damals bekannten Welt in einem einzigen Grab zu einem Stelldichein zu verhelfen. Und da war die Lage dieser Menschen zwischen dem Nichtmehr der heidnischen Antike und dem Noch-nicht des christlichen Mittelalters, die unser Einfühlungsvermögen nur schwerlich wird nachvollziehen können. Es dürfen Zweifel angemeldet werden, ob dieser Schwebezustand es noch gestattet, weiterhin von Barbaren zu sprechen. Das Grab des kleinen alamannischen Mädchens jedenfalls birgt mehr Geheimnisse als es verrät.

Mit dem Bestand vom Fladerlach verglichen, fallen die weiteren Funde aus unserem engeren Untersuchungsgebiet sowohl quantitativ als auch qualitativ ab. Um so notwendiger ist ein Überblick. Beginnen wir mit den archäologisch relevanten Fakten und einigen fachspezifischen Überlegungen.

Wiffertshausen und Rederzhausen, die beiden Nachbarorte Friedbergs, haben schon frühzeitig den Forschungseifer von vaterländischen Enthusiasten[189] zu spüren bekommen. Schon Mitte des 19. Jahrhunderts fand man in Rederzhausen »reihenweise Skelette und altes Eisen«. Dazu kam 1893 eine zweiflügelige Pfeilspitze und 1896 das Einzelgrab eines Mannes mit einem Langsax.

In Wiffertshausen, das wohl die ältere Siedlung ist, wurden 1881 neun Grablegen eines größeren Feldes aufgedeckt. Drei der Gräber enthielten »Waffen«. Einige Schwerter

Bild 44: Wulfertshausen mit der Fundstelle am Kegelberg

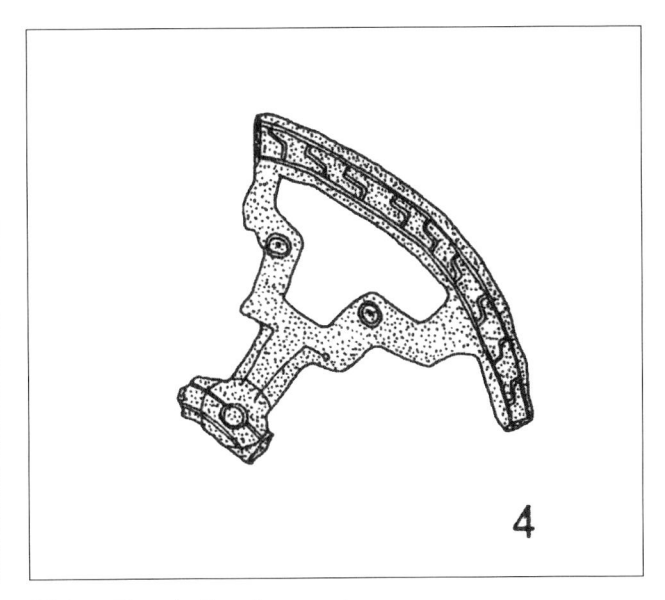

Bild 45: Zierscheibenfragment

wurden zerbrochen und zusammen mit den Skelettresten weggeworfen. Erhalten geblieben sind drei Breitsaxe, zwei Glasperlen und vier gelochte Beinscheiben.
Bemerkenswert erscheint noch, dass es sich bei beiden Orten um jenen Untertypus handelt, der weniger als 300 Meter von den Bestattungen entfernt liegt und nach Marcus Trier den ursprünglichen Namen tradiert haben könnte (vgl. Bild 42, Bild 43).
Beim dritten Ort auf -hausen, der zu demselben Umfeld gehört, ist kein Ortsgräberfeld gefunden worden. Vermutlich hat es keines gegeben. Wie schon vermerkt, befand sich unter den Funden aus der römischen *Villa suburbana* von Wulfertshausen das Bruchstück einer Scheibenfibel »aus der Merowingerzeit«. Zusammen mit der Situation am Fladerlach bei Friedberg erweckt dieses Unikat den Eindruck, die Siedler der fränkisch-alamannischen Phase II hätten sich gerne neben den Resten römischer Behausungen niedergelassen, sie in einzelnen Fällen sogar bewohnt. Gründe dafür hätte es gegeben. Vor allem scheint die Vorleistung der Römer bei der Urbarmachung der Flächen für die Neusiedler so wertvoll gewesen zu sein, dass sie die alte Scheu vor römischen Behausungen überwanden und lieber Ruinen wieder bewohnbar machten, als einen antiken Acker zu verschenken. Auch waren die Plätze für die *Villae* in aller Regel gut gewählt. Das trifft auch für den Kegelberg zu; unmittelbar an ihm führt die zweite Variante der Straßen von Augsburg nach Dasing vorbei.
Mit dem späteren Wulfertshausen hat die Niederlassung jedoch nichts zu tun. Marcus Trier gibt sogar einen Hinweis auf den ursprünglichen Namen.[190] Nach der im Süden angrenzenden Flur könnte sie »Hartenhof« (Waldhof) geheißen haben. In der Nähe gefundene Keramik erlaubt die Vermutung, der Hof sei erst im Hochmittelalter aufgegeben worden (vgl. Bild 44, Bild 45).

2. Gruppe

Die zweite Gruppe von Funden im Zentrum unseres Untersuchungsgebietes stammt aus der unmittelbaren Nähe dreier späterer Ortschaften: Stätzling, Dasing und Taiting. Laimering, die vierte, ist jedoch 1200 Meter vom Fundort entfernt. Den frühen Siedlungen gemeinsam war die Lage an der dritten römischen Straße von Augsburg nach Dasing und weiter nach Regensburg. Die erste Station auf dieser Route lag an der alten Rodungsfläche des holzverschlingenden römischen Staatsbetriebs südlich von Stätzling (Bild 25).

Über die nördliche Begrenzung dieses Areals gibt ein einzigartiger Fund Auskunft: Am 17. März 1904 erhielt der Münchener Oberamtsrichter und Konservator der historischen Staatssammlung Franz Weber von dem Friedberger Glasermeister Hans Trinkl eine Postkarte mit einer Zeichnung, er habe »von den Stätzlinger Sandgruben letzthin eine Kupfermünze erworben« und »so schauts beiläufig aus«.

Es handelte sich um ein bronzenes 40-Nummia-Stück, das um 578 in Antiochia für *Tiberius Constantinus* geprägt und wohl über langobardische Kanäle an den Lech gekommen war. Als Fundort nennt die Liste des Landesamts »die Kiesgrube am Hohlweg im Süden des Dorfes«.[191] Wenn die Münze aus einem Grab stammt, ist dieses wohl durch den Sandabbau zerstört worden (vgl. Bild 46).

Rätselhaft ist nach wie vor ein Fund, über den ein Major Gässler am 7. Oktober 1907 demselben Adressaten berichtet. Er habe im Sanderholz bei Stätzling Plattengräber entdeckt, die noch uneröffnet seien. Im Fundbericht des Landesamtes für Denkmalschutz steht dazu lediglich: «Vielleicht Reihengräberzeit 7./8. Jahrhundert« und »Von denselben fehlt heute jegliche Spur.« Das ist auch nicht weiter verwunderlich; denn ein Sanderholz gibt es nur in der Gemarkung von Todtenweis. Die Plattengräber im Sanderholz hätten also, wenn sie denn geöffnet worden wären, die Nordgruppe um einen Fundort bereichert.

Die nächste Station für die alamannischen Siedler war Dasing, der alte Verkehrsknoten. Von dort sind lediglich zwei Skelette bekannt geworden, die im Dezember 1928 bei Erdarbeiten im Weichbild des Ortes freigelegt wurden. Bei einem lag eine Spatha, die jedoch verschollen ist.

1200 Meter nordwestlich von Laimering, das an der Straße nach Salzburg liegt, sind 1890 beim Kiesabbau mehrere Gräber zerstört worden. Übriggeblieben ist eine Spatha und eine Lanzenspitze in der Form eines Lorbeerblatts.

Beim Pflügen in der Umgebung von Taiting, das paarabwärts nahe der Straße nach Regensburg liegt, kamen »Griffe von mehreren Schwertern und Dolchen« zum Vorschein, die ebenfalls einem Reihengräberfeld entstammen dürften. Auch sie sind nicht mehr auffindbar.

3. Gruppe

Die Funde der Nordgruppe sind allesamt in der Nähe ihrer Referenzorte gemacht worden, so dass Marcus Trier dazu neigt, mit den heutigen Bezeichnungen die ursprünglichen Namen überliefert zu sehen.

Das gilt zunächst für Rehling, an dessen südlichem Rand 1961 zwei Gräber angeschnitten wurden, von denen das Frauengrab eine kunstvolle Brakteatenfibel barg. An derselben Stelle wurde 1968 das Oberteil einer Spatha gefunden (vgl. Bild 49).

Und das gilt für Gebenhofen (vgl. Bild 50). Im Zentrum des Dorfes wurden 1935 drei Gräber geöffnet. Eines davon enthielt eine Spatha und eine Lanzenspitze, einen Schildbuckel und einen Sporn.

Bild 46: Byzantinisches 40-Nummienstück, geprägt 578 in Antiochia, gefunden 1904 in Stätzling

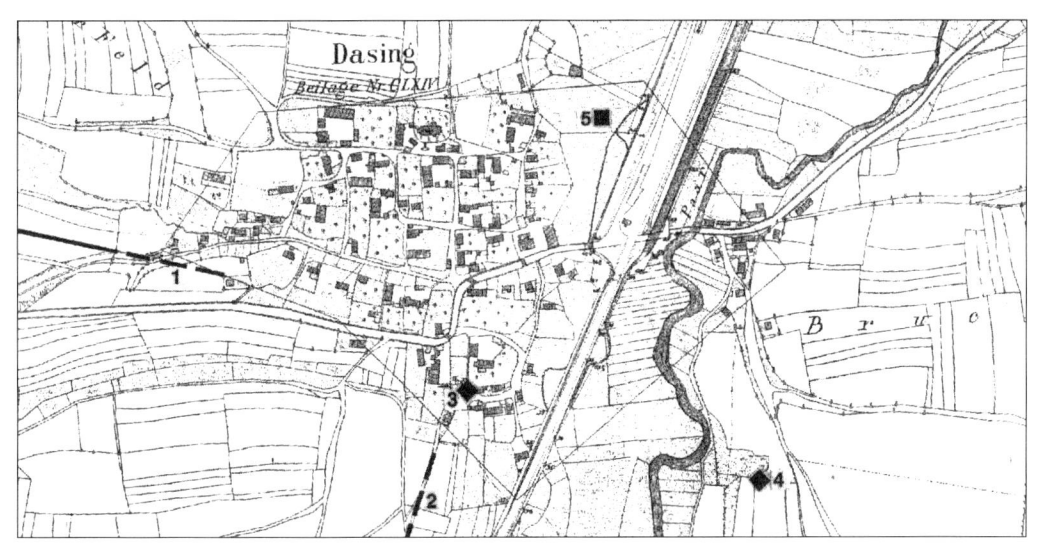

Bild 47: Dasing mit den beiden römischen Fernstraßen (1/2), römischen Siedlungen (3/4) und der frühmittelalterlichen Wassermühle (5). Als Fundort für die beiden Gräber wird das Weichbild des Ortes angegeben.

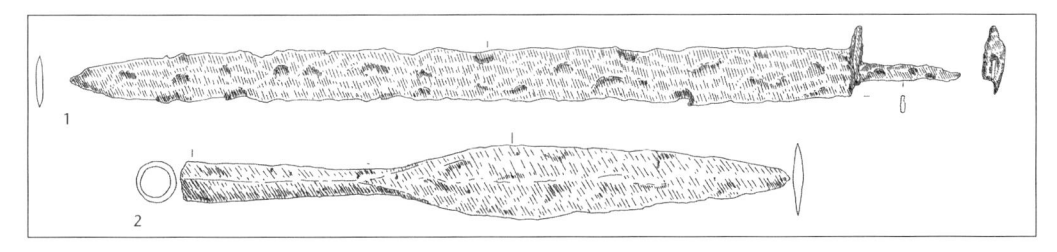

Bild 48: Spatha und Lanzenspitze von Laimering

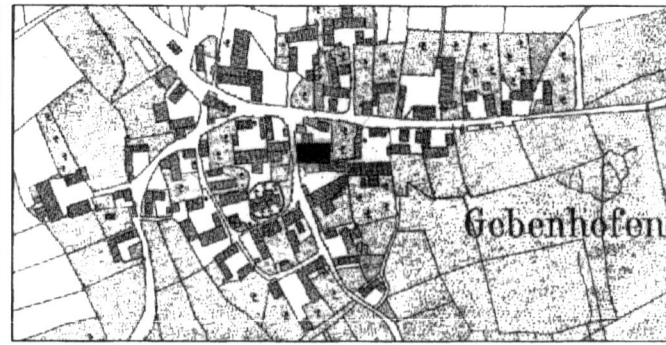

Bild 49: Rehling *Bild 50: Gebenhofen östlich der Lechleite*

In Au, das wiederum in einem kleinen Taleinschnitt der Lechleite liegt, wurde 1947 das Grab eines Reiters geöffnet, dessen rechte Schädelseite eine Hiebverletzung von der Nase bis zum Unterkiefer aufwies. Das Grab enthielt Sattelzeug und je eine Trense, Spathagarnitur, Gürtelgarnitur, Riemenzunge und einen Solidus von *Constans II.* und *Constantin IV* (vgl. Bild 51).

Funde aus den 90er Jahren, die zu dieser Gruppe gehören, stammen aus Anwalting und aus Stotzard. Am Ortsrand von Anwalting wurden zwei Bestattungen mit Spatha und Messer aufgedeckt. In Stotzard wurde unter einer Garage eine Spatha und eine Lanzenspitze gefunden. Die nachfolgende Grabung legte das Grab eines Mannes frei.

4. Gruppe

Besondere Aufmerksamkeit verdient die Südgruppe. Sie liegt in einem Gebiet, in dem wir schon zwei Reihengräberfriedhöfe aus der zweiten Hälfte des 6. Jahrhunderts lokalisiert haben, Steindorf und Gut Lindenau.

In der Nähe des letzteren Friedhofs, 500 Meter westlich der Pfarrkirche von Kissing aus einem zur Paar abfallenden Hang wurde 1986 eine Spatha geborgen, die zu einem Grab gehören dürfte, das etwa nach 675 belegt wurde. Die Entfernung zum Ortskern deutet wiederum an, dass die zugehörige Siedlung abgegangen und nicht mit dem alten Kissing identisch ist (vgl. Bild 52).

Aus der Gemarkung Merching, auf der Nordspitze der Endmoränen gelegen, sind zwei Fundstellen bekannt. Die erste ist ein reich ausgestattetes Männergrab aus der Zeit nach 700, das 1891 in einer ehemaligen Lehmgrube am südlichen Ortsausgang entdeckt wurde. Neben den Skelettresten lag eine Flügellanzenspitze, eine laschenförmige mit Almandinen besetzte Riemenzunge aus Goldblech, golddurchsetzte Teile der Kleidung und ein kostbares Messer.

Sein Beingriff mit geschnitzter Flechtbandverzierung weist an den Enden Kupferblechhülsen auf, die mit umwickelten gerippten Silberdrähten besetzt sind. Den oberen Abschluss bilden eine mit der Griffangel verzapfte, almandinveredelte Silberplatte und eine mit Waben gravierte Kappe.

Marcus Trier vermutet zu Recht, dass das Grab zu einem Herrenhof gehörte, der in unmittelbarem Zusammenhang mit der Gründung des im 11. Jahrhundert erstmals genannten Mantichingen stand. Unsere obige Andeutung, die fränkisch-alamannische Phase II der Lechrainbesiedlung sei von der bajuwarischen Überlagerung nicht scharf zu trennen, findet in Merching ein Beispiel. Lore Grohsmann hält es für möglich, dass der Ort ein Ableger des linkslechischen Schwabmünchen gewesen ist.[192] Er würde dann wie die anderen Niederlassungen in dieser Reihe der fränkisch-alamannischen Phase II angehören. Ob der Name auch schon so alt und nicht der bajuwarischen Überlagerung zu verdanken ist, muss jedoch offen bleiben.

Eindeutig der vorbajuwarischen Phase zuzuordnen ist die zweite Fundstelle bei Merching. 300 Meter südlich des Ortsausganges wurden 1961 vier Bestattungen angeschnitten. Gefunden wurden ein Breitsax (»Grab 4«) und eine Riemenzunge mit Messer (»Grab 2«) (vgl. Bild 53, Bild 54).

1000 Meter nordöstlich von Hochdorf wurden 1910 zwei Gräber angeschnitten. Die Beigaben wurden dem Baron von Gebsattel (Hofhegnenberg) übergeben, der sie wie folgt beschrieb: Eine runde Metallplatte, ein eiserner Armreif mit Silbertauschierung, ein Sporn »mit drei Zacken« und ein zerbrochenes Tongefäß.

Ein frühmittelalterlicher Feuerstahl, den ein Metallsucher 1977 in der Gemarkung Putzmühle fand, schließt die materielle Basis ab, auf der die Annahme der fränkisch-alamannischen Phase II am Lechrain beruht. Die wichtigste Aussage, die man aus ihr gewinnen kann, ist die Entstehung der zugehörigen Siedlungen im Zeitraum von 630 bis 680. Irritierend

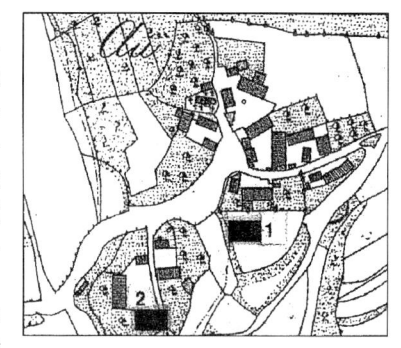

Bild 51: Au

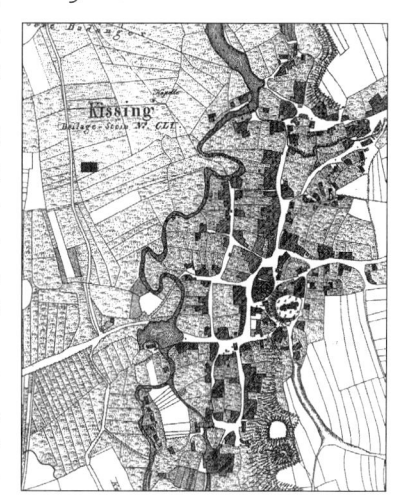

Bild 52: Kissing

ist die Rolle, die der Zufall bei ihrer Ansammlung gespielt hat und dass die ältesten Funde schon vor 150 Jahren gemacht worden sind. Ist an einem Platz noch nichts gefunden worden, dann bedeutet das nicht, dass auch nichts da ist. Durch Lücken solcher Art wird die Bedeutung der historischen Forschung besonders hervorgehoben.

So fällt an der Südgruppe auf, dass Mering ausgespart bleibt. Dabei ist es schlechterdings nicht vorstellbar, dass dieser Ort, der wenig später zum Zentrum eines umfangreichen Königshofes werden sollte, in dieser Phase noch nicht existierte. Immerhin gibt es im Fundament der Michaelskirche Reste einer römischen Bebauung.

Weder zu Kissing noch zu Mering gehörte offenbar der Gunzenlee, ein alter Grabhügel am Lech, der spätestens in der alamannischen Phase II zur Dingstätte geworden ist. Über seine Lage hat zuletzt der Meringer Heimatforscher Martin Schallermeir eine Arbeit vorgelegt. Sein Fazit, der Dinghügel habe auf der Flurgrenze zwischen Mering und Kissing gelegen, und zwar dort, wo sie auf den Lech traf, mag zutreffen.[193]

Authentischer ist jedoch eine ältere Aussage über die Lage des Hügels. Erich Unglaub beschränkt sich auf einen Rahmen, der vom heutigen Schwabhof im Norden bis zur Höhe der Siedlung St. Afra reicht, und relativiert die Bemühungen um eine genauere Lokalisation. Es sei für die historische Betrachtung ganz unerheblich, ob der Ort auf dem heutigen Gebiet der Gemeinden Augsburg, Friedberg, Kissing oder Mering ge-

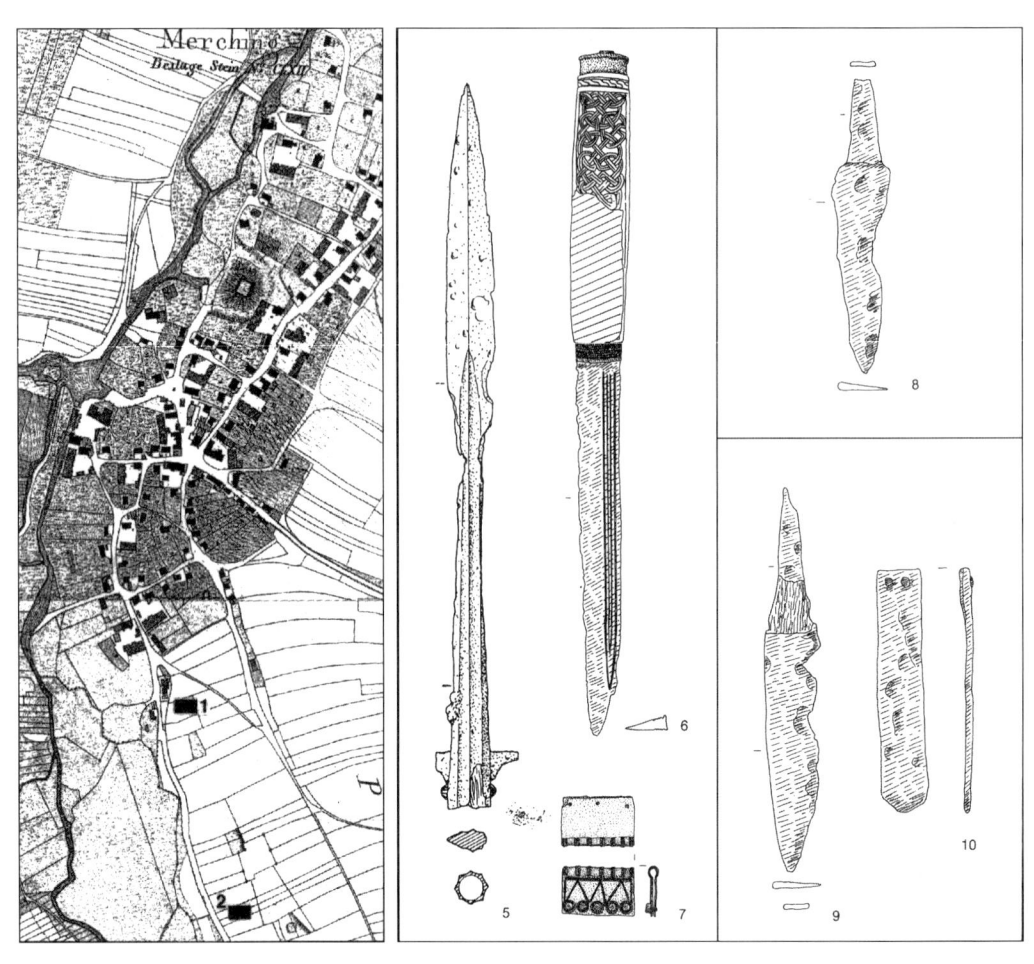

Bild 53: Merching

Bild 54: Merching 1, Lanzenspitze, Messer, Riemenzunge
Merching 2, Breitsax (»Grab 4«)
Messer, Riemenzunge (»Grab 2«)

legen war. Der Gunzenlee sei ein autonomer Platz und stehe weit jenseits aller bloß lokalen Topographie und Historie.[194]

Von den Versuchen, den Namen Gunzenlee zu erklären, sei der herausgestellt, der das meiste für sich hat. Er ist zwar »nur« eine Sprachdeutung, die erste dieser Art, die wir im Zusammenhang mit der Lechrainbesiedlung anwenden.[195]

Wo schriftliche Zeugnisse fehlen, bietet nur die mündliche Überlieferung Hinweise, wie es gewesen sein könnte. Für unser Thema sind es die Ortsnamen, die wie Ariadnefäden den Weg in die Vergangenheit weisen. Weil sie in ihren frühen Formen meistens aus Personennamen abgeleitet sind, hat es sich eingebürgert, nach diesen zu suchen. Dazu braucht man natürlich wieder schriftliche Quellen. Findet sich ein passender Eigenname, dann ist es für die Beurteilung nicht gleichgültig, wann und wo er auftaucht. Je näher sich Ort und Person sind, desto sicherer ist ihr Zusammenhang. Aber auch aus der Distanz lassen sich Schlüsse ziehen. Räumlicher oder zeitlicher Abstand kann beispielsweise die Herkunft von Siedlern verraten. Wir sprechen vom Provenienzprinzip.

Im Falle des Gunzenlee ist die Sicherheit relativ hoch, weil es auch noch andere Indizien gibt.

Hauptquelle ist die *Gallus*-Vita, eine Lebensbeschreibung des heiligen *Columban*-Schülers.[196] Sie berichtet über einen Alamannenherzog *Gunzo*, der in Überlingen residierte und dessen Tochter *Fridiburga* mit König *Sigibert III.*, dem Sohn *Dagoberts*, verlobt war. *Gunzo* berief ein *consilium* ein, zu dem Bischöfe aus Augst, Verdun und Speyer sowie Kleriker aus ganz Alamannien nach Konstanz kamen. Dabei wurde der *Gallus*-Schüler Johannes unter dem Vorbehalt der königlichen Zustimmung zum dortigen Bischof erhoben. Dies geschah in der Zeitspanne von 635 bis 650.

Allein das Auftauchen des Namens *Gunzo* würde schon genügen, um eine Beziehung zu dem Hügel am Lech zu vermuten. Sie wäre vom Westen ausgegangen, wie so vieles während dieser Jahre. Aber da ist noch mehr. *Gunzo* scheint ein Herzog mit territorialem Ehrgeiz gewesen zu sein. Das kann sich am Lechrain ausgewirkt haben.

Das Herzogtum Gunzos reichte zu dieser Zeit bis an den Lech und umschloss damit auch Augsburg, das aber als eine fränkische Exklave gelten konnte. Da zudem die Merowinger zu Schattenkönigen degeneriert waren, ist ein Versuch des Herzogs vorstellbar, auch in Augsburg und darüber hinaus Fuß zu fassen. Dass davon nichts überliefert ist, kann auch bedeuten, dass das Unternehmen missglückt ist. Der Name Gunzenlee könnte das einzige Überbleibsel sein.

Die Karriere des Gunzenlee setzte sich fort als Dingstätte für den Augstgau. Barthel Eberl beschreibt ein solches »Ding« mit der gehörigen Romantik: »Von Zeit zu Zeit …, meist jeden Monat einmal, und gern an den Tagen vor einem Vollmond oder Neumond fand sich an dem Platze eine ansehnliche Schar bewaffneter Männer ein zum Grafen- bzw. Gauding. Dann wurde wie bei den großen Reichsversammlungen in herkömmlichem Zeremoniell das Ding gehegt, und in dem so umfriedeten Raum um den Hügel nahm der Ring der Dingleute Platz. Unter einem aufgehängten Schild oder Schwert auf dem Hügel ließ sich das Gericht nieder auf den einfachen, für den Zweck jedes Mal aufgeschlagenen Schrannensitzen, um unter dem Vorsitz des Grafen oder seines Stellvertreters über die öffentlichen Angelegenheiten zu entscheiden, Verträge zu beurkunden und Streitfälle zu schlichten oder auch einmal ein Urteil zu fällen gegen einen Verbrecher, der dann vielleicht wochenlang an einem Ast in der Nähe der Straße hing, den Vorübergehenden zur Mahnung und zum abschreckenden Beispiel. Und schnell wie es gekommen, gab nach dem Ablauf der Verhandlungen und nach der unter den vorgeschriebenen Förmlichkeiten vorgenommenen Enthebung des Dings das plötzlich aufgetauchte Leben um den Hügel der alten Stille wieder Raum.«[197]

Siedlungen der bajuwarischen Überlagerung

Die Wiederbesiedlung des Lechrains hatten bisher die Alamannen geleistet. Als die Bajuwaren kamen, bedeutete das eine Wende in mancherlei Hinsicht. Was als erstes auffällt, ist die Umkehrung der Bewegungsrichtung. Diesmal ging es von Osten nach Westen. Und im Unterschied zu den Alamannen hatten die Neuankömmlinge ein definiertes Ziel. Das war die Gewinnung der Lechlinie gegenüber dem fränkisch dominierten Augsburg. Wie sollte man die Aufreihung der Ing-Orte auf der Lechleite auch anders deuten?

Weiter stammten die Siedler aus einem sowohl religiös wie auch kulturell fortgeschrittenen Milieu. Wir haben den Bajuwaren schon einmal eine gegenüber den Alamannen ausgeprägtere Romanitas bescheinigt. So darf man wohl bei ihnen bereits eine gewisse Schriftlichkeit annehmen. Diese ist offenbar eine Bedingung gewesen, um den bisher nur mündlich überlieferten Ortsnamen Dauer zu verleihen. Und wer nach den Trägern dieser Leistung sucht, der wird wie immer in diesen grauen Zeiten auf Angehörige des geistlichen Standes stoßen. Unter den bajuwarische Grundherren gab es wohl schon Christen, die sich ihre Eigenkirchen bauten und mit Priestern aus ihrer Sippe besetzten.

Das fortgeschrittene Christentum der Neusiedler ist auch verantwortlich für die schlechte Rezeption der Epoche. Mit ihnen reißt die Beigabensitte ab. Für eine Wissenschaft, die vornehmlich von Grabfunden lebt, tauchen sie damit in der Geschichte gar nicht erst auf. Dazu kommt, dass Archäologen beiderseits des Lechs den einst mit Verve betriebenen Versuch, Siedler anhand ihrer Grabbeigaben für den jeweils eigenen Stamm zu reklamieren, längst aufgegeben haben. Geblieben ist ihnen eine habituelle Scheu, historische Möglichkeiten der Differenzierung ins Auge zu fassen. Und so wurde es denn möglich, dass die bajuwarischen Siedler – wenn überhaupt – ein mehr als kümmerliches Dasein in den Abhandlungen fristen.

Ortsnamen auf -ing

Die echten Ortsnamen auf -ing(en) mit der erweiterten Bedeutung »bei den Leuten des ... « zeigen Sippensiedlungen an und sind bei allen germanischen Stämmen in Gebrauch gewesen. Sie stellen also kein Kriterium dar, um etwa alamannische Niederlassungen von bajuwarischen zu unterscheiden. Eindeutig schien auch ihre Einordnung in einer absoluten Chronologie zu sein. Zu Beginn der Ortsnamenforschung beanspruchten sie unangefochten den Platz der ältesten Siedlungen aus der »Wanderzeit«. Der Name des »Anführers« habe sich in ihnen erhalten, so hieß es. Die zeitliche Vielschichtigkeit der Stammeschroniken hätte jedoch schon damals zu Zweifeln an diesem generellen Ablauf führen müssen. Tatsächlich gesteht man heute den Ing-Orten zwar nach wie vor eine Priorität zu, aber nur noch in einer relativen Chronologie. Auf unser Thema bezogen bedeutet diese Entwicklung, dass zwar für die alamannische Besiedlung im Westen des Lechs und für die bajuwarische im Osten des Flusses ähnliche Abfolgen der jeweiligen Benennungsmoden wirksam gewesen sind, aber zeitlich verschoben. So ist es durchaus möglich, dass Gersthofen älter ist als Derching. Auch hat man sich dazu bequemt, Neugründungen von Ing-Orten noch bis ins 10. Jahrhundert für möglich zu halten, so dass auch die Entstehung der Ing-Orte am Lechrain um die Wende des 7. zum 8. Jahrhundert keine Überraschung mehr darstellt.[198] Von größtem Interesse wäre es, wenn die alamannischen Ortsnamen am Lechrain noch zur Verfügung stünden. Vielleicht hat Marcus Trier auf seiner Liste mit den überlieferten ursprünglichen Namen doch den einen oder anderen Zufallstreffer gelandet.[199] Mering könnte seinen Namen noch den Alamannen oder sogar den Römern zu verdanken haben. Auch Merching gehört zu dieser schwankenden Spezies. Aber nur Merching steht auf der Liste. (Schema 2)

Die Ingen-Orte am Lechrain gehören also zu den jüngeren. Ihre Entstehung ist neben dem allgemeinen Bedürfnis der Landgewinnung mit an Sicherheit grenzender Wahrscheinlichkeit den territorialen Vorstellungen der agilolfingischen Stammesherzöge in

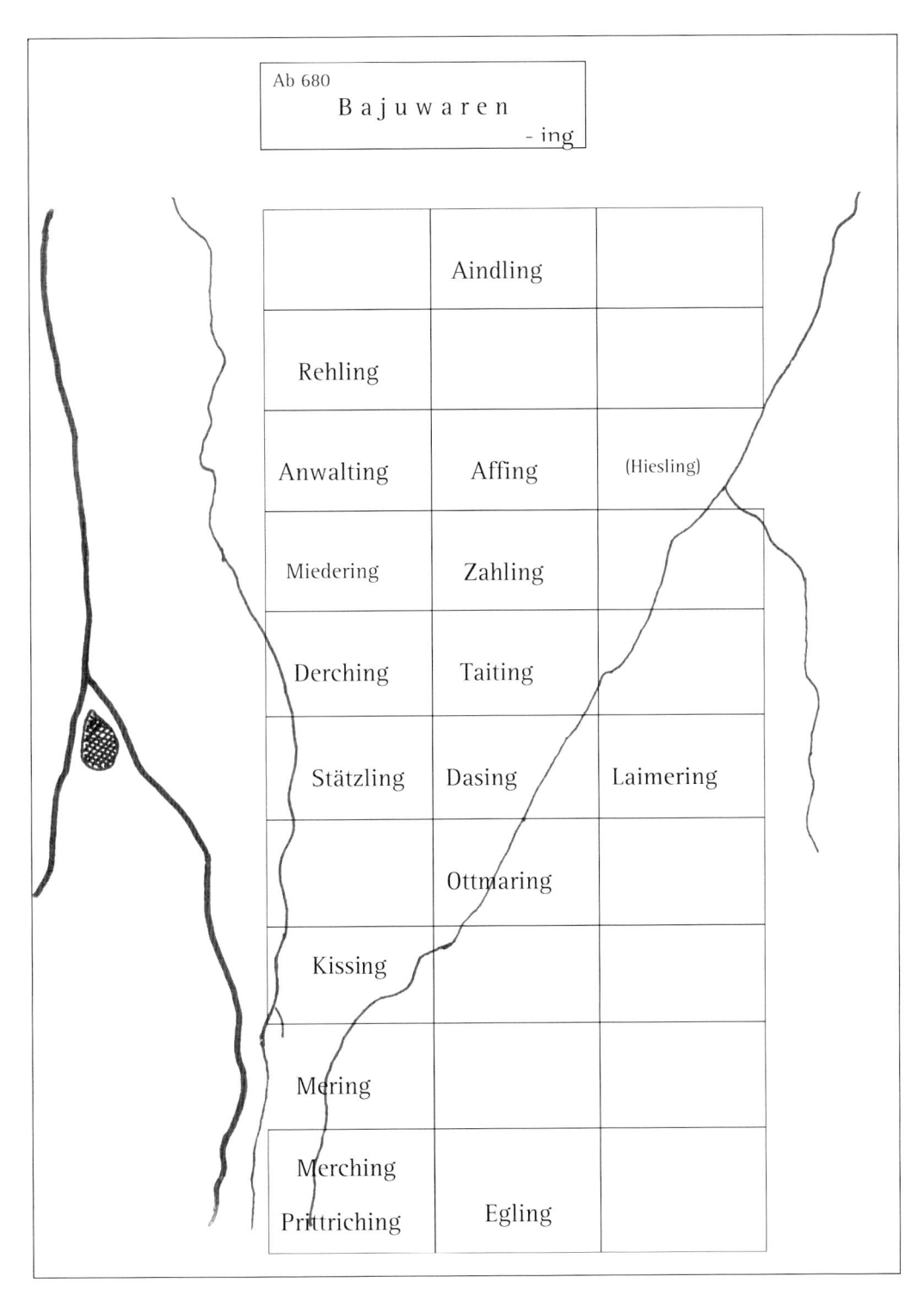

Ab 680 Bajuwaren -ing		
	Aindling	
Rehling		
Anwalting	Affing	(Hiesling)
Miedering	Zahling	
Derching	Taiting	
Stätzling	Dasing	Laimering
	Ottmaring	
Kissing		
Mering		
Merching		
Prittriching	Egling	

Schema 2: Bajuwarische Sippensiedlungen ab 680
Ing-Orte

Regensburg zu verdanken, wobei in erster Linie an Theodo zu denken ist. Der Lechrain sollte bairisch werden.

Die Anordnung der Siedlungen spricht Bände. Wie eine Phalanx mit einem zweiten Treffen und bereitstehenden Reserven schieben sie sich an die Lechleitenkante vor. Bezugspunkt ist das fränkisch dominierte Augsburg. Aussagekräftig sind auch die Lücken. Die Siedlungskammer für das spätere Friedberg scheint schon besetzt gewesen zu sein, ein Indiz übrigens für den friedlichen Verlauf der Kampagne. Das Fehlen des zweiten Treffens im Süden schließlich könnte eine ähnliche Ursache gehabt haben. Die bebaubaren Flächen befanden sich schon lange im Besitz der fränkischen Könige.

Die jüngeren Ing-Orte sind auch daran zu erkennen, dass der betreffende Personenname zur Zeit der frühen schriftlichen Quellen noch in Gebrauch war. Für vier der 16 Ing-Orte am Lechrain lässt sich das nachweisen. Die Quelle sind die Freisinger Traditionen.

So taucht der Name des Patrons von Kissing in den Jahren 792 bis 840 nicht weniger als 22 mal in dieser Sammlung auf. 792 begibt sich zum Beispiel ein gewisser Engilsnot eines Lehens zu Rottbach und erhält es zurück. Unter den Zeugen ist ein *Kiso*. Bis zur schriftlichen Nennung des Ortes Kissing vergehen dann noch einmal 300 Jahre. Ein *Adalbero von Chissingin* macht im Jahre 1085 den Zeugen für den Bischof *Norbert* von Chur.[200]

Hinsichtlich des Ortes Ottmaring gibt es 13 Namensnennungen, die sich über die Jahre 828 bis 957 erstrecken. So tauscht im Jahre 907 der Bischof *Dracholf* von seinem Hiltiscalc (Servus) mit dem Namen *Liuthari* Liegenschaften zu Eching mit solchen zu Ober-Kienberg. Den Zeugen macht ein *Otmar*. Die Erstnennung des Ortes stammt aus dem Jahre 1219, als Herzog *Ludwig I.* von König *Friedrich II.* die Vogtei zu Otmaringen erhielt.

Der Weiler Miedering findet seinen Namengeber fünfmal in den Traditionen wieder. Am 13. September 908 tauscht der schon einmal genannte Bischof *Dracholf* von dem Chorbischof *Couuno* die Abtei Moosburg gegen Lehen zu Schweinersdorf und Hummel. Unter den Zeugen sind einige Grafen *et ceteri vasalli*. Einer der Vasallen heißt *Muotheri*.

Und elfmal findet sich schließlich der Name des Patrons von Taiting in den frühen Annalen. So erneuert im Jahre 846 der Diakon *Cunzi* mit seiner Mutter *Kerhilt* die Schenkung Verwandter zu Kirchtrudering und übergibt Besitz zu Königsdorf. Die Reihe der *testes per aures tracti* beginnt mit *Herilant comes* und endet mit *Teito*. Dass man die Zeugen an den Ohren zieht, wird hier so beiläufig erwähnt, dass es sich um eine Selbstverständlichkeit gehandelt haben wird. In anderen Traditionsnotizen wird es denn auch als ein bairischer Brauch bezeichnet.

Das älteste schriftliche Zeugnis über den Ort trägt als Datum den 24. Mai 914. König *Konrad I.* bestätigt einen Gütertausch zwischen dem Bischof *Tuto* von Regensburg und *Etih*. Dieser erhält für seine Güter im Gau Sualafeld den Ort Perc an der Glonn, gewöhnlich Sittenbach genannt, und Teitinga mit Kirchen, 30 Hörigen und 19 Hufen Ackerland.[201] Sittenbach und Teitinga sind bis dahin im Besitz des Regensburger Klosters St. Emmeram gewesen. Die Emmerams-Kapelle in Taiting weist also mit ihren Vorgängerbauten weit vor das Jahr 914 zurück. Und sie weist nach Regensburg.

Die relative Jugend der betroffenen Orte ist also nicht die einzige Folgerung, die man aus diesen Fundstellen ziehen kann. Dazu kommt die Authentizität der Personennamen, ein Labsal für Puristen, die einem Rückschluss vom Ortsnamen auf den zu Grunde liegenden Personennamen mit Misstrauen begegnen. Dazu kommt vor allem die Annahme, dass von dort, wo nur wenig später ihre Namensvettern so zahlreich sind, auch die jeweiligen Ortsgründer hergekommen sein sollten. Wir haben diesen Gedankengang als das Provenienzprinzip bezeichnet. Freilich lässt sich an dieser Stelle einwenden, dass es diese Namen auch westlich des Lechs gegeben haben könnte und nur das Fehlen von vergleichbaren Quellen ihre Beanspruchung für die Ortsnamenkunde verhindere. Solange jedoch solche Quellen noch nicht gefunden worden sind, ist dieser Einwand müßig.

Die Herkunft der Gründersippen am Lechrain lässt sich auch noch auf eine andere Weise nachvollziehen. Wir wollen das am Beispiel Stätzling versuchen, müssen jedoch für diesen Zweck weiter ausholen.

Es geht um eine Sippe, die zur Zeit der bajuwarischen Überlagerung an der Isar saß. Genaueres erfahren wir von ihr jedoch erst um das Jahr 1167 aus den Traditionen des Klosters Schäftlarn. Da gibt ein *Wernherus de Cella* dem Probst ein Gut zurück und erhält dafür auf Lebenszeit den Zehenten von Irschenhausen, genauer von »*Ottonis et Hainrici, qui vocatur Stazo*«.[202] Diese Zeile offenbart etwas Erstaunliches. Da hat sich doch tatsächlich der alte Name *Stazo* über mehr als 400 Jahre erhalten. Auch der Berichterstatter scheint sich zu wundern. Die Vornamen *Otto* und *Heinrich* wollen nicht so recht zu dem Relikt passen. Aber auch bei diesen wird sich das Beharrungsvermögen der Sippe bewähren.

Im weiteren Verlauf residierte die Familie in Dünzelbach (Fürstenfeldbruck), Eisolzried und Bergkirchen (Dachau) und nahm herausragende Aufgaben im Herzogtum wahr. Ein *Otto* wurde Kastner in München und häufte solchen Reichtum an, dass er den Herzogen *Stephan* und *Johann* unter die Arme greifen konnte. Auch setzte er für einen Günstling, der zum Tode verurteilt worden war, die Begnadigung durch. Der letzte in dieser Reihe hieß *Ulrich* und ist Pfleger in Dachau gewesen. An ihn erinnert ein Epitaph aus rotem Marmor in Bergkirchen. Die Inschrift in gotischen Minuskeln lautet: »Hier liegt der edle und feste *Ulrich Staczinger* und ist gestorben am Mittwoch vor Allerheiligentag 1471.« Aus dem Namen *Stazo* ist nun also doch ein Familienname geworden, und zwar ohne Umweg über einen Ortsnamen. Dieser Familienname heißt aber *Staczinger* und nicht etwa *Stazilinger*, wie bei Wiguleus Hundt in seinem »Bayerischen Stammenbuch«. Hundt ist offenbar von dem Ortsnamen Stätzling ausgegangen.

Etwa zur gleichen Zeit wie der Mönch in Schäftlarn hält sein Bruder *in litteris* – um 1125 – im *Liber Censualis* des Augsburger Benediktinerklosters St. Ulrich und Afra Folgendes fest: »*In Stazilingen molendinum I. unde porcus sag. datur.*« Da steht nun also doch ein Ortsname, den man sich aus *Stazo* abgeleitet denken kann. Wahrscheinlicher hat aber ein *Stazilo* den Paten abgegeben, eine verkleinernde Koseform von *Stazo*, und die Silbe »il« hat sich im Ortsnamen erhalten. Solche Koseformen sind bei den Bajuwaren nicht gerade selten gewesen. Sie sollen ostgermanischen Ursprungs sein.[203]

Die Annahme also, der Sohn eines *Stazo* mit dem Namen *Stazilo* sei der Gründer Stätzlings gewesen, ist zwar nicht unmittelbar mit schriftlichen Quellen zu untermauern. Dafür gibt es aber in dem Dorf noch im 14. Jahrhundert die Leitnamen der

Stazo-Sippe. So heißt der erste *Stetzlinger zu Stetzling*, von dem wir zweifelsfrei erfahren, *Otto*, und sein Bruder trägt den Namen *Heinrich*.[204] Wenn das ausreicht, eine Verbindunglinie von der Isar an den Lech zu ziehen, dann steht auch die Bewegungsrichtung fest. Sie geht genealogisch von *Stazo* zu *Stazilo* und geographisch von Osten nach Westen. Demnach ist gegen Ende des 7. Jahrhunderts ein *Stazilo* mit seinen Leuten von der Isar an den Lech gezogen und hat sich gegenüber Augsburg und in unmittelbarer Nachbarschaft der alamannischen Ansiedlung niedergelassen, und zwar im nördlichen von zwei die Lechleite unterbrechenden Trockentälern. Von dort aus haben die Neuankömmlinge in östlicher Richtung den Wald zu roden begonnen. Noch heute heißt der Ort dieses Anfangs die »Schnoat«.

Auch die Bezeichnungen der restlichen elf Ing-Orte in unserem Untersuchungsgebiet sind wohl patronymisch gebildet, d.h. sie sind mit großer Wahrscheinlichkeit aus den Namen der Grundherren abgeleitet. Allerdings kennen wir diese nicht, und wir widerstehen auch der Versuchung, sie aus den Ortsnamen rekonstruieren zu wollen.

Auch ohne diese Stützen ist die Zusammengehörigkeit der Ing-Orte am Lechrain evident. Selbst wenn der Ing-Name einer schon bestehenden Siedlung aufgepfropft wurde, wie das bei Mering möglich ist, dann wäre das eine Auswirkung der bajuwarischen Überlagerung gewesen. Dass dieser Königshof auf eine frühe alamannische Siedlungsphase zurückgehen könnte, haben wir oben schon einmal angedeutet. Eine römisch-germanische Kontinuität in der Bewirtschaftung staatseigener Gründe ist zuletzt immer wahrscheinlicher geworden.

Der Königshof Mering als eine Konkretisierung dieser Tradition umfasste mit seinem »Heibisch« (Hausherrschaft) den Raum von der Lechleite bis zum Kloster Altomünster. Die erste schriftliche Nennung Merings erfolgte, als der Königshof für etwa 200 Jahre an die Welfen fiel. Nach der Historia Welforum brachte die aus der fränkischen Reichsaristokratie stammende Nichte der Kaiserin *Kunigunde* mit dem Namen *Imiza* ihrem Gemahl *Welf II.* den Hof (»regalem villam *Moringen*«) als Mitgift ein. Das genaue Datum der Hochzeit ist nicht bekannt.

Im Jahre 1021 kam es zur ersten urkundlichen Erwähnung, als Kaiser *Heinrich II.* eine Schenkung an das Kloster Weihenstephan »apud villam Moringa« vollzog. Diese Stelle wird in Mering mit besonderer Genugtuung zitiert, scheint sie doch mit der Wendung »bei dem Hof Moringa« den Gunzenlee für Mering zu reservieren. Die solcherart dokumentierte Ausnahmestellung könnte auch erklären, warum sich die Ortsnamenkunde bisher auf so exotische Weise des Platzes angenommen hat. Eduard Wallner sieht den germanischen Wortstamm für »Moos« von den Langobarden nach Italien (Morenga), von den Westgoten nach Spanien (Moruns) und von den Baiern nach Raetien verfrachtet.[205] Max Anneser dagegen wähnt in Mering die Gründung eines Römers *Moro*, *Maurus* oder *Maurinus*. Das hohe Alter der Siedlung glaubt er durch den Annex »cum toto Heubisch« bestätigt.[206] Wir wählen aus diesem Angebot das hohe Alter, den Namen *Moro* und die Baiern aus und glauben damit der Wahrheit ziemlich nahe gekommen zu sein.

Für die Baiern von existenzieller Bedeutung ist ein Ereignis gewesen, das sich im Jahre 787 bei Mering also wahrscheinlich auf dem Gunzenlee zugetragen hat. Die Murbacher Annalen[207] berichten darüber wie folgt: »Dieser (König *Karl*) kam in die Francia und hielt Hoftag in Worms. Nachdem er das Heer der Franken aufgeboten hatte, gelangte er zu den Grenzen der Alemannen und Baiern an den Fluss, der Lech heißt. Hierher kam *Tassilo*, der Herzog der Baiern, und gab ihm mit einem Stab, an dessen Ende eine menschliche Gestalt war, jenes Vaterland zurück, und er ist sein Vasall geworden und gab seinen Sohn *Theodo* als Geisel.« Mit anderen Worten: Nachdem der bairische Herzog *Tassilo III.* die Vorladung zum Hoftag ignoriert hatte, zog *Karl der Große* mit einem Heer an den Lech, zwei andere Aufgebote standen an der Donau und bei Bozen. Angesichts dieses Aufwands musste der Herzog nachgeben. Er unterwarf sich auf dem Gunzenlee mittels eines Stabs, der die Macht über das Herzogtum symbolisierte, und durch den »Handgang«, der ihn zum Vasallen des Königs machte. Beides zusammen begründete nichts anderes als eine Vorform des Lehensverhältnisses, jener Rechts- und Sozialform, die schon bald die Verfassung des Reiches prägen sollte.

Nicht dem trockenen Text der Annalen zu entnehmen ist die ungeheure Demütigung, die diese Prozedur für den Agilolfinger bedeutet haben muss. Was folgte, ist oben schon angemerkt worden. Es wäre auch durch ein »Wohlverhalten« Tassilos nicht zu verhindern gewesen.

Dass auch Merching älter sein könnte als die anderen Ing-Orte am Lechrain, haben wir schon erwähnt. Erstmals schriftlich genannt wurde der Ort im 11. Jahrhundert, als ein *Meginvvart de Mantichingen* den Zeugen für das Kloster Tegernsee machte. In derselben Funktion traten im 12. Jahrhundert *Werner*, Archidiakon de Mantechingen, für das Hochstift Augsburg, *Chonrat de Mantichingen* für das Hochstift Freising, *Liutoldo* und *Reinhardo de Mantichingen* für das Kloster Wessobrunn und *Bertholdus de Mandichingen et filius eius Odalricus* für das Kloster Steingaden in die Schranken. Alle diese Klöster und Hochstifte dürften in Merching begütert gewesen sein.

Auch Aindling, ein weiterer Königshof am Lechrain, wurde bald weitergereicht. Er war zusammen mit Todtenweis um etwa 1004 von *Heinrich II.* (1002–1024) der Kaiserin *Kunigunde* übertragen worden. Am 21. Juli 1033, nach ihrem Tode, verfügte Kaiser *Konrad II.* (1024–1039) über das Reichsgut. Aindling ging an den Erzieher seines Sohnes *Heinrich*, Bischof *Egilbert* von Freising.[208] Nur Todtenweis konnte an das Augsburger Kloster St. Ulrich und Afra gelangen, wie es dem Wunsch der Verstorbenen entsprach.

Relativ früh kam es zur ersten Erwähnung von Dasing.[209] Am 27. Dezember 828 erneuerten die Priester *Ellanrihi* und *Engilhardt* zusammen mit dem Diakon *Anno* ihre Schenkungen und die ihrer Verwandten »*ad Tegesingas*« an die Freisinger Bischofskirche und erhielten sie am 10. Juni 829 von dem Bischof *Hitto* als Lehen zurück. Es handelte sich um 32 Hofstellen, Äcker, Wälder, Wiesen, Weiden und Vieh samt allen Gegenständen, kurz: *omnia in omnibus*. Die 23 Zeugen wurden »*more Baiouuariorum*« an den Ohren gezupft. Wenn damit die eigentliche Schenkung nur bestätigt wurde, dann musste sie um einige Jahre früher liegen. Sie käme damit der Bajuwarisierung des Ortes recht nahe.

Die Priester könnten zu der Annahme verleiten, Dasing habe damals eine Kirche besessen. Das Martinspatrozinium der heutigen Kirche wäre sogar für einen fränkisch-alamannischen Ursprung gut, wenn es nicht das »am meisten fehlgedeutete« wäre.[210] Auch die Bemerkung, dass die Schenkung »alles in allem« umfasse und dennoch keine Kirche genannt ist, macht eine solche zur Zeit der Schenkung unwahrscheinlich.

Dafür kennen wir einen anderen »Gegenstand«, der zu der Schenkung gehörte, ziemlich genau. Wir verdanken das wieder einmal der Archäologie. Bis vor kurzem hatte sie für das Frühmittelalter Dasings nur einen verlorenen Grabfund aufzuweisen.

Das änderte sich 1993, nachdem dem Dasinger Geologiestudenten Wolfgang Schmid angespitzte Holzpfosten auffielen, die ein Bagger in der Nähe des Bahnhofs unter meterdicken Ablagerungen der alten Paar freigelegt hatte. Die sofort eingeleitete Untersuchung unter der Leitung von Wolfgang Czysz vom Landesamt für Denkmalpflege konnte schließlich die Reste dreier Wassermühlen vorweisen, die in den unterschiedlichen Gerinnen der Paar gearbeitet hatten. Die älteste dieser Mühlen haben wir schon vorgestellt. Sie gehörte zur römischen Brückenkopfsiedlung im 2. Jahrhundert. Die jüngste war »karolingisch«, d.h. sie klapperte zur Zeit *Ludwigs des Deutschen*, der ab 826 als Unterkönig in Bayern und von 843 bis 876 als König im östlich des Rheins gelegenen Teil des Frankenreiches regierte.

Die am besten dokumentierte Mühle ist die mittlere mit einem vorgelagerten Stauwehr, das gleichzeitig als Brücke diente. Diese »spätmerowingische« Anlage entstand spätestens im Frühjahr 744, musste mehrmals repariert werden und ist wohl um 790 einem Hochwasser zum Opfer gefallen. Fünfeinhalb Meter lang und drei Meter breit, ruhte sie auf eichenen, in den Untergrund gerammten Pfählen. Die Wände bestanden aus angespitzten Bohlen und roh belassenen Spalthölzern. Zusammen mit der Decken- und Dachkonstruktion aus Querhölzern und mehreren, nach Art einer »bajuwarischen Spange« zugerichteten Längsbalken vermittelte das erstmals einen Eindruck von germanischem Holzbau und frühmittelalterlicher Zimmermannsarbeit.

Die Mechanik ging aus von einem unterschlächtigen Mühlenrad aus Birkenholz mit 24 Schaufeln. Es wurde über ein »zahmes« Gerinne angetrieben. Eine horizontale Welle aus Holz, die nicht erhalten geblieben ist, übertrug das Drehmoment über das Kammrad auf eine vertikale Welle im Inneren, an deren oberem Ende das Mahlwerk saß. Bruchstücke von 31 Mühlsteinen sind gefunden worden. Sie stammten fast alle aus dem agilolfingischen Bayern (vgl. Bild 55).

Die erste Nennung von Laimering stammt aus dem Jahre 1152. Die edle *Mahtild* und ihr Sohn *Odilscalch* von Moorenweis übereignen ein Gut in La(i)mberingen dem Kloster Schäftlarn.

1195 überträgt Pfalzgraf *Otto VII.* von Wittelsbach durch Graf *Perthold von Graisbach* seinen ererbten Besitz in Lomaringen mit Kirche und Zubehör an das Kloster St. Ulrich und Afra in Augsburg.

Ebenfalls im 12. Jahrhundert tritt Derching ins Licht der Geschichte. Ein *Marchward de Tenchiringen* zeugt für das Kloster St. Ulrich und Afra. Anfangs des 13. Jahrhunderts gehören ein ganzer und ein halber Hof in Derchiringen zum Almosenamt des Klosters.

Relativ früh findet Anwalting einen Schreiber. 935 übergibt Graf *Eberhard* die Kirche in villa Ongoltingen dem Kloster Ebersberg. Um 1210 gehen Abgaben an St. Andrä in Freising.

Aus dem Jahre 1085 stammt die erste bekannte Nennung von Rehling, zu dem später auch die Höfe Allmering, Gamling und Kagering gehörten (Diese Höfe sind keine Ing-Orte in unserem Sinne). *Waltchun de Rohelingen* bezeugt die Übergabe des Klosters Habach an die bischöfliche Kirche in Augsburg. 1143 schenkt *Hermann von Rohelingen* seinen Besitz in Gablingen und Gaulzhofen an das Kloster St. Ulrich und Afra. Und im Jahre 1135 sind *Eticho* und *Friedrich de Rohelingen*

Bild 55: Querschnitt durch die bajuwarische Mühle in Dasing

Zeugen, als *Ulrich von Tandern* sein Gut Hofgarten bei Griesbeckerzell demselben Kloster vermacht.[211]

Die Geschichte von Affing ist nachgewiesen seit 1040. *Perenhart de Affingin* ist bei einer Schenkung unter acht Zeugen im Kloster Ebersberg anwesend. Im Jahre 1233 gehört *Otto de Affingen* zu einer Gruppe von Ministerialen des Bischofs *Siboto* von Augsburg, die nach Lehensrecht von dem Abt des Klosters St. Ulrich und Afra Reichnisse von Pelzen *(pelicia)* und Winterschuhen *(hyemalas)* fordern.[212]

Zahling wird erstmals im 12. Jahrhundert genannt. Ein *Cunradus* schenkt dem Domkapitel in Augsburg eine Hufe in Zallingen. Um 1200 stiftet *Liutold Pincerna von Schenkenau* von dort drei Güter dem Kloster Scheyern.

Diese Reihe von frühen Fakten im Zusammenhang mit den Ing-Orten am Lechrain möge genügen. Sie könnte beliebig fortgesetzt werden, ohne dass damit das Wissen über den Ursprung der Niederlassungen bereichert würde. Die erste Nennung eines Ortes ist mehr oder weniger zufällig. Trotzdem bleibt man nicht ohne Gewinn. Die alten Schreibweisen können einen Eindruck von der Entwicklung des jeweiligen Namens vermitteln. Auch ist ganz nebenbei eine Ansammlung geistlicher Grundherrschaften entstanden, welche ihre Bedeutung im westlichen Bayern erahnen lässt. Es sind aber auch hauptsächlich kirchliche Quellen, die hier zum Sprechen gebracht werden.

Ortsnamen auf -hausen, -hofen und -dorf

Diese drei Namenstypen, die mit ihrem Grundwort auch etwas über die Anzahl und die Wertigkeit der Gebäude auszusagen scheinen, werden von der klassischen Ortsnamenkunde ganz unterschiedlich angeordnet. Wir wählen eine Reihenfolge, die zwar chronologisch sein könnte, jedoch keinen Anspruch auf durchgehende Gültigkeit erhebt. Für die Siedlungen am Lechrain reicht aber selbst das noch nicht aus. Hier stehen auch die sogenannten Ursiedlungen auf -ing noch zur Disposition, das soll heißen, dass im Einzelfall ein Hausen-Ort älter sein kann als die regionalen Ing-Orte; denn die Benennungsmoden waren auf dem linken Lechufer wenigstens im Ansatz schon einmal durchgespielt, als die Siedlung im Osten einsetzte. Und die bairische Überlagerung, die wir als ursächlich für fast alle heutigen Namen ansehen, kann in dem einen oder anderen Fall durchaus eine anachronistische Wirkung getan haben. Wenn wir dennoch im Folgenden einen generellen Ablauf simulieren, dann in dem Bewusstsein, dass es Ausnahmen gibt. Eine solche ist mit großer Wahrscheinlichkeit Adelzhausen. Im Zusammenhang mit Ecknach werden wir unten noch näher auf diese alte Siedlung eingehen.

Auf die »Ursiedlungen« der Ing-Orte folgten die Niederlassungen der Ausbausiedlung. Darüber sind sich die Autoren der Ortsnamenkunde einig. Über die Entstehung dieser Töchter schreibt Barthel Eberl, ein Vertreter der klassischen Ortsnamenkunde und exzellenter Quellenkenner, wie folgt: »Die teilweise riesigen Fluren der Urorte ließen von dem Augenblicke an, da die wachsende Bevölkerung eine Ausnutzung der ganzen Feldgemarkung erheischte, die Bewirtschaftung von einem Punkte aus als unpraktisch erscheinen. Daher entstehen in den äußeren Teilen der Gemarkung neue Siedlungen durch hinausziehende Glieder des Urortes. Sie ziehen den nächstgelegenen Markungsteil als eigene Flur an sich und treten alsbald als selbständige Orte auf.«[213] Solch große Fluren waren auf dem Lechrain die Ausnahme. Deshalb sind nicht die wenigsten der Ausbauorte schon mit einer Rodung verbunden gewesen. Aufschlussreich sind die »hinausziehenden Glieder des Urortes«. Demnach wären diese Bewegungen wohl der inneren Entwicklung zu verdanken und nicht einer neuen Zuwanderung. Daneben darf angenommen werden, dass die Hinausziehenden auch die Tüchtigsten gewesen sind. Mit wenigen Ausnahmen ist das Personalitätsprinzip bei der Namensbildung dieser drei Typen denn auch noch wirksam (vgl. Schema 3).

Die Orte auf -hausen sind es wohl, die Barthel Eberl mit obigem Zitat in erster Linie gemeint hat. Ein Vergleich der beiden Schemata 2 und 3 lässt eine hohe Übereinstimmung der Hausen-Orte mit den Ing-Orten erkennen, so dass auch persönliche und sachliche Zusammenhänge möglich sind. Sein Zeitgenosse Eduard Wallner liefert sogar einen durch einfachste Statistik gewonnenen Hinweis auf die Art der Hinausziehenden. Der Umstand, dass es in Bayern nur zwei Pfaffenhausen dafür aber zwölf

Pfaffenhofen gibt und die »Pfaffen« zu den Herren zählten, befähigen ihn zu der Differenzierung, die Hausen-Orte seien von hörigen Hintersassen gegründet worden, wohingegen die Hofen-Orte von Angehörigen des Adels oder des Klerus stammten. Unter dieser Prämisse führt ein Blick auf das Schema 3 zu einer eindrucksvollen Bestätigung der Grundherrschaft.

Für die Richtigkeit dieses Gedankens sprechen die Ausnahmen vom Personalitätsprinzip. Sie kommen nur bei den Orten auf -hausen vor. Mühlhausen, Harthausen und Lechhausen sind Beispiele einer beginnenden Sachlichkeit, die bei den beiden »Hausen«, die ohne jeglichen Zusatz daherkommen, auch gleich auf die Spitze getrieben wurde. Lechhausen dürfte sogar eine Ausnahme in einem noch weiteren Sinne sein. Als Muttersiedlung

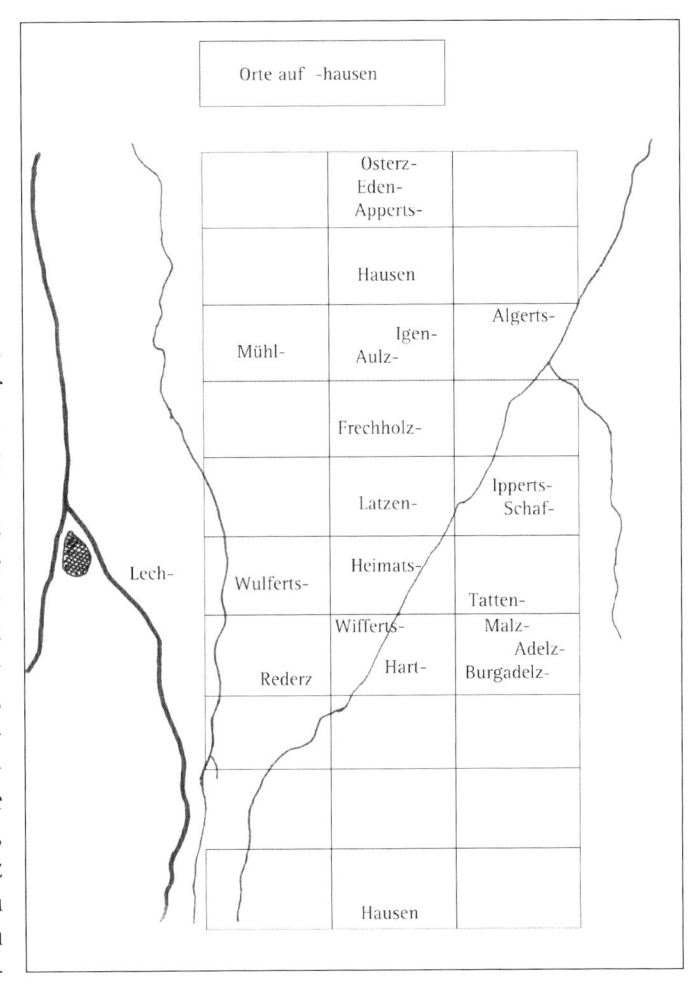

Schema 3: Orte auf -hausen

dieser Exklave kommt wohl nur Augsburg in Betracht. Auch nach einer Grundherrschaft braucht man gar nicht erst zu suchen. Tatsächlich dürfte Lechhausen spätestens unter Bischof *Simpert* (778–801/07) zum Augsburger Hochstift gekommen sein, wenn es nicht schon im 7. Jahrhundert entstand, als die alamannische Besiedlung über den Lech herübergriff, der »aufgehört hatte, sechsmal so viel Boden zu beanspruchen, als er nötig gehabt hätte.«[214] So seien »damals« Grasflächen entstanden, die den Augsburgern willkommene Weideplätze für ihr Vieh boten. Lechhausen als Zentrum der Viehzucht wird auch im 13. Jahrhundert noch einmal erwähnt, als es über eine grundherrschaftliche Viehschwaige zur Gründung einer Tochtersiedlung kam, die als Lechhauserau noch 1796 existierte.

Auf ähnliche Weise könnte auch Wulfertshausen entstanden sein. Wulfrichshusen zählte vor 1250 zu den *antiqua bona* (ältere Besitzungen), die ohne Auflagen wie Seelgerätstiftungen, allein für den Unterhalt der Kanoniker des Domkapitels zu sorgen hatten[215] (vgl. Schema 4).

Um Hofen-Orte bzw. neue Höfe zu gründen, sollen also mit Vorliebe Freie hinausgezo-

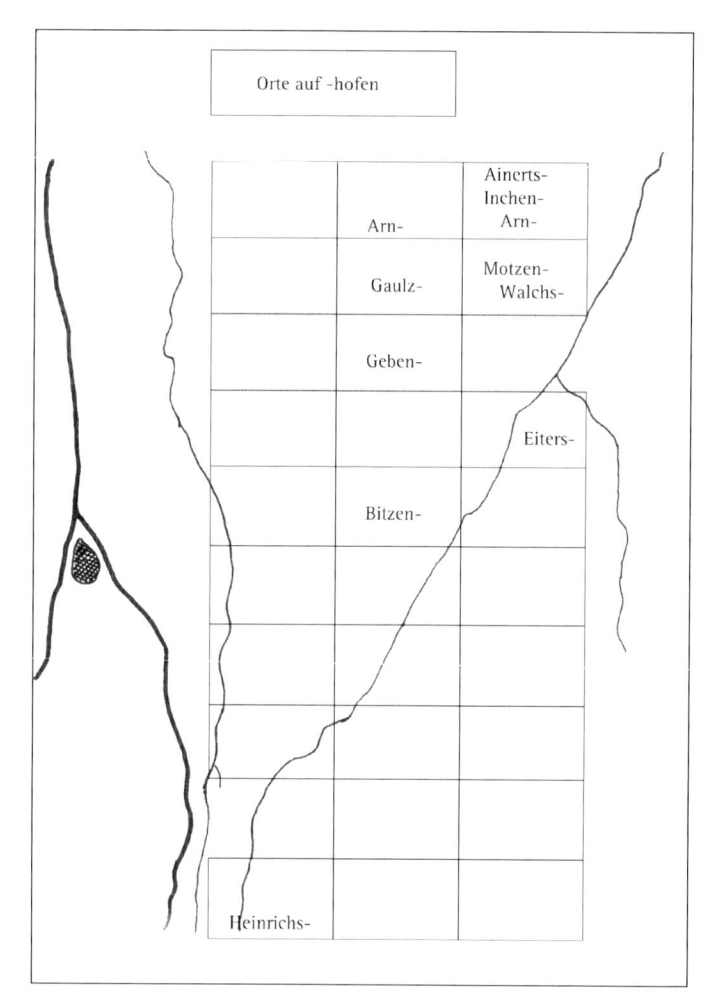

Schema 4: Orte auf -hofen

gen sein. Mögen es nun Angehörige des Adels oder der Geistlichkeit gewesen sein, auf dem Lechrain befanden sie sich in der Minderheit. Weiter fällt am Schema 4 auf, dass sie sich auf die nördliche Hälfte des Lechrains beschränkten. Wenn obige Prämisse zutrifft, hat im Süden weder die Geistlichkeit noch der Adel Möglichkeiten zur Besitzerweiterung gehabt. Das kann nur bedeuten, dass das Land schon vergeben war. Wieder einmal drängen sich Mering und wohl auch Merching für eine Erklärung auf. Der Meringer Königshof gewinnt Konturen durch sein Verhinderungspotential.

Noch seltener in unserem Untersuchungsgebiet sind die Orte auf -dorf. In der zweiten Reihe des Nordens sind es Eisingersdorf und Petersdorf, im Süden Hochdorf und Steindorf. Das einzige Landmannsdorf in der Mitte kuscht sich an den östlichen Rand.

Für diese Kargheit gibt es zunächst eine einfache Erklärung. Wenn man Dörfer als das Endprodukt einer Entwicklung betrachtet, dann sind sie nicht schon im 7. und 8. Jahrhundert entstanden, die Zeit, in der die Ortsnamen vergeben wurden und mit der sich unsere frühe Siedlungsgeschichte ihrem Ende zuneigt. Mit anderen Worten: Als die Siedlungen am Lechrain zu Dörfern wurden, da hatten sie schon längst einen anderen Namen. Wenn es dennoch ältere Orte mit einem Namen auf -dorf gibt, dann kann das nur bedeuten, dass sie umgetauft worden sind. Marcus Trier, der andererseits die Ortsnamen für unauslöschlich zu halten scheint, bekennt sich zu dieser These.[216] Ähnlich wie die klassischen »Dörfer« westlich des Lechs mit den Namen Westendorf, Ostendorf und Nordendorf, seien auch die östlichen Beispiele, besonders wenn sie systematisch gebildet sind, Relikte königlicher Landesorganisation aus der Zeit der Karolinger.

Die Randlage der Namen auf -dorf wiederum ist eine Bestätigung dafür, dass der königlich-fränkische Einfluss keineswegs gleichmäßig über das Land verteilt gewesen ist.

Nasse Ortsnamen auf -bach, -ach und -brunn, Ortsnamen auf -berg, -tal und -au; -wald, -moos und -wiesen

Die beiden nächsten Gruppen möchten wir zusammenfassen. Was sich gegenüber den bisherigen Namen geändert hat, ist leicht zu erkennen. Das Personalitätsprinzip ist einer topographisch motivierten Sachlichkeit gewichen. Weiter ist ihnen gemeinsam, dass sie wie die Hausen- und Hofenorte zur Ausbausiedlung gehören und sich ihre Entstehung über einen größeren Zeitraum erstreckt (vgl. Schema 5, Schema 6)

Aber es gibt auch einen wichtigen Unterschied. Die nach Gewässern benannten Orte setzen so früh ein, dass man ihre Entstehung

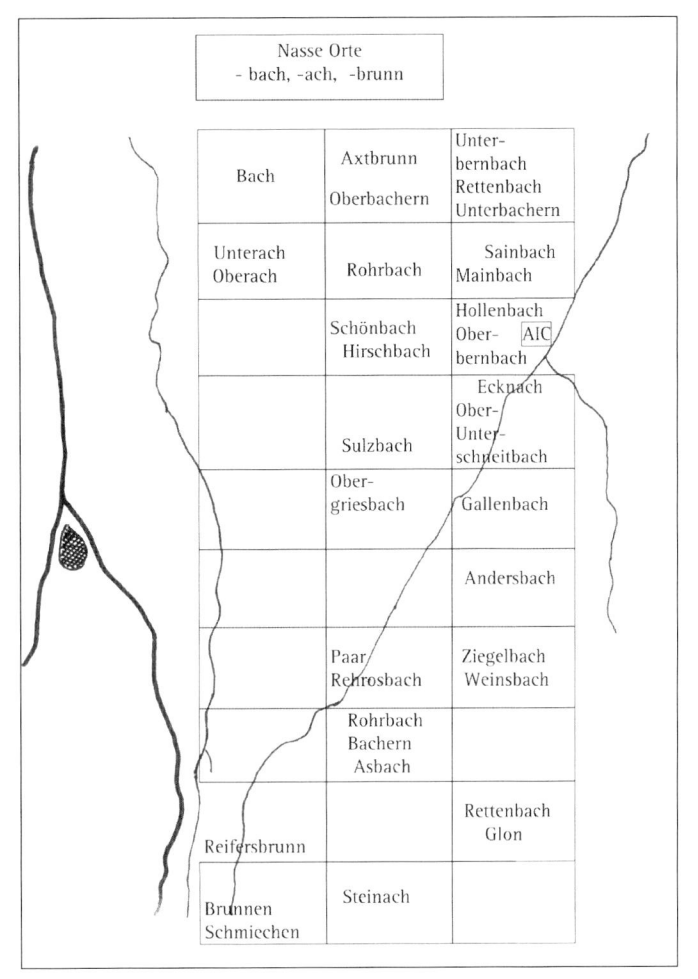

Schema 5: Nasse Orte

in Einzelfällen sogar zur bajuwarischen Überlagerung zählen kann. An einem dieser frühen Orte kommen wir nicht vorbei, obwohl er am Rand unseres engeren Untersuchungsgebietes liegt. Es ist der Königshof Ecknach, die Muttersiedlung Aichachs. In dem nach einem Nebenfluss der Paar genannten Ecchinaha hatten die Priester *Oadalpald* und *Minigo* zwischen 788 und 807 auf ihrem jeweiligen Erbgut je eine Kirche gebaut und den Freisinger Bischof *Atto* zur Weihe eingeladen. Diese bedurfte der Zustimmung des Augsburger Bischofs *Sintperht*, denn die Kirchen standen in seinem Sprengel, dem bekanntlich kurz zuvor das bairische Bistum Neuburg wieder angeschlossen worden war. Nach der Weihe wurden die Gotteshäuser an Freising tradiert. Das bedeutet: Bischoff *Atto* gewann das materielle Verfügungsrecht über sie samt ihrer Besitzausstattung.[217]

Schon dieses eine Beispiel zeigt die Ambivalenz der Machtverhältnisse. Es durchdrangen sich zwei verschiedene Rechtsebenen, die kanonische des Bistumssprengels und die »germanische« des Eigenkirchenrechts, die es ermöglichte, eine mit eigenen Mitteln erbaute Kirche einem fremden Bischof zu übergeben. Welche dieser Ebenen

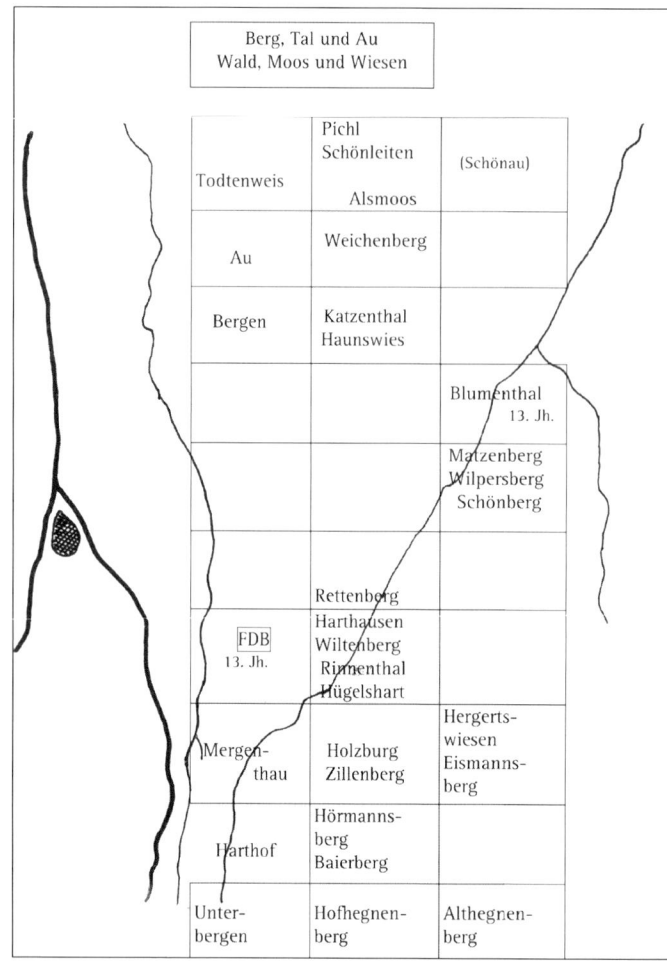

	Berg, Tal und Au Wald, Moos und Wiesen	
Todtenweis	Pichl Schönleiten Alsmoos	(Schönau)
Au	Weichenberg	
Bergen	Katzenthal Haunswies	
		Blumenthal 13. Jh.
		Matzenberg Wilpersberg Schönberg
FDB 13. Jh.	Rettenberg Harthausen Wiltenberg Rinnenthal Hügelshart	
Mergen- thau	Holzburg Zillenberg	Hergerts- wiesen Eismanns- berg
Harthof	Hörmanns- berg Baierberg	
Unter- bergen	Hofhegnen- berg	Althegnen- berg

Schema 6: Berg, Tal und Au, Wald, Moos und Wiesen

machtpolitisch die bedeutsamere war, liegt auf der Hand.

Auch über den Hintergrund der Transaktion gibt unser Beispiel Auskunft. Die Übergabe der beiden Kirchen in Ecknach erfolgte *propter familiarem fraternitatem*. Es galt also für die Brüderlichkeit innerhalb der Sippe zu sorgen. Der beschenkte Bischof ist also doch nicht so fremd gewesen. Sowohl er wie seine Wohltäter, die im übrigen ihre Kirchen wieder als Lehen zurückbekamen, gehörten dem Geschlecht der *Huosi* an. Bischof *Atto* war Abt des Huosiklosters Scharnitz gewesen, bevor er zum Bischof des Huosi-Bistums Freising aufstieg.[218]

Der Kirchenstifter *Adalhelm* hatte schon 782 zu Adelzhausen Besitz an Freising gegeben. 29 Jahre später sorgte er dafür, dass diese Schenkung abgerundet wurde. Er veranlasste den Diakon *Reginhart*, sein Erbgut in Adalhelmhusir an Freising abzutreten. Als Entschädigung sollte er der Nachfolger des Vermittlers in Ecknach werden und seine Kirche als Lehen erhalten. Bekräftigt wurde die Vereinbarung vor *congregatis parentibus et propinquis*. Das war die Familie.

Diese Vorgänge sind erstaunlich. Da hat es so bald nach der bajuwarischen Überlagerung schon Erbgut in Ausbausiedlungen gegeben. Ebenso wie die »nassen« Orte kann also Adelzhausen nicht viel jünger sein als die Ingen-Orte auf der Lechleite.

Teil 3: Wie es am Lechrain weiterging

Mit unseren letzten Beispielen aus der Entwicklung am Lechrain befinden wir uns in der Epoche der Karolinger. Karl der Große wird schon seit geraumer Zeit als der »Vater Europas« gefeiert, weil er die Grundlagen für das geschaffen hat, was mit der »Methode der systematischen Anmaßung« (Egon Bahr) und unter beträchtlichen Wachstumsschmerzen seit den Römischen Verträgen von 1957 aus dem alten Kontinent geworden ist. Schon unter seinen »karolingischen« Nachfolgern zeigte sich freilich, dass Karls Konzeption mit den Mitteln der Zeit nicht zu halten war. Das Verhängnis einer erst dynastischen und dann nationalen Differenzierung brachte heftige Machtkämpfe über 1000 Jahre hinweg. Und die im Grunde romantische universale Reichsidee führte in der Mitte Europas schon bald zu einem zähen und kräftezehrenden Dualismus zwischen Kaisern und Päpsten.

Im gleichen Zeitraum entwickelte sich aber auch eine auf dem Christentum ruhende, facettenreiche und spezifisch abendländische Kultur. Auch diese empfing frühe Impulse durch die Karolingische Renaissance, die ein Versuch gewesen ist, die antike Form wiederzugewinnen.

Analog zu dieser europäischen Retrospektive lässt sich auch die heutige Siedlungsstruktur am Lechrain betrachten. Auch sie lag in ihren Grundzügen bereits zur Zeit der Karolinger fest. Die Arbeit wäre damit eigentlich getan. Lediglich drei Linien, die bisher nur angedeutet worden sind, sollen über das Frühmittelalter hinaus fortgeführt werden. Wenn sie auch synchron verlaufen, so werden ihre Konturen durch diese Methode der Isolierung doch deutlicher. Sie ergänzen die Siedlungsgeschichte, indem sie zwei neue Ortsnamentypen einführen.

Die Rodung als eine fortgesetzte Bemühung um die Gewinnung neuer Lebensräume bildet dabei ebenso eine Konstante wie die kirchliche Grundherrschaft als eine eigentümliche Symbiose von natürlicher und geistlicher Kultur. Die dritte Erscheinung ist schließlich das sich zum Territorialstaat entwickelnde Herzogtum Bayern.

1. Rodung

Rodung ist kulturgeschichtlich gesehen eine Folge der Sesshaftigkeit. Für den Bauern als mythischem Gegenentwurf zum Nomaden war das bebaute Land von existenziellem Wert. Reichtum hatte den Sinn von Reichweite. Und das Reich war im Grunde nichts anderes als die heilsgeschichtlich-makropolitische Überhöhung eines Weltbildes, dem im Mittelalter niemand entrinnen konnte. Sogar der Mönch als ein reaktionärer Typus konnte diese Welt nur scheinbar meiden. Auch die strengste Klausur fand sich schließlich von ihr umstellt.

Als der Rückfall ins Nomadentum, den man die Völkerwanderung nennt, zu Ende und das bebaubare Land aufgeteilt war, blieb nur der »reichlich« vorhandene Wald. Wald bedeutete mögliche Macht. Rodung diente ihrer Verwirklichung.

Auch die Siedlungsgeschichte des Lechrains ist eine Geschichte der Rodung. Ohne sie wäre ein Feldbau in größerem Umfang gar nicht möglich gewesen. Mit Ausnahme der Flussauen war der Landstrich von Urwald bedeckt. Schon die Bauern der Jungsteinzeit mussten ihm ihre Nutzflächen abtrotzen. Über die Jahrhunderte hinweg züchteten ihre Nachfolger zwar noch Vieh, aber sie betrieben auch schon den Wald-Feldbau, d.h. sie säten ihr Getreide zwischen die Stöcke verbrannter oder geschlagener Bäume. Die Kelten taten dann den großen Sprung zum Pflug. Und die *Agricultura* der römischen *Colonen war* bereits eine hochentwickelte Überschusswirtschaft, von deren Leistungsfähigkeit die germanischen Siedler nur träumen konnten. Manche von ihnen fielen sogar auf den Wald-Feldbau zurück.

Für die alamannischen Siedler am Lechrain war eine Rodung im Vollsinn des Wortes aber noch nicht notwendig, denn da gab es ja noch die Äcker der Römer, die zwar schon wieder zugewuchert waren, aber mit Feuer relativ leicht hergerichtet werden konnten. Im Untersuchungsgebiet fanden sich diese Äcker auf römischem Fiskalland von der Putzmühle bis Friedberg und im Aindlinger Becken. Kleinere Areale gruppierten sich um Stätzling, Anwalting und Dasing.

Auch die bajuwarischen Überlagerer profitierten noch von dem alten Kulturland, soweit sie nicht in unmittelbarer Nachbarschaft der Alamannen siedelten, wie wir am Beispiel von Stätzling gesehen haben.

Nicht ausschließlich auf Rodung angewiesen waren schließlich auch noch die ersten Tochtersiedlungen. Sie kultivierten zunächst das extensiv als Viehweide benutzte offene Land in der Nähe der Altsiedlungen und in den Flussauen. Erst als die Bevölkerung zunahm und diese Möglichkeiten ausgeschöpft waren, musste man dem Wald zu Leibe rücken.

Rodung bedeutete jahrelange Knochenarbeit. Als Werkzeug diente die Axt, mit der man die Bäume schlug und die Wurzelstöcke ausreutete.[219] Nur wer schon einmal einem Baum auf diese Weise begegnet ist, kann die Mühe ermessen, die für die Kultivierung großer Flächen aufgewendet werden musste.

Als zweites Werkzeug kam der Pflug zum Einsatz. Erst der Pflug machte aus dem gereuteten Wald einen »Neubruch«. Während ihrer hohen Zeit wurde die Rodung sogar zum Beruf. Die professionellen Reuter, Reiter, Reutemänner, die in Gruppen auftraten und von den Unternehmern oft weit hergeholt wurden, müssen großes Ansehen genossen haben, ebenso wie die Schmiede, deren Kunst das Ganze erst möglich machte.

Betrachtet man den Lechrain heute, dann sind es nicht mehr die Lichtungsinseln, die auffallen, sondern die nach einer tausendjährigen Rodungstätigkeit übrig gebliebenen Waldgebiete. Das sind der Ebenrieder Forst, der Bernbacher Wald und der Landmannsdorfer Forst im Osten. Auf die Lechleite bezogen, die ebenfalls noch bewaldet ist, liegen die Wälder um Aindling und Rehling samt dem Derchinger Forst mit dem Ulrichsholz. Und östlich von Mering gruppieren sich die Überbleibsel des riesigen Königsforstes, der bis nach Altomünster gereicht haben soll. Zu nennen sind das Erlauholz, der Heilachwald, der Höglwald, der Meringer Hart und der Eurasburger Forst.

Lichtungsinseln und Restwälder nebeneinander gehalten offenbaren die gewaltige Kulturleistung während des besagten Jahrtausends.

Neben der bloßen Notwendigkeit der Rodung gab es, wie oben angedeutet, auch noch andere, übergeordnete Motive. Die einzelnen Rodungsbauern erwarben sich auf *Novalia* oder Neubrüchen wenigstens vorübergehend ein besonderes Besitz- und Standesrecht, das sie im Hochmittelalter »Freiheit« nannten.[220] Im wesentlichen war es eine Abgabenfreiheit über einen bestimmten Zeitraum hinweg und eine Lockerung der

Leibeigenschaft. Die eine oder andere Familie konnte diese Errungenschaften wohl für den sozialen Aufstieg nutzen und so über die Zeit retten. Aber das sind Ausnahmen gewesen. Die weitaus meisten blieben unter der Obhut eines Grundherrn.

Damit sind wir bei dem zweiten übergeordneten Motiv. Es war der Machtzuwachs, den sich der Adel von der Rodung versprach. Alle Neubrüche und die darauf angesetzten Rodungsbauern waren der königlich-gräflichen Einflussnahme entzogen, so dass der Rodungsunternehmer auf dem eroberten Land nicht nur als Grundherr auftreten konnte, sondern auch als Richter oder sogar als Landesherr, wenn die Eroberung nur groß genug war. Am Lechrain sind es zwar nur mittelgroße Grundherren gewesen, die sich auf diese Weise »selbständig« machen konnten. Ihre Gesamtheit reichte aber aus, den einheitlich verwalteten Flächenstaat für lange Zeit zu verhindern.

Wie eine *occupatio* und die anschließende Rodung vonstatten gingen, das ist dem Bericht *Konrads von Scheyern* im *Chronicon Schyrense* zu entnehmen: Der Graf *Hermann von Kastl* drang mit seinen Leibeigenen und bäuerlichen Grundholden *(servi et rustici)* von seinen ordnungsgemäß umgrenzten Höfen aus rodend in den herrenlosen Wald ein, nahm ihn ohne fremden Widerspruch in Besitz, und zwar in den Formen, wie man nach altem Brauch den Gemeinwald von rechtmäßigen Hufen aus in Besitz nimmt. Soweit *Konrad von Scheyern.*[221]

Dieses In-Besitz-Nehmen geschah durch das »Verlacken« des Waldgebietes mittels Einhauen von Zeichen (Geläcken) in besondere Bäume, wodurch dann das Waldgebiet angezeigt und markiert war. Auch das Feuermachen (Schwenden), die Errichtung von Holzhäusern bzw. ein drei Tage dauerndes Ersitzen des Platzes erfüllten diesen Zweck. Das Eindringen von Dritten in die Rodung oder eine Verletzung der Marchbäume war in der *Lex Bajuwariorum* ausdrücklich unter Strafe gestellt.

Anders lagen die Verhältnisse, wenn ein Bischof oder ein Abt als Rodungsunternehmer auftraten. Sie taten sich zweifellos leichter als der Adel, weil sie beteuern konnten, die Lichtung des Waldes stelle ein gottgefälliges Werk dar. Dabei war natürlich auch bei ihnen der Machtzuwachs nicht zu übersehen. Ihre hoheitlichen Befugnisse haben sich sogar bis zur großen Säkularisation von 1803 gehalten. Die kirchlichen Rodungsunternehmer setzten sich zwar nicht überfallartig in den Besitz von Wäldern, sondern sie bekamen sie gegen Zusicherung des Seelenheils vom Herzog bzw. vom König geschenkt. Sie waren darin so erfolgreich, dass *Karl der Große* auf dem Reichstag von Aachen (811) die unangenehme Frage stellte, ob denn derjenige der Welt entsagt habe, der an nichts anderes denke, als wie er seinen Besitz vermehren könnte.[222]

Die Könige hatten ein zwiespältiges Verhältnis zur Rodung. Zwar haben auch sie sich keine Gelegenheit entgehen lassen, die mächtigen Wälder auf Fiskalland rodend zur Entwicklung ihrer territorialen Macht zu gebrauchen. Folgenreicher war aber ihre Entschlossenheit, Rivalen an einer Entfremdung großer Gebiete zu hindern. Das Mittel dazu war die *inforestatio*, die Bannung großer Wälder. Der aus der fränkischen Verwaltung stammende juristische Begriff des Forstes umfasst diese Vorkehrung bereits. In einem Forst war für die Allgemeinheit nicht nur der Holzeinschlag verboten, sondern auch Fischerei, Weide, Bienenfang, Schweinemast und besonders die Jagd. Vor allem der Wildbann ist es gewesen, der die Forste bis in unsere Zeit erhalten hat. Der Meringer Königsforst könnte zunächst ein römischer *saltus* gewesen sein, eine kaiserliche Waldweide. Daraus wäre dann ein merowingisches Jagdrevier geworden, das von der allgemeinen Nutzung ausgenommen und unter Sonderrecht gestellt war. Der

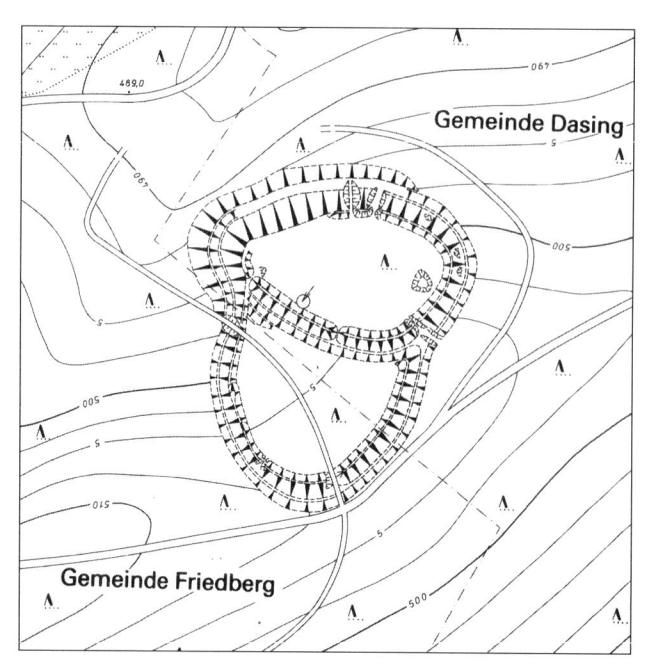

Bild 56: Fluchtburg oder befestigter Hügelhof Baitilinberch bei Haberskirch

Königsforst ging dann von den Agilolfingern an die Karolinger über, von dort an Bischofskirchen bzw. Klöster, und gelangte schließlich durch die große Säkularisation von 1803 in die Hände des modernen Staates.[223] Der Verlauf der Rodung am Lechrain kann nur skizziert werden. Die erste Periode begann gleich nach der bajuwarischen Überlagerung und setzte sich bis zum Ende des 9. Jahrhunderts fort. Orte, die während dieser zweihundert Jahre auf Neubrüchen entstanden sind, tragen in der Regel Namen auf -hausen oder –hofen, je nachdem (s.o.). Für größere Flächenrodungen wurden regelrechte Arbeitsbrigaden eingesetzt.

Eine große Zäsur war die Ungarnnot in der ersten Hälfte des 10. Jahrhunderts. Die Steppenreiter drangen während dieser Zeit nicht weniger als zwölfmal ins Alpenvorland ein. Die Fluchtburgen für Mensch und Vieh, die angesichts dieser ständigen Bedrohung am Lechrain entstanden, haben wahrscheinlich die Rodungsbrigaden errichtet. Sie waren zu solchen Kraftakten fähig. Anlagen dieser Art gab es auf der Lechleite im Norden von Todtenweis, auf dem Wagesenberg bei Pöttmes und bei Nisselsbach. Ob auch die Wallanlage bei Haberskirch eine Ungarnfluchtburg gewesen ist, wird noch in Frage gestellt. Der Burgenfachmann Helmut Rischert will in ihr den befestigten Hügelhof Baitilinberch erkannt haben[224] (vgl. Bild 56).

Dem Bischof Ulrich mussten die Bauern aus dem Augstgau bei der Verstärkung der Augsburger Stadtbefestigung helfen. Als wenig später die Ungarn, angelockt durch den Aufstand, den sich der Schwabenherzog *Liudolf* gegen seinen Vater, *König Otto I.*, leistete, wie ein Heuschreckenschwarm über das Land herfielen, versuchten sie auch Augsburg zu stürmen. Doch die Stadt hielt stand. Den glänzenden Sieg des Reichsheeres auf dem Lechfeld am Laurentiustag des Jahres 955 haben also auch die Bauern möglich gemacht.

Die zweite große Rodungsperiode ging ebenfalls über 200 Jahre, also das 11. und das 12. Jahrhundert hindurch. Mit Ausnahme der »nassen« Orte können in ihr alle die Ausbausiedlungen entstanden sein, die wir bisher kennen gelernt haben. Das sind noch einmal die Niederlassungen auf -hausen und -hofen, aber auch die auf -berg und -wald bzw. -holz oder -hart (siehe Schema 6). Dazu kommt noch ein neuer Namenstypus, der sich unmittelbar auf die Rodung bezieht, das sind die Namen auf -ried oder einfach nur Ried oder Rieden (vgl. Schema 7)

Zwar kann ein Ried auch ein Schilf- oder Wiesenmoor sein. In unserem Zusammenhang ist es aber immer eine Rodungslichtung, deren Name patronymisch verbrämt auf den Ort überging, der in ihr entstand. Es handelt sich wohl hauptsächlich um Adelsgründungen. Aber auch Hintersassen kommen als Gründer in Frage. Nicht alle Ried-Orte gehören in die große hochmittelalterliche Rodungsperiode. An ihrer »verhältnismäßig späten Zeitstellung hat zwar noch nie ein Zweifel bestanden«, wie Marcus Trier meint,[225] und tatsächlich hat es dort auch noch keine frühmittelalterlichen Grabfunde gegeben. Dennoch tauchen die ersten Riedorte in den Urkunden schon in der zweiten Hälfte des 8. Jahrhunderts auf. Auch die Orte auf -kreuth oder -kreit sind wohl älteren Ursprungs.

Legendär ist die Entstehung von Pipinsried, das zwar nicht mehr zum Lechrain gehört, aber über Altomünster und den Meringer Königshof mit ihm verbunden ist. Der Regensburger Mönch *Otloh* berichtet, König *Pippin* (751–768) habe dem heiligen *Alto* ein großes Stück Wald geschenkt, damit er das Kloster Altomünster gründen konnte.[226] Heute drängen sich im Norden des Klosters und neben den Resten des Altoforsts nicht weniger als fünf Riedorte. Pipinsried ist der größte von ihnen und hat den Namen des Wohltäters über die Zeiten bewahrt.

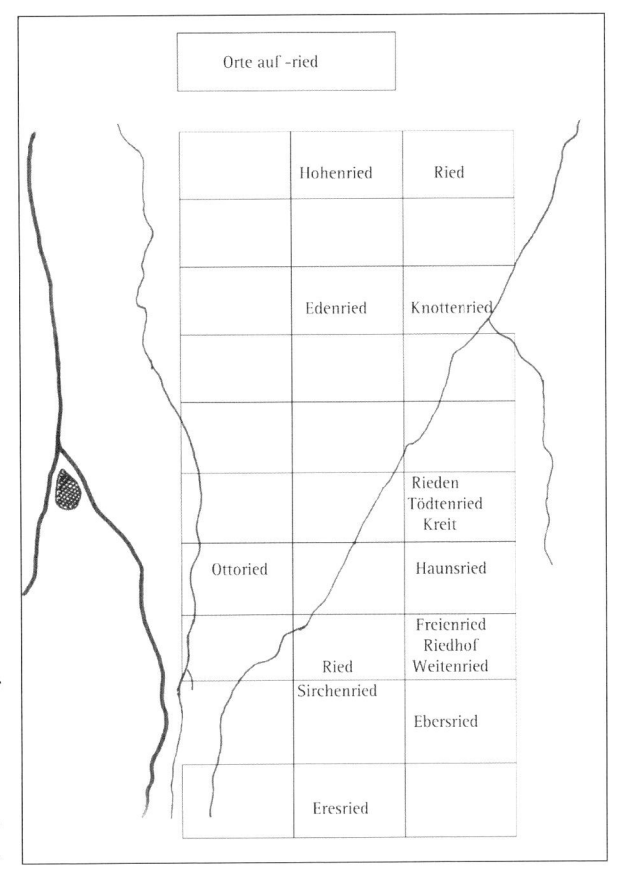

Schema 7: Orte auf -ried

Die Rodungstätigkeit des Hochmittelalters ging schließlich so weit, dass an ihrem Ende weniger Wald stand als heute. Wüstungen, wie man die verschwundenen Ortschaften nennt, liegen denn auch vielfach im Wald. Im Nordwesten von Taiting gibt es zwei davon. Die eine hieß Tunnenbiundon und muss in ihrer Spätzeit mehrere Huben und eine Mühle umfasst haben. Die andere in der Nachbarschaft mit dem Namen Baitilinberch war vermutlich ein befestigter Hügelhof.[227] Weitere Wüstungen im ehemaligen Landkreis Friedberg[228] sind Landoltshausen, Hard, Ottmarsdorf und Rechsried. Verschwundene Einöden trugen die Namen Gmünd und Walkmühl. Immenperc und Unterach (in Sittenbach und Höfa aufgegangen) scheinen dagegen mit Rodungen in keinem Zusammenhang zu stehen.

Obwohl also der Wald verlorenes Land zurückerobern konnte, ging auch die Rodung weiter, wenn auch nicht in dem Umfang, wie es in den beiden großen Perioden der Fall gewesen war. So setzte um 1400 das Kloster St. Ulrich und Afra in Bitzenhofen seine Rodungtätigkeit fort. Diesmal erfährt man auch etwas über die Umstände. Schließlich waren es 24 Jauchert Äcker und 4 Tagwerk Mahd, die für 10 Jahre von der Gült befreit waren. Nutznießer waren der Stettenhof zu Stetten an der Lyten und der Riedhof in Bitzenhofen selbst.

Für den Bestand des nach wie vor beachtlichen Waldes waren dem Kloster ein Holzwart und ein Förster verantwortlich. Der Förster musste »*die hölzer hüten und was im ambthalb gepürt ... tun, auch kein holtz one ains abbts wissen hingeben, und wan yedem teil solhs beger nit füglich sey, das er alsdan des ambts- und lehenshab absten solle.*«[229]

Die Rodung betreffend brachte das Spätmittelalter auch einen Zuwachs bei der Unternehmerschaft. Es war der genossenschaftliche Verband der Dorfgemeinde. Auf der Tradition der germanischen Volksversammlung fußend, durch die *familia* der Urhöfe begründet und durch die Vogtei gestärkt, war die Gemeinde zum Gegenentwurf der Grundherrschaft geworden. Wie sich das im Zusammenhang mit der Rodung auswirkte, zeigt eine Kuriosität im Umgriff des schon mehrfach genannten Meringer Königsforstes. Dort gibt es in der Nähe von Altomünster eine Rodungssiedlung mit dem Namen Sixtnitgern. Rodungsunternehmer war die Dorfgemeinde Sittenbach. In ihr hatte der Grundherr nur eine Stimme, wie die anderen Mitglieder auch. Also konnte er nicht verhindern, dass der Waldbestand, in dem er das Jagdrecht genoss, verkleinert wurde. Seine Rache war kindisch. Die schriftkundige Kanzlei des Geprellten brachte den abfälligen Namen in Umlauf. Auch schob sie noch eine andere, weniger verfängliche Begründung hinterher. Die Bewohner des Ortes böten Waldfrevlern Unterschlupf, hieß es. Und so trägt das Rodungsdorf noch heute einen Namen, der nichts anderes ausdrückt als die übellaunige Ohnmacht eines längst verblichenen Herrn.

Die Gemeinde kümmerte sich mit Zwing und Bann (Gebot und Verbot) um alle gemeinsamen Gründe. Diese wurden im Laufe der Zeit an die gemeindeberechtigten Glieder zu gleichen Stücken aufgeteilt. Das Ergebnis waren »Gewannfluren« aus vielen schmalen Streifen.

Wenn keine Weidegründe für diesen Zweck mehr zur Verfügung standen, musste der Gemeindewald herhalten. So kam es um die Wende zum 19. Jahrhundert überall zu ausgedehnten Rodungen. In Stätzling wurden im Jahre 1816 etwa 36 Tagwerk des Gemeindeholzes im Nordosten an 70 Gemeindeglieder verteilt und gerodet. Sechs Häusler wurden bei dieser Gelegenheit in den Kreis der Anteilsberechtigten aufgenommen. Die Teile wurden nach den Hausnummern verlost, wobei jedes Glied nur einen Teil bekam, »ob Bauer, Häusler oder Söldner«. Selbst die »hohe Herrschaft« erhielt nicht mehr, war sie ja ohnehin »bloß in Rücksicht des halben Hofes«, den sie bewirtschaftete, gemeindeberechtigt.[230]

Bei aller Bedeutung der kollektiven Arbeit, die bei großen Vorhaben eine Voraussetzung des Gelingens war, verdient doch die Leistung des einzelnen Rodungsbauern eine besondere Würdigung. In mythischer Überhöhung kann man ihn als den eigentlichen Helden dieser Kulturentwicklung feiern. Innerhalb und außerhalb der großen Rodungsperioden und bis ins 20. Jahrhundert herauf haben denn auch immer wieder tatkräftige Einzelne kleinere Flächen für eigene Zwecke gerodet. Auch hierzu ein Beispiel aus Stätzling:

Mit einem Kredit der Raiffeisenkasse erwarb der gelernte Sattler und Polsterer Xaver

Schmid zu Beginn der Weltwirtschaftskrise ein Waldgebiet am Dohlenbach, das ist ein kleiner Einschnitt in der Lechleite zwischen Stätzling und Derching. Innerhalb von drei Jahren verwandelte er 20 Tagwerk Wald mit einer Haue in Ackerland. Für die Offenlegung der flachen Wurzeln, die im Boden verblieben waren, verwendete er einen von einem klapprigen Gaul und einer maroden Kuh gezogenen Pflug. Spätestens jetzt wurden auch die Kinder eingespannt. Sie mussten die Wurzeln wegtragen.

2. Geistliche Grundherrschaft

Die zweite Linie, die wir über das Frühmittelalter hinaus ziehen, soll eine Erscheinung beschreiben, die im Zeitalter der Revolution verschwand und daher leicht zu übersehen ist. Es handelt sich um den geistlichen Grundbesitz, der – wie überall – auch auf dem Lechrain ganz beträchtlich gewesen ist. Im Gebiet des modernen Landkreises Aichach-Friedberg unterstanden um 1800 etwa 37 Prozent aller ländlichen Anwesen einem kirchlichen Grundherrn.[231]
Der größere Anteil von 63 Prozent, die weltlichen Grundherren gehörten, muß an dieser Stelle wenigstens erwähnt werden. Beide Arten des aristokratischen Grundbesitzes sind in ihrer Entwicklung eng miteinander verbunden.
Trotzdem beschränken wir uns hier auf die geistliche Variante. Sie befähigt uns, die Siedlungsgeschichte mit einem letzten Ortsnamentyp abzuschließen.
Es muss nicht mehr begründet werden, warum die römische Kirche in den Machtstrukturen des Mittelalters eine derart privilegierte Rolle spielen konnte, dass ihre üppige Ausstattung mit Land geradezu als eine Selbstverständlichkeit erscheint. Die Verteilung des Landes auf *Sacerdotium* und *Regnum* war eben nichts anderes als die materielle Entsprechung des geistlich-weltlichen Dualismus, der aus dem universellen Anspruch des römischen Imperiums entstanden war.
Dieser Reichtum nahm im Verlauf der Entwicklung vielerlei Gestalt an. Die Anfänge sind schon im Zusammenhang mit der Wiederbelebung des Bistums Augsburg durch König *Dagobert* und mit den Schenkungen *Pippins* aufgezeigt worden. Die nächste Phase fiel mit der Herrschaft der Karolinger zusammen. Zu den Königen gesellten sich auch Laien als Schenker. Wie ein warmer Regen gingen die »Traditionen« (Landschenkungen später Lehen) über die Kirche nieder. Auch Klöster wurden jetzt gestiftet und mit Grundbesitz ausgestattet. Ursache war nicht nur die Vorsorge für das Jenseits, sondern auch die Angst kleinerer Grundbesitzer vor der Verknechtung durch Mächtigere. Die Tradenten übereigneten also ihren Besitz entweder einem Bischof oder einem Abt und erhielten ihn auf Lebenszeit zum Nießbrauch zurück. Weder König noch Herzog konnten das verhindern. Und geistlicher Besitz, der einmal angesammelt war, durfte nicht wieder veräußert werden. Erst *Ludwig der Fromme* erbarmte sich der leiblichen Erben, die naturgemäß etwas gegen diese Praktiken hatten. Der Erfolg hielt sich aber in Grenzen.
Der Großgrundbesitz des Augsburger Bischofs nahm im Lauf des Mittelalters unterschiedliche Formen an. In der Stadt und im Westen des Lechs entstand aus dem Domstift ein staatliches Gebilde, das vom Bischof repräsentiert, vom Propst verwaltet und vom Vogt beherrscht wurde. Als Hochstift füllte dieses Land die Lücke, die das schwäbische Herzogtum nach seiner Auflösung hinterlassen hatte. Das Hochstift griff

auch mit Exklaven über den Lech herüber. Doch rechts des Lechs war die weltliche Konkurrenz um die Macht besonders rührig. Über die Vogteigewalt konnte sie schließlich einen modernen Territorialstaat errichten.

Noch im 8. Jahrhundert hatte sich die geistliche Grundherrschaft weiterentwickelt. Bischof *Wikterp* (738–771) hatte in Augsburg eine Kanonikergemeinschaft bei der Domkirche eingerichtet, die der *vita communis* verpflichtet war. Als Bischof *Simpert* (778–807) in der Folge der Wiedergewinnung des bayrischen Bistums Neuburg in Augsburg den romanischen Dom einweihte, da feierten die Herren des Domkapitels mit ihm. Sie waren geistliche Grundherren neuer Art, deren Besitz aus Schenkungen stammte *(oblationes)* oder seit dem 10. Jahrhundert vom bischöflichen Hochstift abgezweigt wurde *(bona stipendiaria)*.[232] Nach und nach wurden diese Güter als eine Einheit betrachtet und gingen in das volle Eigentum des Domkapitels über. Ein eigener Propst besorgte die Verwaltung und verteilte die Naturalien. Eingesammelt wurden sie von besonderen Knechten des Kapitels, die von den Hintersassen zu verköstigen waren. Als um 1100 die Wohngemeinschaft am Dom auseinanderging, da konnten bestimmte Kanoniker wieder einen eigenen Hof erwerben *(oblagia singularia)* und sogar auf ihm wohnen. Ab der Mitte des 13. Jahrhunderts wurden die Pfründen in Geld ausbezahlt. Der *bursarius*, der das besorgte, verdrängte schon bald den Propst. Nur das Getreide wollten die Herren noch in natura haben.

Wolfgang Zorn sieht in den Domherren die Nachkommen freier alamannischer Geschlechter, die den geistlichen Beruf anstrebten und dafür mit Pfründen ausgestattet wurden. Ob sie alle alamannischer Herkunft waren, darf mit Fug bezweifelt werden. Nicht ohne Verwunderung vermerkt der Autor, das Wessobrunner Gebet, das vermutlich an der Augsburger Domschreibschule entstanden sei, weise sprachlich »bairische Stammesfärbung« auf.[233]

Kirchliche Grundbesitzer im engeren Sinne waren drittens die Begründer der Eigenkirchen. Nahezu alle Kirchen im Land wurden während der Karolingerzeit von weltlichen Grundherren errichtet. Sie statteten das jeweilige Gotteshaus mit einem Widdum aus, das einen Priester ernähren konnte. Dieser stammte in der Regel aus der Gründersippe, wenn er nicht selbst der Gründer war, wie wir das bei *Oadalpald* und *Minigo* in Ecknach gesehen haben. In wenigen Fällen ist auf diese Weise sogar der patronymische Ortsname entstanden. Auch im engeren Untersuchungsgebiet gibt es dafür zwei Beispiele. Das eine ist Baindlkirch im Sondergebiet zwischen Mering und Altomünster und das andere Haberskirch im Einflussbereich des Augsburger Domkapitels.

Das Eigenkirchenwesen prägte das Land bis zur Gregorianischen Reform. Erst der päpstliche Rigorismus des 11. Jahrhunderts konnte es unternehmen, die Laien in der römischen Kirche zurückzudrängen. Das Widdum der ländlichen Kirchen aber blieb erhalten. Es hat sogar die große Säkularisation von 1803 überdauert. Auch deshalb muss es von den anderen Formen geistlichen Grundbesitzes unterschieden werden.

Beendet wurde die erste Phase des geistlichen Grunderwerbs durch die Ungarn. Im Jahre 907 durchbrachen sie die bayrische Abwehr und störten in der Folge auch die mögliche »Bildung eines mittelalterlichen Hauptplatzes alamannisch-bäuerlicher und fränkisch-geistlicher Kulturdurchdringung am Zusammenfluss von Lech und Wertach«, wie Wolfgang Zorn sich ausdrückt.[234] Das trifft zweifellos zu. Doch wenn sich die Steppenreiter wieder einmal gegen Augsburg warfen, litt am meisten das

Land. Das war 913 der Fall, als »der Wohlstand des Domstifts zerrüttet«, und 955 vor der großen Schlacht, als »der Landbesitz des Domkapitels völlig verwüstet« wurde.[235] So konnte denn die geistliche Grundherrschaft auf dem Lechrain erst nach der Jahrtausendwende wieder in ihr Recht gesetzt werden. Es geschah im Zeichen der kluniazensischen Klosterreform. Im Jahre 1006 wurde aus dem Augsburger Kanonikerstift am Afragrab das Benediktinerkloster St. Ulrich und Afra. Begründer war Bischof *Bruno*, ein Bruder des Baiernherzogs *Heinrich*. Nachdem dieser als Kaiser *Heinrich II.* von seinem ersten Italienzug zurückgekommen war, ergänzte er großzügig die aus dem Hochstiftsvermögen hervorgegangene Grundausstattung des Klosters. Spätere Stifter waren »kleine Edelfreie im Umkreis der Welfen, der Andechser und des Augsburger Bischofs« und noch vor 1150 die »bischöflich-hochstiftische, welfische, andechsische, ronsbergische und pfalzgräflich-wittelsbachische Ministerialität«.[236]

Spätestens zu dieser Zeit ist auch jene Stifterfamilie für das Kloster tätig geworden, die vom Lechrain bald nach Augsburg einwanderte und dort noch vor den Fuggern durch erfolgreiche Beteiligung am slowakischen Kupferbergbau zu den reichsten Kaufleuten aufstieg. Es waren die *Rehlinger*. Auch an der Stadtregierung nahmen sie regelmäßigen Anteil. Noch nach 1548 stellten sie nicht weniger als fünfmal einen der beiden Stadtpfleger.

Die spätere Reichsabtei St. Ulrich und Afra aber wurde auf diese Weise zur größten geistlichen Grundherrschaft auf dem Lechrain.

Über kleinere Flächen verfügten die Augustiner Chorherren von St. Moritz, das Spital zum Hl. Kreuz, die Stifte von St. Georg und Servatius samt dem Kloster St. Katharina. Dazu kamen noch das Leprosenhaus und die Englischen Fräulein.

Doch die Augsburger Klöster und Stifte waren auf dem Lechrain nicht allein. Zu ihnen traten eine ganze Reihe von bayrischen Klöstern, die schon von den letzten Agilolfingern gegründet und von den Ungarn zerstört worden waren. Sie wurden mit wenigen Ausnahmen wieder aufgebaut und nahmen ihre Gründe wieder in Besitz.

Zu sagen, dass die Besitzungen der Klöster doch wohl so alt seien wie die bischöflichen Liegenschaften, reicht nicht aus. Man darf es zumindest andeuten, dass besonders die Wurzeln der Augsburger Stifte tiefer reichen könnten, ohne dass es dafür Belege gäbe. In Frage kommen die Orte auf -zell, deren Urheber wenigstens in Einzelfällen Eremiten gewesen sein könnten. Auch Eduard Wallner, der schon einmal genannte Pionier der Ortsnamenkunde, geht bei den Zell-Orten von der einzelnen Zelle aus – als »des Weltflüchtigen Sehnsucht und Trost«.[237] Rodende Mönche hätten die Einsiedeleien dann weiter entwickelt. Generationen später, als sie Eingang in die Salbücher fanden, da waren aus ihnen schon klösterliche Höfe geworden, die von unfreien Dienstleuten bewirtschaftet wurden (vgl. Schema 8).

Kleriker, die das Grab der *Heiligen Afra* hüteten, waren wohl auch die Urheber von Celle. Es wurde beiderseits der alten Römerstraße nach Dasing angelegt.

Gegen Ende des 12. Jahrhunderts, als Unterzell und Oberzell schon auseinandergehalten wurden, gab es in *Cella inferiori* 2 Huben, in *Cella superiori* deren drei[238] und einen großen Amtshof. In Oberzell residierte bereits das Ministerialengeschlecht *de Celle*, das sich auch nach einem Gut in Bitzenhofen *de Stetten* nannte. Grundherr war der Abt des Benediktinerklosters St. Ulrich und Afra und Schirmvogt der Markgraf *Otto VIII.* von Wittelsbach, der spätere Königsmörder von Bamberg.

Das Domkapitel war im Besitz von Pfaffenzell. Auch hier darf man sich einen frü-

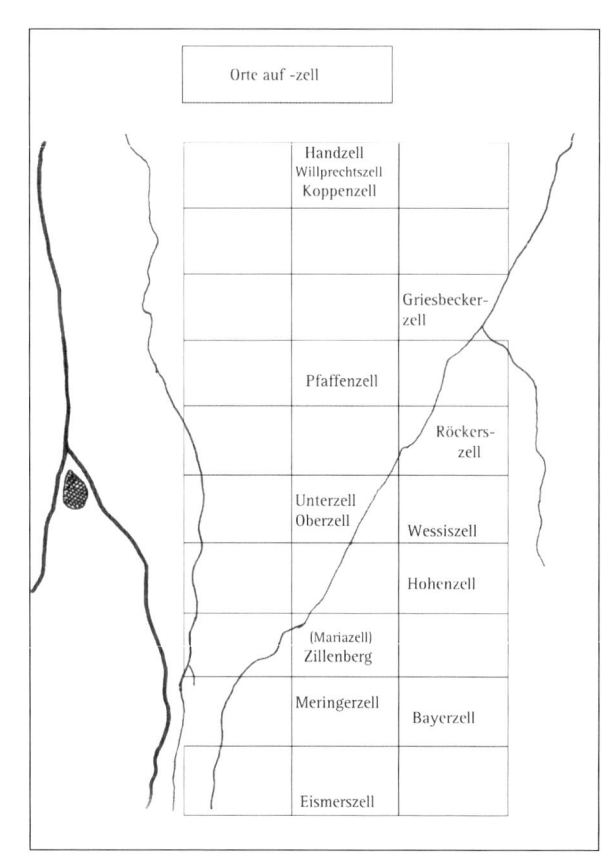

Schema 8: Orte auf -zell

hen Usprung vorstellen, wenn auch die schriftliche Überlieferung erst im Jahre 1303 einsetzt. Pfaffenzell weist auch eine Besonderheit auf. Im ersten Urbar des Domkapitels ist von einem *villicus* in *Phaffencelle* die Rede, das ist der Inhaber des Maierhofs. Wie sich der entwickelte, trat bei Ausgrabungen zwischen 1987 und 1992 zutage. In der Nähe der beiden Höfe, von denen 1303 einer bezeugt ist, gab es mehrere Grubenhäuser und Öfen, die auf eine Handwerkersiedlung im 9. und 10. Jahrhundert schließen lassen. Mit Sicherheit ist dort getöpfert worden. In einem runden Ofen wurden rauwandige Trichterrandtöpfe mit Kammstrichzier gebrannt, die sog. Burgheimer Ware. Ob allerdings die großen Gruben mit verziegelten Wänden Backöfen gewesen sind, darf bezweifelt werden. Dafür deuten Webgewichte und einzelne Schlacken darauf hin, dass Weberei und Eisenverhüttung im Schwange waren. Für Letztere dürfte ein kleines Feld mit Eisenerzgeoden zwischen Zahling und Griesbeckerzell das Rohmaterial geliefert haben.[239]

Wenn Grundbesitz eines Klosters in einem Zellort als ein Indiz für die Urheberschaft bei dessen Gründung gelten kann, dann gehören Griesbeckerzell und Wessiszell noch zur Abtei St.Ulrich und Afra, Meringerzell zu Altomünster, Handzell und Ruppertszell zu Fürstenfeld, Rapperzell zu Indersdorf und Willprechtszell zu Thierhaupten. Freilich sind diese frühen Zusammenhänge nicht nachzuweisen.

Mit Ausnahme von Kühbach, dem Deutschen Ritterorden und den Jesuiten sind mit diesen Klöstern jedoch die größeren geistlichen Grundherrschaften im heutigen Landkreis Aichach-Friedberg genannt. Kleinere waren Scheyern, Wessobrunn, Ettal und Diessen. Auf ihren Besitz werden wir unten noch eingehen.

Bei Niederschönenfeld (Besitz an 4 Orten), Monheim (4), Biburg bei Abensberg (4), Polling (3), Hohenwart (3), Schäftlarn (2), Weihenstephan (2), Obermünster und Emmeram in Regensburg (je 2), Bergen bei Neuburg (2), Beuern in Schwaben (2) und Klöstern schließlich mit Besitz in nur einem Ort, wie Steingaden, Ebersberg, Dietramszell, Benediktbeuren und Hasbach in Sigmaringen, soll es mit dieser Nennung getan sein.

Bis zur Auflösung zu Beginn des 19. Jahrhunderts ist dieser Archipel von bischöflichen, stiftischen und klösterlichen Gütern den unterschiedlichsten Einflüssen ausgesetzt gewesen.

Bevor wir exemplarisch auf diese eingehen, müssen wir einen Blick auf die gesellschaftliche Entwicklung werfen.

Vor Ort wohl am spürbarsten war die Entstehung eines neuen Standes, der sich zwischen den Adel und die Bauern schob. Die Rede ist von den Ministerialen. Während der Herrschaft der salischen Könige baute zunächst die Reichskirche aus leibeigenen *servi* oder willigen Freibauern eine Dienstmannschaft auf, die das Geschäft der Grundherrschaft besorgte und für deren Verankerung in der Fläche tätig wurde.[240] Auf diese Weise wurde das bischöfliche Hochstift als ein staatsähnliches territoriales Gebilde geschaffen. Wie sich der Adel schließlich des neuen Standes bediente, davon unten Genaueres.

Zu einer Zermürbung der geistlichen Grundherrschaft führten die Auseinandersetzungen des Investiturstreits.[241] Die gleichzeitige Gregorianische Reform verminderte zwar den Schacher mit kirchlichen Ämtern und erschwerte die Entfremdung kirchlichen Guts. Auch konnte die weltliche Bevormundung und das Eigenkirchenwesen eingedämmt werden. Die Kirche ging aber so zerrissen aus der Auseinandersetzung hervor, dass sie ihre führende Rolle einbüßte. In Augsburg zerbrach die Einheit von Bischof und Abt, die wie eine Klammer gewirkt hatte. Darüber konnte auch der Zuwachs an Ländereien nicht hinwegtrösten, den Bischof *Siegfried* verbuchen konnte, als König *Heinrich IV.* im Jahr des Canossagangs den aufständischen Baiernherzog *Welf IV.* absetzte. Knapp zwei Jahrzehnte später, als sich der König mit dem Welfen versöhnte, musste der Bischof alles wieder herausrücken. Auch der Königshof Mering ging auf diese Weise wieder verloren. Dazu kam, dass die traditionellen Schenkungen für ein halbes Jahrhundert ganz ausgeblieben waren und nie mehr den gewohnten Umfang erreichten.

Trotzdem blieb der geistliche Grundbesitz auch unter der staufischen Königsherrschaft bedeutend. Allerdings gab die Kirche ihre Besitzungen zunehmend an Dritte als Lehensgut aus. So kamen geistliche Güter auch in die Hände von Augsburger Bürgern. *Heinrich Portner*, ein Augsburger aus ritterlichem Geschlecht, wurde 1329 bischöflicher Lehensträger auf der alten Kämmererveste Wellenburg, und die Gebrüder *Hans, Hartmann* und *Conrad Ohnsorg* stiegen zu Herren im bischöflichen Lechhausen auf. Auch auf dem Lechrain kam es zu solchen Verleihungen. So hatte im Jahre 1447 der Augsburger Patrizier *Hans Meuting* die bischöfliche Hofmark Kissing inne. Für soziale und wirtschaftliche Beziehungen ist der Lech eben erst sehr spät eine Grenze geworden. Eine bemerkenswerte Zeugin dafür ist die seit 1981 dritte Bistumsheilige *Radegundis*. Sie wurde in dem domkapitelischen Wulfertshausen geboren und gelangte als Viehmagd nach Wellenburg, wo sie 1290 ihr Martyrium fand.

Die politische Lechgrenze, die wir unten eingehender betrachten werden, konnte für den Augsburger Grundbesitz auf dem Lechrain unterschiedliche Auswirkungen haben. Zwei Beispiele sollen das verdeutlichen: Als es 1387 zum Krieg zwischen dem süddeutschen Städtebund und Bayern bzw. Württemberg kam, da ergriff der Augsburger Bischof *Burkhard von Ellerberg* die Partei der bairischen Herzöge. Der Rat der Stadt ließ ihm und der Geistlichkeit daraufhin die kircheneigenen Gebäude an der Ringmauer abreißen und verlangte »von Domherren, Pröpsten, Äbten, Mönchen und Nonnen, falls sie in der Stadt verbleiben wollten, die Annahme des Bürgerrechts samt der damit verbundenen Steuerzahlung«.[242]

Dieser Vorgang zeigt die seit der Zunftrevolution von 1368 endgültig von der geistlichen Herrschaft emanzipierte Bürgerstadt und ihr radikales Unverständnis für die Interessen des Bischofs. Aber er konnte nicht anders. Er fürchtete die Verheerungen auf dem Lechrain, die ein Krieg mit den bairischen Herzögen zur Folge haben musste. Und sie waren dann auch danach.

Das andere Beispiel beginnt mit dem großen Bauernaufstand von 1525. Dass dieser nicht über den Lech schwappte, das lag nicht nur an der Schlauheit des bairischen Rates *Leonhard von Eck*, der den volkstümlichen Gegensatz der »treuen bairischen Bauern gegen die dummen Schwaben« schürte,[243] sondern auch an der Entschlossenheit, mit der Herzog *Ludwig X.* die Lechlinie besetzte. Er erreichte damit zweierlei. Er stärkte der Stadt Augsburg den Rücken gegen die aufständischen Bauern und schützte sein eigenes Territorium, als sich die Stadt der Reformation zuwandte. Auf dem Höhepunkt der Entschiedenheit, als der Stadtrat die restlose Abschaffung der »papistischen Abgötterei« beschloss, kam es auch zur Auflösung der noch bestehenden Klöster samt der Unterstellung ihres ländlichen Grundbesitzes unter die Ratsverwaltung.[244] Die geistlichen Güter auf dem Lechrain blieben jedoch unangetastet. Freilich hätte die Umkehrung der Stadtverfassung durch Kaiser *Karl V.* und die schließliche Regelung durch den Religionsfrieden die ursprünglichen Besitzverhältnisse ohnehin wieder hergestellt. Gleichwohl vermag diese Episode einen Eindruck davon zu vermitteln, welchen Anfechtungen die geistliche Grundherrschaft von innen heraus – aus dem Glauben – ausgesetzt war. Zerstört wurde sie dann von äußeren Einflüssen.

Luther, *Zwingli* und *Calvin* waren keineswegs die ersten, welche den weltlichen Besitz der Kirche in Frage stellten. Mit seiner geistigen Überwindung der Welt hatte schon *Augustinus* den Grund gelegt, *Marsilius von Padua* (1270–1343) eine besitzlose Kirche gefordert und *Nikolaus von Kues* (1401–1464) eine Rückbesinnung auf die seelsorgerische Aufgabe angemahnt. Die innerkirchliche Opposition konnte an den Gegebenheiten aber ebenso wenig ändern, wie sie neue geistliche Grundherrschaften zu verhindern in der Lage war, die im 13. Jahrhundert der Deutsche Ritterorden und im 16. Jahrhundert die Jesuiten auch auf dem Lechrain errichteten. Erst die europäische Aufklärung, eine kollektive Bewusstseinsänderung, und die bürgerliche Revolution, die 1789 in Frankreich angestoßen wurde und deren Potential *Napoleon* unabsichtlich über Europa verbreitete, führten auch in Deutschland zu tiefgreifenden Reformen und machten der geistlichen Grundherrschaft ein Ende.

Mit dem Reichsdeputationshauptschluss vom 25. Februar 1803 wurden die geistlichen Fürstentümer im Reich aufgehoben (Mediatisierung). Das Hochstift Augsburg als das größte staatsähnliche Gebilde Ostschwabens, das von Dillingen bis Füssen reichte, fiel somit an das Herzogtum Bayern. Der letzte Fürstbischof, *Clemens Wenzeslaus von Sachsen*, der gleichzeitig Erzbischof von Trier und Kurfürst war, verlor damit nicht nur sein Territorium, sondern auch seine Reichsstandschaft.

Der freien Reichsstadt Augsburg, die ihre Unabhängigkeit vorerst noch hatte retten können, fielen die 14 dem Hochstift inkorporierten Klöster, Stifte und Konvente in den Schoß mit allem, was sich innerhalb der Stadtmauern befand. Sie schluckte auf diese Weise auch die Reichsabtei St. Ulrich und Afra in ihrer unmittelbaren Nachbarschaft. Und sie verschluckte sich. Die Erwartung der Stadtväter, der Zuwachs werde die chronisch maroden Finanzen sanieren, erfüllte sich nicht. Augsburg war zwar reich mit Gebäuden beschenkt worden, aber nicht gleichzeitig auch mit den Einkünften, um diese samt ihren Insassen zu erhalten. Deren Grundbesitz nämlich kassierte der bayrische Staat. Als nur drei Jahre später auch die Reichsstadt im bayrischen Strudel versank, da soll in Augsburg bei aller Trauer um den erloschenen Glanz auch Erleichterung zu spüren gewesen sein.[245]

Gleichzeitig mit der »Mediatisierung« der geistlichen Fürstentümer wurden sämtliche landsässigen Klöster »der freien und vollen Disposition der Landesherren überlassen«.[246] Um den berüchtigten Paragraph 35, der diese Bestimmung enthielt, hatten sich die bayrischen Delegierten bei der Reichsdeputation besonders bemüht. Diese Säkularisation im engeren Sinne traf nun auch die bayrischen Klöster, die seit Jahrhunderten ihren Grundbesitz auf dem Lechrain pflegten. Sie wurden ersatzlos enteignet. Für die Verwaltung der neuen Liegenschaften richtete der bayrische Staat bei den Landgerichten Rentämter ein. Diese errechneten aus den bisherigen Abgaben (ein Drittel der Ernte in natura) den Bodenzins, der in Geld zu entrichten war. Noch im Jahre 1803 bot man den ehemaligen Klostergrundholden an, ihre Höfe für das 25fache des jährlichen Bodenzinses zu kaufen. Doch nur die wenigsten konnten sich das leisten. Die endgültige Befreiung der Bauern aus der Grunduntertänigkeit sollte noch weitere hundert Jahre auf sich warten lassen. Aber die Französische Revolution hatte nun auch unseren Landstrich bis zur Unkenntlichkeit verändert. Die geistliche Grundherrschaft auf dem Lechrain war Vergangenheit.

Wie sich ihre vielfältige Gestalt über die Fläche ausgebreitet hatte, das ist bisher noch nicht beschrieben worden. Es ist auch kaum zu bewältigen. Ansätze sind zwar vorhanden. Sie beschränken sich aber wohlweislich auf einzelne Grundherren.[247] Allein Wilhelm Liebhart hat weiter ausgeholt. Seine Dissertation von 1980 beschäftigt sich mit der Reichsabtei St. Ulrich und Afra samt ihrem Grundbesitz, und im Jahr 2004 hat er sich der Güter des Klosters Altomünster auf dem Lechrain angenommen.[248] Wir gehen über Wilhelm Liebhart insofern hinaus, als wir die Anzahl der zu betrachtenden Grundherrschaften auf elf erhöhen. Gleichzeitig fallen wir aber auch hinter ihn zurück. Wir legen weniger Wert auf lückenlose Aufzählung und zeitliche Einordnung der Güter. Das wiegt nicht so schwer, wie es auf den ersten Blick scheinen möchte. Die Anfänge liegen im Dunklen, und das Ende steht fest. In der Zeit dazwischen gab es eine beträchtliche Kontinuität. Freilich bleibt auf diese Weise der Geschäfts- und der Tauschverkehr außer Betracht, der in den späteren Jahrhunderten eine gewisse Rolle spielte. Dafür gewinnt die Darstellung an Geschlossenheit. Es geht uns wieder einmal um die Lesbarkeit und vor allem darum, auf möglichst kompakte Weise einen Eindruck zu vermitteln von dem Umfang, den der geistliche Grundbesitz auf dem Lechrain im Mittelalter und in der Neuzeit einnahm.[249]

Geistliche Grundherrschaften aus Augsburg

Die Augsburger Perspektive geht diesmal von drei geistlichen Grundherrschaften aus, die ihren Sitz in der Lechmetropole hatten und Besitz auf dem Lechrain. Da die Grundzüge ihrer Entstehung schon aufgezeigt worden sind, können wir unmittelbar zu den Liegenschaften kommen.

Dass das Domstift am Lechrain nicht sehr zahlreich vertreten war, leuchtet ein. Es hatte überproportional für die Ausstattung des Domkapitels sowie der inkorporierten Stifte herhalten müssen.[250] Seine Besitzungen, die in der Mehrzahl aus Einzelhöfen bestanden, lagen deshalb in zwei gleichkleinen deutlich voneinander getrennten

Gruppen von Ortschaften im Norden und im Süden unseres Gebietes. Die nördliche Gruppe bestand aus Rehling, Gebenhofen, Miedering, Frechholzhausen, Sulzbach und Untergriesbach. Der umfangreichste Besitz in dieser Gruppe lag wohl in Rehling, das heute noch die größte Gemarkung im Landkreis aufweist.

Im Süden waren es Mering, Baindlkirch, Kissing, Mergenthau und der Seewieshof samt der abgegangenen Einöde Gmünd, die entweder ganz bischöflich waren oder bischöfliches Gut beherbergten. Darunter nimmt Mering eine Sonderstellung ein, weil das *predium* dort nur von 1077 bis 1096 dem Dom zinste, solange nämlich, wie *Welf IV.* bei *Heinrich IV.* in Ungnade lag. Beständiger nimmt sich der Besitz in der Nachbarschaft aus. Mit zwei Hufen in Kissing, die schon im 11. Jahrhundert bezeugt sind, dem Seewieshof, der von 1100 bis 1340 auf seine volle Größe heranwuchs, und den vierzehn Hufen samt einer Mühle um die Burg Mergenthau entwickelte sich dort eine bayrische Exklave des späteren Fürstbistums. Der Aufstieg Kissings zur bischöflichen Hofmark im 16. Jahrhundert war da nur konsequent.

Eine Besonderheit anderer Art war schließlich Lechhausen, und das nicht nur wegen seiner exponierten Lage. Die Weidegründe am Lech waren wohl schon zu allem Anfang in den Händen der Bischofskirche, ebenso wie die untere Brücke, die auch schon sehr früh über den Lech führte. Es werden wohl nicht »alle um Augsburg liegenden Dörfer« gewesen sein, deren Kleinzehent 1043 Bischof *Eberhard* dem Stift St. Stephan schenkte.[251] Aber die Beziehung der *Stetzlinger auf Stetzling* zu St. Stephan könnte in dieser Zuwendung ihren Ursprung haben.[252]

Das Dorf Lechhausen taten die Bischöfe als Lehen aus. Es lag ihnen aber wohl zu nahe, um die Lehensnehmer unbehelligt zu lassen. Der erste, *Amalberus*, »Nobilis homo de Lechhusen«, musste 1130 einen Teil des Dorfes an das Kloster Wessobrunn abtreten. Wenig später übergab Bischof *Walter* die dortige Pfarrei dem Domkapitel. Und wieder hundert Jahre danach überließ Bischof *Hartmann* das Weiderecht auf der Lechhauser Flur den Nonnen von St. Katharina, deren erster Konvent auf dem Lechgries zusammengetreten war. Von den Gebrüdern *Ohnsorg* als Lechhauser Lehensträgern ist schon die Rede gewesen. Sie wurden im Jahre 1338 eingesetzt. 57 Jahre später verweigerte der letzte dieser Herren, *Hermann Nördlinger*, dem Bischof *Burkhart* bei einer Fehde mit der Stadt Augsburg die Gefolgschaft. Der erklärte daraufhin das Lehen für fällig und übertrug es dem Domkapitel.

Das Domkapitel lag mit seinem Großgrundbesitz auf dem Lechrain an zweiter Stelle. Er war über 40 Orte gleichmäßig verteilt, wobei die nördliche Hälfte die ältere gewesen ist. Das ging von Gaultshofen bis Pestenacker und von der Lechleitenkante bis Tödtenried. Nur im Nordosten und im Südosten blieben ein paar Lücken. Für die Verwaltung der *bona stipendiaria*, der gemeinsamen Güter, gab es eine ganze Reihe von spezialisierten Ämtern, die jeweils ein Kanoniker leitete. Nur auf dem Lechrain nicht. Dort begnügte man sich mit einem *officium minorum* in Tödtenried, wo neben dem Amtshof über 500 Jahre hinweg mehrere Höfe, Hufen, Lehen und Sölden dem Domkapitel zinsten. Der Grund für diese scheinbare Vernachlässigung könnte gewesen sein, dass auf der bairischen Seite der Einzelbesitz überwog. Einen solchen durfte der Inhaber einem Mitkanoniker schenken, hinterlassen oder verkaufen. Bis zu fünfzehn *oblagia* konnten auf diese Weise in einer Hand zusammenkommen. So in Wulfertshausen, das im Salbuch von 1303 ausdrücklich als *obligium* bezeichnet wird. Mit *Dominus Engelhardus de Enczberch* nennt das Salbuch sogar den Eigentümer.[253]

Nachweisbar kontinuierlichen Besitz gab es auch in Petersdorf, Baindlkirch und Haunswies. Kontinuierlich ist schließlich auch das Patronat über Kirchen gewesen. Ein solches bestand in Haberskirch, Taiting und Tödtenried. Als diskontinuierlich kann man dagegen den Besitz des Seewieshofes bei Kissing bezeichnen. Er wurde 1430 vom Hochstift erworben. Wie lange sich die Handwerkersiedlung in Pfaffenzell halten konnte und wie sich ihre Betreiberschaft zusammensetzte, ist dagegen nicht bekannt.

Wesentlich zahlreicher noch als die Güter der domgebundenen Grundherren waren in unserem Raum die Liegenschaften der Augsburger Benediktinerabtei St. Ulrich und Afra. In klassischer Diktion unterscheidet deren erstes Urbar aus der Mitte des 12. Jahrhunderts zwei Propsteiämter. Das mit *Noricum* bezeichnete war für die bairische Seite zuständig. Auf dem Gebiet des Landkreises Aichach-Friedberg waren das Güter in 90 Ortschaften, die sich über das ganze Gebiet der heutigen Gebietskörperschaft erstreckten, also auch über jenes Dreieck, das Ruppertszell als östliche Spitze aufweist und nur bedingt noch zum Lechrain gezählt werden kann. Lediglich in unmittelbarer Nachbarschaft des Klosters Altomünster gähnt ein leerer Streifen. Aus der Reihenfolge und dem Umfang der Schenkungen Vorlieben für Teile dieses Gebietes herauslesen zu wollen, wäre müßig. Da war im Norden Todtenweis, ein *praedium*, das Kaiserin *Kunigunde* am 3. März 1033 zum Seelenheil ihres Gemahls vermachte. Die Liegenschaft lag in der Grafschaft des *Udalschalk* im Bereich also einer einflussreichen Sippe und umfasste nicht weniger als zwölf Hufen. Dies und die strategisch günstige Lage ließen aus *Teitinwich* einen jener Amtshöfe wachsen, von denen aus ein Güterbezirk verwaltet wurde.

Alt und reich mit Gründen ausgestattet waren auch die Zentren, die östlich lagen. Da war Hollenbach westlich der Paar, das neben dem Amtshof nicht weniger als siebzehn Hufen aufwies und über die Güter in 17 Orten gebot, darunter Aichach, Oberschneitbach, Igenhausen, Petersdorf, Mainbach, Walchshofen, Obermauerbach und Griesbeckerzell. Östlich der Paar lagen die Amtshöfe in Oberschönbach und Laimering. Der eine deckte den Raum um Kühbach und das östliche Dreieck ab und der andere den ganzen mittleren Bereich zwischen Derching und Haunsried. Außerdem tagte in Laimering das Hofgericht.

Die Schwerpunkte im Süden waren zum Teil sogar noch älter. Schon die Grundausstattung des Klosters, die zum Teil auf das Jahr 1002 zurückgeht, als *Heinrich* noch bayrischer Herzog war, umfasste auch zehn Hufen in Bachern. Dazu kam Stetten, das 1177 ein Amtshof wurde, bevor es in Bitzenhofen aufging. Lechfelderdorf, am Ort des Martyriums der Patronin *Afra*, verlor sukzessive seine sieben Hufen, bis schließlich nur noch der Amtshof übrig blieb. Auch als er im 15. Jahrhundert nach Kissing verlegt wurde, kontrollierte er Güter in Bachern, Rederzhausen, Steindorf, Ottmaring, Mering, Merching und Hörmannsberg.

Eine besondere Rolle spielte schließlich Oberzell, das seinen Amtshof von Stetten und Bitzenhofen erbte. Der kleine Ort scheint eine Art Oberamtshof gewesen zu sein, und in Dasing wurden ab dem 12. Jahrhundert die Traditionen an das Kloster beglaubigt, und zwar nach bayrischem Recht.

Die Amtshöfe mussten dreimal im Jahr den Abt samt seinem dreizehn Pferde starken Gefolge aufnehmen. Die Veranstaltungen hießen Maistift, Kornschau und Bauding. Zum Bauding mussten alle betroffenen Hintersassen erscheinen. Es entschied über

Flurnutzung und gemeinsame Feldbebauung, schlichtete Streitigkeiten und nahm Besitzveränderungen vor.

Hier der Inhalt eines Überlassungsvertrags, der 1454 am Mittwoch vor Mathias wohl in Laimering erstellt worden ist.[254] Es handelt sich um den einzigen Hof, den das Kloster in dem domkapitelischen Wulfertshausen zu vergeben hat.

»Contz Gämel von Wulfertshausen bekennt öffentlich, dass ihm der ehrwürdige Herr Johannes, Abt des Gotteshauses St. Ulrich und Afra zu Augsburg, seinen Hof verliehen hat und was dazu und darein gehört. Er verspricht, den Hof, den schon sein Vater Jörg Gämel bebaut hat, im Dorf und auf dem Felde baulich und wesentlich unzertrennt zu halten und seinem Herrn nachzukommen.

Zu rechter Gülte und Gültezeit wird er jährlich sieben Schaff Roggens und sieben Schaff Hafers geben (alles Kastenmaß) dazu fünfzehn Schilling Augsburger (je zwölf Pfennig für einen Schilling), als Wisgülte zwölf Mälpfennig, zweihundert Eier, zehn Käs, acht Herbsthühner, zwei Gänse und ein Fasnachtshuhn, ohne allen Schaden und Abgang.

Allein Hagel oder Besatz sollen von seinem Herrn der Korngülte ungefähr so weit nachgesehen werden, wie das andere Herren bei ihren Maiern auch tun. Nur muss er es vor dem Schnitt melden. Schließlich soll er auch die Vogtei und alle Ehaften bedienen, ohne dass seinem Herrn und dem Gotteshaus ein Schaden entsteht.

Und wenn er hinfüro von dem Hofe scheidet (lebend oder tot – oder wenn er ihn nicht verdient), wird er nach Landrecht alles liegen lassen und soll sein Herr seiner und der Erben ledig sein.

Täte er nicht, was in dem Brief geschrieben steht, so könne sich der Herr oder seine Nachkommen mit gutem Recht und mit voller Gewalt ununterschiedlich an ihn oder an seine Gewährsleute halten. Gewährsleute sind der liebe Schwager Stephan Eckhart von Wiffertshausen dazu der Contzenbauer und Martin Rüger, beide von Wulfertshausen. Das anhangende Sigel ist von dem ehrsamen, weisen Ulrich Langemantel, Stadtvogt von Augsburg, die Pettschaft bezeugen die ehrbaren Lienhart und Michel von Ketz, beide Bürger aus Augsburg.«

Geistliche Grundherrschaften aus Bayern

Die durch die Besiedlung des Lechrains entstandene alamannisch-bajuwarische Gemengelage fand eine Entsprechung in der Entwicklung, die der geistliche Grundbesitz auf dem Landstrich nahm.

Eine Art Wettstreit ist freilich daraus nur im 8. Jahrhundert geworden, als es noch das bairische Bistum Neuburg gab. Das wiedervereinigte Bistum Augsburg hat dann mögliche Unterschiede bald vergessen lassen.

»Die Tradenten übereigneten also ihren Besitz entweder dem Freisinger oder dem Augsburger Bischof«, so haben wir oben einen Teilbereich des lechrainischen Grundstückverkehrs ab dem 8. Jahrhundert beschrieben. Als geistlicher Grundherr sollte also der Freisinger Bischof an erster Stelle stehen, wenn es um die bairische Seite geht. Der Einfachheit halber nehmen wir das Freisinger Domkapitel sowie das Kloster St. Andreas und das Kollegiatsstift St. Veit in die Betrachtung mit auf. Das Regensburger Pendant glauben wir hier vernachlässigen zu können. Es ist im Zusammenhang mit Taiting schon zur Sprache gekommen.

Gegen Ende des 8. Jahrhunderts erhielt also der Bischof von Freising zwei Kirchen in Ecknach und eine in Adelzhausen. Den damit verbundenen Grundbesitz hat er dann im 9. Jahrhundert erweitert. Weitere Orte mit frühem Freisinger Dombesitz wurden Schmiechen, Gallenbach und Dasing.

Die folgenden Jahrhunderte weisen nur noch wenige Erwerbungen auf. Noch einmal zu erwähnen ist die 1033 erfolgte Schenkung des Königshofes Aindling an den Freisinger Bischof Egilbert. Der Ort ging jedoch im 12. Jahrhundert an die aufstrebenden *Grafen von Scheyern* verloren. Weiterer Zuwachs für Freising, der hauptsächlich an die genannten Anhängsel weitergereicht wurde, lag in Anwalting, Inchenhofen, Holzburg, Gebenhofen, Oberbachern und Wundersdorf bei Schiltberg. Bis zum Lech ist Freising nur in Schmiechen und in Anwalting vorgedrungen.

Auch die bayrischen Klöster hielten respektvollen Abstand. Sie beschrieben um Augsburg einen Halbkreis, der im Norden mit Thierhaupten und im Süden mit Sandau[255] auf den Lech traf. Von den fünfen, die gleichwohl am Lechrain beträchtlichen Besitz aufzuweisen hatten, ist an erster Stelle Altomünster (Güter an 38 Orten) zu nennen. Es ist das jene geistliche Zuflucht, die aus dem alten Königsland um Mering hervorgegangen war.

Um das Jahr 1000 wurde der von den Ungarn zerstörte Konvent von *Welf II.* wieder aufgerichtet und zunächst bis 1056 von Benediktinern und dann bis 1488 von Benediktinerinnen betreut. Die Birgitten zogen um 1496 ein und blieben bis heute, nachdem man ihnen 1803 ihren Grundbesitz weggenommen hat.

Im heutigen Landkreis Aichach-Friedberg bildete der Besitz Altomünsters drei Gruppen. Die bedeutendste mit 21 Ortschaften[256] lag in einem Dreieck mit der Paar als Grundlinie und den Schenkeln von Mering nach Hochdorf und von dort nach Gallenbach. Mering war für die Untertanen Gerichtsort und Sitz des Baudings zugleich. Während aber dort nur zwei Hufen dem Kloster gehörten, waren das in Meringerzell und Reifersbrunn deren zehn, die sich von von 1260 bis 1760 noch einmal verdoppelten. Ähnlich lagen die Verhältnisse in Rinnenthal und Rohrbach, auch das über einen Zeitraum von 500 Jahren hinweg.

Die zweite Gruppe in 11 Ortschaften lag östlich von Paar und Ecknach. Sie reichte von Tödtenried im Süden bis Kemnat bei Schiltberg im Norden. Ihre Güter waren ebenfalls spätestens im 13. Jahrhundert erworben worden, und was die Kontinuität anlangt, ist zumindest Sielenbach mit den Vorigen vergleichbar. Aus zwei Höfen, drei Lehen, zwei Mühlen und einer Taferne waren 1752 vier Hufen und drei Lehen geworden.

Die dritte Gruppe schließlich bestand aus Gütern in den Orten Binnenbach, Petersdorf (Harthof), Arnhofen, Gebenhofen, Mainbach und Hollenbach im Norden des Landkreises. Wie nicht anders zu erwarten, war der Besitz dort kleiner und auch nicht so dauerhaft. Allein in Gebenhofen besaß das Kloster um 1452 zwei Höfe und zwei Sölden.

Im Jahre 1008, als der Graf *Udalschalk* aus der Genealogie derer von *Kühbach-Hörzhausen* im Sterben lag, übergab er seinen Besitz in Kühbach seinem Bruder *Adalbero* zum Zwecke der Gründung eines Klosters. Um 1011 bat dieser Kaiser *Heinrich II.* um Immunität und freie Äbtissinnen- und Vogtswahl für die Benediktinerinnenabtei St. Magnus. Nachdem die Gründerfamilie im 11. Jahrhundert ausgestorben war, kam die Schirmvogtei in die Hände der Wittelsbacher, die mit der mageren Aufstockung der Grundausstattung dem übrigen Adel ein Beispiel zu geben versuchten.

Der Besitz des Klosters war über 36 Ortschaften verteilt, die fast alle im Nordosten des Landkreises Aichach-Friedberg liegen. Am größten war er in und um Kühbach selbst. Zeitweilig gehörten dort 102 kleine Anwesen dem Kloster. Ein Ort mit größerem Klosterbesitz war auch Ecknach, das schon 1024 einen Hof aufwies, 1390 drei Höfe und fünf Hufen und schließlich um 1700 sieben Höfe, eine Hufe und sieben Sölden. Ganz unterschiedlich war das Kloster in den wenigen Dörfern bestückt, die aus seiner Perspektive abseits lagen. So zinsten von der Grundausstattung des Klosters ein Hof und sechs Hufen in Taiting, und im 18. Jahrhundert drei Höfe und drei Sölden in Allmering bei Rehling. Die weiter im Süden rechts der Paar liegenden Heretshausen und Tödtenried wiesen dagegen zur selben Zeit nur einen knappen Hof bzw. eine Sölde auf.

Der Nekrolog des Klosters Thierhaupten nennt den letzten Agilolfinger, *Tassilo III.*, als Stifter. Nach dem Ungarnsturm begründete Bischof *Gebhard II.* von Regensburg die Abtei erneut.

Die Grundausstattung dürfte aus Reichsgut stammen. Als Förderer des Klosters erwiesen sich auch die Herren *von Bach* bei Todtenweis. 1142 soll *Gepa von Bach*, Gemahlin *Rüdigers von Bach*, dem Kloster Goldgefäße und wertvolle Textilien vermacht haben.[257]

Im Landkreis decken die 22 Ortschaften mit altem Thierhauptener Grundbesitz in etwa den gleichen Raum ab, den schon das Kloster Kühbach eingenommen hat; nur das Schiltberger Dreieck wird ausgespart. Größerer Besitz mit elf Anwesen lag im 12. Jahrhundert nur in Immendorf bei Pöttmes und im 17. Jahrhundert in Ebenried, wo durch Rodung Land gewonnen worden war. Über 600 Jahre im Eigentum des Klosters befanden sich zwei Höfe in Gaultshofen. Und in Hausen zinsten ein Hof und eine Sölde über 500 Jahre.

Kloster Scheyern, »das Hauskloster der Wittelsbacher schlechthin«,[258] dessen erste Zelle 1077 auf Veranlassung der Wittelsbachischen »Stamm-Mutter« *Haziga* in Bayrischzell entstanden war, und das sich über Fischbachau und Eisenhofen (Petersberg) 1119 in der Burg Scheyern niederließ, besaß Güter in fünfzehn Ortschaften, die sich über die obere Hälfte des Landkreises verteilten, die Lechleitenkante aber aussparten. Nur Rieden mit einem Anwesen, Landmannsdorf mit zwei Gütern und Bachern mit einem Hof lagen in der unteren Hälfte. Scheyerner Besitz wies über 300 Jahre lang Inchenhofen auf. Der Scheyerner *Uodalrich*, Stiftsvogt des Domkapitels Freising, machte dort um 1103 seinem Hauskloster zwei Höfe zum Geschenk. Im Jahre 1405 waren daraus neunzehn Hofstellen geworden. Ursache dieser Aufteilung war die berühmte Wallfahrt zum Bauernheiligen *Leonhard*. Eine Hofstelle ermöglichte die Ausübung eines Gewerbes, mit dem man an den Wallfahrern verdienen konnte.

Der wittelsbachische Pfalzgraf *Otto* baute 1124 das Kloster Indersdorf als Sühne für seine Teilnahme an der Verhaftung des Papstes *Paschalis* in Rom während des Investiturstreits.[259] Er setzte sich mit dem südwestdeutschen Kloster Marbach in Verbindung,[260] ließ seine Familiengründung von den dortigen Augustinerchorherren besiedeln und erwirkte beim Papst *Calixtus II.* die *libertas romana*. Indersdorf wurde damit zu einem päpstlichen Schutzzinskloster. Die ersten Tradenten nach dem Stifter waren Graf *Friedrich*, ein Sohn des Pfalzgrafen, und *Otto von Indersdorf*, offenbar ein Vasall. 1128 schenkte die Gräfin *Beatrix von Dachau* einen großen Wald, in dem ihr Sohn ermordet worden war. Durch einen *Ezzo von Tandern* kamen 1147 ein Hof und eine Sölde in

Affing hinzu, die bis 1752 auf zwei Höfe anwuchsen. Drei Höfe, eine Hufe und fünf Sölden lagen im 15. Jahrhundert in Alsmoos. Und vom 15. bis zum 18. Jahrhundert zinsten zwei Höfe und sechs Sölden in Allenberg bei Schiltberg an das Kloster. Seine Besitzungen befanden sich schließlich in 20 Ortschaften, die sich locker über das Gebiet des heutigen Landkreises verteilen. Bis zur Lechleitenkante drangen die Augustinerchorherren von Indersdorf nur in Rederzhausen vor. Sie besaßen dort im 15. Jahrhundert den Sedelhof und eine Hufe. Damit waren Sie ihren Augsburger Ordensbrüdern nahe, die in Kissing und Wiffertshausen bzw. in Ried und Bachern begütert waren.

Auch die Zisterzienserabtei Fürstenfeld (Güter an 35 Orten) an der Amper war ein Sühnekloster. Es wurde 1266 von Herzog *Ludwig II.* gegründet für den an seiner Gemahlin *Maria von Brabant* in blindem Jähzorn begangenen Mord. Der daraufhin fälschlicherweise als *Ludwig der Strenge* apostrophierte Herzog war gleichwohl einer der tüchtigsten Wittelsbacher und einer der konsequentesten Verfechter der bayrischen Interessen gegenüber dem aufstrebenden Augsburg. Die Neugründung erhielt denn auch keinen Vogt, sondern wurde unter unmittelbaren landesherrlichen Schutz genommen. »Dadurch wurde die Einordnung ihres Besitz- und Herrschaftsbereiches in den Landesstaat entscheidend vorangetrieben.«[261] Nicht zuletzt dieser Effekt ist auch ursächlich dafür gewesen, dass Fürstenfeld ausgerechnet auf dem Lechrain so reich mit Gütern ausgestattet war.

Den modernen Landkreis betreffend ist der Besitz dieses revolutionären Klosters nämlich nicht viel kleiner gewesen als der von Altomünster. Allerdings war er eigenartig angeordnet. Der noch im 13. Jahrhundert erworbene Hauptteil drängte sich im östlichen Streifen unseres engeren Untersuchungsgebietes. In nicht weniger als 20 Orten und ohne größere Unterbrechung reihten sich dort die Liegenschaften aneinander. Dabei gelangten die Gemarkungen Burgadelzhausen und Hergertswiesen fast ganz unter die Fittiche des Klosters. Zusammen mit Gütern in Walchshofen und Hollenbach blieben sie auch die längste Zeit dabei. Im Hauptort Inchenhofen hatte das Kloster kurioserweise nur wenig Besitz. Scheyern, Kühbach und das Domkapitel Freising waren dort mit größeren Flächen vertreten. Auch die Pfarrei war nicht am Ort, sondern in Hollenbach. Aber ab dem 14. Jahrhundert kümmerte sich in Inchenhofen ein Fürstenfelder Superior 500 Jahre lang um die Wallfahrer und um den Fürstenfelder Klosterkasten zur Sammlung der Naturalzinsen nicht nur aus dem Landgericht Aichach, sondern auch aus Rain, Pfaffenhofen und Ingolstadt. Außerdem versah er das Niedergericht. Nachdem Inchenhofen das Marktrecht erhalten hatte, kam es darüber mit der Bürgerschaft zu Reibereien.

Auch östlich und westlich des charakteristischen Streifens hat Fürstenfeld Land erworben, wenn auch erst im 14. Jahrhundert und später. Von den 7 Orten im Osten zählen nur Irschenhofen und Heretshausen zu den älteren Ausnahmen. Auf dem Lechrain lagen die Güter in Ebenried, Handzell, Hausen, Appertshausen, Hohenried, Affing, Hügelshart und Steinach mit durchschnittlich einem Anwesen. Nur in Appertshausen gab es zwei Höfe und in Affing einen Hof und sechs Sölden. Wie die Indersdorfer drangen auch die Fürstenfelder einzig in Rederzhausen bis zur Lechleite vor.

Die Güter des Klosters Wessobrunn, das seine Gründung wahrscheinlich *Tassilo III.* verdankt, verteilten sich in der südlichen Hälfte des Landkreises auf 11 Ortschaften, darunter Paar, Eurasburg und Mühlhausen an der Lechleite. Der umfangreichste Besitz war seit dem 14. Jahrhundert in und um Baindlkirch konzentriert.

Im selben Raum lagen auch die Besitzungen des Benediktinerklosters Ettal (11), das 1330 von Kaiser *Ludwig dem Baiern* gegründet wurde. Es handelte sich dabei um die Widdumsgüter der Dorfkirchen in Eurasburg, Rinnenthal, Mering, Hörmannsberg, Merching, Ried, Steinach, Rohrbach und Sirchenried. Nur in Zillenberg zinste ein ungebundenes Anwesen, und das über 400 Jahre.
Und noch einmal im Süden des Landkreises fungierte die Abtei Dießen (9) als Grundherrin, eine Stiftung des Grafen *Heinrich von Andechs-Wolfratshausen*. Von 1132 bis 1173 waren dort in drei Orten umfangreiche Flächen erworben worden. In Merching war das zunächst ein Gut, das bis 1496 auf sechs Höfe und vier Sölden anwuchs. Auch Brunnen, ein Weiler in der Nachbarschaft, begann mit zwei Höfen und beherbergte um 1606 deren drei und das klösterliche Hofmarkszentrum. Der Dritte im Bunde war Schmiechen mit einem Hof. Spätere Erwerbungen lagen in Hochdorf, Wiffertshausen, Ried, Rieden und – ganz im Nordosten – Taxberg bei Unterbernbach.

Besitzungen der Soldaten Christi

Die kirchlich-geistlichen Grundherrschaften, wie ja auch die Grundherrschaft überhaupt, können als eine über die Jahrhunderte kaum veränderte Konstante angesehen werden. Möglich ist das freilich nur, wenn man von den Reformen absieht, von denen die Kirche und insbesondere das Mönchswesen heimgesucht wurden. Und unversehens lassen sich überformende Tendenzen dann nicht mehr ausblenden. Mit dem Deutschen Orden und mit den Jesuiten als Grundherren sind wir an solchen Stellen angelangt. Beide Gemeinschaften verdankten sich historischen Brüchen. Mit den Kreuzzügen griff das Abendland erstmals über sich hinaus. Und Reformation wie Gegenreformation prägten ein Europa, das sich anschickte, Weltgeschichte zu machen. In ritterlicher Tradition verstanden sich die Angehörigen des Deutschen Ordens wie auch die Jesuiten als Soldaten Christi.
Der Deutsche Orden, der dritte Ritterorden nach den Johannitern und den Templern, wurde 1190 während des dritten Kreuzzuges nach der Eroberung von Akkon ins Leben gerufen, nachdem Kaufleute aus Lübeck und Bremen dort die verwundeten Ritter gepflegt und Friedrich von Schwaben deren Feldspital übernommen hatte. König Heinrich VI. und Papst Clemens III. genehmigten die Gründung.[262] In den Jahren des Verteidigungskampfes wurde ein Rückhalt in der Heimat immer dringlicher. Nachdem König Philipp von Schwaben 1207 »allen Freien und Ministerialen« erlaubt hatte, dem Orden »reichslehnbare Güter gleich Allodialgütern« zu schenken oder zu verkaufen, entstanden im Abendland zahlreiche Kommenden. Die Niederlassungen wurden in der Regel mit zwölf Rittern besetzt und von einem Komtur befehligt. Dazu kamen dienende Brüder und Priesterbrüder. Mehrere Kommenden wurden zu Balleien zusammengeführt. Das oberste Kommando hatte der Hochmeister.
Die erste Kommende im Herzogtum Bayern war die Aichacher. Sie entstand 1210 und gehörte zur fränkischen Ballei. Im Jahre 1296 zogen die Ritter an die obere Ecknach weiter und bauten dort ein Schloss mit dem Namen Blumenthal.
Im Verlauf von 500 Jahren erwarb die Kommende über 300 Anwesen in 43 Orten, die hauptsächlich um Aichach lagen. Bis an die Lechleite kamen sie nur kurzzeitig mit ihrem Friedberger Patronat. Größeren Besitz erwarben sie 1255 in Klingen mit sechs

Höfen und zwei Hufen und von 1294 an in Oberbernbach, wo 1752 von 47 Anwesen nicht weniger als 43 dem Deutschen Orden gehörten.

Als im 16. Jahrhundert die zweite Formation der *ecclesia militans* die weltgeschichtliche Bühne betrat, da hatte sich die Szenerie radikal gewandelt. Nicht nur, dass der Personenverbandsstaat dem Flächenstaat gewichen war, der sich geschickt seiner Machtmittel bediente.

Von Italien ausgehend hatte sich über das Abendland die Renaissance gelegt und mit ihrem Humanismus den Menschen ins Zentrum der Aufmerksamkeit gerückt. Reformation und Gegenreformation waren die Folgen.

An dieser Wegmarke soll die Augsburger Perspektive wieder einmal umgedreht werden zu einem kleinen Exkurs. Augsburg, die splendissima urbs der römischen Kaiserzeit und die Königsstadt des Mittelalters, wurde nämlich zum vorzüglichen Schauplatz dieser die Neuzeit einläutenden Entwicklungen. Weil es hier zu weit führen würde, deren Verlauf zu beschreiben, seien lediglich Exponenten erwähnt und Auswirkungen der jeweiligen Epoche auf den Lechrain.

Die Renaissance führte zu einem Aufblühen der bildenden Künste und schickte sich an, das Stadtbild zu prägen, wie wir es heute kennen. Das früheste Renaissance-Baudenkmal auf deutschem Boden wurde die Grabkapelle bei St.Anna. Die deutlichsten Akzente sollte später der Baumeister *Elias Holl* setzen. Hervorragende Vertreter der Malerei waren *Hans Holbein d. Ä.* und *Hans Burgkmair*.

Für den Humanismus standen der Augsburger Stadtschreiber *Conrad Peutinger* und der Bürgermeister *Sigmund Gossembrot*.[263] *Peutinger* unterstützte nicht nur die Handelshäuser der *Welser, Fugger* und *Höchstetter* und beriet Kaiser *Maximilian*, sondern gab auch die römischen Inschriften heraus und bekränzte den Ritter *Ulrich von Hutten* mit dem Dichterlorbeer. *Peutingers Sodalitas litterarum* versorgte die zahlreichen Druckoffizinen mit Aufträgen, ihre Mitglieder wurden zu frühen Vertretern der deutschen Historiographie.

Trotzdem war der Humanismus eine eher esoterische Erscheinung, der sich nur literaturbeflissene Adelige und gebildete Stadtbürger hingaben. Das allfällige Staunen des Landmanns galt wohl der Architektur.

Als Exponent der Reformation ist der Wittenberger Augustiner *Martin Luther* zu nennen, den 1518 der Kardinal *Cajetan* in Augsburg während Kaiser *Maximilians* letztem Reichstag zum Widerruf seiner Thesen aufforderte, worauf der Mönch floh. Obgleich auf der Feste Coburg verharrend, war er aber mehr als präsent, als 1530 auf dem ersten Reichstag *Karls V.* die von *Melanchton* redigierte *Confessio Augustana* verkündet wurde.

Das Verhältnis der Lechrainer zur nahen Stadt, die der abtrünnigen »Konfession« sogar den Namen gegeben hatte, wurde nachhaltig beschädigt. Für die ländliche Gemütslage symptomatisch ist der Brief, den im Jahre 1685 die Stätzlinger Hofmarksherrin *Maria Clara von Stertz* zusammen mit zweien ihrer Dorfvierer an den Kurfürsten *Max Emanuel* schrieb, um seine Hilfe beim Wiederaufbau des abgebrannten Pfarrhofes zu erbitten. Wegen des geringen Einkommens sei es ohnehin kaum möglich, einen Pfarrer im Ort zu halten, und nun fehle auch noch der Pfarrhof. Seelsorglos müsse Stätzling aber in die größte Gefahr geraten, »wo doch der Wind immerfort von den Lutherischen heraus blast«. Die Feuersbrunst hatte zwölf Häuser vernichtet. Für den

»Sturmwind«, der sie entfachte, scheinen die Bittsteller die Augsburger Protestanten verantwortlich gemacht zu haben.[264]

Die Gegenreformation schließlich verkörpert der Jesuit *Petrus Canisius*,[265] ein früher Gefährte des Ordensgründers *Ignatius von Loyola* und tatkräftiger Teilnehmer des Konzils von Trient (1545–1563), der vier Jahre nach dem Augsburger Religionsfrieden als der erste Obere der Jesuitenprovinz *Germania superior* die Augsburger Domkanzel bestieg und durch Predigten, Schriften und vorbildliche Lebensführung Tausende für die alte Kirche zurückgewann, darunter drei Ehefrauen der Familie *Fugger*.

Die mit dem tridentiner Konzil einsetzende Gegenreformation als tiefere Ursache für den süddeutschen Barock sollte auch dem Lechrain auf besondere Weise ihren Stempel aufdrücken. Neben den vielen barockisierten alten Kirchen sind es einige herausragende originale Gesamtkunstwerke, die mit ihrer Schönheit auch heute noch für die römische Kirche werben.[266] Hier sei auf die Stätzlinger Georgskirche hingewiesen, weil sie die Funktion auf zweifache Weise erfüllt. Als ein religionspolitisches Mahnmal wurde sie nämlich auf einem die Lechleite unterbrechenden Sporn erbaut. Sie steht wie auf einer Bühne und ist gleich dem 440 Jahre älteren Friedberger Schloss aus der Augsburger Perspektive nicht zu übersehen.

Mit *Petrus Canisius* sind wir bei den letzten geistlichen Grundherren auf dem Lechrain angelangt. In den Jahren 1579 bis 1582 errichteten die Jesuiten in Augsburg das Kolleg St. Salvator und ein katholisches Gymnasium mit Internat. Zur Versorgung dieser Einrichtungen betrieben sie einen regen Handel mit ländlichen Besitztümern auch auf dem Lechrain. Noch 1579 kauften sie sich in Adelzhausen ein. Dort gehörten ihnen schließlich ein Hof, zwei Lehen und vier Sölden. Den Seewieshof bei Kissing erwarben sie 1604 vom Augsburger Domkapitel. Dazu kam vier Jahre später ein Hof in Lechfelderkirch. Die Hofmark Kissing als kleines Herrschaftsgebiet wurde den Jesuiten etwa zur selben Zeit vom Augsburger Bischof überlassen, galt aber weiter als Bestandteil des fürstbischöflichen Hochstifts. Der Grundbesitz wurde abgerundet mit zwei Höfen und drei Sölden in Edenhausen und mit einem Gut samt einer Mühle in Handzell.

Als die Jesuiten im zweiten Anlauf 1556 die artistische und theologische Fakultät der Universität in Ingolstadt übernahmen, da wurden sie über diese zu Erben der dortigen Kirche Unserer lieben Frauen, die schon seit dem 15. Jahrhundert auf dem Lechrain begütert war. Das bedeutete kontinuierlichen Besitz in Sulzbach, der mit zwei Höfen und vier Sölden begann und schließlich den ganzen Ort umfasste, und in Aindling mit vierzehn Lehen, drei Holzmarken und dem Forstamt.

In Aindling und Edenhausen erwarben schließlich auch noch die Münchner Jesuiten einzelne Güter, und ihre Neuburger Ordensbrüder taten es ihnen gleich in Hausen und in Immendorf bei Pöttmes.

Im Jahre 1773 wurde dann die *Societas Jesu* von Papst *Clemens XIV.* aufgehoben. Die Jesuiten wurden nicht enteignet, sondern gleich ganz abgeschafft. Ihr Vermögen wurde als *corpus pium et individuum* für das bayrische Schulwesen und die öffentliche Wohlfahrt verwendet.

In diese Zeit reichen denn auch die Wurzeln hinab, aus denen die große Säkularisation herausgewachsen ist. Da gab es also diese Muster, wie die Aufhebung des Jesuitenordens durch den Papst, oder die Auflösung von 500 Klöstern in Österreich, die sich *Joseph II.* geleistet hatte.

Da waren die Spätaufklärer, wie der bayrische Minister *Maximilian Graf Montgelas* und sein Erfüllungsgehilfe *Georg Friedrich von Zentner*; ihr Weltbild hatte sich ebenfalls in den 70er Jahren des 18. Jahrhunderts geformt. Bis in die jüngste Vergangenheit wurde hauptsächlich ihnen die Schuld für den »räuberischen Angriff des säkularen Staates auf die Kirche und die monastische Kultur«[267] in die Schuhe geschoben. Aber die wahre Ursache saß tiefer. Es war der Geist der Aufklärung, der die Göttin der Vernunft nicht nur im Paris des Revolutionsjahres 1793 auf den Altar gehievt hatte. Vernünftig konnte es einem hintersässigen Bauern nicht vorkommen, wenn in seinem Dorf fünf verschiedene geistliche Grundherrschaften saßen. Das bedeutete, dass fünf verschiedene Pröpste Abgaben einsammelten. In unserem Untersuchungsgebiet war das in Mering, Ried, Hochdorf, Mainbach und Adelzhausen der Fall. Den Rekord hält Gallenbach. Diesen Ort teilten sich in der Mitte des 18. Jahrhunderts nicht weniger als acht Äbte oder andere *Praepositi*. Zu diesen verwirrenden Verhältnissen kam, dass zur selben Zeit eine heftige Agitation gegen die Klöster losgetreten wurde. Zahlreiche Broschüren verunglimpften sie als unnütz.

Viel weniger noch als die »rückständigen« Bauern konnten die Repräsentanten des modernen Verwaltungsstaates dem Zeitgeist entgehen. Die Klöster waren für sie nicht nur unnütz, sondern sie standen als Zwischengewalten dem Flächenstaat im Wege. Der moderne Staat wollte als Einziger die Untertanen verwalten, über sie Recht sprechen und Steuern von ihnen erheben. Aber noch war er ein Ständestaat. Zu den Ständen gehörten auch die Fürstbischöfe und die Prälatenklöster.
Die Stände mussten gefragt werden, wenn der Kurfürst etwas unternehmen wollte. Hatten sie nicht jüngst interveniert, als *Karl Theodor* den Versuch machte, Bayern durch einen Tausch den Habsburgern zu überlassen?
So kamen denn für die Säkularisation und ihre Durchführung in Bayern mehrere Motive zusammen, ein verfassungs-, ein fiskal- und ein kirchenpolitisches. Die Ziele des letzteren sind geeignet, die Mär vom Raubzug zu relativieren. Wie schon nach der Aufhebung des Jesuitenordens wurde vom bayrischen Staat zumindest ein Teil des Gewinns dazu verwendet, die Seelsorge und das Schulwesen zu verbessern.

3. ... und der Lech als Grenze

Der Lech hat der bisherigen Darstellung schon mehrere Male als Leit- oder Trennlinie gedient. Im letzten Kapitel wollen wir diese Reihe fortsetzen. Dabei gelte fürs Erste, was Helmut Maurer über die mittelalterlichen Stammesgrenzen schreibt: Dass an den Rändern eines verfassungsgeschichtlichen Gebildes nicht mit Trennungslinien, sondern allenfalls mit »Grenzzonen allmählichen Übergangs« und mit »Wellenbewegungen« zu rechnen sei.[268]
Zweifel, ob das auch für eine derart eindeutige Linie wie den Lech zutrifft, sind berechtigt. Von Karl dem Großen bis in die Gegenwart herauf wird der Fluss mit Selbstverständlichkeit als Grenze bezeichnet. Auch Pankraz Fried beginnt seine diesbezüglichen Überlegungen mit der natürlichen Grenze.
Sobald man aber das Abzugrenzende differenzierter betrachtet, verliert das Bild an Schärfe.
So weist die Dialektgrenze auf bayrischer Seite durchaus Übergangszonen auf. Erweitert man das Spektrum auf Volkstum, Mentalität oder gar auf die Weltanschauung,

wie es schon geschehen ist,[269] *dann wird offenbar, warum »bis heute keine exakte wissenschaftliche Monographie« der Lechgrenze vorliegt.*[270] *Mit nur wenigen Ausnahmen beschränken wir uns deshalb wie Helmut Maurer weitgehend auf die politische Grenze und betrachten ihre Veränderungen kurzerhand als Wellenbewegungen.*
Wie die Überschrift schon andeuten möchte, soll es aber mit der Grenze nicht getan sein. Sie ist zwar der rote Faden, auf den der Kontext bezogen bleibt, seien es die Machtverhältnisse auf dem Lechrain oder die wiederholten Versuche der bayrischen Herzöge, ihrem Territorium den Osten Schwabens einzuverleiben. Grenzrelevanz bedeutet schließlich, dass die Bemühung enden sollte, sobald die Grenze definitiv geworden ist. Das ist bei der Lechgrenze nach dem Markgrafenkrieg der Fall. Und ihre Aufhebung zu Beginn des 19. Jahrhunderts macht den Lechrain endgültig zu einer bayrischen Binnenregion.

Als erstes ist das Bistum Augsburg zu nennen, das, wenn es nicht schon aus der Spätantike stammt, spätestens unter König *Dagobert* ins Leben gerufen wurde und noch heute weit über den Lech herübergreift. Als kirchliche Grenze hat der Fluss dabei nur einmal eine Rolle gespielt, und zwar während der 70 Jahre, als es das bayrische Bistum Neuburg gab und die bajuwarische Überlagerung der alamannischen Lechrainsiedlung zu einem gewissen Abschluss gekommen war. Da das Bistum auch ein Gebilde weltlicher Macht gewesen ist, kann man für das Frühmittelalter auch vom Fehlen einer politischen Grenze sprechen.
Ganz anders verhält es sich mit der Stammesgrenze am Lech. Wenn man darunter eine ethnische Trennungslinie versteht und nicht die Berührung zweier Herzogtümer, dann hat die bajuwarische Überlagerung der frühmittelalterlichen Alamannensiedlung am Lechrain eine solche hervorgebracht. In seinem nördlichen Bereich wurde der Fluss sogar zur schärfsten Sprachgrenze im deutschsprachigen Raum überhaupt.
Werner König[271] teilt diese Ansicht allerdings nicht. Er glaubt auf Grund der Bodenfunde von einer kulturell relativ einheitlichen Besiedlung links und rechts des Lechs ausgehen zu müssen, der bis zur ersten Erwähnung die Zeit gefehlt habe, um wesentliche sprachlich-kulturelle Unterschiede herauszubilden. Die Dialekte zu beiden Seiten des Lechs hätten sich erst im Hochmittelalter auseinander entwickelt.
Sie können aber auch zu allem Anfang schon unterschiedlich gewesen sein, dann nämlich, wenn es doch nicht nur Alamannen gewesen sind, die am Lechrain gesiedelt haben. Darüber kann die Archäologie freilich nichts aussagen. Immerhin hat sie die Genese des Stammes der Bajuwaren erhellt und damit Gründe für ihr Anderssein aufgezeigt.
Wie beim Bistum fehlt auch beim dritten Beispiel dem Lech die Grenzeigenschaft. Es handelt sich um die Grundherrschaft Augsburger Herkunft. Sie übersprang ohne jede Behelligung den Fluss und geriet in eine Gemengelage mit bairischer Konkurrenz. Man hat für diesen Zustand schon mehrfach das Bild des Fleckerlteppichs bemüht.
Die Grundherrschaft bestand aus lauter Einzelverhältnissen und hätte eine übergreifende Entwicklung nicht zugelassen, wenn sie nicht auch eine Seite gehabt hätte, die dafür Ansätze bot. Sie war auch Leibherrschaft, die den Grundholden mehr oder weniger zum Leibeigenen machte. Wo auf diese Weise nicht schon im Frühmittelalter und im Zusammenhang mit Siedlung bzw. Rodung kleine Herrschaftsbezirke

entstanden waren, schufen ab dem 11. Jahrhundert der Hochadel und die geistlichen Grundherren übergreifende Strukturen. Dabei half ihnen die aus Unfreien entstandene, waffentragende Schicht der Ministerialen.

Die Ministerialen besorgten vor Ort die Geschäfte und standen für militärische Zwecke zur Verfügung. Im Verlauf des Mittelalters entstand aus ihnen die Schicht des niederen Adels. Sie errichteten an ihren Sitzen zahlreiche Burgen oder »feste Häuser« und folgten mehr oder weniger den Idealen des Rittertums. Clement Jäger, der Verfasser des Rehlingischen Ehrenbuchs,[272] nennt im Jahre 1559 nicht weniger als 14 »Schlösser, so auf dem Bayerischen gebürg gelegen«. Es handelt sich um »Pöttmes, Todtenweis, Scherneck, Rehlingen, Mühlhausen, Tolbach, Stezlingen, Ottmaring, Friedberg, Füssen (?), Cournleu (Paardurchbruch), Mergenthau, Lichtenberg und Haldenberg«. Er bedauert, dass sie bis auf fünf alle zerrissen seien.

Dieser Text meint mit dem bayrischen »Gebürg« die Höhen der Lechleite. Aber auch dahinter, auf dem Lechrain, wie wir ihn hier verstehen, gibt es eine Häufung von Burgen. Wilhelm Liebhart nennt eine ganze Reihe von befestigten Maierhöfen im ehemaligen Landkreis Aichach: Affing, Aichach, Aindling, Algertshausen, Aresing, Bernbach, Gallenbach, Haunswies, Hollenbach, Igenhausen, Obergriesbach, Paar, Sulzbach, Obermauerbach und Walchshofen.[273] Im alten Landkreis Friedberg sind Burgen sogar in drei Ortsnamen präsent: Eurasburg, Holzburg und Burgadelzhausen. Beginnend mit der Motte (Turmhügel) in Burgadelzhausen hat sich Helmut Rischert einiger Burgen im Landkreis Aichach-Friedberg angenommen. Zuletzt waren das die Befestigungen in den Räumen Dasing und Adelzhausen. Letztere begannen im Ort selbst mit einer Motte und fuhren »nach dem Verschwinden der Freisinger Güter« mit einer steinernen Höhenburg fort, die aber immer noch die Form einer Motte hatte[274] (vgl. Bild 57).

Bei Rehling zählt Helmut Rischert sogar vier Burgen.[275] Auch die Burg Stumpfsberg in der Nähe der Wallfahrtskirche Maria Birnbaum hat er beschrieben.[276] Es handelt sich um jenen Herrensitz, den 1413 *Peter Marschalk* erwarb, der tapfere Verteidiger der Friedberger Burg gegen die Münchener Herzöge.

Die Bündelung der Macht in den Händen hochadeliger Familien war schließlich um so wirksamer, als die geistlichen Grundherren von ihr ausgeschlossen waren. Der Adel sprang für sie in die Bresche. Das Instrument der Vogtei schloss die Machtlücken, welche die geistlichen Grundherrschaften für den Hochadel zunächst noch dargestellt hatten. Aus dem Fleckerlteppich entstand ein Territorium.

Was sich der Hochadel an Machtmitteln gegenüber den Ministerialen geschaffen hatte, das gab es analog auch zwischen dem König und ihm. Es war das Lehenswesen, ein auf der Landverleihung ruhendes, »sich immer mehr differenzierendes Beziehungssystem deutlicher umschriebener, sanktionierter und vererbbarer Anrechte und Unterordnungsverhältnisse«.[277] Das Lehenswesen hat nicht wenig dazu beigetragen, aus dem Verwandtschaftsverband, wie ihn beispielsweise die *Huosi* dargestellt hatten, die klar abgrenzbare, genealogisch denkende Adelsfamilie mit festem Stammsitz zu formen.

Das erste genuin weltliche Herrschaftsgebilde am Lechrain im Mittelalter war der schon einmal genannte Augstgau.[278] Mit ihm tritt auch die Augsburger Perspektive wieder in ihr Recht und damit die Stadt selbst, die noch unter den fränkischen und sächsischen Herrschern eine Bastion der Reichskirche gewesen war, und unter den Saliern und besonders unter den Staufern zum Zentrum der Reichslandpolitik sowie zum Ausgangspunkt einer kraftvollen Italienpolitik werden sollte.

Bild 57: Motte

Über die Ausmaße des Augstgaues ist nichts Genaueres zu erfahren. Einig sind sich die Autoren[279] nur darüber, dass der Gau sich an beiden Seiten des Lechs entlang gezogen habe. »So etwas wie ein herzogsfreier Raum«, meint Sebastian Hiereth,[280] in dem der königliche Graf das Sagen hatte. Diese Aussage gilt wohl nur für einen relativ kurzen Zeitraum. Nach Pankraz Fried, der sogar einen spätrömischen *pagus* als Ursprung nicht ausschließen möchte, soll der Gau schon im 7. oder 8. Jahrhundert an der Lechlinie zwischen Baiern und Alamannen aufgeteilt worden sein. Die Begünstigten können nur die beiden Herzogtümer gewesen sein. In seinen Teilen scheint der Gau aber weiterbestanden zu haben, so dass es nun einen linkslechischen und einen rechtslechischen Gaugrafen gab. Auch Kurt Reindel meint, der Augstgau sei wohl der östlichste fränkische Gau überhaupt gewesen, habe aber nur in seinen Anfängen eine politisch organisatorische Einheit dargestellt.[281]

Dass während dieser Anfänge der Gaugraf mit dem Augsburger Bischof identisch war, ist oben schon angemerkt worden. Gaugraf *Ruodolf* dann, der um 888 den Königshof in Augsburg befestigte, besaß Mering als Amtslehen. Das bedeutet, dass der Gau zu diesem Zeitpunkt noch nicht geteilt war. Die oben vermutete Zeit der Teilung wäre also um ein Jahrhundert hinauszuschieben.

Hundertfünfzig Jahre später war es aber geschehen. Da wollten der Graf *Diepold* und sein Sohn *Rapoto* die linkslechische Grafschaft von Bischof *Heinrich* wiederhaben, eine Forderung, mit der sie scheiterten. Von 1130 bis 1150 schließlich war *Gottfried von Ronsberg*, der Spross eines südschwäbischen Geschlechts, linkslechischer Gaugraf.

Welfen – Staufer – Wittelsbacher

Für den rechtslechischen Augstgau müssen wir weiter ausholen; denn nun betritt die erste von drei bedeutsamen Dynastenfamilien die Bühne. Es sind die Welfen. Die Abkömmlinge fränkischer Reichsaristokraten hatten sich nach einer unglücklichen Parteinahme bei den karolingischen Teilungen wieder zu Grafen hochgearbeitet. Ihr Besitz erstreckte sich im 10. Jahrhundert vom Bodensee quer durch Schwaben bis zum Lech und darüber hinaus. Sie kamen also aus dem Südwesten. Zentren ihres frühen Machtbereiches waren Altdorf und das benachbarte Hauskloster Weingarten.[282] Am oberen Lechrain waren die Welfen begütert, seit Kaiser *Ludwig der Fromme* (778–840), der in zweiter Ehe mit der Welfin *Judith* verheiratet war, seinem Schwager *Eticho* im Ammergau mehrere hundert Hufen zu Lehen gab. Dessen Urenkel, der ebenfalls den Namen *Eticho* trug, war dann schon Bischof von Augsburg (982–988). Und dem anderen Urenkel, *Welf II.*, brachte seine Heirat mit *Imiza*, der Nichte von Kaiserin *Kunigunde*, den Königshof Mering ein. Spätestens er ist auch Graf im bairischen Augstgau gewesen. Als Kaiser *Heinrich II.* nach seinem dritten Italienzug starb und der erste Salier, *Konrad II.*, deutscher König wurde, erhoben sich sein Stiefsohn Herzog *Ernst II.* von Schwaben und *Welf II.* gegen ihn. Im September 1026, während sich der König auf seinem ersten Romzug befand, fiel *Welf* über Augsburg her in der Absicht, die Stadt seinem Hausgut einzuverleiben. Daraus wurde eine Barbarei der besonderen Art. Das Archiv des Bischofs und des Domkapitels samt der Dombibliothek gingen zugrunde.[283] Der ebenfalls abwesende Bischof *Brun*, der die Regentschaft und den kleinen Sohn des Königs übernommen hatte, führte die Fehde gegen den Welfen und bewahrte dem König die Stadt.

Der zweite Zeitabschnitt war nicht weniger dramatisch. Als der Nachfolger *Welfs II.* 1055 kinderlos gestorben war, kam der Sohn seiner Schwester *Kunizza*, den sie mit dem Markgrafen *Azzo von Este* hatte, nach Deutschland, um das Erbe anzutreten. Als *Welf IV.* begründete er die jüngere Linie des ehrgeizigen Geschlechts und schaffte es, dass ihn König *Heinrich IV.* 1070 mit dem Herzogtum Bayern belehnte.

Den schon bald darauf ausbrechenden Investiturstreit mit dem Papst *Gregor VII.* benützten einige Fürsten des Reiches, dem König den Gehorsam aufzukündigen und den Schwabenherzog *Rudolf von Rheinfelden* als Gegenkönig auszurufen. Unter ihnen befand sich auch *Welf IV.* Auf dem Reichstag in Ulm im Mai 1077 wurden sie als Majestätsverbrecher des Todes für schuldig befunden und aller ihrer Würden und Lehen entsetzt. *Welf* verlor den Königshof Mering an den königstreuen Bischof *Siegfried* und die Burg Merching samt den zugehörigen Gütern in Merching, Brunnen, Schmiechen, Heinrichshofen und Hausen an *Arnold II. von Diessen-Andechs*, der gleichzeitig Graf im bairischen Augstgau wurde.[284] Das Herzogtum Bayern fiel an den König zurück.

Von 1080 bis 1093 tobte am Lech ein erbitterter Machtkampf, bei dem Augsburg von *Welf IV.* zweimal eingenommen und übel zugerichtet wurde. Auch scheint der Widersacher des Königs seine herzogliche Gewalt über Bayern nach wie vor ausgeübt zu haben. Sein energischer Einsatz für den Papst (nunmehr *Urban II.*) hörte erst auf, nachdem sich die Spekulation auf die Mathildischen Güter mittels einer Heirat des siebzehnjährigen Welfensohnes mit der vierzigjährigen Markgräfin *Mathilde von Tuszien* als Luftblase erwies. Da König *Heinrich IV.* in den Alpen eingekeilt war, kam es 1096 zu einer »Versöhnung«, bei der die königlichen Sanktionen gegen den Welfen rückgängig gemacht wurden. Nur die Burg Merching durften die Andechser behalten.

Bis 1180, mit nur einer Unterbrechung von 1139 bis 1156, dem »babenbergischen Zwischenspiel«, stellten die Welfen die bairischen Herzöge und wohl auch die bairischen Augstgaugrafen. Der ostlechische Augstgau hat sich in Folge dieser Personalunion lautlos aus der Geschichte verabschiedet. Es könnte sein, dass er zuletzt auf seinen Dinghügel zusammengeschrumpft war. Das Hochwasser, das den Gunzenlee zwischen 1420 und 1435 wegschwemmte, hätte dann auch dem letzten Requisit des Augstgaues den Garaus bereitet.

Die Staufer waren das zweite Hochadelsgeschlecht, das in einer relativ kurzen Epoche Macht am Lechrain ausübte. Sie kamen aus dem Nordwesten. Die Mittelpunkte ihrer frühen Herrschaft lagen im Elsass und im Ems- bzw. Vilstal. Als König *Heinrich IV.* 1079 dem Staufer *Friedrich I.* das Herzogtum Schwaben verlieh – nur 9 Jahre nachdem *Welf IV.* Bayern erhalten hatte –, waren die Karten ausgeteilt für ein 100jähriges Spiel, wie es dramatischer nicht hätte sein können. »Hie Welf, hie Waibling« hallte es durch die Lande.

Es begann mit der Königswahl des Sachsen *Lothar III.* (1125–1137) und der Hochzeit des welfischen Baiernherzogs *Heinrich des Stolzen* mit dessen Erbtochter auf dem Gunzenlee. Es war das jene Verbindung, die den Welfen auch noch das Herzogtum Sachsen einbringen sollte.

Der gegebene Kandidat *Friedrich II. von Schwaben*, der staufische Enkel des letzten Saliers, der bei der Wahl ausgetrickst worden war, weigerte sich, das von ihm verwaltete Reichsgut herauszurücken. Im Jahre 1127 rief die staufische Partei *Friedrichs* Bruder *Konrad* zum Gegenkönig aus. Das bedeutete Krieg. König *Lothar* zog gegen *Friedrich* zweimal zu Felde, hatte aber zunächst nur wenig Erfolg. Auch der Welfe scheiterte mit einem Überfall, den er auf den Schwabenherzog unternahm. Dafür benutzte König *Lothar*, mit dem Reichsheer auf dem Weg nach Rom, die Gelegenheit, die Stadt Augsburg für ihre »salische« Anhänglichkeit zu bestrafen, indem er sie »entfestigte«.[285]

Nach *Lothars* Tod wurde der Staufer *Konrad III.* (1138–1152) zum König gewählt. In dem wieder aufflammenden Krieg zog er an den Lech, brach die Burgen welfischer Dienstmannen und verheerte den südlichen Lechrain. Darüber starb *Heinrich der Stolze*. Sein Bruder *Welf VI.* kämpfte mit wenig Glück für den minderjährigen *Heinrich den Löwen* weiter.

Ein vergleichsweise »friedliches« Intermezzo war der glücklose 2. Kreuzzug (1146/47). An ihm nahmen König *Konrad III.* und *Welf VI.* als Waffenbrüder teil. Nach der Rückkehr bezog der Welfe jedoch bei Bopfingen von seinem Waffenbruder eine schwere Niederlage. Jetzt endlich kam es zu einem Vergleich. Der ihn vorschlug, war schon *Friedrich I. Barbarossa* (1152–1190). Als Sohn *Friedrichs II. von Schwaben* und der Welfin *Judith* war er wie kein anderer dazu geeignet.

Er überließ seinem Oheim *Welf VI.* in Mittelitalien die Markgrafschaft Tuszien, das Herzogtum Spoleto, Sardinien und die mathildischen Güter als Reichslehen und beendete das babenbergische Zwischenspiel in Bayern, indem er *Heinrich dem Löwen* das

Herzogtum – um die Ostmark verkleinert – zurückgab. Dieser entfaltete daraufhin eine rege Siedlungstätigkeit. Im Jahre 1158 errichtete er »bei den Mönchen« eine Brücke über die Isar, um den Brückenzoll von Oberföhring an sich zu bringen: daraus ging München hervor. Und am südlichen Lechrain baute er zum Schutz eines Stapelplatzes für Salz eine Burg: das war der Kern der späteren Stadt Landsberg. Einwände, die von kirchlicher Seite gegen diese Aktivitäten erhoben wurden, lehnte der Kaiser auf dem Augsburger Reichstag ab. München sollte nach dem Sturz des Löwen an Freising fallen und 1240 an die Wittelsbacher.
Erfolgreich war der Rotbart auch mit seiner Reichsland-, Lehens- und Städtepolitik im östlichen Schwaben. Er gründete die Städte Ulm, Lauingen und Donauwörth, erwarb die Vogteien für die reichenauischen und fuldaischen Besitzungen im Donautal, behielt die erledigten Reichslehen der *Herren von Werd* (Donauwörth) und des letzten *Grafen von Schwabegg* und gewann dadurch Kirchenlehen und Vogteirechte im Hochstift Augsburg samt der sog. Straßvogtei im Süden zu beiden Seiten der *Via Claudia*. Am schwersten wog der Erwerb der Augsburger Stadtvogtei.
Augsburg galt in der Folge als *urbs regia,* als die Stadt des Königs.
Eine schicksalhafte Entwicklung ermöglichte ein Herübergreifen der staufischen Territorialpolitik über den Lech. Als *Welf VI.* bei dem desaströsen 4. Italienzug des Kaisers 1167 seinen einzigen Sohn verlor, entledigte er sich aller politischen Zwänge, steckte seine Gemahlin ins Kloster und gab sich einem Leben hin, das die ritterliche Tugend des Maßhaltens souverän missachtete. Schon 1173 löste Barbarossa die oben genannten mittelitalienischen Reichslehen mit einer großen Summe an den »Verschwender« wieder aus. Und 1179, als *Heinrich der Löwe*, sein anderer Neffe, sich weigerte, für die Übertragung des südschwäbischen Erbes zu bezahlen, sprang wiederum der Kaiser ein. Er kaufte das Erbe. Spätestens mit dem Tode des »milden Welf«, vermutlich aber schon früher, bekamen zahlreiche Ministerialen am Lechrain und im Ammergau einen neuen Herrn. Der Zuwachs soll bis an die Winzenburg gereicht haben. Hubert Raab schreibt dazu: »Südlich der ... Winzenburg reichte das staufische Gebiet über den Lech an den östlichen Lechrain herüber. Die genaue Grenze ist nicht bekannt. Es ist das Gebiet, das ursprünglich den Welfen gehört hatte. Mittelpunkt der Welfenherrschaft an der oberen Paar war Mering gewesen.«[286] Darüber hinaus berechtigen einige Quellen zu dem Schluss, dass sogar das Land um die Burg Mühlhausen nun staufisch wurde.
Inzwischen war die dritte Dynastenfamilie auf dem Lechrain mächtig geworden; es waren die Wittelsbacher. Sie kamen aus dem Osten, waren also bairisch. Von den Luitpoldingern abstammend, fielen die *Grafen von Scheyern*, wie sie sich zunächst nannten, durch ihren ausgeprägten Erwerbssinn auf.[287] Schon 1011 sollen sie die Grafschaft des *Udalschalk* erworben haben, die sich bei Aindling bis an den Lech erstreckte.[288] Einen starken Machtzuwachs erfuhren sie, als 1045 das Geschlecht der hochmögenden *Grafen von Ebersberg* ausstarb und sie als Freisinger Hochstiftsvögte ihre Nachfolger wurden. Im Jahre 1115 schenkte Graf *Otto IV.* von Scheyern die Burg Scheyern den Benediktinern, die seit 1104 auf dem Petersberg gehaust hatten, und zog in eine Burg über der Paar, die er nach dem Burghauptmann Witilinesbach nannte.[289]
Zügig ging der Aufstieg weiter. Um 1120 errang *Otto* das Amt des Pfalzgrafen. Der Pfalzgraf war der Vertreter des Königs am Hofgericht, verwaltete das Reichsgut und übte im Auftrag des Königs Kontrolle über den Herzog aus.
Ursächlich für diese Erhebung dürfte ein Ereignis gewesen sein, das symptomatisch ist

für den bedingungslosen Einsatz der Wittelsbacher im Dienste des salischen und später des staufischen Herrscherhauses. Auf dem Romzug *Heinrichs V.* im Jahre 1111 kam es in der Peterskirche zu einem Tumult, weil sich der deutsche Episkopat durch eine zwischen dem Papst *Paschalis II.* und dem König ausgehandelte Urkunde übervorteilt fühlte. In einer Flucht nach vorne verlangte *Heinrich* daraufhin die volle Investitur und die Kaiserkrönung. Als sich der Papst weigerte, ließ *Heinrich* ihn und seine Kardinäle gefangensetzten. Dabei muss sich *Otto IV.* besonders hervorgetan haben.[290] Der Nachfolger von *Paschalis* jedenfalls verlangte 1120 von ihm als Sühne für die »Missetat« ein neues Kloster. Das Sühnekloster Indersdorf, dessen Vogtei natürlich an ihn fiel, legte *Otto* so geschickt, dass es seinen Machtbereich erweiterte. Demselben Zweck dienten auch die Vogteien über die schon bestehenden Klöster Kühbach, Thierhaupten und besonders über die rechtslechischen Besitzungen der Benediktinerabtei St. Ulrich und Afra in Augsburg. Ab etwa 1130 hatte der Machtbereich des Pfalzgrafen den Lech nun auch gegenüber Augsburg erreicht, wenn auch noch nicht in voller Breite.

Der entscheidende Schritt im Aufstieg der Wittelsbacher erfolgte nach der abermaligen Entzweiung der Staufer mit den Welfen. Es begann damit, dass der Sohn des Pfalzgrafen, der ebenfalls den Namen *Otto* trug, sich aufs Nachhaltigste dem Stauferkönig *Friedrich Barbarossa* empfahl, dessen Versöhnungspolitik gegenüber den Welfen oben schon skizziert wurde. Schon 1155 zog der Staufer über die Alpen, und ließ sich in Rom vom Papst zum Kaiser des Heiligen Römischen Reiches krönen, wie es von nun an hieß. Auf dem Rückweg rächte es sich, dass er die Fahrt nicht genügend vorbereitet hatte. Die lombardischen Städte Mailand und Verona legten sich quer. Die Veroneser versuchten, das kaiserliche Heer beim Etschübergang zu vernichten. Als das misslang, sperrten sie den Engpass der Veroneser Klause. In dieser aussichtslos erscheinenden Lage rettete *Otto* Kaiser und Heer durch ein kühnes Manöver.

Im Jahr darauf konnte der Wittelsbacher auf einer seiner Burgen das Pfingstfest zusammen mit dem Kaiser feiern. Dabei dürfte auch er die Pfalzgrafenwürde empfangen haben.

Seine Leidenschaft für die Sache des Kaisers bewies *Otto* 1157 auch in Besançon, wohin der Rotbart gezogen war, um sich von den Großen Europas huldigen zu lassen. Dabei kam es über die Suprematie des Papstes zu einem Streit, bei dem der päpstliche Legat *Roland* die süffisante Frage stellte, von wem der Kaiser wohl sein Reich habe, wenn nicht vom Papst. *Otto* zog daraufhin das Schwert und stürzte sich auf den Spötter. Doch der Kaiser ging dazwischen. Der spätere Papst *Alexander III.* blieb unversehrt.

Diese spektakulären Auftritte und seine Tüchtigkeit als Königsbote in Italien empfahlen *Otto* für höhere Aufgaben. Als es nach dem fünften Italienzug *Barbarossas* zum endgültigen Bruch mit den Welfen kam, war es soweit.

Als Auslöser für das Zerwürfnis wird die Weigerung *Heinrichs des Löwen* gesehen, dem Kaiser im Kampf gegen die Lombarden Hilfstruppen zuzuführen, worauf dieser 1176 die Schlacht von Legnano verlor. Damit war der Plan gescheitert, in Norditalien einen staufischen Zentralstaat zu errichten. Doch die Gründe lagen tiefer und waren älter. Zu der traditionellen Rivalität der beiden Genealogien kam die anfällige Machtkonstellation in Deutschland. Der Kaiser hatte *Heinrich* im Norden eine königsgleiche Stellung eingeräumt, um für seine Italienpolitik freie Hand zu gewinnen. Das konnte nur gutgehen, solange er in Italien erfolgreich war. Er kam zwar durch sein Nachgeben gegenüber dem Papst *Alexander III.* glimpflich aus dem lombardischen Desaster heraus, musste sich aber nun stärker auf Burgund und Deutschland stützen. Dazu kam, dass beide Herrscher dem Zug der Zeit folgend auch in Deutschland eine konsequente Territorialpolitik betrieben, wobei es dem Rotbart gelungen war, das bayrische Herzogtum *Heinrichs des Löwen* regelrecht einzukreisen.[291] Der Machtbereich des Welfen, der ebenfalls nicht zimperlich vorgegangen war, umfasste neben Bayern das Herzogtum Sachsen und reichte von der Weser und Fulda bis zur Saale und Elbe. Dazu kam noch ein großes koloniales Machtgebiet östlich der Elbe.

Aber auch diese Konkurrenz erklärt die Entzweiung noch nicht erschöpfend. Den Rest liefern zwei unvereinbare Charaktere mit recht unterschiedlichen Weltanschauungen. Hier der charismatische Staufer, im hohen Flug einer visionären und schon utopischen Universalpolitik, – dort der Welfe, ein vergleichsweise kalter, nüchterner Pragmatiker, in dessen Zielvorstellungen der nationale Staat schon eine Rolle gespielt zu haben scheint. Hie Welf – hie Waibling: der alte Schlachtruf hatte nichts an Aktualität verloren.

Das Ergebnis der Auseinandersetzung ist schnell erzählt. In einem sorgfältig geführten Prozess »wegen Majestätsverbrechens und vielfältiger Achtungsverletzungen gegen den kaiserlichen Herrn« wurde *Heinrich der Löwe* in die Acht getan und all seiner Reichslehen entledigt.[292] Das um die Steiermark abermals verkleinerte Herzogtum Bayern erhielt am 16. September 1180 der Herzog *Otto I. von Wittelsbach* (1180–1183), wie er sich nun nannte. Die Pfalzgrafschaft um die Burg Wittelsbach ging auf seinen Neffen über, der ebenfalls auf den Namen *Otto* hörte. Damit stand auch der Lechrain endgültig unter wittelsbachischer Observanz. Der erneute Gebietsverlust, der nun auch den Blick nach Südosten verstellte, bescherte dem Landstrich sogar besondere Aufmerksamkeit.

Einen Quantensprung in der machtpolitischen Durchdringung des Landes löste *Ludwig der Kehlheimer* (1183–1231) aus, als er seine Grundherrschafts-, Grafschafts- und Vogteirechte bündelte und regelrechte Beamte mit ihrer Durchsetzung und Verwaltung beauftragte.[293] Die Einrichtung hieß zunächst Kastenamt. Mit Kasten war der Getreidespeicher gemeint. Der Kastner hatte für den Grundherrn das Getreide und für den Grafen das Grafenfutter einzusammeln. Auf den herzogseigenen Flächen waren diese zwei Begünstigten ein und dieselbe Person: der Herzog.

Zeitgleich mit dem Kastner oder sogar noch früher trat auch ein herzoglicher Richter auf. Er trat an die Stelle des Grafen bzw. des Vogts und verhandelte alle hochgerichtlichen Vergehen, wie Mord, Notzucht, Raub und Diebstahl.

Der erste Landrichter in unserem Untersuchungsgebiet war ein *Marquard iudex von Aichach.*[294] Er amtierte dort schon vor 1200 und harrte bis 1240 aus. Sein Amtsbereich stieß auf der Höhe von Todtenweis an den Lech, lief dann mit Unterbrechungen nach Süden den Fluss entlang bis zum Gunzenlee, um dort nach Osten abzubiegen und über Bachern das Klosterland von Altomünster zu erreichen. Die Ostgrenze deckte sich in etwa mit der des heutigen Landkreises.

Systematisch wurden die Abgabepflichtigen und die Gerichtsuntertanen erfasst. Das Ergebnis waren Herzogsurbare, Aufzeichnungen der Besitz- und Rechtsverhältnisse im Umgriff des Kastenamtes bzw. des Landgerichts. Das erste Urbar entstand von 1231 bis 1234 (vgl. Bild 58).

Angesichts der Tragödie von 1208, als der Neffe des herrschenden Herzogs, der *Pfalz-*

graf Otto, den staufischen König Philipp in Bamberg ermordete, betont Wilhelm Liebhart die persönliche und sachliche Kontinuität innerhalb dieses Sprengels. Der Reichsacht, die nicht nur über den Mörder, sondern auch über den vermeintlichen Mitwisser Graf *Heinrich von Andechs* verhängt wurde, fiel nicht nur die Aichach benachbarte Grafenburg zum Opfer, sondern auch sämtliche Reichslehen des Andechsers, darunter die namengebende Grafschaft.

Unverschämtes Glück hatten die Wittelsbacher auch in den Folgejahren. Bis zum Jahre 1248 starben fast alle hochfreien Geschlechter in Bayern aus. Teils durch Erbrecht, in der Hauptsache aber durch das Heimfallrecht konnte *Herzog Otto II.* (1231–1253) einen Zuwachs verbuchen, der ihn zum reichsten und mächtigsten Grundeigentümer und Herrschaftsinhaber im Lande machte.

Für den Lechrain am folgenschwersten war das Erlöschen der Herren von Andechs. Als Herzog *Otto II.* auch nach deren Rehabilitation die Beute nicht herausgeben wollte, kam es zu zwei Kriegen. Der zweite endete damit, dass der letzte Andechser, *Otto VIII.*, ohne männliche Nachkommen starb.

So konnten nun auch die Bemühungen, den südlichen Lech zu gewinnen, mit Erfolg abgeschlossen werden. In der Hauptsache handelte es sich um den endgültigen Erwerb der Burg Merching samt ihren Burghutgütern und den Andechser Vogteien. In der Territorialisierung ihres Machtbereichs waren die Andechser mindestens so weit gekommen wie die Wittelsbacher. So bedeutete das »Andechser Erbe« auch die Übernahme eines ausgebildeten Beamtenkörpers aus Pflegern, Richtern, Fronboten und Schultheißen. Ihre Bezirke am Lechrain bildeten das Amt Merching, das bestehen blieb, und eine Schranne an der Glonn, die als Schergenamt Hadersried (später Amt Umbach) dem Landgericht Aichach zugeschlagen wurde. Dass auch die Andechser Ministerialen zu den neuen Herren übergingen, war selbstverständlich.

Die nächste Phase der Grenzziehung am Lech sollte die Lücken schließen, die noch gegenüber Augsburg klafften. Sie ist ein eklatantes Beispiel dafür, wie selbst unglückliche Entwicklungen den Wittelsbachern zum Vorteil ausschlugen.

Der Lechrain gegenüber Augsburg sei schon 1130 in den Einflussbereich der Wittelsbacher geraten, wenn auch noch nicht in voller Breite. So haben wir oben die frühen Erfolge der wittelsbachischen Pfalzgrafen beschrieben. Es handelte sich um die Vogtei über die rechtslechischen Güter des Augsburger Klosters St. Ulrich und Afra. Sie bedeutete, dass die Wittelsbacher über den Lechrain verteilt machtpolitische Kristallisationspunkte erwarben. Der westlichste und Augsburg am nächsten liegende Punkt war die Mühle in Stätzling, die dem Kloster jährlich ein gemästetes Schwein schuldete,[295] aber auch – und auf das kommt es hier an – einer der Orte gewesen ist, wo der Pfalzgraf als Richter auftreten konnte.

Noch wirksamere Angelpunkte auf der Lechleite waren weiter südlich ein befestigter Fronhof mit dem Namen Winzenburg, von dem wir aber nicht wissen, wann und wie er in den Besitz der Wittelsbacher kam, und weiter nördlich Derching, das samt seinem Wald, aber ohne den Klosterhof, der ebenfalls der Vogtei unterstand, von *Herzog Otto II.* käuflich erworben und dem *Marschalken von Schiltberg* zu Lehen gegeben wurde. Wie wichtig dann dem Sohn, *Ludwig II.*, diese Bastion gegenüber Augsburg gewesen ist, erhellt daraus, dass er 1254 das Lehen Tenrichingen durch einen Tausch wieder zurücknahm, so dass er in Derching unmittelbarer Grundherr wurde.

Derselbe Herzog, den wir schon als Gründer des Klosters Fürstenfeld kennen gelernt

Bild 58: Stadt Aichach (Kupferstich von Merian, 1644)

haben, war auch eine Schlüsselfigur in dem Drama, das zum krönenden Abschluß der Wittelsbachischen Territorialpolitik geworden ist.
Zu den Ursachen gehören zwei Heiraten. Die eine, 1184 in Augsburg beschlossen und zwei Jahre später in Mailand vollzogen, verband den späteren Kaiser *Heinrich VI.* (1165–1197) mit der normannisch-sizilischen Erbtochter *Konstanze*. Als der Erbfall eintrat und *Heinrich* sich nach großen Schwierigkeiten am Weihnachtstag 1194 die Krone Siziliens aufsetzen ließ, da fügte er dem staufischen Imperium ein Königreich hinzu, »fremdartig und faszinierend zugleich ... durch seine assimilierende und vermittelnde Stellung zwischen abendländischer, byzantinischer und arabischer Welt ... «.[296]
Am Tag darauf wurde ihm sein einziger Sohn geboren, *Friedrich II.* (1215–1250), das Genie auf dem Kaiserthron und das Staunen der Welt bis in die Gegenwart herauf.
Die andere Heirat, schon gegen Ende der Regierungszeit des großen Staufers, führte seinen zweiten Sohn *Konrad* (als König *Konrad IV.* 1250–1254) mit *Elisabeth*, der Tochter des bayrischen Herzogs *Otto II.*, zusammen. Damit endete auch eine Phase der Irritation zwischen den Staufern und den Wittelsbachern. Im Jahre 1252 ging aus dieser Ehe *Konradin* hervor.
Nach dem baldigen Tod des Gemahls kehrte *Elisabeth* mit dem Söhnchen zu ihrer Familie zurück und stiftete damit eine folgenreiche Symbiose. Vormünder des Kindes wurden die beiden Oheime *Ludwig* und *Heinrich*, die zunächst noch gemeinsam das Herzogtum regierten, im Jahre 1255 aber die erste Landesteilung herbeiführten. *Heinrich XIII.* erhielt Niederbayern mit der Residenz in Landshut. Oberbayern und die Pfalz blieben bei *Ludwig II.*, der einmal der Strenge genannt werden sollte.
Ludwig, der München zu seinem Machtzentrum ausbaute, wurde zur wichtigsten Bezugsperson des jungen Staufers. Es mag zwar auch für dieses Verhältnis gelten, »was für die Beziehungen zwischen den Staufern und Wittelsbachern ... über alle persönlichen Bindungen hinweg, maßgebend war. Je nach eigenem Vorteil vereinten und trennten sie sich, wirkten und kämpften sie mit- und gegeneinander«.[297] Dennoch lässt sich das Gefühl nicht unterdrücken, *Konradin* habe an *Ludwig* wie an einem Vater gehangen, und *Ludwig* sei, von den Idealen des Rittertums geprägt und von jenem hochgespannten staufischen Reichsbewusstsein erfüllt gewesen, das schon seinen Urgroßvater ausgezeichnet hatte. *Konradin* dürfte zudem das Charisma der beiden großen Friedriche besessen haben, so dass sich die Erwartungen der Zeitgenossen an ihm

hochranken konnten. Die Urheber der nächsten territorialpolitischen Maßnahmen am Lechrain gaben sich jedenfalls große Mühe, ununterscheidbar zu sein.

Von der Burg Friedberg, die 1257 von beiden errichtet wurde, heißt es noch heute, sie sei zum Schutze der staufischen Besitzungen am Lechrain bestimmt gewesen,[298] oder noch konkreter, sie habe der Durchsetzung staufischer Rechte gegen den Augsburger Bischof gedient.[299] Tatsächlich verschaffte *Ludwig* seinem Mündel nicht nur das angestammte schwäbische Herzogtum, sondern auch die Stadtvogtei über Augsburg, die schon *Barbarossa* innegehabt hatte.

Auch die Stadt Friedberg, von 1264 an auf einem benachbarten, bühnenartigen Plateau angelegt, ist eine Schöpfung beider Fürsten gewesen. Die Absicht zur Stadtgründung wurde den Augsburger Bürgern beiläufig in einem Schutzbrief mitgeteilt. Dieser sollte ihre Emanzipation von Bischof *Hartmann* beschleunigen. Der Schirmvogt *Konradin* hielt seine Hand über sie, eine Hand, die von Herzog *Ludwig* gestützt wurde.

Bei genauerem Zusehen muss man jedoch den staufischen Anteil an Friedberg für den größeren halten, und das nicht nur, weil die Staufer als die besseren Städtebauer gelten. Die Stadt stand auf staufischem Grund. In ihr verbrachte *Konradin* die letzten Jahre seines jungen Lebens und in ihr liefen die Fäden zusammen, als 1265 eine Agitationswelle für seine Thronkandidatur gegen zwei fremde und miteinander konkurrierende Könige einsetzte. Und vor allem: In Friedberg wurde ein letztes Mal jener Traum geträumt vom universalen Reich, das nach der Katastrophe für immer im Mythos versank (vgl. Bild 59).

Aber auch die gnadenlose Wirklichkeit erreichte *Konradin* schon in Friedberg. Dass der Papst seine Thronkandidatur durch Drohungen verhinderte, »die bis ans äußerste gingen«,[300] war nicht anders zu erwarten. Aber am Dreikönigstag 1266 wurde der Usurpator *Karl von Anjou* zum König von Sizilien gekrönt. Und wenig später verlor der staufische Statthalter *Manfred* bei Benevent eine Schlacht und sein Leben. Da war rasches Handeln angesagt. Oktober 1266 rief *Konradin* einen Hoftag in Augsburg zusammen. Mit Ausnahme der bayrischen Bischöfe nahmen fast alle oberdeutschen Fürsten daran teil und sprachen sich in ihrer Mehrheit für das italienische Unternehmen aus. Anfang September 1267 brach man auf.

Der Ausgang des Wagnisses ist bekannt. Wir beschränken uns auf die Banalität der »glücklichen« Folgen für Herzog *Ludwig*. Er hatte seinen Neffen finanziert und Sicherheiten verlangt. Die Urkunden über das »Konradinische Erbe«, das aus Verkäufen, Verpfändungen, Vermächtnissen und Schenkungen bestand, erstreckten sich über fünf Jahre und endeten am 10. Januar 1268 – *Konradin* war mit seinen 3000 Rittern schon in Verona – mit der Verpfändung fast des Letzten, was er in Deutschland noch anzubieten hatte.[301]

Nach dem Erbfall boten sich für Herzog *Ludwig* zwei Optionen. Die eine wäre ein bayrischer Einbruch in den staufischen Raum Ostschwabens gewesen. Das Land war, nachdem es lange innerhalb des schwäbischen Herzogtums ein Sonderleben geführt hatte, von den Staufern der Reichspolitik dienstbar gemacht worden. Neben der konsequenten Vergrößerung des Königsguts war die Gründung von Städten das Mittel der Wahl. Ulm, Lauingen und Donauwörth hatte schon *Barbarossa* zu Städten gemacht. Höchstädt, Gundelfingen, Wertingen, Dillingen, Schongau, Kaufbeuren, Kempten, Füssen und Mindelheim entstanden unter seinen Nachfolgern in der ersten Hälfte des 13. Jahrhunderts.

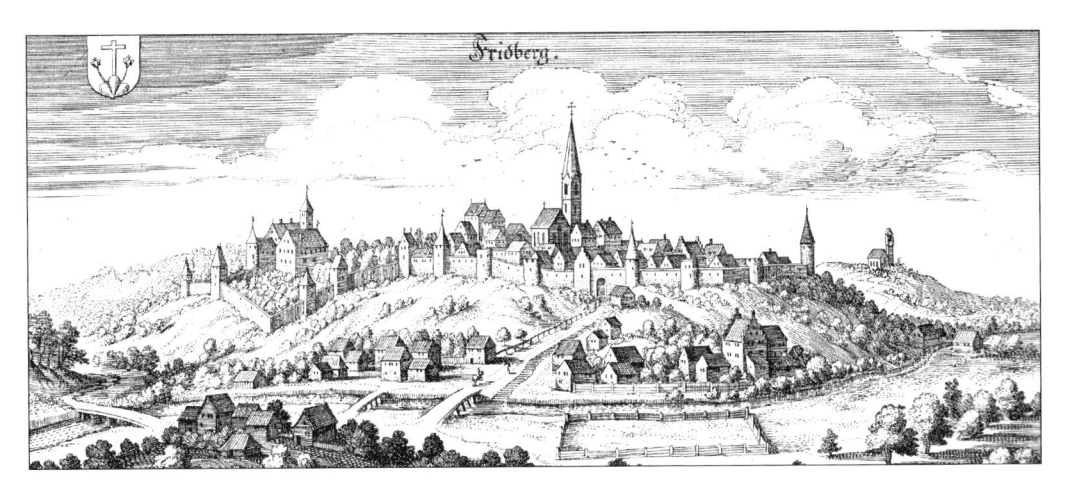

Bild 59: Burg und Stadt Friedberg (Merian 1644)

Richard von Cornwall, einer der Könige des Interregnums, hatte *Ludwig II.* nach dem Aussterben der dortigen Grafen die Stadt Dillingen überlassen. Mit dem »Konradinischen Erbe« kamen nun die schwäbischen Dörfer bei Landsberg und Schongau und die Herrschaften Schwabegg, Türkheim, Donauwörth, Tapfheim, Höchstädt, Lauingen, Gundelfingen und Wertingen hinzu. Die Absicht, aus diesem Streubesitz ein Territorium zu schaffen, scheiterte an zwei mächtigen Hindernissen. Obwohl sie sich »vorzüglich in das bayrische Herzogtum gefügt hätten«,[302] erwiesen sich die Stadt und das Hochstift Augsburg als eine unübersteigbare Barriere. Der staufische Zauber war verflogen. *Ludwig* versuchte zwar noch, das wertvollste Pfand *Konradins*, die Augsburger Stadtvogtei, mit Gewalt einzulösen, erlitt aber vor dem bischöflichen Hammel eine empfindliche Niederlage. So blieb ihm nichts anderes übrig, als zu verzichten.

Als unerwartetes Hindernis in Ostschwaben erwies sich auch eine neue aufsteigende Dynastie. König *Rudolf von Habsburg* (1273–1291) betrieb eine energische Politik der Wiedergewinnung von entfremdetem Reichsgut und trat auch als Konkurrent beim Erwerb von Familienbesitz auf. Sein Sohn *Albrecht I.* (1298–1308) gewann die Markgrafschaft Burgau für sein Haus und nahm den Baiern auch Donauwörth, Meitingen und die Herrschaft Schwabegg mit Gewalt wieder weg.

Vergessen haben die Wittelsbacher diese Schlappe nie. Donauwörth wurde noch dreimal wieder bayrisch (1376, 1461 und 1607). Einzelne Herrschaften, wie Mindelheim, wurden käuflich erworben und gingen wieder verloren. Bis dann ganz Ostschwaben samt Augsburg endgültig an Bayern fiel. Napoleon machte es möglich.

Die zweite Option, der Plan B sozusagen, war die lückenlose Gewinnung der Lechlinie, von Schongau bis zur Mündung des Flusses in die Donau. Auch hier wurde ein wesentlicher Schritt schon vor dem Erbfall getan. Mering mit seinem Heibisch samt der Siedlung Meringerau und den Lechanstichen war schon 1246 an die Mutter *Konradins* gegangen.[303] Nun folgte die Stadt Friedberg, soweit sie eine Stadt *Konradins* gewesen war,[304] und die Burg Mühlhausen samt der umliegenden Herrschaft. Im Norden wurden die Pappenheimer Reichsmarschälle über die Donau zurückgedrängt und damit nicht nur das Donaumoos gewonnen. Und im Süden ging der Ammergau und Landsberg an die Wittelsbacher. Von Landsberg bis Schongau konnten sie den Lech sogar überschreiten. In diesem Streifen zeugen die Dörfer Igling und Erpfing (Endung auf -ing im Gegensatz zu -ingen) für die namenprägende Wirkung der bayrischen Verwaltung.[305]

Wie sich die Gerichts- und Verwaltungsstruktur in unserem Untersuchungsgebiet innerhalb von 40 Jahren veränderte, das zeigt das zweite Herzogsurbar (1279–1284). Das Landgericht Aichach war nun in drei Ämter aufgeteilt. Von dem Amt Mühlhausen bezog der Lehensnehmer *Marschall von Schiltberg* Grundabgaben aus den Dörfern Rettenberg, Ottoried, Derching, Miedering, Mühlhausen, Aulzhausen, Frechholzhausen und Vogteigefälle aus Friedberg, Wiffertshausen, Anwalting, Affing und Gebenhofen.[306] Zum Amt Aichach, zu dem die Unterämter Aindling und Schiltberg gehörten, waren neu hinzugekommen die Orte Eurasburg, Landmannsdorf und Ottmaring. Und das Amt Wittelsbach hatte die drei Höfe in Punen als Zuwachs zu verzeichnen, die an die Friedberger Bürger verteilt worden waren, samt drei Anwesen in Friedberg selbst und weiteren Gütern in Bachern, Seewies, Hügelshart, Ottmaring, Harthausen, Tattenhausen, Malzhausen, Rederzhausen und Wiffertshausen. Wie man sieht, waren die Ämter nicht voneinander abgegrenzt. Auch der Derchinger Forst zinste nicht wie das Dorf zum Amt Mühlhausen, sondern zum Amt Wittelsbach. In Kissing-Mergenthau auf bischöflich-hochstiftischem Territorium zinsten vier Vogteihöfe ebenfalls nach Wittelsbach.

Aus den Dörfern Merching, Steinach, Oberdorf und Hochdorf bestand das neue Amt Merching. Dazu kamen Güter in zahlreichen weiteren Ortschaften, die vor 1248 den Andechsern gehört hatten. Ähnlich verhielt es sich mit der 1246 erheirateten »Grafschaft« Mering. In den Kasten des Amtes Mering lieferten seit langem die Dörfer Mering, Hörmannsberg, Ried, Baierberg, Meringerzell, Zillenberg, Holzburg und Eismannsberg. Auch weit im Süden und sogar jenseits des Lechs zinsten einige ehemals welfische Güter nach Mering. Die Welfen und die Staufer hatten bei dem alten Königshof auch ein Gericht unterhalten. Aus ihm wurde nun ein neues herzoglich-bayrisches Landgericht.

Wellenbewegungen

Der staufischen Katastrophe folgte kaum ein Menschenalter später die babylonische Gefangenschaft der Päpste in Avignon. Sacerdotium und Imperium hatten sich wechselseitig so geschwächt, dass sie beide die universale Reichsidee aufgeben mussten. Das deutsche Königtum geriet in die Abhängigkeit eines Wahlgremiums, das seine partikularen Interessen über alles andere stellte. Der König herrschte, wenn überhaupt nur noch über seine Hausmacht. Seine Landfriedensgebote waren Demonstrationen der Schwäche. Staatliche Strukturen konnten sich nur in den Territorien bilden.

Die beste Erinnerung an das Reich gab es in den aufstrebenden Städten. Dadurch wurden diese zu natürlichen Gegnern der Territorialfürsten.

Auf der linken Seite des Lechs war das die alte *Augusta*, die zwar nominell noch einen Bischof zum Herrn hatte, aber schon lange eine eigene, bürgerliche Souveränität anstrebte. Der Gegner auf der anderen Seite des Flusses war das Teilherzogtum Oberbayern, das soeben an der Vereinnahmung Augsburgs gescheitert war, den Anspruch darauf aber immer noch deutlich genug zu erkennen gab. Friedberg hing wie eine Proszeniumsloge über der Stadt.

Herzog *Ludwig* gab sich nach seinem Verzicht auf die Stadtvogtei Mühe, die Lage zu entspannen. Doch unter seinem Nachfolger *Rudolf* kam es zur Eskalation der Gewalt. Nachdem der Augsburger Bischof *Wolfhart von Roth* 1296 die Burg Kaltenberg, die *Rudolf* errichtet hatte, bis auf den Grund zerstören hatte lassen, bemächtigten sich die Baiern der bischöflichen Burg Mergenthau. Als deren Entsatz nicht gelang, verheerten die Augsburger und die Bischöflichen zahlreiche Dörfer und drei Burgen. Auch Friedberg samt dem Hochzoll und dem Salzstadel wurde eingenommen und niedergebrannt. Nur die Friedberger Burg hielt stand. *Rudolf* sammelte daraufhin eine Streitmacht und griff Augsburg an. Vergebens. Also verwüstete er das Umland, soweit es hochstiftisch oder stadteigen war. Dieser Ablauf sollte sich im Spätmittelalter noch dreimal in ähnlicher Form wiederholen.

Ein Urdokument der bayrischen Verfassungsgeschichte wurde am 2. Januar 1302 von Herzog *Rudolf* und seinem jüngeren Bruder *Ludwig* in einem Ortsteil des heutigen Aichach unterzeichnet. In der Schneitbacher Einung verpflichteten sich die Landadeligen Oberbayerns zur Zahlung einer einmaligen Viehsteuer. Dafür wurde den »grafen, freyen, dienstläwten und allen edeln« gegenüber dem Landesherrn ein Vereinigungs- und Widerstandsrecht eingeräumt. Das war die Geburtsstunde der Landstände. Bereits fünf Jahre später mussten die Herzöge erneut um Hilfe bitten. Diesmal traten zu den Landständen der Stand der Prälaten (hohe Geistlichkeit) sowie der Städte und Märkte hinzu. Die drei Stände bildeten auch nach der Vereinigung von 1505 als Landtag das Pendant zum Herzog. Erst dem Kurfürsten *Maximilian I.* (1573–1651) gelang es, aus dem Steuerbewilligungsrecht der Stände eine Steuerbewilligungspflicht zu machen. Und im absolutistischen Zeitalter unter dem Kurfürsten *Ferdinand Maria* (1651–1671) nahm diese Vorform des Parlaments ein Ende.[307]

Eine andere Verfassungseinrichtung ging von Niederbayern aus. Die große Ottonische Handfeste von 1311, der erste Freiheitsbrief für die drei Stände, eröffnete diesen die Möglichkeit, die niedere Gerichtsbarkeit zu kaufen. Die kleinräumigen Nieder-Gerichts-Bezirke, die sich daraufhin in adeliger, geistlicher oder bürgerlicher Hand entwickelten, nannte man Hofmarken. Schon 1346 wurden die Hofmarken zu einer landesweiten Norm. In Oberbayern entstanden sie vor allem aus den Dorfgerichten, die ihrerseits aus der Vogtei hervorgegangen waren.

In einer Hofmark übte der Herr neben der Verwaltung alle Straf- und Zivilgerichtsbarkeit außer »Blut, Erb und Eigen« aus. Er stellte die Polizei, sammelte die Steuern ein und musterte die wehrfähige Mannschaft. »In all diesen hoheitlichen Rechten stand der Landesfürst neben oder hinter ihm«,[308] was bedeutet, dass Hofmarksgerechtigkeit teils ebenbürtig mit dem Landgericht rangierte, teils darin eingeordnet war. Dabei blieb es bis zum 60. Freiheitsbrief von 1557, der die Ausübung von Hofmarksrechten von der Vogtei löste und auch auf einschichtigen Adelsgütern möglich machte (Edelmannsfreiheit). Von da an wurden aber auch die adeligen Freiheitsrechte langsam ausgehöhlt. Ganz verschwunden sind die geistlichen Hofmarken 1803 mit der Säkularisation und die adeligen Hofmarken 1848 mit der bürgerlichen Revolution.

Die Hofmarksherren gaben sich neben der Landwirtschaft schon bald auch gewerblichen Unternehmungen hin. Den Herrenhof bewirtschafteten sie selbst, die anderen Gründe verliehen sie an ihre Untertanen. Für die Landwirtschaft brauchten sie also entweder Ehalten (Dienstboten) oder bäuerliche Grundholden.

Zweigleisig verfuhren sie auch mit dem Gewerbe. Leibrechtlich auf den Herrn bezogen waren die vier Ehaften: Schmiede, Mühle, Tafernwirtschaft und Badstube. Die selbständigen Handwerker dagegen wurden auf sog. Sölden angesiedelt, das waren Sechzehntel- oder Zweiunddreißigstelhöfe, auf denen sie neben ihrem Handwerk, sei es Schusterei, Weberei oder Schneiderei, auch noch einer kleinen Landwirtschaft nachgehen konnten. Die Sölden nahmen derart überhand, dass Herzog *Maximilian* 1616 die Zerschlagung von Höfen zum Zweck der Söldneransiedlung verbieten ließ. Ende des 18. Jahrhunderts waren aber wieder die Hälfte aller »eingehöfteten« Anwesen Zu- und Nebenerwerbsbetriebe. Mit dem zweiten Kulturmandat von 1762 war das Verbot aufgehoben worden, worauf die Herren ungesäumt ihre Politik der »Peuplierung« wieder aufnahmen.

Am Ende gab es in dem Gebiet des ehemaligen Landkreises Aichach 21 Hofmarken, von denen die meisten dem 60. Freiheitsbrief zu danken waren.[309]

Im Landgericht Friedberg dagegen wurden vier größere Hofmarken gezählt.

Die Hofmark Bachern war 1594 durch *Michael von Welden* an das Kloster Heiligkreuz in Augsburg verkauft worden. Nachdem das Kloster alle anderen Anwesen in Bachern hinzu erworben hatte, galt Bachern als eine »geschlossene« Hofmark.

Von der Hofmark Dasing wurden 1644 die Dörfer Rinnenthal und Harthausen an einen *Baron von Mändl* als eine eigene Hofmark verkauft. Dasing selbst ging als geistliche Hofmark in den Besitz des Klosters Ulrich und Afra über.

Auch aus der hochstiftischen Exklave Kissing war eine geistliche Hofmark geworden. Im Jahre 1602 verkaufte sie der Bischof an die Jesuiten.

Stätzling schließlich wurde erst mit dem 60. Freiheitsbrief zur Hofmark. Im Salbuch von 1420 wird es noch als ein Dorfgericht geführt, das »dem *Rieder* von Augspurg gehöret«.[310] Spätestens im 16. Jahrhundert muss es dann gelungen sein, die Immunität gegenüber dem Landgericht durchzusetzten und den Gerichtsbezirk über den Dorfetter (Umzäunung des Dorfes) hinaus zu erweitern. Im Jahre 1606 ist Stätzling laut Hofmarksverzeichnis des Landgerichts Friedberg »für ein beschlossen Hofmarch zu halten«.[311] Ihre größte Ausdehnung erreichte sie im Jahre 1776 nach dem Erwerb von Oberzell und einiger Höfe in Wulfertshausen. Sie umfasste Stätzling, Wulfertshausen, Oberzell und erstreckte sich über einzelne Höfe in Stockach, Tattenhausen, Paar und Ottmaring.[312]

Doch zurück ins 14. Jahrhundert. Weil das Verhältnis der herzoglichen Brüder *Rudolf* und *Ludwig*, zwischen die schon ihre Mutter einen Keil getrieben hatte, immer schlechter wurde, vereinbarten sie 1310 die Teilung des Teilherzogtums Oberbayern. *Rudolf* als der ältere regierte von München aus den Landesteil München-Burglengenfeld, und *Ludwig* von Ingolstadt aus das Gebiet Bayern-Ingolstadt-Amberg, zu dem auch die Landgerichte Aichach und Mering gehörten. Es dauerte nicht lange, bis *Ludwig* seinen Bruder verdrängt hatte. Ab 1312 regierte er auch im Teilherzogtum Niederbayern, weil ihn der verstorbene Herzog *Otto III.* zum Vormund für seine unmündigen Söhne eingesetzt hatte. Für *Friedrich den Schönen* von Österreich freilich, mit dem *Ludwig* aufgewachsen war, bedeutete das Feindschaft und Krieg. Zweimal trafen die beiden aufeinander: 1313 in einem Gefecht bei Gammelsdorf, das den Streit um Niederbayern entschied, und 1322 auf dem Schlachtfeld von Mühldorf, nachdem beide fast gleichzeitig zu deutschen Königen gewählt worden waren und *Ludwig* sich von München nach Augsburg hatte zurückziehen müssen, weil er sonst von den Habsburgern in die Zange genommen worden wäre. In beiden Treffen hat *Ludwig* gesiegt. Nun konnte er sich in Rom zum Kaiser krönen lassen und einen Gegenpapst einsetzen, der freilich schon bald wieder verschwand. Als Kaiser *Ludwig der Bayer* (1328–1347) betrieb er trotz all den verzweifelten Kämpfen mit seinem Bruder, den Habsburgern, Luxemburgern und dem Papst, eine äußerst konsequente Hausmachtpolitik. Er konnte schließlich ganz Bayern wieder zusammenführen und gewann Brandenburg, Holland und Tirol hinzu. Andererseits nahm er aber auch eine folgenschwere Landesteilung vor. Im Hausvertrag von Pavia überließ er 1329 die seit 1214 in wittelsbachischem Besitz befindliche Pfalzgrafschaft bei Rhein den Söhnen *Rudolfs*, dazu die obere Pfalz, das Gebiet um Amberg und Sulzbach.

Eine weniger spektakuläre Unternehmung *Ludwigs*, die jedoch für unser Thema von Belang ist, erinnert an die staufische Erschließung Ostschwabens oder an den Plan A seines Vaters zur Überwindung der Lechgrenze: Ab Oktober 1330 schloss er Oberbayern mit dem Bistum und der Reichsvogtei Augsburg, der Landvogtei Oberschwaben und den Reichsstädten Ulm, Memmingen, Kaufbeuren, Biberach, Nördlingen und Donauwörth zu einem Landfrieden zusammen, »der in charakteristischer Weise den Interessen des Landes Bayern ebenso diente wie denen des Königtums«.[313] Ein Jahr später stufte er dieses Unternehmen jedoch zu einem bloßen Bündnis herab. Damit verzichtete er auf die Option, aus dieser rechtlichen Struktur ein Territorium zu schaffen. Eine breite Unterstützung in dem zu erwartenden Thronkampf war ihm dieses Opfer wert. Aber er verlor Plan A nicht aus den Augen. 1340 machte er seinen Sohn Herzog *Stephan* zum Hauptmann des Landfriedensbündnisses und übertrug ihm die Landvogtei im Elsaß. Außerdem erwarb er für sein Haus die Städte Gundelfingen und Weißenhorn samt der Feste Buch und Neuburg an der Kammel. Dazu kamen Pfandschaften in Kempten, Leutkirch, Wangen und Heidenheim. *Ludwig* krönte das Ganze, indem er *Stephan* mit einer Nachfahrin der Staufer verheiratete.

Aber auch *Ludwig der Bayer* scheiterte. Diesmal an der Konkurrenz der Habsburger, die schon seit *Rudolf von Habsburg* systematisch in Ostschwaben das staufische Reichsgut zu »revindikieren« unternahmen. Um 1300 hatte sein Sohn *Albrecht* mit der Erwerbung der Markgrafschaft Burgau einen »besonders guten territorialen Fischzug« unternommen; sie wurde zum Mittelpunkt der habsburgischen Reichspolitik in Schwaben.[314]

Von einem Widerstand Augsburgs gegen die Maßnahmen *Ludwigs des Baiern* ist nichts bekannt. Die Stadt konnte sich aber auch nicht beklagen. Der Kaiser hatte sie mit Privilegien überschüttet und ihr die Reichsfreiheit verbrieft. Die Bürgerstadt am Lech war jenseits aller konservativen Neigungen mit ihrem Fortkommen beschäftigt. Sie setzte zu einem Höhenflug an, der sie weit über die Städte Deutschlands hinausheben sollte.

Als *Ludwig*, in dem man schon den letzten Ghibellinen sehen wollte, auf der Bärenjagd nahe Fürstenfeldbruck starb, bedeutete das für die bayrischen Wittelsbacher den Niedergang. Sie verloren nicht nur das Kaisertum, sondern auch durch neuerliche Teilungen die Geschlossenheit ihrer Hausmacht.

1349 wurde das Herzogtum unter die sechs Söhne aus zwei Ehen aufgeteilt wie folgt: Der Älteste, *Ludwig der Brandenburger*, erhielt zusammen mit seinen Halbbrüdern *Ludwig* und *Otto* das Land Oberbayern mit Brandenburg und Tirol. Niederbayern mit den Niederlanden fiel an den Zweitältesten, *Stephan mit der Hafte*, und an seine

Halbbrüder *Wilhelm* und *Albrecht*. Von Anfang an waren die vier Nachzügler aus der zweiten Ehe für die Verwaltung der Außenbesitzungen vorgesehen. In zwei weiteren Teilungen trennte man diese nun ab. 1351 fiel die Markgrafschaft Brandenburg an *Ludwig* (den Römer) und *Otto*. Dasselbe geschah zwei Jahre später mit den Niederlanden (*Wilhelm*, *Albrecht*) mit einem Unterschied: Ihnen blieb auch noch ein kleiner Teil Niederbayerns, das Straubinger Ländchen.

Die Bevorzugung der älteren Söhne setzte sich fort, als 1363 die oberbayrische Linie ausstarb. *Stephan II.* stellte mit Billigung der Landstände die Einheit von Oberbayern und Niederbayern wieder her und »übersah« dabei, dass er damit das Erbrecht der Brandenburger Herzöge verletzte. Sie reagierten damit, dass sie zu den Luxemburgern übergingen. Das führte zum Verlust Brandenburgs. Auch Tirol ging wenig später verloren. Durch diese Erfahrung klüger geworden, hielten nach dem Tod *Stephans II.* seine Söhne *Stephan III.*, *Friedrich* und *Johann II.* an der Gesamtregierung fest.

Diesem gestärkten Triumvirat sahen sich die Augsburger gegenüber, als es 1372 am Lechrain zur nächsten Landverwüstung kam. Der Streit hatte sich am Zollhaus entzündet und war in einen regelrechten Krieg ausgeartet. Weil sich die befestigten Plätze weiterhin als resistent erwiesen, wurde wieder das Land verheert. Ein gewisser Fortschritt zeigte sich in der äußeren Form. Die Augsburger hatten einen Condottiere, der den Marodeuren ein rot-grün-weißes Seidenbanner vorantragen ließ. Was die zerstörerische Potenz anlangte, standen die Baiern den Städtern nicht nach. Der Friedensschluss zwei Jahre später lässt bereits eine gewisse Gewöhnung erkennen. Man rechnete sich wechselseitig den entstandenen Schaden auf.

Und tatsächlich war es schon bald wieder soweit. Vorübergehend fanden sich die Augsburger zwar auf die Seite der bayrischen Herzöge, weil König *Wenzel* (1378–1400) die Stadtvogtei an den Habsburger Herzog *Leopold* verkauft hatte. Nach der Aufnahme Augsburgs in den Schwäbischen Städtebund, nahmen die Fronten jedoch wieder ihren gewohnten Verlauf. Nur der Bischof stand diesmal auf der Seite der Fürsten. Die harte Reaktion der Stadt haben wir oben schon erwähnt (s. Geistliche Grundherrschaft).

Die schwäbischen Städte machten große Politik. Sie verbündeten sich mit den rheinischen und den Schweizer Eidgenossen, und als Herzog *Friedrich* von Bayern die Muskeln spielen ließ, erklärten sie ihm am 17. Januar 1388 den Krieg. Schon drei Tage später überschritt das zahlreiche Feldheer der schwäbischen, fränkischen, elsässischen und rheinischen Städte bei Augsburg den Lech und zog nach Bayern hinein, um Regensburg zu schützen. Sie waren mit »püchs und katzen« ausgerüstet. Gleichzeitig begannen die gegenseitigen Verheerungszüge auf beiden Seiten des Lechs und setzten sich das Jahr über pausenlos fort. Friedberg wurde zum dritten Mal belagert und zum zweiten Mal niedergebrannt. Mering wurde verwüstet und ausgeplündert, und der letzte *Stätzlinger* auf Stätzling verlor Burg und Leben. Umgekehrt gelang es den bayrischen Herzögen wiederum nicht, Augsburg zu erobern. Dafür brannten Stadtbergen, Steppach und Leitershofen.

Die Entscheidung fiel in der Schlacht von Döffingen. Das Städteheer wurde von der Streitmacht der Fürsten unter dem Grafen *Eberhard III.* von Württemberg vernichtend geschlagen. Der Versuch, »eine ... horizontale, genossenschaftliche Machtstruktur in das Reichsgefüge einzuziehen, war ein für allemal gescheitert«.[315] Der wirtschaftliche Aufstieg der Städte jedoch wurde durch diese Schlappe kaum behindert.

Die nächste Möglichkeit zur Verwirklichung des Plans A stand am Ende des 14. Jahrhunderts an. Es gelang es den Wittelsbachern zweimal, in den Besitz der schwäbischen Landvogteien zu kommen.[316] Aber da war Bayern schon wieder geteilt, und die Herzöge *Stephan III.* von Bayern-Ingolstadt und *Ernst* und *Wilhelm* von Bayern-München, die nacheinander an die Pfänder kamen, waren sich spinnefeind. An eine Durchführung des Vorhabens war da nicht zu denken.

Und wieder war es ein städtefreundlicher Fürst, der für eine friedlichere Epoche zwischen Augsburg und Bayern sorgte. Im Gegensatz zu seinem Vater, *Kaiser Karl IV.*, sei *Sigismund* (1410–1437) »dieser erwirdigen stat günstig und hold gewesen«, schreibt der Chronist Burkhart Zink. Unter anderem regte er den Bau des Lueginslandturmes an, der für lange Zeit Augsburgs höchstes Gebäude gewesen ist. So konnten die Augsburger zuschauen, als Friedberg nach 1400 gleich zweimal zerstört wurde. Zur Abwechslung waren es aber diesmal die Vettern der Ingolstädter Herzöge, die sich über die Stadt am Lechrain hermachten.

Was war geschehen? Die Erfahrungen des Städtekrieges hatten *Johann II.* an der gemeinsamen Regierung des Herzogtums verzweifeln lassen. 1392 verdrängte er *Stephan III.* aus München und setzte die letzte große Teilung durch. Zunächst wurde Niederbayern wieder abgetrennt und ungeschmälert Herzog *Friedrich* überlassen. Sein Sohn Herzog *Heinrich XVI. der Reiche* (1393–1450) konnte sich in Landshut einer vergleichsweise ruhigen Epoche erfreuen, die er zur Anhäufung beträchtlichen Reichtums nutzte.

Oberbayern dagegen wurde in zwei recht unterschiedliche Hälften zerlegt, um die *Stephan III.* und *Johann II.* losen mussten. *Stephan*, den man auch den Kneißel nannte, zog den Kürzeren. Er bekam das zerstückelte Bayern-Ingolstadt, das aus dem nordwestlichen Oberbayern und einigem Streubesitz an der Donau bestand. Dazu kam das Land »im Gebirg« und »vorm Gebirg«.

Johann II. behielt Bayern-München mit dem südlichen Oberbayern und dem südlichen Nordgau. Friedberg gehörte zu Ingolstadt, Mering zu München. Aus der Gerichtsgrenze zwischen den beiden Orten, die vom Gunzenlee über Bachern nach Osten verlief, wurde eine Landesgrenze.

Dass schon der Teilungsvertrag den Keim der Zwietracht trug, zeigte sich, als *Friedrich* von Niederbayern starb und die beiden anderen Herzöge in Streit darüber gerieten, wer den Vormund des unmündigen Nachfolgers machen durfte. *Johann II.* ging daraufhin ein Bündnis mit den Habsburgern und dem Bischof von Freising ein, während *Stephan III.* mit König *Wenzel* verbündet war. *Stephan* hielt sich gerade in Paris auf, als sein Sohn *Ludwig im Barte* die Feindseligkeiten eröffnete, indem er Freising angriff. Als die Einnahme misslang, zerstörte er Neustadt an der Donau. Im Gegenzug erschien Herzog *Johann II.* mit seinen Söhnen *Ernst* und *Wilhelm* vor Aichach. Die Stadt an der Paar muss schon mit einer Mauer umgürtet gewesen sein, denn sie widerstand dem zweimaligen Angriff. Die Münchener begnügten sich daraufhin mit der Plünderung Friedbergs, woraus zu schließen ist, dass die vielgeschundene »Minderstadt« auf der Lechleite noch keine Mauer hatte. Dieser erste bayrische Hauskrieg beanspruchte sechs Wochen der Jahre 1394/95 und endete mit einer Versöhnung. Man vereinbarte sogar eine gemeinsame Regierung von ganz Oberbayern. Doch schon 1397 konnte davon keine Rede mehr sein. Nach dem Tode ihres Vaters mochten sich *Ernst* und *Wilhelm* in München dem Senior der Familie in Ingolstadt nicht unterordnen. Die Lage war schließlich so gespannt, dass auf Betreiben der oberbayrischen »Landschaft« (Ständevertretung) die alte Teilung wieder hergestellt wurde.

Das Geschehen in der ersten Hälfte des 15. Jahrhunderts beherrschte ein Mann, der an Widersprüchlichkeit nicht zu überbieten war und dessen »Verhalten bei näherer Betrachtung immer wieder sprachlos macht«.[317] Es war der schon einmal genannte *Ludwig im Barte* von Bayern-Ingolstadt. »Er trieb das überkommene Ideal ritterlicher Ehre und das neue Ideal fürstlicher Souveränität bis zur letzten, ... selbstzerstörerischen Konsequenz.«[318]

Zwei entscheidende Jugendjahre in Paris bei seiner Schwester *Isabeau*, die 1385 den französischen König *Karl VI.* geheiratet hatte, ließen ihn zum Vasallen seines Schwagers werden. Zum Hoffürsten stieg er auf während der Jahre von 1402 bis 1415, die er mit nur drei kurzen Unterbrechungen ebenfalls in Frankreich verbrachte. Dabei erwarb er nicht weniger als 12 Herrschaften durch zwei vom König dotierte Heiraten. Dass er sich ohne Skrupel auch anderweitig zu bereichern verstand, verrät die Sorgfalt, mit der seine Schwester ihre Schätze vor ihm verbarg.

Dieser höfisch gewandte und gleichzeitig schroffe Mensch brachte es auch fertig, während er in Paris zum »gewaltigen, manlichen und herlichen« (Burkhard Zink) Fürsten heranwuchs, im Teilherzogtum seines Vaters einen eigenen Herrschaftsbereich aufzubauen. Das war ein Kunststück der besonderen Art, das ihm aber die Feindschaft seiner Vettern eintrug.

Mit außerordentlicher Sorge nahm er sich Friedbergs an.[319] Schon ab 1403 scheint er um die Stadt einen eigenen Landgerichtsbezirk gebildet zu haben, indem er den Süden des Aichacher Sprengels abtrennte. Die neu entstandene Gerichtsgrenze verlief nördlich von Taiting, Bitzenhofen und Mühlhausen und östlich von Burgadelzhausen, Ziegelbach, Rieden und Laimering. Eingeteilt wurde das neue Landgericht in die drei Schergenämter Friedberg, Umbach und Mühlhausen.

Friedberg selbst erhielt ein erweitertes Stadtrecht, das die »seit alters« gewährten Freiheiten erläuterte und ergänzte. Zu den Rechten der »Freiung«, des »Geleits«, der Bürgeraufnahme und der Jahrmärkte, kam nun ein teils gewählter, teils vom Herzog bestimmter sechsköpfiger Rat, der im Benehmen mit dem Pfleger und dem Richter das Leben innerhalb der Umfriedung ordnen sollte. Definitiv zur Stadt wurde Friedberg ab 1409, als es sich auf Geheiß *Ludwigs* und in Erinnerung an das Fiasko von 1395 mit Graben und Mauer umgab. Noch heute rühmt sich »der Königin von Frankreich Bruder« auf einem vortrefflich und bilderreich gemeißelten Stein in der Stadtpfarrkirche dieser Leistung.[320] Er hat Friedberg tatsächlich »von neuem« gegründet (vgl. Bild 60).

Bevor *Ludwig im Barte* nach Bayern zurückkehrte, weil 1413 sein Vater gestorben war, leitete er die Gesandtschaft des französischen Königs bei dem Konzil von Konstanz (1414–1418). Die Versammlung, um deren Funktionsfähigkeit sich *Ludwig* verdient machte, nahm sich in ihrer Anfangsphase durchaus der Einheit von Kirche und Glauben an. Gegen Ende aber überwogen die für den König lukrativen Bestätigungen der Reichslehen und andere weltliche Prozesse. Der spektakulärste, der die Autorität des Konzils merklich erschütterte, war der 1417 an das Hofgericht König Sigmunds gezogene Streit zwischen den Herzögen in Ingolstadt und in Landshut, der seine Ursache in der Landesteilung von 1392 hatte, seinen Anlass aber in der »Zugab des Niederlands«, jenem Ausgleich auf dem Nordgau, den *Stephan III.* schon 1400 an seinen Sohn *Ludwig* abgetreten hatte. Der Spruch eines Schiedsgerichts sechs Jahre später, der die Übertragung als nicht verbindlich erklärte, machte die Zugab für *Ludwig* zu einer Ehrensache, die durchzukämpfen er entschlossen war, »ob uns da dreissig jare oder unser lebtag aufgeet ... «

Als er zusammen mit seinem Vorsprech *Ulrich Riederer* dem König in Konstanz gegenübertrat, da waren immerhin schon weitere zehn Jahre voller Prozesse und Rüstungen vergangen, die er nur deshalb überstand, weil er weit genug von Bayern entfernt war.

Nach dem halbherzigen Urteil kam es zu schwersten öffentlichen Beleidigungen gegenüber dem Landshuter Herzog *Heinrich*, der sich nicht anders zu helfen wusste, als »nach dem Mittagessen« mit fünfzehn seiner Leute über den heimreitenden Vetter herzufallen. *Ludwig* wurde schwer verletzt und kam nur knapp mit dem Leben davon.

Die gewaltsame Auseinandersetzung in Bayern war unvermeidbar geworden. Da half es wenig, dass *Ludwig* dem Bündnis seiner Gegner einen Bayrischen Adelsbund entgegensetzte, dem in der »Aichacher Einung« sogar *Friedrich von Österreich* beigetreten war. Aus einem Geplänkel mit dem kurz zuvor zum Markgrafen von Brandenburg erhobenen *Friedrich von Nürnberg* entwickelte sich der große Bayrische Krieg. 1420 drang *Ludwig* in markgräfliches Gebiet ein und überrumpelte die Burggrafenfeste in Nürnberg. Die Antwort war die Eroberung der ingolstädtischen Enklaven auf dem Nordgau und ein zweiter Feldzug der Münchener gegen Friedberg. Von März bis Juli 1422 belagerten sie die Stadt, ehe sie eindrangen. Nur die Burg, verteidigt von dem Pfleger *Peter Marschalk zu Stumpfsberg*, konnten sie »mit aller irer macht nit gewinnen«.[321] Dass dafür die Stadt herhalten musste und auch das Umland verheert wurde, bedarf eigentlich keiner Erwähnung mehr. König *Sigmund* gebot am 1. September den Frieden, der Papst bedrohte Ludwig mit dem Bann. Trotzdem stieß der Gebartete noch einmal auf München vor, wurde aber bei Alling von Herzog *Ernst* und dem Münchener Bürgeraufgebot empfindlich geschlagen.

Erst jetzt war eine Entspannung möglich. Sie wurde erleichtert, weil *Ludwig* für weitere neun Jahre das Land verließ und nur sporadisch wieder auftauchte. So 1425, als *Johann von Straubing* ohne Erben gestorben war und das Straubinger Ländchen auf

Bild 59: Gedenkstein in Friedberg

die drei Teilherzogtümer verteilt wurde. Es trug zur Entspannung bei, dass die Beziehungen der anderen Herzöge dabei abkühlten.

Zu erwähnen ist auch noch das Konzil von Basel, auf dem *Ludwig* 1431 von sechs Klöstern, die auf dem Lechrain Grundbesitz hatten, »Räuberei« vorgeworfen wurde. Er hatte die Klosteruntertanen abgabenmäßig schlicht wie seine eigenen behandelt und sie sogar zur Schanzarbeit in Friedberg herangezogen. Den kaiserlichen Spruch ignorierte er.

Bald nach *Ludwigs* Rückkehr kam es auch zur Verfeindung mit seinem einzigen legitimen Sohn, *Ludwig dem Buckligen*. Dieser belagerte den Vater 1443 vier Monate lang in Neuburg, nahm ihn gefangen und verkaufte ihn schließlich an *Heinrich den Reichen* von Landshut. Vier Jahre später, als beide gestorben waren, nahm der Landshuter das Teilherzogtum Bayern-Ingolstadt und vereinigte es mit Niederbayern. *Albrecht III.* von Bayern München, dessen erste Gemahlin *Agnes Bernauer* sein Vater in der Donau hatte ertränken lassen, griff aus Friedensliebe nicht ein. Vielleicht wird er auch deshalb der Fromme genannt. Abgesehen von der Rheinpfalz gab es also nur noch zwei Teilherzogtümer. So kam es, dass der Lechrain 50 Jahre zu Niederbayern gehörte.

Für Augsburg hatte die große bayrischen Landesteilung von 1392 bis 1447 zusammen mit der städtefreundlichen Politik Kaiser *Sigmunds* durchaus willkommene Auswirkungen gezeigt. Während die Nachbarn mit sich selbst beschäftigt waren, konnte die freie Reichsstadt ihren Aufstieg beschleunigen. Gegen Ende des 14. Jahrhunderts wurde sie durch die Barchentweberei zur Textilstadt. Schon 1357 hatte *Hans Rehm* als erster Baumwolle in die Stadt gebracht. Gleich ihm konnten sich die Augsburger Verleger-Familien der *Mangmeister*, *Arzt*, *Hörwart* und *Gossembrot* in der Folge ihren Reichtum buchstäblich erweben. Wie selbstverständlich wurde auch das Umland von dieser Entwicklung erfasst. Ein Heer von Spinnerinnen arbeitete den Augsburger Webern in die Hände. Auch auf dem Lechrain drehten sich die Spindeln. Und wie in Augsburg wurde in Friedberg das Weberhandwerk zum Hauptgewerbe.

Eine andere Folge der ruhigeren Epoche ist nicht weniger erstaunlich. Die zweite Welle des Augsburger Aufstiegs trug die Geldverleiher nach oben. Bis 1400 galt Nürnberg als Zentrum der süddeutschen Hochfinanz. Nun setzte Augsburg zum Überholen an. Die Familien der *Karg*, *Meuting*, *Höchstetter* und *Sulzer* bewährten sich bereits als Finanziers der Mächtigen und gewannen dabei neue lukrative Geschäftsfelder. Die alte Augusta wuchs in europäische Dimensionen hinein.

Auch diese Entwicklung musste Auswirkungen auf das Umland haben. Das angehäufte Geld ermöglichte es, den seit je bewunderten Lebensstil des Adels nachzuahmen. Dazu gehörte grundherrschaftlicher Besitz auf dem Land. Also kaufte man sich dort ein. Schon lange vor den *Fuggern* taten das die *Langenmantel*. Von 1348 bis 1469 gehörte ihnen Wertingen. Unmittelbar vor der Stadt konzentrierte sich ihr Besitz in Westheim, Hainhofen und Göggingen-Radau. Mit Schwenningen und Gremheim in der Donauniederung griffen sie nach Norden aus und nach Süden mit Hiltenfingen und Schwabegg. Schließlich im Jahre 1504 erwarb *Hans Langenmantel* auch noch das bayrische Dorf Igling, das aber noch westlich des Lechs lag.

Jenseits des Flusses waren um 1400 die Risiken eines Landkaufs beträchtlich. Dennoch kam es auch auf dem Lechrain zu solchen bürgerlich Augsburgischen Dependenzen. Das Dorfgericht Stätzling, das Augsburg unmittelbar gegenüber lag und über die neue Lechbrücke in Lechhausen leicht zu erreichen war, geriet zweimal in die Hände Augsburger Kaufmannsgeschlechter. Das dritte Mal war dann aus dem Dorfgericht eine Hofmark geworden.

Als sich die *Riederer* um 1409 in Stätzling einkauften, dürfte *Ludwig der Gebartete* nachgeholfen haben. Er kannte die Familie. Schon um 1400 tätigten Augsburger Kaufleute als Beauftragte des Herzogs großangelegte finanzielle Transaktionen mit dem französischen Hof.[322] Die *Riederer*, unter dem Goldschmied und Stadtschreiber *Ulrich* zu Vermögen gekommen, werden dabei gewesen sein. Eine engere Beziehung zu dem Gebarteten verkörpert dann der schon genannte zweite *Ulrich*, der als Kanonikus des Hochstifts begann, dann für seinen Mentor in Konstanz focht und später als Propst in Freising wirkte.[323/324]

Zu den Getreuen *Ludwigs des Gebarteten*, die 1443 in Neuburg bei ihm ausharrten, gehört auch ein Hauptmann *Michel Riderer*.[325] Der Besitzer Stätzlings schließlich muss *Peter Riederer* gewesen sein, der als der Begründer der Augsburger Geschlechterstube gilt.

Die zweite Augsburger Patrizier-Familie, die ihren Anspruch auf das Adelsprädikat mit Stätzling untermauerte (1420–1453), waren die *Egen*. Sie waren als Barchentverleger reich geworden und hatten sich schon bald den Zünften angeschlossen. Über drei Generationen hinweg stellten sie fünfzehnmal einen der beiden Bürgermeister. Auch als Pioniere des aufkommenden Humanismus machten sie sich nützlich. *Peter der Ältere* war der Initiator der Reimchronik des Klerikers *Küchlin*. Peters Sohn *Lorenz* stiftete 1410 die St. Antons-Pfründe. Derselbe dürfte es gewesen sein, der Stätzling erwarb. Der Enkel, *Peter Egen der Jüngere*, brachte es zu außergewöhnlichem Reichtum und zu großem Ansehen. Kaiser *Sigmund* verkehrte in seinem Hause auf dem Weinmarkt und stattete ihn, der sich daraufhin *von Argon* nannte, mit adeligen Freiheiten aus. Im Jahre 1446 wurde er in einem Streit zwischen der Stadt Zürich und den Eidgenossen als Schiedsrichter gerufen. Im selben Jahr kaufte er für sich und seine Söhne dem Bischof Münz und Waage ab und verlegte beides in sein Haus. Doch das führte zum Streit mit der Stadt, und »weil er wegen seines Ansehens den Widerspruch nicht wohl ertragen konnte, ging er nach Ulm und kündigte sein Bürgerrecht auf«.[326]

Der nun folgende Prozess vor dem kaiserlichen Landgericht in Ansbach, der gewaltsame Tod *Peters des Jüngeren* in Wien und der Privatkrieg seiner Söhne gegen Augsburg: das alles hätte ausgereicht, um die Position der Egen in Stätzling unhaltbar zu machen. Dazu kam aber nun ein Rückfall ins 14. Jahrhundert. Die friedliche Epoche zwischen Augsburg und Bayern ging wieder einmal zu Ende.

Es begann damit, dass Kaiser *Friedrich III.* gegen die Schweizer militärisch vorging und die Reichsstädte aufforderte, ihm Zuzug zu leisten. Als daraufhin der Schwäbische Städtebund, den Ulm über die Zeit gerettet hatte, auf 30 Mitglieder anschwoll – auch Augsburg machte wieder mit –, trat ihm ein Fürstenbund unter Führung des Ansbacher Markgrafen *Albrecht Achilles* entgegen. Der zweite Städtekrieg (1449/50), der daraus entstand, ging zwar an Augsburg vorbei, die Städte waren aber am Ende wieder einmal die Verlierer. Ihr Bund fiel auseinander. In der Folge gab es nur noch regionale Allianzen, an denen sowohl Städte wie Fürsten beteiligt waren.

Elf Jahre später im Jahr 1461 sah sich Augsburg aber auf Druck des Kaisers in einen Reichskrieg gegen Herzog *Ludwig den Reichen* von Landshut hineingezogen. Der hatte in Erinnerung an den »Plan A« *Ludwigs des Strengen* die Reichsstadt Donauwörth

besetzt. Daraufhin verhängte der Kaiser die Acht über ihn. Als Vollstrecker diente derselbe Markgraf *Albrecht Achilles* von Ansbach, der schon den zweiten Städtekrieg angezettelt hatte. Der »Markgrafenkrieg« lief nach dem üblichen Muster ab. Die Dörfer im Umland Augsburgs gingen in Flammen auf. Die Mauern der Städte hielten stand. Zwischen zwei Belagerungen Augsburgs gelang *Ludwig dem Reichen* bei Giengen an der Brenz ein entscheidender Sieg. Nach dem Frieden von Prag musste er jedoch Donauwörth wieder herausrücken. Dafür beanspruchte er das bischöfliche Lechhausen und das ebenso bischöfliche Kissing samt Mergenthau. Beide wurden dem Friedberger Landgericht unterstellt. Für Kissing bedeutete das den Abschied vom Hochstift. Lechhausen hingegen, indem es zum vierten Amt des bayrischen Gerichts wurde, wechselte das Land. Damit war die letzte Lücke in der bayrischen Lechgrenze geschlossen. »Plan B« Ludwigs des Strengen war Wirklichkeit geworden.
Die Beschreibungen der Landgerichte Friedberg und Mering, die ja immer noch zwei verschiedenen Teilherzogtümern angehörten, verraten, dass die neue Westgrenze Bayerns auf der Höhe Augsburgs sogar jenseits des Lechs lag, ähnlich wie das auch zwischen Schongau und Landsberg der Fall war. Zwischen Haunstetten und dem Jakober Tor verlief sie in den Gerinnen dreier Bäche unmittelbar vor den Toren der Stadt. Erst weiter südlich bzw. weiter nördlich näherte sie sich dem Lech und überquerte ihn auf der Höhe des Gunzenlee bzw. am »alten Kalkofen« gegenüber Lechhausen. Das konnte den Augsburgern nicht gefallen. An den bayrischen Grenzmarken unmittelbar vor den Stadttoren stießen sie sich so lange, bis es 1558 gelang, sie nach Osten bis an das neue Lechgerinne heranzuschieben.[327] Die geheimen Verhandlungen wurden im Friedberger Schloss geführt. Als Vermittler zwischen der Stadt Augsburg und dem Herzog *Albrecht V.* wirkte *Hans Jakob Fugger*.
Der mehrmals sich erneuernde Schießkrieg am Lech mit Brand, Plünderung und Viehraub war inzwischen zu Streitigkeiten degeneriert, die sich mitten auf dem Fluss zutrugen. Es ging um das Lechwasser, mit dessen Sperrung man den Augsburgern empfindlich zusetzen konnte. Wie oben schon berichtet, hatte die Mutter *Konradins* 1246 Mering samt den Lechanstichen als Mitgift erhalten. Diese müssen von bayrischer Seite immer wieder manipuliert worden sein, denn König *Sigmund* verbriefte 1418 den Augsburgern das Recht, den Lechfluss »nach Frommen« zu benützen, auf ihm zu flößen, Bauten einzurichten und Hindernisse zu beseitigen.
Im Jahre 1457 verweigerte Herzog *Albrecht III.* von München die Einleitung von Lechwasser in die Stadt, es sei denn, man zahle ihm 2000 Gulden. Elf Jahre später, das war schon nach dem Markgrafenkrieg, ließ der Sohn des Münchners den Fluss mit Pfählen verrammen und blockierte damit die Flößerei. Offenbar hielt er den Lech, der nun streckenweise durch Bayern floss, für sein Eigentum. Die Augsburger reagierten damit, dass sie den Fluss weiter oben, wo er auch ein schwäbisches Ufer hatte, ihrerseits sperrten, so dass die Flöße auch Mering nicht mehr erreichen konnten.
Vier Jahre später ließen sich die Augsburger von Kaiser *Friedrich III.* (1440–1493) die Zusicherung geben, so viele Bäche abzweigen zu dürfen, wie sie für nötig hielten. Darauf schickte *Ludwig der Reiche* den Pfleger von Friedberg mit einer Streitmacht an den Lech. Sie nahmen den Arbeitern auf dem Ablass ihr Werkzeug weg und rissen die frisch aufgeschütteten Dämme ein. Der Streit ging bis vor den Kaiser, der mit seinem Vermittlungsversuch Erfolg hatte.
Die nächste Generation der bayrischen Herzöge drehte wieder ein größeres Rad. Her-

zog *Georg*, der Sohn *Ludwigs des Reichen* von Landshut und sein Münchener Kollege, Herzog *Albrecht IV.*, besannen wieder einmal des »Plans A«, der Gewinnung Ostschwabens. Es ist daran zu erinnern, dass beider Territorien an das begehrte Land grenzten, und es ist ihnen zugute zu halten, dass sie damit auch der Umklammerung durch die Habsburger entkommen wollten. Der Landshuter erwarb die halbe Grafschaft Kirchberg samt dem Schloss Illerzell und die Herrschaft Wullenstetten. Damit drang er bis zur Iller vor. Der Münchner trieb die Expansionspolitik so weit, dass er sich von dem in Innsbruck residierenden Erzherzog *Sigmund* im Mai 1487 die Verwaltung über alle vorderösterreichischen Gebiete übertragen ließ. *Sigmund* schickte sich sogar an, den beiden Herzögen diese Gebiete ganz abzutreten. Das hätte die Herrschaftsverhältnisse in Süddeutschland auf den Kopf gestellt. Doch der »Plan A« scheiterte ein letztes Mal am geschlossenen Widerstand der kleineren schwäbischen Reichsstände. Sie gründeten den Schwäbischen Bund, dem auch Augsburg beitrat.[328] Unterstützt wurden sie von Kaiser *Friedrich III.* und seinem erstmals in Oberdeutschland operierenden Sohn *Maximilian I.* (1486 König; 1493–1519 Kaiser).

Für die territorialen Ambitionen der bairischen Herzöge ist »der letzte Ritter« also kein Glücksfall gewesen. Umso hilfreicher war der Kaiser aber für Augsburg, das während der Ära Maximilian *(Aetas Maximiliana)* eine führende Rolle innerhalb der Reichspolitik spielte, ein Zentrum des Frühkapitalismus wurde und kulturell seinen wohl glanzvollsten Aufschwung nahm. Zu nennen sind die Reichstage in den Jahren 1500, 1510 und 1518, *Jakob Fugger*, der Finanzier des Kaisers, und nicht zuletzt der Ratsschreiber, kaiserliche Rat und Exponent des Augsburger Humanismus *Conrad Peutinger*, von dem oben schon einmal die Rede gewesen ist. Es gibt dafür zwar keine Belege, aber es darf angenommen werden, dass die Augsburger Pracht auch auf dem Lechrain nicht ohne Eindruck blieb, wenn es auch nur eine Starre der Bewunderung gewesen sein mochte. Mit dem Kaiser *Maximilian* ging das Mittelalter zu Ende. Augsburg rückte zwar ins Zentrum einer neuen Entwicklung, von der sich aber nicht sagen lässt, sie sei eine glückliche gewesen. Auch mit Reformation und Gegenreformation haben wir uns schon einmal beschäftigt (s. Besitzungen der Soldaten Christi).

In der Mitte des 16. Jahrhunderts – Herzog *Albrecht IV.* von München (1467–1508) hatte Bayern nach dem blutigen Landshuter Erbfolgekrieg (1503–1505) wiedervereinigt, und in Augsburg mündete die stürmische Epoche der Reformation in den Kompromiss des Religionsfriedens – in einer Zeit also, »als Frieden möglich war«,[329] schrammte man wegen des Lechwassers ein letztes Mal an einem Krieg vorbei. *Georg Fugger* und *Melichor Ilsung* hatten von Herzog *Albrecht V.* (1550–1579) die Genehmigung erhalten, oberhalb des Ablasses neue Wehrbauten zu erstellen. Entstanden war der Lochbach- und der Sebastiansanstich. Als die Augsburger wegen der Ostverlagerung des Lechs Kastenbauten in das Flussbett setzten, ohne eigens anzufragen, ließ ihnen der Herzog *Wilhelm V.* (1579–1597) ins große Wehr eine 18 Meter breite Öffnung brechen und gegen den Einlass hin einen 40 Meter langen Damm aufschütten. In den Augsburger Kanälen blieb daraufhin das Wasser ganz aus. Daraufhin boten die Augsburger 250 Arbeiter auf und zu ihrer Bedeckung 260 Schützen und 300 Söldner. Da gab der Herzog nach. Altersmilde gewährte er sogar das Holz für die Reparatur des Wehrs.

Frieden schien also tatsächlich möglich zu sein. So werden die Menschen in Augsburg und am Lechrain auf bessere Zeiten gehofft haben. Wie sollten sie die Gefahren erkennen, die sich in der zweiten Hälfte des 16. Jahrhunderts europaweit auftürmten? Vor allem hatte der Religionsfriede einen Webfehler, der aber zu den Bedingungen der Zeit ganz unvermeidlich war. Sein Motto *cuius regio eius religio* machte aus dem Konglomerat des Reiches ein Haifischbecken. Die Staaten wurden konfessionalisiert. Zur höchsten Pflicht jeglicher Obrigkeit wurde die Rettung der Seelen vor den »Ketzern« bzw. vor dem »Antichrist«. Was auch geschehen mochte, dieses hohe Ziel rechtfertigte alles.

Nach Beginn des 17. Jahrhunderts formierten sich die Blöcke. Auslöser war das obligate Interesse Bayerns an Ostschwaben. Als es 1607 in der Reichsstadt Donauwörth zu Unruhen kam, weil die katholische Minderheit eine Prozession mit wehenden Fahnen veranstaltete, verhängte der Kaiser *Rudolf II.* (1576–1612) die Reichsacht über die Stadt. Herzog *Maximilian* fand sich bereit, sie zu vollstrecken. Bayrische Truppen besetzten Donauwörth und sollten dort bis zur Bezahlung der Exekutionskosten bleiben. Die Folge war die Sprengung des »ewigen« Reichstages in Regensburg und die Bildung der protestantischen »Union« unter Führung der Kurpfalz mit Verbindung zu Frankreich, England und den Niederlanden. Im Jahr darauf schlossen sich unter *Maximilian* einige der altgläubigen Fürsten unter Anlehnung an Spanien in München zur »Liga« zusammen.

Zehn Jahre später löste die ambitionierte Politik der Union den 30jährigen Krieg aus. Das erste Jahrzehnt des Krieges ging noch verhältnismäßig glimpflich mit den Lechanwohnern um. Ab 1622 kam es wegen der Kipper- und Wipper-Inflation zur wiederholten Sperrung der Lechgrenze gegenüber Augsburg, eine Vorkehrung, die schon lange eingeübt worden war und nun zu einer chronischen Versorgungskrise in der Stadt führte. Zusammen mit der Pestepidemie von 1627, die eine schlecht ernährte Bevölkerung traf, bedeutete das eine empfindliche Dezimierung der unteren Schichten, die aber in einem religiös unterfütterten Fatalismus ertragen wurde.[330]

Das Jahr 1629 mit dem Restitutionsedikt Kaiser *Ferdinands II.* (1619–1637) markierte den Höhepunkt der kaiserlichen Macht. Das Reich sollte wieder katholisch werden, wobei Augsburg offenbar eine Musterrolle zugedacht war. Hatte es doch der Konfession der Protestanten den Namen gegeben. Gleichzeitig bedeutete das Jahr aber auch eine Wende. Von französischen Subsidien befeuert machte sich der Schwedenkönig *Gustav Adolf* auf den Weg, um eben diese Konfession zu retten. Der Glaubenskrieg im Heiligen Römischen Reich mauserte sich zu einem europäischen Machtkampf. Dem triumphalen Jahrzehnt Ferdinands und Maximilians folgte das Jahrfünft des Schwedischen Krieges.

Als der siegreiche »Löwe aus Mitternacht« am 20. April 1632 in Augsburg einzog und der kaiserlichen Besatzung freien Abzug gewährte, da befand auch er sich auf dem Höhepunkt seiner Macht. Doch drei Jahre später hatte sich das Blatt schon wieder gewendet. Für die lutherischen Augsburger und für die papistischen Lechrainbewohner brachte diese Zeit die furchtbarsten Leiden, die sich Menschen antun können. Es begann schon im Juli 1632, als die Schweden das Gemetzel, das ein bayrischer Obrist mit dem Namen *Kratz* an 140 schwedischen Besatzern in Friedberg angerichtet hatte, blutig rächten.[331] Die bayrische Herzogsstadt erlebte die schwärzeste Stunde in ihrer langen Kriegsgeschichte. Alles, was nicht geflohen war, wurde gnadenlos niedergehauen. Aus der Kirchentür floss das »Menschenblut auf die schaudervollste Art«. Und der Lechrain brannte.

Über zwei Jahre hinweg spielten sich dann auch auf dem Landstrich jene Szenen ab, die aus diesem Krieg im Gedenken der Nachgeborenen eine Fratze werden ließen.
Nach der Niederlage der Schweden bei Nördlingen, die ihnen eine kaiserlich-ligistisch-spanische Armee beigebracht hatte, stand den Katholiken wieder ganz Süddeutschland offen. Der nunmehrige Kurfürst *Maximilian* von Bayern war sich mit den Kaiserlichen darin einig, dass man Augsburg am ehesten wieder zu »schuldigstem gehorsam« bringen werde, wenn man es von der Lebensmittelzufuhr abschneide. Und so geschah es. Im Herbst 1634 wurde aus der Stadt »innerhalb ihrer geometrisch-idealen Fortifikation ein protestantisches Utopia inmitten einer feindlichen Umwelt«.[332]
Die Grenze am Lech nahm einen absoluten Charakter an. Zu einer abermaligen Pestwelle in der Stadt kam ein Winter unbarmherzigen Hungers, der sogar die Leiber der Lebendigen zu Gräbern der Toten machte, wie ein Chronist sich ausdrückt. Schmugglern, die Essbares in die Stadt bringen wollten, schnitten die kaiserlich-bayrischen Belagerer Nase und Ohren ab. Ein besonders rührendes Beispiel ist ein Bauernbub, der einige Lerchen gefangen hatte. Ihn hängten sie auf. Die Vögel befestigten sie zur Abschreckung an seinem Gürtel.
Im Februar schickten die Augsburger eine Delegation nach Leonberg ins Lager des kaiserlichen Generals *Gallas*. Der ließ sie sechs Tage warten, bis er zu einer Audienz bereit war. Am 28. März 1635 wurden die ersten Fuhrwerke mit Lebensmitteln in die geschundene Stadt gelassen. Der »Leonberger Rezess« verlangte die Wiederherstellung der Verhältnisse von 1629. Mit einem Unterschied: die Protestanten durften eine Kirche behalten. Bernd Roeck sieht darin ein erstes Indiz für das Zurücktreten der Dominanz des Religiösen.[333]
Die Lechgrenze zwischen dem Kurfürstentum Bayern und der Reichsstadt Augsburg erfuhr bis zu ihrer Auflösung im Jahre 1806 noch mehrmals kriegsbedingte Verschärfung. So im Spanischen Erbfolgekrieg (1702–1714), im Österreichischen Erbfolgekrieg (1742–1745) und 1796 im ersten Koalitionskrieg nach der Französischen Revolution. In der Regel wurden die beiden Lechbrücken abgebrochen.
Mit Ausnahme des Jahres 1796 waren die Baiern in all diesen Auseinandersetzungen mit Frankreich verbündet. Mag die Motivation dazu auch dynastischer Natur gewesen sein; im Grunde war immer auch das Bedürfnis vorhanden, Vorkehrungen gegen die Begehrlichkeit des Hauses Habsburg zu treffen. Nicht weniger als dreimal hatten die Österreicher München besetzt, und die Grenzstadt Friedberg hatte neunmal Bekanntschaft mit österreichischen Truppen machen müssen, wobei es nicht den Ausschlag gab, dass sie zweimal als »Freunde« dagewesen waren. In einem dieser Fälle hatten sie sich immerhin eine Kanonade auf die in der Stadt liegenden Franzosen geleistet. Und 1805 sei das Ziel der Kriegspartei in Wien sogar die Annexion ganz Bayerns gewesen, verriet der österreichische General *Mack*. Und so nimmt es denn nicht wunder, dass der Minister *Montgelas* Fühler nach Frankreich ausstreckte, kaum hatte Kurfürst *Max IV. Joseph* 1799 die Nachfolge *Karl Theodors* angetreten. 1801 kam es zum Vertrag. Als *Napoleon* 1805 gegen die dritte Koalition antrat, stand Bayern auf seiner Seite. Es sollte sich lohnen.
Die Auswirkungen der Säkularisation im Augsburger Raum und auf dem Lechrain sind oben schon beschrieben worden (s. geistliche Grundherrschaften). Was noch fehlt, sind die weitreichenden Konsequenzen, die sich aus dieser Bündnispolitik ergaben. In absteigender Reihenfolge waren das der Untergang des Heiligen Römischen Reiches

deutscher Nation, der Aufstieg Bayerns zum Königreich (König Max I. 1806–1825) und – für unser Thema von besonderer Bedeutung – die Verschiebung der Lechgrenze an die Iller. Schon 1797 hatte Montgelas betont, wie unerlässlich die Konzentration und Abrundung des wittelsbachischen Besitzes in Altbayern, Schwaben und Franken sei, um eine moderne Verwaltung ... und eine aktive Außenpolitik führen zu können. Nur eine solche Konzentration des Staatsgebietes gebe »allen unseren Untertanen ein gemeinsames Vaterland und ein einziges Interesse«.[334]

Nun war es soweit. Was die Wittelsbacher seit Ludwig dem Strengen immer wieder versucht hatten, die Hereinnahme Ostschwabens in den bayerischen Territorialstaat, war über Nacht Wirklichkeit geworden. Plan A war erfüllt.

Der neue Status wurde in drei Schritten erreicht. Der am 25. Februar 1803 ergangene Reichsdeputationshauptschluss mediatisierte vor allem die geistlichen Fürstentümer. Für Bayern führte das zu folgenden Veränderungen: Gleich dem schon erwähnten Hochstift Augsburg wurden die entsprechenden Gebilde um Würzburg, Bamberg und Freising vereinnahmt. Die Reichsabtei St. Ulrich und Afra kam in Gesellschaft mit den reichsunmittelbaren Klöstern von Kempten, Ebrach, Elchingen, Irsee, Kaisheim, Ottobeuren, Roggenburg, Söflingen, Ursberg, Waldsassen und Wangen zu Bayern. Und an ehemals freien Reichsstädten stießen Buchhorn, Bopfingen, Dinkelsbühl, Kaufbeuren, Kempten, Leutkirch, Memmingen, Nördlingen, Ravensburg, Rothenburg, Schweinfurt, Wangen, Weißenburg, Windsheim und Ulm samt ihren Territorien hinzu. In Verrechnung mit den Verlusten links des Rheins bedeutete das einen Zuwachs von 88 Quadratmeilen Land und 113 000 Einwohnern.

Der Friede von Pressburg nach dem dritten Koalitionskrieg von 1805 brachte zu Bayern die Hochstifte Eichstätt und Passau, die Reichsstädte Augsburg und Lindau, die Markgrafschaften Burgau und Ansbach, die Grafschaften Hohenems und Königsegg-Rothenfels, und im Tausch für die Hochstifte Würzburg und Salzburg das Land Tirol mit den Fürstbistümern Trient und Brixen. Dazu kamen noch sieben Herrschaften in Vorarlberg.

Die Rheinbundakte vom 12. Juli 1806 schließlich beseitigte die letzten Lücken im neuen bayrischen Staatsgebiet. Die 16 deutschen Fürsten, die sie unterzeichneten, erhielten das Recht, die in ihrem Bereich liegenden kleineren Reichsstände und Reichsritterschaften zu mediatisieren. Für Bayern bedeutete das die Vereinnahmung der Herrschaften derer von Schwarzenberg, Hohenlohe, Oettingen, Fugger und Thurn und Taxis. Weiter hatten die Grafen von Castell, Pappenheim, Schönborn, Buxheim und Sinzendorf (beide bei Memmingen), Stadion (Thannhausen), Ortenburg und Lobkowitz-Sternstein nunmehr ein bayrisches Vaterland. Zum Schluss traten auch noch die Deutschordenskomtureien Rohr und Waldstetten hinzu, die Heerstraße von Kempten nach Lindau und *last but not least* die Reichsstadt Nürnberg, die damit wie ihre Schwestern aufhörte, eine Reichsstadt zu sein.

Den Plan *Napoleons*, den Rheinbund zu einem zentralistischen Bundesstaat auszubauen, vereitelten die neuen süddeutschen Königreiche durch zähe Verweigerung. Sie strebten nach voller Souveränität. Nur so war eine aktive Außenpolitik im Sinne von *Montgelas* möglich. Als Kaiser *Franz II.* am 6. August 1806 nicht ohne Nachhilfe *Napoleons* die Kaiserkrone niederlegte, da verzichtete er eigentlich nur auf eine Form, die längst ihres Inhalts beraubt war.

Epigramm

Es war die politische Grenze, die von einer letzten gewaltigen Welle bis an die Iller gespült wurde und am Lech nun plötzlich fehlte. Das war für beide Seiten gewöhnungsbedürftig. Der Stadt Augsburg wurde mit ihrer Mediatisierung und mit dem Untergang des Reiches der Boden ihres Selbstverständnisses entzogen. Das daraus sich entwickelnde Trauma hat sie bis heute nicht überwunden. Es wird wieder spürbar, wenn neuerdings die Vision von *Greater Munich* auftaucht, oder wenn Bernd Roeck am Ende seiner Stadtgeschichte die Erwartung äußert, es werde ihr schon noch ein wenig Zukunft beschieden sein.

Auf der herüberen Seite des Lechs hielten sich die Emotionen in Grenzen. In Friedberg wird Erleichterung zu spüren gewesen sein und bei den Bauern eine gewisse Schadenfreude gegenüber den »Pfeffersäcken«. Die waren nicht immer glimpflich mit ihren Lieferanten umgegangen.

Es gab aber auch ganz konkrete Folgen. So wurde der bayrische Mautinspektor *Joseph Graf Boischotte d'Erps*, der bisher in Hochzoll Dienst getan hatte, nach Salzburg versetzt, kam aber wieder zurück und war zuletzt Kreis-Oberzollinspektor in Augsburg. Es war derselbe, der 1792 eine Schwester des letzten Grafen Deuring geheiratet hatte und 1816 das Gut Stätzling erbte. Dort wurde er in eine Affäre hineingezogen, welche so gar nicht zu der Mär von den obrigkeitsfrommen Baiern passen will.

Der »Erbsengraf« musste gegen den unerhörten Gleichheitswahn seiner Bauern kämpfen. Sie wollten nicht einsehen, dass der Schlossherr über der Gemeinde stand und der einzige war, der seine Schafe auf die Weide treiben durfte. Dabei machten sie den Fehler, dass sie ihr Recht suchten, wo es um eine Machtfrage ging.[335] Die schon bald einsetzende Restauration raubte ihnen die letzte Chance. Aber sie hatten ihren Freiheitswillen wenigstens eindrucksvoll demonstriert. Auf dem Höhepunkt der Auseinandersetzung hatte ihr Rädelsführer sogar noch eins draufgesetzt. Es war der Ortsvorsteher *Thomas Zeitler*, ein vom Grafen als »Bauernkönig« geschmähter Weber von antiherrschaftlicher Penetranz. Als er im Juni 1816 Vater eines Sohnes wurde, ließ er die Landwehr antreten, teilte gefüllte Patronen aus und feierte den Buben auf dem Weg zur Kirche und zurück mit dreimaligem Musketenfeuer. Das war unerhört. Der örtliche Patrimonialrichter schäumte.

Dieses Aufbegehren war aber nicht symptomatisch für die Mentalität der Lechrainbewohner. Am ehesten hätte man so etwas noch in Friedberg erwarten können, in einer Stadt also, deren Bewohnern man heute noch Bürgerstolz verbunden mit Tatkraft und Zuversicht nachsagt.[336]

Die Haltung der ländlichen Lechrainbewohner fiel denn auch schon bald wieder auf das gewohnte Muster zurück. Es ähnelt jenem, das in dem Fünfeck vorherrscht, aus dem Bayern vor Napoleon bestand. Der Altbaier, wie der dort wohnende Menschenschlag genannt wird, habe ein kontemplatives Naturell, heißt es. Er ziehe das Beharren der Tat vor, das Abwarten der Entscheidung, das Manöver dem Kampf. Naiver Illusionist, der er sei, weil er die Welt wie auf einer Bühne sieht, werde ihm auch das eigene Leben zum Schauspiel, in dem er angesichts aller Maßlosigkeit und Abstraktion leicht in ein traumhaft Tatenloses versinke.[337]

Die Lechrainbewohner zählen zwar auch zu den Altbaiern.[338] Zu ihren oberbayerischen Verwandten gibt es jedoch einige feine Unterschiede. Hinter dem Saum der

Lechleite sind die Gegensätze etwas milder. Und vor allem steht am Ende nicht das traumhaft Tatenlose. Wo der Oberbayer in Wurschtigkeit versinkt, hegt der Lechrainer Gewissheiten, wie zum Beispiel die, dass nicht jeder Fortschritt auch ein Gewinn sein muss. Wenn er einmal nichts tut, dann ist das nicht lasziv zur Schau getragene Resignation, sondern durch Zuversicht untermauerte Saumseligkeit. Der Lechrainer vertritt damit einen alten Typus, der seit kurzem wieder gefragt ist.[339]/[340]

Wer Ohren hat zu hören, für den ist auch die Sprache am Lechrain etwas Besonderes. Das beginnt schon mit dem Wortschatz. Das Wort »Schmankerl« beispielsweise kommt einem Lechrainer wohl kaum über die Lippen. Dafür verwendet er alamannische Residuen so natürlich, dass Zweifel an ihrer Authentizität gar nicht erst aufkommen können. Ganz zu schweigen von einigen urwüchsigen Vokalen, die einzigartig sind und sich jeder schriftlichen Fixierung entziehen.

Es handelt sich bei dieser Sprache um die Schöpfung einer mündlichen Kultur, die den Wörtern, wenn sie nur lakonisch genug daherkommen, eine Eindringlichkeit verleiht, die jeder Verschriftlichung spottet. Die bedauernswerten Männer, die es im 19. Jahrhundert unternommen haben, der Jugend am Lechrain das Schreiben beizubringen, hatten keine Ahnung, worauf sie sich einließen. Es war nicht nur das Ärgernis, dass sie die Kinder von der Arbeit fernhielten, das ihrem Ansehen bei den Bauern so zusetzte. Sie kämpften auch gegen eine jahrhundertealte Lebensform, die zum Selbstverständnis der Lechrainer gehörte. Im Wort »Lehrer« kommt auch heute noch eine Herablassung zum Ausdruck, die aber nur nachvollziehen kann, wer den ersten Vokal auszusprechen in der Lage ist. Davon gibt es nicht mehr viele.

Mein letzter Versuch, etwas vom Wesen der Lechrainbewohner mitzuteilen, ist eine kleine selbsterlebte Geschichte. Sie hat die Form eines Limericks und bietet eine Kostprobe des oben eingeführten Dialekts. Ihr Kern ist ein Zwiegespräch, das kürzeste meines Lebens. Es besteht nur aus zwei Wörtern mit drei Silben, die, wenn man ihnen nur lange genug nachlauscht, so eindringlich sind, als hätte sie ein Druide gesagt. Dabei ist das erste Wort das einzige im Epigramm, das nicht aus dem Dialekt stammt. Das zweite dafür umso mehr, auch wenn man es der Schriftform nicht ansieht. Der durch das »H« unterbrochene Selbstlaut »A« muss nämlich extrem hell ausgesprochen werden. Ebenso wie das »A« in *Maala* und *Raala*, wo diese Besonderheit durch eine Verdoppelung angedeutet wird.

Im Nachhinein und als Probe aufs Exempel, nehme ich die beiden Wörter auch noch anderweitig in Anspruch. Das erste Wort lässt sich nämlich stellvertretend für das vorliegende Buch verwenden, und das zweite könnte eine Bestätigung für seine Rezeption sein. Die letzte Zeile schließlich setzt auf lechrainische Weise dem Ganzen ein Ende, in das ich mich demütig füge.

Es muss im Frühsommer 1947 gewesen sein. Wie jeden Tag bin ich von der Oberrealschule an der Hallstraße kommend, einem staatlichen Gymnasium, das im ehemaligen Augsburger Katharinenkloster beheimatet ist, mit dem Fahrrad von Lechhausen nach Stätzling unterwegs. Genealogisch bin ich zwar ein Altbaier und am Lechrain aufgewachsen. Aber auch die alte Augusta ist mir vertraut. »*Fundamenta linguae latinae*« heißt ein Buch in meiner Mappe. Und es sind erst drei Jahre vergangen, seit ich miterleben musste, wie die »*Schdood*« im Bombenhagel der Alliierten wieder einmal am Ende zu sein schien. Das verbindet.

An der »Grenze«, die schon seit 1912 nicht mehr am Lech liegt, kommt mir ein Paar entgegen, das im Unterschied zu mir so eindeutig ist, dass es auch als eine Allegorie des Lechrains durchgehen könnte. Das Mädchen kenne ich, es ist die *Liegl Auna,* die Tochter eines Stätzlinger Landwirts. Und im Vorbei:

> *So, sagg vom Raala ro da Bua.*
> *Aha, moat deis Maala mitara Kuah.*
> *Oana gfohrn und zwea glouffa,*
> *sou hom si si drouffa*
> *und gschnowat hom dia grod gnua.*

Anmerkungen

1. Die Hauptbeteiligten waren der Archäologe Manfred Korfmann, der Althistoriker Frank Kolb (beide Tübingen) und der Homer-Forscher Joachim Latacz (Basel). Latacz zog schließlich Bilanz: Das Epos spiele in »geschichtlicher Kulisse«, während die Archäologie Skelette finde, liefere die Ilias nun »das Fleisch, das sich gestaltgebend um die Knochen legt«. (Spiegel Nr. 21, 2004).
2. Stadtbuch Friedberg 1991, S. 254.
3. Stadtbuch Friedberg 1991, S. 96; Otto Schneider hatte im übrigen schon in dem 1967 erschienenen Buch »Der Landkreis Friedberg« (S. 72) unter Berufung auf die Gräberfunde die Vermutung geäußert, die Ingen-Orte im Landkreis seien im Laufe des 7. Jahrhunderts gegründet worden.
4. Es sind hier nicht Bürger der antiken Weltstadt gemeint, sondern Menschen mit einer Haltung, die an römische Tugenden erinnert. Als historische Beispiele seien Conrad Peutinger, Leopold Mozart und Christian F. Daniel Schubart genannt. Zeitgenossen sind Lothar Bakker und Gernot Römer. Nicht zu vergessen die *pedites singulares,* die sich mit römischen Legionären identifizieren.
5. Lothar Bakker: Kastell und Markthalle, Ausgrabungsergebnisse in Augusta Vindelicum. Arch. Jahr Bayern 1993, S. 87 ff.
6. Schriftlich ist dieser Name erst ab der zweiten Hälfte des 2. Jahrhunderts mehrmals bezeugt. Für die andere Form des Namens *Augusta Vindelicorum,* den die Humanisten des 16. Jahrhunderts bevorzugten, gibt es nur eine Quelle. Weitere römische Namen sind *Municipium Aelium Augustum, Augustana* und *Augusta Vindelicensis.* Im Text wird die römische Stadt einfach die *Augusta* genannt.
7. Karlheinz Dietz, Wolfgang Czysz: Die Römer in Bayern, Stuttgart 1995, S. 202.
8. Nach dem zeitgenössischen Historiker Cassius Dio.
9. Karl Christ: Geschichte der Römischen Kaiserzeit, 2. Auflage, Beck 1992, S. 243 ff.
10. Karl Christ, a.a.O., S. 350.
11. Die Stuttgarter Historikerin Nina Willburger in einem Universitätsvortrag. AZ 28. Juni 2002.
12. Katalog des Rheinischen Landesmuseums 1992: Römische Gläser, Prospekt über Augsburger Ergänzungen 2001.
13. Andreas Bendlin, Jörg Rüpke, Anne Viola Siebert: Axt und Altar, Kult und Ritual als Schlüssel zur römischen Kultur, Erfurt 2001, S. 9 ff.
14. Wolfgang Zorn: Augsburg – Geschichte einer europäischen Stadt, 4. Auflage, Augsburg 2001.
15. Jochen Grabsch: Die Markomannenkriege, in: Die Römer in Schwaben, Arbeitsheft 27, Bayer. LA für Denkmalpflege, 1985, S. 238.
16. Reste des Kastells wurden im Jahre 2004 im Annahof gefunden. Die Legio III Italica hat auch nach ihrem Abzug im 4. Jahrhundert an der nördlichen Via Claudia Stellung bezogen. (Dietz/Fischer, Die Römer in Regensburg 1996).
17. Karl Christ, a.a.O., S. 332 ff.
18. Cassius Dio nach Karl Christ, a.a.O., S. 622.
19. Hinweis ist ein Grabmal (Römisches Museum), auf dem eine Großmutter und eine Mutter den Tod des Vaters und dreier Söhne (Alter 13 Jahre, 11 Jahre und 17 Monate) beklagen.
20. Lothar Bakker: Der Siegesaltar zur Juthungenschlacht von 260 n. Chr., in: Antike Welt 1993/4.
21. Karlheinz Dietz: Die Provinz Rätien im 4. n. Chr., in: Die Römer in Schwaben, Arbeitsheft 27 des Bayer. Landesamtes für Denkmalpflege, S. 257 ff.
22. Hartwin Brandt: Das Ende der Antike, München 2001, S. 15.
23. Hans Freyer: Weltgeschichte Europas, 3. Auflage Darmstadt 1969, S. 365.
24. Alfred Weber: Kulturgeschichte als Kultursoziologie, München 1951, S. 189.
25. Erna und Hans Melchers: Das große Buch der Heiligen, München 8. Auflage 1985, S. 176 ff.
26. Im Jahre 1064, als Afra heiliggesprochen wurde, fand sich ein Sarkophag mit den mutmaßlichen Gebeinen der Heiligen. Vera Schauber, Hans Michael Schindler: Die Heiligen im Jahreslauf, Augsburg 1990, S. 407 f. Hubert Raab hat in seiner 2004 erschienen Schrift (St. Afra im Felde, Schriften des Heimatvereins Friedberg 3) sowohl die Afra-Legende ausführlich beschrieben als auch die einschlägige Literatur erschöpfend aufgeführt.
27. Lothar Bakker in einer Broschüre zur Ausstellung römischer Gläser »Transparenz und Farbenspiel« im Römischen Museum, Februar 2002.
28. Marcus Trier: Die frühmittelalterliche Besiedlung des unteren und mittleren Lechtales nach archäologischen Quellen, Diss. Bonn 1990, S. 201.
29. Hans Freyer, a.a.O., S. 367.

30 Karl Christ, a.a.O., S. 762.
31 Hartwin Brandt, a.a.O., S. 38.
32 Karlheinz Dietz, a.a.O., S. 260.
33 Hartwin Brandt, a.a.O., S. 52.
34 Hartwin Brandt, a.a.O., S. 66.
35 Rutilius Namatianus im frühen 5. Jahrhundert nach Hartwin Brandt, a.a.O., S. 76.
36 Bernhard Schimmelpfennig: Das Papsttum, 4. Auflage, Darmstadt 1996, S. 41.
37 Georg Scheibelreiter, Die barbarische Gesellschaft, Mentalitätsgeschichte der europäischen Achsenzeit 5.–8. Jahrhundert, Darmstadt 1999.
38 Karlheinz Dietz: Das Ende der Römerherrschaft in Rätien, in: Die Römer in Schwaben, S. 288.
39 Volker Babucke, Lothar Bakker u. Andreas Schaub: Archäologische Ausgrabungen im Museumsbereich, in: Das Diözesanmuseum St. Afra in Augsburg, Augsburg 2000, S. 105 f. Bestätigt wird dieser Befund durch den Friedhofsabschnitt am Kitzenmarkt, in dem »christliche Romanen« in Spätantike und Frühmittelalter bestattet wurden. (Lothar Bakker: Das archäologische Jahr in Bayern 2001).
40 Wolfgang Zorn, a.a.O., S. 64. Vermutlich hat auch das Bistum ohne Unterbrechung weiter bestanden.
41 Lothar Bakker: Augsburg in spätrömischer Zeit, in: Geschichte der Stadt Augsburg, Stuttgart 1984, S. 78.
42 Hans-Jörg Kellner: Die Römer in Bayern, München 1971, S. 195.
43 Lorenz Scheuenpflug: Geologie und Hydrologie, in: Stadtbuch Friedberg s. Anm. 2.
44 Das gilt besonders für die Beschäftigung mit den Siedlungen.
45 Helmut Barthel nach einem Bericht der Friedberger Allgemeinen vom 17. August 2005.
46 Hubert und Gabriele Raab: Schmiechen und Unterbergen, Augsburg 1988, S. 28.
47 Helmut Stickroth: Vorgeschichte, in: Stadtbuch Friedberg, s. Anm. 2, S. 46.
48 Gerhard Herm: Die Kelten, das Volk, das aus dem Dunkel kam, Reinbek 1977, S. 100.
49 Gerhard Herm, a.a.O., S. 111.
50 Augsburger Allgemeine vom 26. September 2002.
51 Augsburger Allgemeine vom 26. November 2003.
52 Spiegel Nr. 33, 9.8.2004.
53 Reinhard Schmoeckel: Die Indoeuropäer, Aufbruch aus der Vorgeschichte, Bergisch Gladbach 1999, S. 366.
54 Hilke Hennig – Hans Peter Uenze – Stefan Wirth, Vorzeit am Lechrain, Grabfunde der Bronze- und Eisenzeit in Friedberg, Schriften des Heimatvereins Friedberg 2, 2004.
55 Gerhard Herm, a.a.O., S. 140, und Reinhard Schmoekel, a.a.O., S. 280, widersprechen sich.
56 Max Anneser, Kühbach, in: Der Altlandkreis Aichach, Aichach 1979, S. 251.
57 Otto Schneider, Funde und Dokumente aus der Vor- und Frühgeschichte, in: Der Landkreis Friedberg, S. 59.
58 ZHVS, Jg. 22, Augsburg 1895, S. 10.
59 Hilke Hennig, s. Anmerk. Nr. 54, S. 18.
60 Hans-Jörg Kellner, a.a.O., S. 13.
61 Gerhard Herm, a.a.O., S. 156.
62 Helmut Stickroth, a.a.O., S. 60.
63 Hans Peter Uenze, Funde aus der Keltenzeit von Sand, in: Altbayern in Schwaben, Landkreis Aichach-Friedberg 1984–1987.
64 Christian Meier, Caesar, Berlin 1982, S. 40.
65 Gerhard Herm, a.a.O., S. 181.
66 Stuart Piggott, The Druids, London 1968.
67 Caesar, De bello gallico VI.
68 Jean Markale, Die Druiden, München 1989, S. 71–120.
69 Jean Markale, a.a.O., S. 169.
70 Auch die Kirche St. Afra im Felde soll inmitten einer keltischen Kultanlage stehen. Die Zweifel an dieser Auffassung hat Hubert Raab 2004 mit der ironischen Bemerkung quittiert, es dürfe weiter gerätselt werden.
71 Hans-Jörg Kellner in: Die Römer in Bayern, Stuttgart 1995, S. 14.
72 Hans-Jörg Kellner, a.a.O., S. 15.
73 Gerhard Herm, a.a.O., S. 172.
74 Hans J. Schmid, Oberschneitbach, in: Der Altlandkreis Aichach, Aichach 1979, sieht die hohe Zeit des Grubet um 800 n. Chr. Auch Hans Frei legt das Grubet ins Frühmittelalter.
75 Hans-Jörg Kellner, Die Römer in Bayern, München 1971, S. 15.
76 Sabine Rieckhoff, Frühe Germanen in Südbayern, in: Das Keltische Jahrtausend, Mainz 1993, S. 241.
77 Karlheinz Dietz in: Die Römer in Bayern, Stuttgart 1995, S. 27.
78 Siegmar v. Schnurbein, Nachleben in römischer Zeit, in: Das keltische Jahrtausend, Mainz 1993, S. 248.
79 Karlheinz Dietz, a.a.O., S. 93.
80 Hans F. Nöhbauer, Die Bajuwaren, München 1976, S. 67.
81 Hans F. Nöhbauer, a.a.O., S. 176.
82 D. Timpe, nach Karlheinz Dietz, a.a.O., S. 42.

83　Werner Heinz, Reisewege der Antike, Stuttgart 2003.
84　Wolfgang Czysz, Der antike Straßenbau in Westrätien, in: Die Römer in Schwaben, Arbeitsheft 27, Bayer. Landesamt für Denkmalpflege, 1985, S. 135.
85　Werner Heinz, a.a.O., S. 39.
86　Wolfgang Czysz, Die römische Kaiserzeit, in: Stadtbuch Friedberg, Augsburg 1991, S. 69.
87　Diese Straße ist erst seit kurzem nachgewiesen (Mitteilung durch Wolfgang Czysz).
88　Wolfgang Czysz, a.a.O., S. 74.
89　Wolfgang Czysz, Römerstraße mal drei, Prospekt der Bayer. Landesamtes für Denkmalpflege 2003.
90　Notiz bei den Fundlisten des Landesamtes für Denkmalpflege (Nachlass Ohlenschlager).
91　Die Brücke stand gegenüber dem heutigen Gänsbühl.
92　Dafür spricht auch die vorläufige Datierung der zahlreichen Funde dort, wie Terra sigillata aus der mittleren Kaiserzeit etc.
93　Christoph Röring, Römische Wagenbronzen aus Augsburg, in: Augsburger Beiträge zur Archäologie, Sammelband 2000, S. 43 ff.
94　Vom 20. Mai bis 5. Juni 2003 hat Helmut Becker vom Landesamt für Denkmalpflege die Stätzlinger Angerwiese untersucht (Erdwiderstandsmessung). Der Verfasser hat ihm dabei assistiert. Anzeichen für eine massive Bebauung sind dabei nicht gefunden worden, dafür Strukturen, die von der römischen Achbrücke stammen könnten.
95　Wolfgang Czysz, a.a.O.
96　Siedlungsreste aus der römischen Kaiserzeit mit Funden, die bis in die frühe Neuzeit reichen. Der schönste ist eine silberne Distelfibel mit aufgenietetem Bügelfeld und Goldplattierung auf dem Fuß.
97　Wolfgang Czysz, Die ältesten Wassermühlen, Thierhaupten 1998, S. 45.
98　Jürgen Schmid u.a., Phaffencelle, eine Karolingisch-ottonische Siedlung bei Affing-Pfaffenzell, in: ZHVS, 89. Band 1996, S. 14.
99　Otto Schneider, Funde und Dokumente aus der Vor- und Frühgeschichte, in: Der Landkreis Friedberg, Friedberg 1967, S. 67.
100　Gabriele Sorge, Die Villa am Hang, Römisches Landleben an der Friedberger Lechleite, Schriften des Heimatvereins Friedberg, Friedberg 2001.
101　Nur die beiden Millionenvillen des 20. Jahrhunderts auf der Lechleitenkante bei Wulfertshausen können da mithalten.
102　Franz Weber, Zur Vor- und Frühgeschichte des Lechrains, ZHVS, Jg. 22, 1895, S. 24.
103　Nach den Fundlisten des Landesamtes für Denkmalpflege/Schwaben.
104　Jochen Grabsch, Ein römischer Ziegelfußboden aus dem Umland der Provinzhauptstadt Augsburg, in: Bayer. Vorgeschichtsblätter (BVbl) 51, 1986, S. 341 f.
105　B. Kainath, Die römische Villa in Unterbaar, in: BVbl 63, 1998, S. 111–162.
106　In Königsbrunn wurde ein Mithräum ausgegraben.
107　Thomas Fischer, in: Die Römer in Bayern, Stuttgart 1995, S. 368.
108　Wolfgang Czysz, in: Die Römer in Bayern, Stuttgart 1995, S. 238.
109　Wolfgang Czysz, Die spätrömische Töpferei und Ziegelei von Rohrbach im Landkreis Aichach-Friedberg, BVbl Jg. 49, 1984, S. 215–256.
110　Doris Ebner, Die spätrömische Töpferei und Ziegelei von Friedberg-Stätzling, Lkr. Aichach-Friedberg, in: BVbl, Jg. 62, 1997, S. 115–219.
111　Doris Ebner liefert die Belege, a.a.O., S. 129 f.
112　Rupert Zettl, lechauf – lechab, Augsburg 2001. Der Nördliche Lech, Hrsg. Naturwiss. Verein für Schwaben, Augburg 2001.
113　Pankraz Fried, Zur Entstehung und frühen Geschichte der alamannisch-baierischen Stammesgrenze am Lech, in: Augsburger Beiträge zur Landesgeschichte Bayrisch Schwabens, Bd. 1, S. 65–67.
114　Die schriftlichen Quellen zur Eroberung des Alpenvorlandes stammen von dem griechischen Geographen Strabo, von Velleius Paterculus und dem Augustus-Biographen Sueton. Der einzige, der einen Bericht gibt, ist der im 3. Jahrhundert schreibende Cassius Dio. (nach Karlheinz Dietz).
115　Nach dem Titel eines Berichts über den »Maler des Lechs« Johann Mutter und eine Ausstellung seiner Bilder in Landsberg, von Klaus-Dieter Heinrich in der Augsburger Allgemeinen vom 26. Juli 2003.
116　Marcus Triers Dissertation (siehe Anm. 28) ist 2002 vom Bayerischen Landesamt für Denkmalpflege als Band 84 in Kallmünz herausgegeben (Marcus Trier II) und durch einen Band »Tafeln« ergänzt worden.
117　Volker Bierbrauer (s. Anm. 138) hat a.a.O. in einer Fußnote auf die Vorarbeiten von Thomas Vogt zu der bewussten Dissertation hingewiesen.
118　Fedor Schneider, Mittelalter bis zur Mitte des 13. Jahrhunderts, Darmstadt 1967, S. 29.
119　Volker Bierbrauer, Zu den Vorkommen ostgotischer Bügelfibeln in Raetia II, in: BVbl 36, 1971.
120　Horst W. Böhme, Zur Bedeutung des spätrömischen Militärdienstes für die Stammesbildung

der Bajuwaren, in: Die Bajuwaren, Von Severin bis Tassilo 488-788, Gemeinsame Landesausstellung Rosenheim/Mattsee, 1988, S. 23-37.
121 Fedor Schneider, a.a.O., S. 32.
122 Vgl. Joachim Fernau, Disteln für Hagen, Bestandsaufnahme der deutschen Seele.
123 Cassiodor, Variae 2,40 und 41, 1-3.
124 Frank M. Ausbüttel, Theoderich der Große, Darmstatt 2003, S. 126.
125 Bartholomäus Eberl, Die Niederlassung der Alemannen und Bayern auf rätischem Boden, In: Das schwäbische Museum, Augsburg 1929, S. 25.
126 Cassiodor, Variae 3,50.
127 Frank M. Ausbüttel, a.a.O., S. 81.
128 Wolfgang Zorn, a.a.O., S. 67.
129 Arno Rettner, siehe Anmerkung 142. Danach sei Augsburg nicht nur während der restaurativen Herrschaft Theoderichs die Hauptstadt Raetiens gewesen, sondern auch unter den Franken. Von Garibald bis zu Theodo hätten auch die duces Bajuvariorum in Augsburg residiert, was wohl nicht konsequent genug ist, wenn man bedenkt, dass dieser Titel erst seit dem 8. Jahrhundert belegt ist. Wie wäre es, wenn man bei dem dux Raetiarum verbliebe? Freilich müsste dann die Geschichte des ersten Stammesherzogtums der Agilolfinger umgeschrieben werden.
130 Nordendorf und das nicht weit entfernte Schretzheim sind Siedlungen, die später auch Thüringer und Langobarden aufgenommen haben.
131 Ursula Koch, Alamann. Gräber der ersten Hälfte des 6. Jhs. in Südbayern, in: BVbl 34, 1969, S. 162-193.
132 Ursula Koch, Die alamannische Landnahme, in: Die Römer in Schwaben, Augsburg 1985, S. 497.
133 Wolfgang Hübener, Siedlungskontinuität und Bedeutungswandel im Augsburger Raum, in: JVABG 1984, S. 177.
134 Die Tragödie des Boethius und seines Onkels Symmachus war eine Folge dieser Zuspitzung.
135 Der byzantinische Historiker Agathias.
136 Brief Theudeberts an Kaiser Justinian, hg. v. Wilh. Gundlach, MGH, Epist. 3, 1892, S. 132 f.
137 Volker Babucke, Nach Osten bis an den Lech, in: Die Alamannen, Stuttgart 1997, S. 256.
138 Volker Bierbrauer, Alamannische Besiedlung Augsburgs und seines näheren Umlandes, in: Geschichte der Stadt Augsburg, Stuttgart 1984, S. 94.
139 Volker Babucke, Ausgrabungen im frühmittelalterl. Reihengräberfeld von Pforzen, in: ZHVS 1993, S. 7 ff.
140 Volker Babucke, Andreas Büttner, Die Frau im Baum - ein frühmittelalterlicher Baumsarg aus Thierhaupten, in: Das archäologische Jahr in Bayern 2003.
141 L. Steinberger, Die historische Staatlichkeit der bayerischen Lande (eine bayerngeschichtliche Auseinandersetzung mit Karl Bosl) Broschüre Uni-Bibliothek Augsburg.
142 Arno Rettner, Von Regensburg nach Augsburg und zurück - Zur Frage des Herrschaftsmittelpunkts im frühmittelalterlichen Bayern, in: Centre - Region - Periphery; Medieval Europe Basel 2002.
143 Nach Paulus Diaconus.
144 Erich Zöllner, Die Herkunft der Agilolfinger, in: Zur Geschichte der Bayern, Darmstadt 1965, S. 108.
145 M. Doeberl, Entwicklungsgeschichte Bayerns, Bd.I, S. 30.
146 Rudolf Reiser, Die Agilolfinger, Pfaffenhofen 1985, S. 60.
147 MGH Auct. Antiqu. 4,2.
148 MGH Auct. Antiqu. 4,368.
149 J. Zibermayr, Noricum, Baiern und Österreich, 1944/1956.
150 Richard Koebner, Venantius Fortunatus, Seine Persönlichkeit und seine Stellung in der geistigen Kultur des Merowingerreiches, Leipzig 1915, Hildesheim 1973.
151 Die Erwähnung einer fortlebenden Verehrung des hl. Valentin in einer Kirche des Inntals weist eher auf die Route der Via Claudia.
152 Kurt Reindel, Die politische Entwicklung, in: Handbuch der bayerischen Geschichte, hrsg. Max Spindler, 1981, Bd. 1, S. 103.
153 Fedor Schneider, a.a.O., S. 77.
154 Richard Koebner, a.a.O., S. 9.
155 Richard Koebner, a.a.O., S. 49.
156 Mehrere Autoren sind schon auf die »Reisebeschreibung« hereingefallen, unter ihnen Marcus Trier, der in seiner oben genannten Dissertation auf Seite 90 schreibt: »Vermutlich folgte der Dichter von Augsburg der Via Claudia, überquerte bei Reutte, südlich von Füssen den Lech und zog weiter in Richtung Innsbruck.«
157 Gregor von Tours, Hist. IV, 27.
158 Die beiden aufeinander folgenden Historiker der Zeit Gregor von Tours und der sog. Fredegar zeigen allerdings gewisse Vorlieben. Der eine schildert Fredegunde so negativ, wie der andere Brunechilde. Auch schieben sie den jeweils Benachteiligten Morde in die Schuhe, die in Wirklichkeit vom Adel begangen wurden.
159 Das sind die Stammväter der Karolinger.
160 Fredegar, Chronik IV, 42.
161 Der wichtigste Beleg dafür ist eine Bestäti-

gungsurkunde *Friedrichs I. (1152–1190)* vom 27. November 1155 für den Konstanzer Bischof Hermann, in der die Grenzen zwischen den Bistümern Konstanz und Augsburg »gemäß einer Verfügung *Dagoberts*« festgelegt sind. Nach F. Zoepfl, W. Volkert (Hrsg.), Die Regesten der Bischöfe und des Domkapitels von Augsburg, Bd. 1, 1959, S. 1 ff.

162 Fredegar SS rer. Mer. II, 154 f.

163 Heinrich Dannenbauer, Bevölkerung und Besiedlung Alamanniens in der fränkischen Zeit, in: Zur Geschichte der Alamannen, Darmstadt 1975, S. 91–120.

164 Ernst Klebel, Zur Geschichte des Herzogs Theodo, in: Zur Geschichte der Bayern, Darmstadt 1965, S. 195: Der hl. Romedius habe nach einer im 13. Jh. verfassten Legende den Augsburgern seinen Besitz Absam östlich von Innsbruck vermacht.

165 Wolfgang Zorn, a.a.O., S. 73.

166 Lothar Bakker, Merowingerzeitliche Klerikergräber von Augsburg, in: S. Anm. 41, S. 296 ff.

167 Walter Berschin, Am Grab der heiligen Afra, in: JVABG 1982, S. 116, charakterisiert die »Notgrabung« dadurch, dass »im Zeichen des Baggers« nur das Wichtigste geborgen wurde. Dazu kam, dass die Überbleibsel in einem Institut für Anthropologie das Opfer einer Brandstiftung wurden.

168 Ernst Klebel, Zur Geschichte der christlichen Mission im schwäbischen Stammesgebiet, in: ZwürttLG 17 1958, S. 159–162.

169 Friedrich Zoepfl, Das Bistum Augsburg und seine Bischöfe im Mittelalter, Augsburg 1955.

170 Dagobert, so ist vermutet worden, habe Bischöfe zuweilen zusätzlich mit der Grafschaft ausgestattet, das habe einigen von ihnen unter dem Hausmeier Ebroin das Leben gekostet. (Ernst Klebel, Zur Geschichte des Herzogs Theodo, in: Zur Geschichte der Bayern, Darmstadt 1965, S. 179) – Noch der erste 1046 genannte Augsburger Burggraf Tuco ist bischöflicher Funktionsträger gewesen. (Georg Kreuzer, Augsburg als Bischofsstadt unter den Saliern und Lothar III., in: Geschichte der Stadt Augsburg 1984).

171 Karl Bosl, Forsthoheit als Grundlage der Landeshoheit, in: Zur Geschichte der Bayern, Darmstadt 1965, S. 448.

172 Diese neue Vorliebe steht in Analogie zu einer anderen, der 1300 Jahre später die Regensburger ihre Bevorzugung gegenüber Augsburg zu verdanken hatten, als es um den bayrischen Vorschlag einer Kandidatin als Weltkulturhauptstadt ging.

173 Fredegar, Chron. IV 72, S. 157.

174 Wilhelm Störmer, Das Herzogsgeschlecht der Agilolfinger, in: Die Bajuwaren, Ausstellungskatalog 1988, S. 149.

175 In der Literatur über die Agilolfinger geistert die Vermutung, dass es einen zweiten noch früheren Theodo gegeben habe. Nach Ernst Klebel sind die Theodonen sogar bis auf 7 angewachsen. Wenn das zutrifft, wäre der Beginn der bajuwarischen Überlagerung noch früher anzusetzen.

176 Kurt Reindel, a.a.O., S. 158.

177 Gertrud Diepolder, Aschheim im frühen Mittelalter, München 1988, S. 163.

178 Wilhelm Störmer, Schäftlarn, Murrhardt und die Waltriche des 8. und 9. Jahrh., in: ZHVS 1965, S. 47–81.

179 Nach Gertrud Diepolder, a.a.O.

180 Wilhelm Störmer, s. Anm. 174, S. 148; Rudolf Reiser, a.a.O., S. 128 f, bezweifelt die Abstammung Odilos von dem Alamannenherzog und weist ihn als Sohn Theodos aus.

181 Das Schlachtfeld wird entweder bei Apfeldorf/Epfach (Riezler) oder auf dem Lechfeld (Barthel Eberl) gesucht.

182 MGH Concilia 1906, Nr. 7, S. 51 ff.

183 Diese Grenzbeschreibung arbeitet mit den Namen zweier Orte, die es zu dieser Zeit noch nicht gegeben hat, ein Kunstgriff, den wir weiter unten noch mehrmals anwenden müssen.

184 Im Norden unseres Landstrichs siedelten die Alamannen schon im 6. Jahrhundert bis zum Donauried. Im Süden folgten sie im selben Jahrhundert ihren Vorfahren über den Lech, wie umgekehrt der bajuwarische Landesausbau gegen das Gebirge bis Marktoberdorf vordrang. Dort ist also eine Überlappung der Siedlungsbewegungen festzustellen.

185 Marcus Trier II, S. 282.

186 Die Siedlungstypen werden in einem gleich bleibenden Raster dargestellt, der die Aufnahme der Ortsnamen ermöglicht.

187 Marcus Trier hat das in seiner Dissertation erschöpfend getan.

188 Marcus Trier II, S. 322.

189 Helmut Stickroth, Stadtbuch Friedberg, S. 43.

190 Marcus Trier II, S. 238.

191 Marcus Trier hat wohl in der Annahme, in Stätzling habe es nur eine »Kiesgrube« gegeben, den Fund in die südlichste von neun Sandgruben verlegt und damit eine Entfernung von 400 Metern zum heutigen Ortskern angenommen. In Wirklichkeit liegt der Fundort unmittelbar am südlichen Ortsende unter der heutigen Turnhalle. Also wäre – bei konsequenter Anwendung der Regeln – der hypostasierte Friedhof der Ortsfriedhof gewesen, und der Name Stätzling die ursprüngliche Bezeichnung der alamannischen Siedlung.

192 Lore Grohsmann, Die Ortsnamen des Landkreises Friedberg in Schwaben, Diss. München 1956, S. 97.
193 Martin Schallermeir, Königshof Mering und der Gunzenlé, Hrsg. Marktgemeinde Mering 2004, S. 110.
194 Erich Unglaub, Der Gunzenlé, in: Kissing, Geschichte und Gegenwart, Augsburg 1983, S. 26–34.
195 Wolfgang Zorn, a.a.O., S. 73: »Der Hügel trug den Namen Gunzenlé, Hügel, vielleicht Grabhügel eines Gunzo, welchen Namen auch ein 613 erwähnter Alamannenherzog führte.« Max Anneser (Sedelhöfe des frühen Mittelalters im Landkreis Aichach-Friedberg, in: Altbayern in Schwaben, 1975, S. 80 ff) spricht von dem Grabhügel des Alamannenkönigs Gunzo aus dem 6. Jh.
196 Dieter Geuenich, Zwischen Loyalität und Rebellion, Die Alamannen unter fränkischer Herrschaft, in: Die Alamannen, Begleitband zur Ausstellung, Stuttgart 1997, S. 204 ff.
197 Barthel Eberl, Die Ungarnschlacht auf dem Lechfeld (Gunzenlé) im Jahre 955, Augsburg Basel 1955 (Schriftenreihe des Stadtarchivs Augsburg, Heft 7).
198 Kurt Reindel, a.a.O., S. 119.
199 Marcus Trier II, S. 282. Auf der Liste stehen auch ältere Siedlungen mit Ortsfriedhöfen auf der linken Seite des Lechs. Auf diese mag die Vermutung zutreffen.
200 Die Erstnennungen entstammen mehr oder weniger unmittelbar den Arbeiten von E. Wallner, s. Anm. 205 und die Ortsnamen des Bezirks Aichach, in: Das Grubet, Bd. 3 (1927) und 4 (1928), sowie L. Grohsmann, Die Ortsnamen des Landkreises Friedberg, Diss. München 1956.
201 Rudolf Wagner, Regensburger Besitz um die Täler von Paar und Glonn im frühen und hohen Mittelalter, in: Altbayern in Schwaben, Hrsg. Landkreis Aichach-Friedberg 1977/78, S. 71.
202 Alois Weissthanner, Die Traditionen von Schäftlarn, München 1953, Nr. 141.
203 Ernst Klebel, Bayerische Siedlungsgeschichte, in ZBLG 15/2/1949.
204 Regesta Boica, Band 10, S. 134.
205 Eduard Wallner, Altbairische Siedlungsgeschichte in den Ortsnamen der Ämter Bruck, Dachau, Freising, Friedberg, Landsberg, Moosburg und Pfaffenhofen, München 1924.
206 Max Anneser, Sedelhöfe des frühen Mittelalters im Landkreis Aichach-Friedberg, in: Altbayern in Schwaben 1975, S. 89.
207 Dieter Hägemann, Karl der Große, Berlin – München, 3. Auflage Januar 2001, S. 263.
208 Wilhelm Liebhart, Aindling, in: Der Altlandkreis Aichach, Aichach 1979, S. 51 ff.
209 Th. Bitterauf, Die Traditionen des Hochstifts Freising, Bd. 1, München 1905, 493 f, Nr. 576 a.
210 Walter Pötzl, Kultgeographie des Bistums Augsburg II, Die Patrozinien in den ehemaligen Landkapiteln Bayermünching, Friedberg, Aichach und Rain, in: JVABG 10. Jahrgang 1976, S. 70–114.
211 Nach: Der Altlandkreis Aichach, Beiträge zur Ortsgeschichte, Aichach 1979.
212 Max Anneser, Die Wittelsbacher und ihre Dienstmannen im Aichacher Land, in: Toni Grad, Die Wittelsbacher im Aichacher Land, Denkschrift zur 800-Jahrfeier des Hauses Wittelsbach, Aichach 1980.
213 Barthel Eberl, Die bayerischen Ortsnamen als Grundlagen der Siedlungsgeschichte, München 1925, S. 88.
214 Josef Niedermaier in seiner Geschichte Lechhausens, Stadtarchiv Augsburg.
215 Otto Riedner, Besitzungen und Einkünfte des Augsburger Domkapitels um 1300, in: Archiv für die Geschichte des Hochstifts Augsburg, 1. Band, 1909–1911, S. 66 f.
216 Marcus Trier II, S. 297.
217 Gottfried Mayr, Bemerkungen zu den frühen kirchlichen Verhältnissen im Aichacher Raum, in: Altbayern in Schwaben, 1979/80, S. 71 ff.
218 Erich Zöllner, Der bairische Adel und die Gründung von Innichen, in: Zur Geschichte der Bayern, Hrsg. Karl Bosl, Darmstadt 1965, S. 143.
219 Die Radikalität der Handlung kommt m.E. in dem abgeleiteten Verb »ausrotten« noch einmal zum Ausdruck.
220 Unter Freiheit sei hier ein Zustand verstanden, der eine ältere Bindung losgeworden ist. Die zahlreichen »Freiheiten« in der Literatur sind hypothetisch und können hier nicht erörtert werden.
221 MG SS XVII, S. 615 ff (Nach Karl Bosl s.o.).
222 Capit. ecclesiast. a 818, 819, c. 7 (Nach Josef Kulischer, Allgemeine Wirtschaftsgeschichte des Mittelalters und der Neuzeit, Bd. 1, Oldenbourg/München 1965).
223 Nach Gertrud Diepolder, Grundzüge der Siedlungsstruktur, in: Die Bajuwaren (Katalog), 1988, S. 177.
224 Friedberger Allgemeine vom 27. April 2005 und vom 9. September 2005.
225 Marcus Trier II, S. 285.
226 Sebastian Hiereth, Politische Territorial- und Verwaltungsgeschichte, in: Der Landkreis Friedberg, Friedberg 1967, S. 76.
227 Hubert Raab, Das verwunschene Schloss im

Altholz, in: Altbayern in Schwaben 2001, Hrsg. Landkreis Aichach-Friedberg.
228 Im ehemaligen Landkreis Aichach sind Wüstungen weniger bekannt.
229 Wilhelm Liebhart, Die Reichsabtei St. Ulrich und Afra zu Augsburg, Diss. 1980, S. 367.
230 Max Zinterer, Stätzling, in: Stadtbuch Friedberg, Friedberg 1991, S. 266.
231 Sebastian Hiereth, Die Landgerichte Friedberg und Mering (HAB, Teil Schwaben, Heft 1), München 1952, Gertrud Diepolder, Das Landgericht Aichach (HAB, Teil Altbayern, Heft 2), München 1950.
232 Otto Riedner, Besitzungen und Einkünfte des Augsburger Domkapitels um 1300, in: Archiv für die Geschichte des Hochstifts Augsburg 1909–1911.
233 Wolfgang Zorn, a.a.O., S. 79.
234 Wolfgang Zorn, a.a.O., S. 81.
235 Wolfgang Zorn, a.a.O., S. 82 u. 84.
236 Wilhelm Liebhart, Zur mittelalterlichen Klostervogtei in Schwaben und Bayern am Beispiel von St. Ulrich und Afra, in: Aus Schwaben und Altbayern, Festschrift für Pankraz Fried, Augsburger Beiträge zur Landesgeschichte Bayr. Schwabens, Bd. 5, S. 169 f.
237 Eduard Wallner, s. Anmerkung 205; Kürzlich wurde dieser Gedankengang abgelehnt (v. Reitzenstein 1996).
238 **Hofgrößen**:

	$1/1$ Hof	$1/2$ Hof	$1/4$ Hof	$1/8$ Hof	$1/16$ Hof	$1/32$ Hof
	Hof, Gut	Hufe	Lehen	Bausölde	Leersölde	Leerhäusl
lat.	curia, predium	hoba	feudum	curtile		
	12–36	3,5–16	5–8,5	2–10	Hektar	

239 Jürgen Schmid u.a., Phaffencelle, eine karolingisch-ottonische Siedlung bei Affing – Pfaffenzell, in: ZHVS Bd. 89, 1996, S. 7–49.
240 Thomas Zotz, Die Formierung der Ministerialität, in: Die Salier und das Reich, Sigmaringen 1991, Band 3.
241 Johannes Laudage, Gregorianische Reform und Investiturstreit, Darmstadt 1993.
242 Wolfgang Zorn, a.a.O., S. 179.
243 Karl Brandi, Deutsche Geschichte im Zeitalter der Reformation und Gegenreformation, München 1969, S. 144.
244 Wolfgang Zorn, a.a.O., S. 244.
245 Werner Altmann/Thomas Felsenstein (Hrsg.), Zu wessen Nutz und Frommen?, Die Säkularisation in Augsburg 1802–1803, Augsburg 2003.
246 Eberhard Weis, Die politischen Rahmenbedingungen zur Zeit der Säkularisation, in: Glanz und Ende der alten Klöster, Kat. München 1991.
247 Rudolf Wagner, Pfarrei und Deutschordenshaus Aichach, in: Die Wittelsbacher im Aichacher Land, Festschrift 1980, S. 67–94.
248 Wilhelm Liebhart, Die Reichsabtei St. Ulrich und Afra zu Augsburg (1006–1803), Diss. 1980 – Der Großgrundbesitz des Klosters Altomünster um Mering und Friedberg, in: Altbayern in Schwaben 2004, Hrsg. Landkreis Aichach-Friedberg.
249 Ausgewertet wurden für die Darstellung u.a. die ihrerseits auf zahlreichen Salbüchern fußenden: Lore Grohsmann, s. Anmerk. 192, und Der Altlandkreis Aichach, Aichach 1979.
250 Der gesamte hochstiftische Besitz um 810 umfasste 1006 von Freien bebaute Güter, 35 unbebaute Freihufen, 421 von Leibeigenen bewirtschaftete Güter und 45 unbebaute Leibeigengüter (Verzeichnis der Fahrhabe und Güter des Inselklosters Staffelsee), nach Friedr. Zoepfl, Das Bistum Augsburg und seine Bischöfe im Mittelalter, Augsburg 1955, Bd. 1, S. 43.
251 Arthur Vierbacher (Hrsg.), Lechhausen, Lebensbilder aus Vergangenheit und Gegenwart, Augsburg 1985.
252 Im 14. Jahrh. hatten sowohl der Priester Hainrich von Stetzlingen im Stift einen Jahrtag (14. Mai) wie auch sein Bruder Ott und dessen Wirtin Adelhait (17. Nov.).
253 Otto Riedner, a.a.O.
254 Überlassungsvertrag zw. Conz Gämel und St. Ulrich und Afra über einen Hof in Wulfertshausen auf Leibrecht 1454, Schäzlersches Hausarchiv, Akt Stätzling.
255 Sandau, das Huosikloster bei Landsberg, ist nach der Ungarnnot nicht wieder aufgebaut worden.
256 Wilhelm Liebhart nimmt sich hauptsächlich dieser Gruppe an.
257 Wilhelm Liebhart, Todtenweis, in: Der Altlandkreis Aichach, Aichach 1979, S. 456.
258 Wilhelm Störmer, Die Hausklöster der Wittelsbacher im westl. Oberbayern, in. Festschrift Aichach 1980.
259 Offenbar verdankte er dieser Hilfe für den König Heinrich V. die Markgrafenwürde.
260 Das näher gelegene Reformkloster Rottenbuch verschmähte er, weil es die Welfen als Vögte hatte.
261 Wilhelm Volkert, Staat und Gesellschaft, in: Handbuch der bayerischen Geschichte, Bd. 2, S. 562.
262 Franz Kurowski, Der Deutsche Orden, München 1997, S. 17.
263 Ein Pionier der humanistischen Geschichtsschreibung ist Sigismund Meisterlin mit seiner Chronik 1457.
264 Max Zinterer, Und der Wind bläst immerdar, FA 4. November 1981.
265 Auf dem Lande bekannt durch seinen »Canisi« genannten Kathechismus.

266 Bernd Wißner, Kulturschätze im Wittelsbacher Land, Augsburg 2005.
267 Winfried Müller, Die Säkularisation und ihre Folgen, in: Bayern ohne Klöster, München 2003, S. 239 ff.
268 Helmut Maurer, Confinium Alamannorum, über Wesen und Bedeutung hochmittelalterlicher »Stammesgrenzen«, in: Historische Forschungen für Walter Schlesinger, Köln 1974, S. 150–161.
269 Heinz Fischer, Als die Bajuwaren kamen, Landsberg 1974, S. 270.
270 Pankraz Fried, Anmerk. 113, S. 47.
271 Werner König, Der Nördliche Lech als Sprachgrenze, in: Der Nördliche Lech, Augsburg 2001, S. 46.
272 Clement Jäger, Von Ankunft des uralten adeligen Geschlechts der Herren Rehlinger, jeziger Zeit in Augsburg 1559, Staatsbibliothek Augsburg, S. 8 und 9.
273 Wilhelm Liebhart, Das Aichacher Land und seine Geschichte, in: Der Altlandkreis Aichach, Aichach 1979.
274 Helmut Rischert, Die Burgen von Dasing, 2006; Die Herren von Adelzhausen und ihre Burgen, in: Altbayern in Schwaben 2004.
275 Derselbe, Die Turmhügel Rehling bei Unterach, in: Altbayern in Schwaben 2002.
276 Derselbe, Die verschwundene Burg Stumpfsberg bei Sielenbach, in: Altbayern in Schwaben 2001.
277 Friedrich Prinz, Die innere Entwicklung …, in: Hrsg. Max Spindler, Handbuch der Bayerischen Geschichte, Band 1, München 1981, S. 406.
278 Über den Augstgau existieren nur drei Belege, und zwar für die Jahre 760, 888 und 1078.
279 Bartel Eberl, Die Niederlassung der Alemannen und Bayern auf rätischem Boden, in: Das Schwäbische Museum, Augsburg 1929, Sebastian Hiereth, Politische Territorial- und Heimatgeschichte, in: Der Landkreis Friedberg, 1967, S. 75. Pankraz Fried, siehe Anm. 113.
280 Sebastian Hiereth, a.a.O.
281 Kurt Reindel, a.a.O., S. 239. Dieser fränkische Gau ist zu unterscheiden von den späteren bayrischen Grafschaften, von denen viele an die Wittelsbacher gefallen sind.
282 Pankraz Fried, Bayerisch Schwaben, Grundzüge der geschichtlichen Entwicklung, München 1992.
283 Wolfgang Zorn, a.a.O., S. 97.
284 Die Grafen von Diessen und späteren Herzöge von Andechs-Meranien (ab 1182) waren als vierte Familie die schärfsten Rivalen der Wittelsbacher. Ihre Herrschaft reichte von Wolfratshausen bis an den Lech.
285 Fedor Schneider, Mittelalter, Darmstadt 1967, S. 346.
286 Hubert Raab, Die Anfänge von Burg und Stadt, in: Stadtbuch Friedberg, Friedberg 1991, S. 108.
287 Stefan Weinfurter (Hrsg.), Die Geschichte der Eichstätter Bischöfe, Regensburg 1987: Der Anonymus von Herrieden berichtet bereits für das Jahr 1054, der Eichstädter Bischof Gebhard habe die ganz dem Raube ergebenen Scheyrer in die Schranken gewiesen.
288 Sebastian Hiereth, Politische Territorial- und Verwaltungsgeschichte, in: Der Landkreis Friedberg, S. 81.
289 Günther Flohrschütz, Wittelsbacher Ministerialen im Aichacher Raum, Vortrag in Aichach am 25. 4. 1980.
290 Wilhelm Störmer, Die Hausklöster der Wittelsbacher im westlichen Oberbayern, Sonderdruck aus der Festschrift, Aichach 1980, S. 40.
291 Theodor Mayer, Friedrich I. und Heinrich der Löwe, Darmstadt Nachdruck von 1957, S. 37.
292 Fedor Schneider, a.a.O., S. 378.
293 Vorbild könnte sein Vater gewesen sein, der schon 1182 der ererbten Grafschaft Dachau einen Landrichter vorsetzte.
294 Wilhelm Liebhart, a.a.O., S. 20 (Anmerkung 273).
295 Monumenta Boica, Band 22, München 1814, S. 144.
296 Wolfgang Stürner, Friedrich II, Teil 1, Darmstadt 1992, S. 40.
297 Max Spindler/Andreas Kraus, Ludwig II. im Dienste des Reichs, in: Handb.d. bayr. Gesch., Bd. 2, S. 81.
298 Sebastian Hiereth, Politische, Territorial- und Verwaltungsgeschichte, in: Der Landkreis Friedberg, 1967.
299 Pankraz Fried, Augsburg unter den Staufern, in: Gesch. der Stadt Augsburg, Stuttgart 1984, S. 130.
300 Max Spindler/Andreas Kraus, a.a.O., S. 79.
301 Konradins jugendlicher Freund, Friedrich von Österreich, der mit ihm sterben musste, vermachte den wittelsbachischen Herzögen seinen ganzen Erbbesitz in Österreich.
302 Bernd Roeck, Geschichte Augsburgs, München 2005, S. 65.
303 Nach dem Histor. Atlas v. Bayern (Landgerichte Friedberg und Mering) kam Mering schon 1214 an die Wittelsbacher.
304 Für die Augsburger zählte die Stadt von nun an zum Erbfeind (Roeck).
305 Im Gegensatz zu den schwäbischen Ingen-Orten sind die Namen auf bayrische Weise abgeschliffen.

306 Nach Sebastian Hiereth, a.a.O., S. 85.
307 Wolfgang Brandner, 700 Jahre Schneitbacher Einung, in: Altbayern in Schwaben 2002, S. 29–39.
308 Karl Bosl, Die historische Staatlichkeit, in: Zur Geschichte der Bayern, Darmstadt 1965, S. 663.
309 Wilhelm Liebhart, a.a.O., S. 22.
310 BayHStA. Ger. Lt. Friedberg 9/1.
311 Lore Grohsmann, a.a.O.
312 Kurzzeitig ging der Gerichtsbezirk sogar noch darüber hinaus. Max Zinterer, Stätzling, a.a.O. S 265.
313 Heinz Angermeier, Vereinigung und Ausgreifen Bayerns, in: Handbuch d. bayer. Gesch., Bd. 2, S. 178.
314 Pankraz Fried, Schwaben in der bayerischen Geschichte, in: Altbayern in Schwaben 4, 1976, S. 7–23.
315 Bernd Roeck, a.a.O., S. 82.
316 Theodor Straub, Die Auflösung der politischen Einheit, in: Handbuch d. Bayer. Gesch. Bd.2, S. 236.
317 Jean Markale, Isabeau de Baviere, München 1994, S. 18.
318 Theodor Straub, a.a.O., S. 246.
319 Von Hubert Raab im Friedberger Stadtbuch minutiös beschrieben, S. 132 ff.
320 Weitere fast gleiche Gedenksteine finden sich in Lauingen (1413), Schrobenhausen (1414), Wasserburg (1415), Rain am Lech (1417), Aichach (1418) und Schärding (1429). Der von Kufstein (1415) ist verloren gegangen, der von Ingolstadt nur noch ein Fragment.
321 Hubert Raab, a.a.O., S. 141, Anm. 27, nennt Fundstellen, die von einer Einnahme der Burg berichten.
322 Rolf Kießling, Augsburgs Wirtschaft im 14. und 15. Jahrhundert, in: Geschichte der Stadt Augsburg, Stuttgart 1984, S. 177.
323 Als Rat Kaiser *Friedrichs III.* (1440–1493) wurde er 1462 von den rebellischen Wienern übel zugerichtet und 1483 unter der Schwelle seines Hauses in Wiener Neustadt meuchlings ermordet. (Nach Wolfgang Zanetti, Der Friedenskaiser, Herford 1985 und Paul v. Stetten d. J., Geschichte der adeligen Geschlechter in der freyen Reichsstadt Augsburg, 1762).
324 Siehe auch: Christine Reinle: Dr. Ulrich Riederer, ain Aichacher Niederadeliger im Dienst von Herzog Ludwig dem Gebarteten und Kaiser Friedrich III., in: Aichacher Heimatblatt 43 (1995).

325 Nach Hubert Raab, a.a.O., S. 139.
326 Paul von Stetten d. J., a.a.O., S. 57 ff.
327 Bartel Eberl, Die Ungarnschlacht auf dem Lechfeld, Augsburg/Basel 1955, S. 139.
328 Nicht zu verwechseln mit dem Schwäbischen Städtebund. 1496 trat Augsburg wieder aus.
329 Das war das Motto einer Augsburger Ausstellung zur 450-Jahr-Feier des Religionsfriedens.
330 Bernd Roeck, Als wollt die Welt schier brechen, München 1991.
331 Friedberger Heimatblätter 1950, S. 40.
332 Bernd Roeck, a.a.O., S. 268.
333 Bernd Roeck, a.a.O., S. 279.
334 Eberhard Weis, Die neue Regierung ..., in: Handbuch der Bayerischen Geschichte, Bd. 4, S. 15.
335 Max Zinterer, Freiheit, Gleichheit, Blumbesuch, Der Stätzlinger Schafweidprozess: Ländlicher Wellenschlag der bürgerlichen Revolution, FA 21. August 1987.
336 Nach einem Prospekt der Stadt Friedberg von 2005.
337 Franz Hugo Mösslang, Deutschland deine Bayern, Reinbek 1971.
338 Aus der Augsburger Perspektive wird sogar manchmal der Lechrain als Altbayern bezeichnet. So, wie es der Name jenes seit 1975 in Aichach erscheinenden Periodikums auszudrücken scheint: »Altbayern in Schwaben«.
339 Peter Sloterdijk, Kritik der zynischen Vernunft, Frankfurt 1983, S. 939.
340 Es mag bezweifelt werden, ob man von der heutigen Bevölkerung am Lechrain so pauschal sprechen kann. Ist sie nicht im letzten Jahrhundert ähnlich wie nach dem 30jährigen Krieg stark verändert worden? Aber wir meinen in erster Linie auch nur die Alteingesessenen. Andererseits sind die Entwurzelten, die nach dem Zweiten Weltkrieg gekommen sind, längst integriert, ebenso wie die Zuzüge aus Tirol und Schwaben nach dem 30jährigen Krieg. An letztere erinnern heute auch nur noch Hausnamen, wie Schwobbauer (in Stätzling, Gebenhofen, Adelzhausen und Petersdorf), unterer Schwob oder Außerschwob. Es ist zu bedenken, dass nicht nur der Mensch seine Umwelt verändert, sondern dass umgekehrt auch diese auf ihn einwirkt. Die Neusiedler der 70er Jahre sind vielleicht nur noch nicht angekommen. Erste Symptome lechrainischer Saumseligkeit lassen jedoch hoffen.

Glossar

Auxiliartruppen	Hilfstruppen
Dependenzen	Niederlassungen
Enthusiast	Schwärmer
Ethnogenese	Stammesbildung
Foederaten	Verbündete
Fortifikation	Befestigung
habituell	gewohnheitsmäßig
Heterogenität	Verschiedenheit
Kampagne	Unternehmung
Konglomerat	Gemisch
kontemplativ	beschaulich
Kriterium	Prüfstein
Option	Anwartschaft
Pendant	Gegenstück
Penetranz	Hartnäckigkeit
Peripherie	Randgebiet
Phalanx	Schlachtreihe
Prinzipat	Herrschaftsform römischer Kaiser, abgelöst vom Dominat
Provenienz	Herkunft
Rezeption	Aufnahme
Rigorosität	Strenge, Rücksichtslosigkeit
Spolie	entfremdeter Römerstein
Stimulanzien	Reizmittel
Subsidien	Hilfsgelder
Symbiose	Zusammenleben zu gegenseitigem Nutzen
Synkretismus	Vermischung verschiedener Religionen
Utopia	erdachtes Land in idealem Zustand
Vicus	dorfähnliche Ansiedlung

Danksagung

Kaum etwas ist mir beim Schreiben dieses Buches vertrauter gewesen als das Gefühl, auf den Schultern anderer zu stehen. Außer den Autoren der verwendeten Literatur verdanke ich einem besonders viel. Es ist Franz Schnabel, mein Lehrer an der Ludwig Maximilians Universität in München. Auf ihn hat mitten im II. Weltkrieg der Historiker und Präsident der Britischen Akademie J. H. Clapham hingewiesen mit der Bemerkung: He is a German, whom I would gladly meet. Ob dieser Wunsch in Erfüllung gegangen ist, weiß ich nicht. Ich habe das Glück gehabt.
Unmittelbar geholfen haben mir zwei Archäologen. Der eine ist Volker Babucke, der mich auf Arno Rettner hinwies und es verstand, meine Sensibilität für die Tücken des Stoffes zu schärfen. Wolfgang Czysz versorgte mich mit Ergebnissen seiner Forschung und ließ mich an den Ressourcen des Landesamtes für Denkmalpflege teilhaben.
Besonderer Dank gebührt auch Lothar Bakker, dem Althistoriker und unerschrockenen Kämpfer für die Augsburger Stadtarchäologie, er hat den römischen Teil sorgfältig gegengelesen. Lesend hilfreich waren auch Rudolf Wagner, der bewährte Historiker des Aichacher Landes und Michael Friedrichs, der Lektor des Verlags. Auch meine Frau Karin gehört zu dieser Gruppe. Sie war nicht nur die erste Leserin, sondern hat auch mit bewundernswerter Geduld einen Mann ertragen, der über drei Jahre hinweg kaum ein anderes Thema kannte.
Schließlich haben einige Mäzene das Buch erst möglich gemacht. Von MdL Reinhard Pachner auf unnachahmliche Weise vermittelt, haben drei Friedberger Firmen ihr kulturelles Engagement bewiesen. Es handelt sich um das Einrichtungshaus Segmüller, die Eisenhandlung Christian Knieß und die Bauunternehmung Franz Lindermayr im Stadtteil Derching. Die Augsburger Perspektive wird vertreten von der Stadtsparkasse Augsburg, den Lechwerken und dem Autohaus Still (Honda). Letzteres besitzt in Lechhausen eine Filiale, in der neben den technischen und ästhetischen Aspekten ein lebhaftes Interesse an der Geschichte der Vorstadt zu entdecken ist. Dass schließlich zwei Heimatvereine mit ins Boot gestiegen sind, ist nicht so selbstverständlich, wie man meinen möchte. Was den Verein in Mering anlangt, bin ich Maria Kretschmer verbunden. Und die sowohl frühe wie auch kräftige Unterstützung durch den eigenen Verein verdient ebensolchen Dank.

Friedberg-Stätzling, im November 2006　　　　　　　　　　　　　　　　　Max Zinterer

Bildnachweis

	Bildnummer
Geschichte der Stadt Augsburg, Stuttgart 1984	1, 34
Wolfgang Zorn, Augsburg ..., Augsburg 2001	2, 4, 5
Die Römer in Schwaben, Katalog 1985	3, 19, 33, 37, 38
Marcus Trier, Die frühmittelalterliche Besiedlung des unteren und mittleren Lechtals nach archäologischen Quellen, Kallmünz 2002	6, 35, 42–45, 48–54
Stadtbuch Friedberg, Friedberg 1991	7–10, 14, 40, 41, 56
Der Landkreis Friedberg, 1967	11, 59, 60
Das keltische Jahrtausend, Katalog 1993	12
Altbayern in Schwaben, 1984–87, 2002	13, 57
Die Römer in Bayern, Stuttgart 1995	15, 20
Wolfgang Czysz, diverse Unterlagen	16, 17, 47, 55
Augsburger Beiträge zur Archäologie 2000	18
Gabriele Sorge, Villa am Hang, Friedberg 2001	21–24
Bayerische Vorgeschichtsblätter 62 u. 34	25, 26, 32, 34
Die Bajuwaren, Katalog 1988	27–29, 31, 36
Rupert Zettl, lechauf – lechab, Augsburg 2001	30
Unser Bistum Augsburg	39
Landesamt für Denkmalpflege (Fundlisten)	46
Aichach bey Wittelsbach, Augsburg 1999	58

Literatur

A Einzeldarstellungen

Althoff, Gerd: Heinrich IV. Darmstadt 2006

Altmann/Felsenstein: Zu wessen Nutz und Frommen, Die Säkularisation in Augsburg, 2003

Ausbüttel, Frank M.: Theoderich der Große, Darmstadt 2003

Bendlin, Andreas u.a.: Axt und Altar ... Erfurt 2001

Bitterauf, Th.: Die Traditionen des Hochstifts Freising, Bd. 1, München 1905

Brandi, Karl: Dt. Gesch. im Zeitalter d. Reformation und Gegenreformation, München 1969

Brandt, Hartwin: Das Ende der Antike, München 2001

Caesar: De bello gallico VI

Christ, Karl: Geschichte der römischen Kaiserzeit, München 1992

Csendes, Peter: Heinrich VI., Darmstadt 1993

Czysz, Wolfgang: Die ältesten Wassermühlen, Thierhaupten 1998

Czysz, Wolfgang: Römerstraße mal drei, Prosp.d. LA f. Denkmalpflege 2003

Diepolder, Gertrud: Aschheim im frühen Mittelalter, München 1988

Dietz/Fischer: Die Römer in Regensburg, 1996

Eberl, Bartel: Die bayerischen Ortsnamen als Grundlagen der Siedlungsgesch., München 1925

Feldmann, Karin: Herzog Welf VI. und sein Sohn, Diss. Tübingen 1971

Fernau, Joachim: Disteln für Hagen, Bestandsaufnahme der deutschen Seele, München 1966

Fischer, Heinz: Als die Bajuwaren kamen, Landsberg 1974

Freyer, Hans: Weltgeschichte Europas, Darmstadt 1969

Fried, Pankraz: Bayerisch Schwaben, Grundzüge der geschichtl. Entwicklung, München 1992

Grohsmann, Lore: Die Ortsnamen des Landkreises Friedberg, Diss. München 1956

Hägermann, Dieter: Karl der Große, Herrscher des Abendlandes, Berlin/München 2000

Hartig, M.: Das Benediktiner-Reichsstift St. Ulrich und Afra in Augsburg, Augsburg 1923

Hartmann, Martina: Aufbruch ins Mittelalter, Die Zeit der Merowinger, Darmstadt 2003

Heinz, Werner: Reisewege der Antike, Stuttgart 2003

Hennig/Uenze/Wirth: Vorzeit am Lechrain, Heimatverein Friedberg 2, 2004

Herm, Gerhard: Die Kelten, das Volk, das aus dem Dunkel kam, Reinbek 1977

Hipper, Richard: Die Urkunden des Reichsstifts St. Ulrich und Afra in Augsburg, 1923

Hoensch, Jörg K.: Kaiser Sigismund, München 1996

Jäger, Clement: Von Ankunft des uralten Geschlechts der Herren Rehlinger ..., Augsburg 1559

Kellner, Hans-Jörg: Die Römer in Bayern, München 1971/78

Kellner, Hans-Jörg u.a.: Die Römer in Bayern, Stuttgart 1995

Koebner, Richard: Venantius Fortunatus ..., Leipzig 1915, Hildesheim 1973

König, Erich: Historia Welforum, Stuttgart und Berlin 1938

Kulischer, Joseph: Allgemeine Wirtschaftsgesch. des MA und der Neuzeit, München 1965

Kurowski, Franz: Der Deutsche Orden, München 1997

Laudage, Johannes: Gregorianische Reform und Investiturstreit, Darmstadt 1993

Leoprechting, Karl von: Aus dem Lechrain, Bd. 1 und 2, Altötting 1924, Nachdruck von 1855

Liebhart, Wilhelm: Die Reichsabtei St. Ulrich und Afra zu Augsburg, Diss. 1980

Lori, I.G. von: Geschichte des Lechrains, München 1764

Markale, Jean: Die Druiden, München 1989

Markale, Jean: Isabeau de Baviere, München 1994

Mayer, Theodor: Friedrich I. und Heinrich der Löwe, Darmstadt, Nachdruck von 1957

Meier, Christian: Caesar, Berlin 1982

Melchers, Erna und Hans: Das große Buch der Heiligen, München 1985

Mösslang, Franz Hugo: Deutschland deine Bayern, Reinbek 1971

Niedermaier, Josef: Geschichte Lechhausens, Stadtarchiv Augsburg

Nöhbauer, Hans: Die Bajuwaren, München 1976

Opll, Ferdinand: Friedrich Barbarossa, Darmstadt 1990

Pernoud, Regine: Die Heiligen im Mittelater, München 1995

Pigott, Stuart: The Druids, London 1968

Raab, Hubert und Gabriele: Schmiechen und Unterbergen, Augsburg 1988

Raab, Hubert: St. Afra auf dem Felde, Heimatverein Friedberg 3, 2004

Reiser, Rudolf: Die Agilolfinger, Pfaffenhofen 1985

Roeck, Bernd: Als wollt die Welt schier brechen, München 1991

Roeck, Bernd: Geschichte Augsburgs, München 2005

Scheibelreiter, Georg: Die barbarische Gesellschaft, Darmstadt 1999

Schimmelpfennig, Bernhard: Das Papsttum, Darmstadt 1996

Schmoekel, Reinhard: Die Indoeuropäer, Bergisch Gladbach 1999

Schneider, Fedor: Mittelalter bis zur Mitte des 13. Jhs., Darmstadt 1967

Seibt, Ferdinand: Karl IV., Ein Kaiser in Europa, München 2000

Sorge, Gabriele: Die Villa am Hang, Heimatverein Friedberg 1, 2001

Sloterdijk, Peter: Kritik der zynischen Vernunft, Frankfurt 1983

Steichele, Anton: Das Bistum Augsburg, Bd. 4, Augsburg 1883

Stetten, Paul v.: Gesch. der Heil. Röm. Reichs Freyen Stadt Augsb., Frankfurt u. Leipzig 1743

Stetten, Paul d. J. von: Gesch. der adel. Geschlechter in der freyen Reichsstadt Augsb. 1762

Stürner, Wolfgang: Friedrich II., Teil 1, Darmstadt 1992

Thomas, Heinz: Ludwig der Bayer, Kaiser und Ketzer, Regensburg 1993

Trier, Markus: Die frühmittelalterliche Besiedlung des unteren u. mittleren Lechtales nach archäolog. Quellen, Diss. Bonn 1990. Trier II: zweibändiger Nachdruck, Bayer. Landesamt für Denkmalpflege, Bd. 84, Kallmünz 2002

Wallner, Eduard: Altbairische Siedlungsgeschichte in den Ortsnamen der Ämter Bruck, Dachau, Freising, Landsberg, Moosburg und Pfaffenhofen, München 1924

Weber, Leo: Als die Römer kamen, Augusta Vindelic. u. die Besiedlung Raetiens, Landsb. 1973

Weinfurter, Stefan: Die Geschichte der Eichstätter Bischöfe, Regensburg 1987

Weinfurter, Stefan: Heinrich II. Herrscher am Ende der Zeiten, Regensburg 1999

Weissthanner, Alois: Die Traditionen von Schäftlarn, München 1953

Wißner, Bernd: Kulturschätze im Wittelsbacher Land, Augsburg 2005

Zanetti, Wolfgang, Der Friedenskaiser, Herford 1985

Zettl, Rupert: lechauf – lechab, Augsburg 2001

Zoepfl, Friedrich: Das Bistum Augsburg und seine Bischöfe im Mittelalter, Augsburg 1955

Zoepfl/Volkert: Die Regesten der Bischöfe und des Domkapitels von Augsburg, Bd.1, 1959

Zorn, Wolfgang: Augsburg, Geschichte einer europäischen Stadt, Augsburg 2001

B Sammelwerke

(geordnet nach Erscheinungsjahr)

Historischer Atlas Bayern, Heft 1: die Landgerichte Friedberg und Mering, Heft 2 das LG Aichach, München 1950

Zur Geschichte der Bayern, Darmstadt 1965

Der Landkreis Friedberg, Friedberg 1967

Zur Geschichte der Alamannen, Darmstadt 1975

Der Altlandkreis Aichach, Aichach 1979

Denkschrift zur 800 Jahrfeier des Hauses Wittelsbach, Aichach 1980

Handbuch der bayerischen Geschichte, Hrsg. Max Spindler, Bd. 1 (1981) und 2 (1988)

Kissing, Geschichte und Gegenwart, Augsburg 1983

Geschichte der Stadt Augsburg, Stuttgart 1984

Die Römer in Schwaben, Bayer. Landesamt für Denkmalpflege 1985

Lechhausen, Lebensbilder aus Vergangenheit und Gegenwart, Vierbacher Arthur, Augsburg 1985

Stadtbuch Friedberg, Friedberg 1991

Die Salier und das Reich, Bd. 3. Sigmaringen 1991

Das keltische Jahrtausend, Mainz 1993

Augsburger Beiträge zur Archäologie 2000

Der nördliche Lech, Naturwissenschaftl. Verein f. Schwaben, Augsburg 2001

Centre – Region – Periphery, Medieval Europa, (Arno Rettner) Basel 2002

C Zeitschriften und Periodika

Altbayern in Schwaben (Landkreis Aichach-Friedberg) 1975, 1977/78, 1979/80, 1984-1987, 2001, 2002, 2004

Archiv für die Geschichte des Hochstifts Augsburg 1909, 1909 –1911

Das archäologische Jahr in Bayern 1993, 2003 (Lothar Bakker: Kastell und Markthalle)

Antike Welt 1993/94 (Lothar Bakker: Der Siegesaltar zur Juthungenschlacht)

Augsburger Beiträge zur Landesgeschichtsschreibung Bayer. Schwabens Bd. 1 und 5 (P. Fried)

Schriftenreihe des Stadtarchivs Augsburg, Heft 7 (Bartel Eberl: Die Ungarnschlacht ...)

Bayerische Vorgeschichtsblätter (BVbl) 1971,1984, 1986, 1986, 1997

Jahrbuch des Vereins für Augsburger Bistumsgeschichte (JVABG) 1982, 1984

Das Schwäbische Museum, 1929

Zeitschrift für bayerische Landesgeschichte (ZBLG) 1949

Zeitschrift des Hist. Vereins für Schwaben und Neuburg (ZHVS) 1895, 1965, 1993, 1996, 1998

Zeitschrift für württembergische Landesgeschichte (ZwürttLG) 1950, 1958

Sitzungsberichte der phil.-hist. Classe d. kaiserl. Akademie der Wissenschaften, Wien 1866 (Franz Stark: Die Kosenamen der Germanen)

D Ausstellungskataloge

Die Bajuwaren. Gemeinsame Landesausstellung in Rosenheim und Mattsee, 1988

Glanz und Ende der alten Klöster, München 1991

Römische Gläser, Rheinisches Landesmuseum, zusätzlich Broschüre zur Ausstellung in Augsburg

Die Alamannen, Stuttgart 1997

Das Diözesanmuseum Augsburg

Bayern ohne Klöster, München 2003

Ortsregister (rechtslechisch)

Adelzhausen 114, 115, 117, 134, 140, 141, 143
Affing 34, 53, 107, 113, 137, 138, 143, 154
Aichach 35, 43, 117, 133, 137, 138, 139, 143, 149, 154, 156, 159, 160, 161
Aindling 27, 49, 107, 111, 120, 135, 140, 143, 154
Ainertshofen 116
Algertshausen 95, 143
Allenberg 137
Allmering 136
Alsmoos 118, 137
Althegnenberg 118
Altomünster 110, 120, 123, 133, 135, 150
Andersbach 117
Anwalting 33, 34, 95, 102, 107, 112, 120, 135, 154
Appertshausen 115, 137
Aresing 143
Arnhofen (2 Orte) 116, 135
Asbach 117
Au 35, 95, 102, 118
Aulzhausen 115, 154
Axtbrunn 117

Bach 76, 117, 136
Bachern 33, 42, 117, 133, 136, 137, 150, 154
Baindlkirch 126, 132, 138
Baitilinberg (Wüstung) 122, 123
Baierberg 118, 154
Bayerzell 53, 128
Bergen 118
Bernbach 143
Binnenbach 135
Bitzenhofen 116, 123, 124, 160
Blumenthal 118, 139
Brunnen 117, 138, 145
Burgadelzhausen 42, 115, 137, 143, 160

Dasing 49, 51, 95, 100, 101, 107, 111, 112, 120, 133, 135, 156
Derching 33, 56, 57, 106, 107, 112, 120, 133, 151, 154

Ebenried 136, 137
Ebersried 123
Ecknach 114, 116, 117, 134, 135, 136
Edenhausen 115, 140
Edenried 53, 123

Egling 107
Eisingersdorf 115
Eismannsberg 34, 118, 154
Eismerszell 128
Eitershofen 116
Eresried 123
Eurasburg 44, 138, 143, 154

Frechholzhausen 115, 132, 154
Freienried 123
Friedberg 27, 30, 32-35, 42, 49, 54, 95, 96, 120, 139, 143, 152, 154, 155, 158, 159, 160, 161, 162, 165, 167

Gagers 44,
Gallenbach 117, 135, 141, 143
Gaultshofen 116, 132, 136
Gebenhofen 34, 95, 116, 132, 135, 154
Gmünd (Wüstung) 123, 132
Glon 117
Griesbeckerzell 128, 133
Großhausen 33
Gunzenlee 65, 95, 104, 105, 111, 146, 149, 159, 164

Haberskirch 31, 122, 126
Hadersried 150
Handzell 128, 137, 140
Haldenberg 143
Haunsried 123, 133
Haunswies 118, 133, 143
Hard (Wüstung) 123
Harthausen 114, 115, 118, 154, 156
Harthof 118
Hausen (2 Orte) 115; 136, 137, 140; 145
Heimatshausen 115
Heinrichshofen 116, 146
Heretshausen 136, 137
Hergertswiesen 118, 137
Hiesling 107
Hirschbach 117
Hochdorf 95, 115, 135, 138, 141, 154
Hochzoll 31
Hofhegnenberg 118
Hohenried 123, 137
Hohenzell 128
Hollenbach 117, 133, 135, 137, 143

Holzburg 118, 135, 143, 154
Hörmannsberg 118, 133, 138, 154
Hügelshart 118, 137, 154

Igenhausen 115, 133, 143
Immendorf 136, 140
Immenperc (in Sittenbach aufgegangen) 123
Inchenhofen 116, 135, 136, 137
Indersdorf 136, 137, 148
Irschenhofen 137
Kaltenberg 27, 155
Katzenthal 118
Kemnat 135
Kissing 31, 32, 34, 35, 95, 102, 107, 129, 132, 133, 137, 140, 156, 164
Klingen 139
Knottenried 123
Koppenzell 128
Kreit 123
Kühbach 133, 135, 136
Kussmühle 51

Laimering 95, 100, 101, 107, 112, 133, 160
Landmannsdorf 115, 136, 154
Landoltshausen (Wüstung) 123
Landsberg 147
Latzenhausen 53, 115
Lechfelderdorf 133
Lechfelderkirch 140
Lechhausen 49, 71, 72, 83, 114, 115, 129, 132, 164, 171
Lichtenberg 143
Lindenau 31, 77, 102

Mainbach 117, 133, 135, 141
Malzhausen 115, 154
Matzenberg 118
Merching 27, 30, 44, 95, 102-104, 107, 108, 111, 133, 138, 145, 146, 150, 154
Mergenthau 32, 35, 37, 118, 132, 143, 154, 155, 164
Mering 29, 43, 44, 65, 77, 103, 107, 108, 110, 115, 120, 129, 132, 133, 135, 138, 141, 145, 154, 156, 158, 159, 164
Meringerau 154
Meringerzell 128, 135, 147, 152, 154, 160
Miedering 57, 60, 107, 108, 132, 154
Motzenhofen 116
Mühlhausen 27, 28, 48, 114, 115, 138, 143

Nähermittenhausen 49

Neuburg 47, 58, 62, 93, 142
Niederschönenfeld 27
Nisselsbach 122

Oberach 117
Oberbaar 95
Oberbachern 117, 135
Oberbernbach 117, 139
Oberdorf 154
Obergriesbach 53, 117, 143
Obermauerbach 133, 143
Oberpeiching 34, 47-49, 51, 53, 58, 64, 73, 76
Oberschneitbach 117, 133
Oberschönbach 133
Oberwittelsbach 29, 31
Oberzell 127, 133, 156
Osterzhausen 115
Ottmannsdorf (Wüstung) 123
Ottmaring 27, 30, 42, 107, 108, 133, 143, 154, 156
Ottoried 123, 154

Paar 44, 117, 138, 143, 156
Pestenacker 29, 132
Petersdorf 115, 133, 135
Pfaffenhofen 137
Pfaffenzell 53, 127, 128, 133
Pichl 118
Pipinsried 123
Pöttmes 33, 49, 122, 143
Prittriching 27, 107
Punen 97, 154
Putzmühle 95, 120

Rapperzell 128
Rechsried (Wüstung) 123
Rederzhausen 31, 44, 47, 48, 95, 97, 98, 115, 133, 137, 138, 154
Rehling 34, 95, 102, 107, 113, 120, 132, 143
Rehrosbach 117
Reifersbrunn 117, 135
Rettenbach 117
Rettenberg 118, 154
Ried (2 Orte) 123; 137, 138
Rieden 123, 136, 138, 160
Riedhof 123
Rinnenthal 118, 135, 138, 156
Röckerzell 128
Rohrbach (2 Orte) 50, 59, 60, 117, 135, 138
Ruppertszell 128, 133

Sainbach 117
Sand 27, 34, 37, 38, 76
Sandau 135
Scherneck 143
Schiltberg 32, 33, 95, 151, 154
Schmiechen 29, 43, 117, 134, 138, 145
Schneitbach 155
Schönau 118
Schönbach 117
Schönberg 118
Schönleiten 118
Seewieshof 132, 133, 140, 154
Sielenbach 28, 135
Sirchenried 123, 138
Sittenbach 109, 124
Sixtnitgern 124
Stätzling 7, 33, 34, 37, 44, 49, 50, 51, 59, 95, 100, 101, 107, 109, 110, 120, 124, 132, 139, 140, 143, 150, 156, 158, 163, 169, 171
Steinach 117, 137, 138, 154
Steindorf-Putzmühle 48, 51, 76, 102, 115, 133
Stetten (in Bitzenhofen aufgegangen) 124, 133
Stockach 156
Stotzard 95, 102
Stumpfsberg 143
Sulzbach 117, 132, 140, 143

Taiting 95, 100, 107, 108, 123, 136, 160
Tattenhausen 115, 154, 156
Taxberg 138
Thierhaupten 27, 42, 76, 135
Todtenweis 29, 30, 34, 100, 111, 118, 122, 133, 143, 149
Tödtenried 59, 123, 132, 135, 136
Tolbach 143

Tunnenbiundon (Wüstung) 123

Umbach 160
Unterach 35, 117 (2. Ort in Höfa aufgegangen)
Unterbaar 57, 58
Unterbachern 117
Unterbergen 29, 118
Unterbernbach 33, 117
Untergriesbach 29, 132
Unterschneitbach 117
Unterumbach 43
Unterzell 44, 49, 127, 128

Vogach 53

Walchshofen 116, 133, 137, 143
Walkmühl (Wüstung) 123
Weichenberg 118
Weinsbach 117
Weitenried 123
Wessiszell 128
Wiffertshausen 95, 97, 98, 115, 137, 138, 154
Wilpersberg 118
Wilprechtszell 31, 128
Wiltenberg 118
Witilinesbach 148, 149, 154
Winzenburch 97, 147, 150
Wulfertshausen 28, 29, 44, 49, 55, 95, 97, 99, 115, 129, 133, 134, 156
Wundersdorf 135

Zahling 107, 113, 128
Ziegelbach 117, 160
Zillenberg 118, 128, 138, 154

Geschichte im Wißner-Verlag

Wolfgang Zorn
Augsburg – Geschichte einer europäischen Stadt

Der Klassiker! Die Geschichte der Stadt, historisch versiert und gut lesbar.
3-89639-319-7　　　　　　14,80

Augsburg weltberühmt

Band 1
Andrea Bartl/Bernd Wißner
Luther und Augsburg
Im Brennpunkt der Reformation

Die Lehre Martin Luthers hob die Welt des Mittelalters aus den Angeln. Mit seinen Schriften griff er die mächtigsten Männer der Zeit an: den Papst, den Kaiser und den Wirtschaftsmagnaten Jakob Fugger. In Augsburg kam es zum Verhör Luthers durch Kardinal Cajetan. Auch später wurde hier Religionsgeschichte geschrieben: Melanchthon verfasste die Confessio Augustana, es wurde der Augsburger Religionsfrieden verkündet und das Hohe Friedensfest gestiftet.
3-89639-479-7　　　　　　7,90

Band 2
Bernd Wißner/Michael Loerke
Mozart und Augsburg
„vatterstadt meines papa"

Das Werk Wolfgang Amadeus Mozarts ist eng verknüpft mit seinem Augsburger Vater Leopold. Dessen vielfache Talente und die musikalische Erziehung seiner Kinder trugen wesentlich zu Wolfgangs genialem Werk bei. Die Augsburger Einflüsse auf das Wirken der beiden Mozarts werden mit vielen Bildern dargestellt. 3-89639-512-2　　7,90

Mozart

Michael Loerke
Mozarts Erlebnisse in Augsburg und Schwaben
„Ich nenne mich trazoM"

Fünfmal reiste Mozart durch Schwaben. Der Autor schildert die einzelnen Stationen, vor allem aber auch das Netzwerk Leopold Mozarts, der diese Reisen minutiös organisierte. Die Erlebnisse sind in zahlreichen Anekdoten festgehalten, Grundlage ist der rege Briefwechsel der Familie Mozart. 3-89639-525-4　9,80

Gabriele Krist-Krug
Hans Georg Mozart
Barockbaumeister einer berühmten Familie aus Augsburg: Leben und Werk

Es ist bisher wenig bekannt, dass der Urgroßonkel von Wolfgang Amadé ein berühmter Barockbaumeister war. In diesem kunsthistorisch orientierten Buch wird erstmals Leben und Wirken Hans Georgs Mozarts präsentiert.
3-89639-522-X　　　　　　15,00

Regine Nägele
Die Friedberger Mozartin

Leider wird immer wieder vergessen, dass die Wurzeln der Familie Mozart nicht nur in Augsburg, sondern auch in Friedberg liegen: Die erste Frau von Wolfgangs Großvater, Anna Maria Peter, wurde dort geboren.
3-89639-500-9　　　　　　9,80

Martha Schad (Hg.)
Mozarts erste Liebe
Das Bäsle Marianne Thekla Mozart

Die deftigen Liebesbriefe des Götterlieblings an seine Augsburger Cousine. Illustrationen von Eva Klotz-Reill.
3-89639-416-9　　　　　　9,80

Stadtführer

Martin Kluger
Städtetouren zwischen Allgäu und Ries

Reiseführer zu 31 Städten zwischen Allgäu und Ries – für Urlauber, Tagestouristen und Radler. 2. aktualisierte Auflage.
3-89639-482-7　　　　　　6,40

Martha Schad
Stadtführer Augsburg
Für Gäste, Kenner u. Liebhaber

In neuer Gliederung bringt der Stadtführer Augsburg klare Orientierung für Kurzbesucher ebenso wie Hintergrundinformationen für Kenner und Liebhaber. 3-89639-382-0　　8,90
Auch in Englisch:
Augsburg City Guide
3-89639-163-1　　　　　　8,90

Martin Kluger
Die Mozarts
Die deutsche Mozartstadt Augsburg und die Mozartstätten in der Region

Der Regio-Reiseführer führt durch die »Vaterstadt der Mozarts« und begleitet zu Orten, die der junge Mozart in Augsburg und Bayerisch-Schwaben besucht hat. Die Geschichte der Familie, Tipps zu Konzerten, Gastronomie und Hotellerie. 100 Fotos. 3-89639-450-9　　8,90

Loibl, Richard
Das Bayerische Textil- und IndustrieMuseum (tim) in Augsburg

Erste Einblicke in das in Kürze eröffnende neue Textilmuseum liefert dieser Band. Es werden Konzept, Standort, Architektur, Ausstellungsstücke und die

Anfänge der Textilindustrie in Bayern vorgestellt. 3-89639-508-4   6,80

Natur

Rupert Zettl
Lechauf-lechab
Wissenswertes, Liebenswertes

In diesem umfassenden Buch finden Sie auf 525 S. alles, über das Thema »Lech«.
3-89639-316-2   24,80

Peter Fassl
Gärten und Parkanlagen in Schwaben
Bildband zur Fotoausstellung

150 farbenprächtige Aufnahmen von schwäbischen Gärten und Parks aus dem Fotowettbewerb des Bezirks.
3-89639-359-6   4,80

Fritz Hiemeyer
Königsbrunner und Kissinger Heide

Zwei unserer schönsten Heiden werden mit ihrer Vielfalt seltener Pflanzenarten herausgestellt. Die Pflanzen sind in der Reihenfolge ihrer Blühperiode dargestellt. Dazu kommen Bilder von Kleintieren, vor allem von Schmetterlingen.
3-89639-335-9   14,80

Eberhard Pfeuffer (Hg.)
Von der Natur fasziniert ...
Frühe Augsburger Naturforscher und ihre Bilder

»Prachtband für Naturfreunde und bibliophile Menschen!« (SZ, 2.12.03).
3-89639-392-8   19,80

Kirchen in Augsburg

Martin Kaufhold (Hg.)
Der Augsburger Dom im Mittelalter

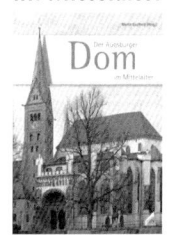

Der vom Lehrstuhl für Mittelalterliche Geschichte der Universität Augsburg konzipierte Band präsentiert anschaulich die historische Forschung zum Augsburger Dom. Dargestellt werden der Dom als Bauwerk, sein städtisches Umfeld – die mittelalterliche Geschichte Augsburgs, die Verantwortlichen für den Dombau und besondere Kunstschätze.
3-89639-518-1   9,80

Susanne Kasch
St. Anna
Eine Kirche, viele Geschichten

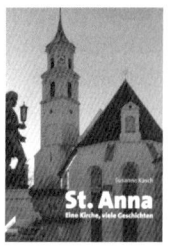

Stadtdekanin Susanne Kasch erzählt die Geschichte der Kirche St. Anna im Zentrum von Augsburg. In dieser Kirche finden wir sowohl die Fuggerkapelle wie das Lutherbildnis, die Goldschmiedekapelle wie den einzigartigen Kreuzgang.
3-89639-491-6   9,80

Pfarramt St. Jakob (Hg.)
St. Jakob 650 Jahre
Eine Kirche und ihr Stadtteil

Festschrift zum 650-jährigen Jubiläum der evangelischen Kirche St. Jakob in der Augsburger Jakobervorstadt. St. Jakob als Pilgerzentrum wird ebenso gewürdigt wie die Geschichte der Jakober Kirchweih.   3-89639-484-3   9,80

Pfarramt Zu d. Barfüßern (Hg.)
Tradition und Aufbruch. Zu den Barfüßern Augsburg
Ein Lesebuch

Festschrift zum Jubiläum von 1999, 50 Jahre nach dem Wiederaufbau, 350 Jahre nach der Rückgabe an die evangelische Gemeinde nach dem Dreißigjährigen Krieg.   3-89639-509-2   9,80

Fugger

Reiner Schmidt
Barfuß durch die Finstere Gass

Ein Augsburger erzählt hautnah von seiner Kindheit in der Fuggerei in den 30er und 40er Jahren. Illustrationen von Eva Klotz-Reill. 3-89639-412-6   7,90

Ulrich Graf Fugger von Glött
Die Fuggerei – Die älteste Sozialsiedlung der Welt

Jährlich kommen über eine Million Besucher in dieses romantische Kleinod. Ein schön bebilderter Fuggereiführer aus berufenem Munde! Auch in Englisch und Italienisch. 3-89639-397-9   6,80

Martin Kluger
Die reichen Fugger
Glanz und Macht der deutschen Medici im goldenen Augsburg der Renaissance

Der Fuggerkonzern war so bedeutend wie viele der größten deutschen Firmen der Gegenwart zusammen. Das reich illustrierte Buch zeigt geschichtliche Hintergründe wie noch vorhandene Spuren der Fugger in Augsburg. Auch in Englisch. Neuauflage voraussichtlich Frühjahr 2006

Franz Herre
Die Fugger in ihrer Zeit

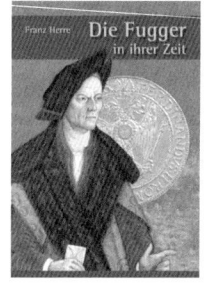

Ein Klassiker unter den Augsburger Geschichtsbüchern von einem der namhaftesten Autoren historischer Biographien. Ca. 90 Abbildungen. 12. neu illustrierte Auflage in Farbe.
3-89639-490-8   9,80

SFG-Reihe: Studien zur Fuggergeschichte

Band 29
Stephanie Haberer
Ott Heinrich Fugger (1592-1644)

Ott Heinrich Fugger war einer der letzten Leiter des berühmten Handels- und Bankhauses. Er stand aber auch im Dienst von Fürsten und Kaisern, fungierte als General der Liga und kaiserlicher Statthalter im Dreißigjährigen Krieg. Daneben sammelte er zeitgenössische religiöse Kunst und führte einen aufwendigen Lebensstil. 3-89639-420-7 24,80

Band 30
Gregor Rohmann
Das Ehrenbuch der Fugger

Reproduktion der gemalten Genealogie aller Fuggerlinien aus dem 16. Jh. Dazu ein Textband mit der Erläuterung aller Bilder und Tafeln. Kunsthistorisch äußerst wertvoll, farblich brillant! Zwei großformatige Bände im Schuber.
3-89639-445-2   98,00

Band 31
Carolin Spranger
Der Metall- und Versorgungshandel der Fugger in Schwaz in Tirol 1560-1575 zwischen Krisen und Konflikten

Die reichen Erzvorkommen des berühmten Falkensteins bei Schwaz in Tirol reizten auch die Fugger im 16. Jahrhundert. Das Buch zeigt, wie die Fugger ihr Netzwerk an geschäftlichen Kontakten nutzten, um Handelskrisen zu meistern. 3-89639-542-4   24,80

Materialien zur Geschichte der Fugger

hrsg. vom Fugger-Archiv

Band 1
Die Welt des Hans Fugger (1531-1598)

in Vorbereitung

Band 2
Peter Kalus
Die Fugger in der Slowakei

Themen: Das europäische Kupfermonopol, die lange Verbindung der Fugger mit der Familie Thurzo, soziale Unruhen um 1525 und das Interesse an dem Fuggerfaktor und Literaten Hans Dernschwam. 3-89639-175-5   18,00

Band 3
Herbert Huber
Musikpflege am Fuggerhof Babenhausen (1554-1836)

Der Fuggerhof Babenhausen blickt auf eine reiche Musikpflege zurück. Ihre Blütezeit erlebte die Hofmusik in der zweiten Hälfte des 18. Jhs. Der Autor fand in jahrelangen Nachforschungen weitere Musikstücke, die zum Babenhausener Repertoire gehörten und nicht im Kroyerkatalog genannt sind.
3-89639-393-6   19,80

Materialien zur Geschichte des bayerischen Schwaben

hrsg. von Pankraz Fried
ab Band 24 von Rolf Kießling

Band 23
Gabriele von Trauchburg
Ehehaften und Dorfordnungen
Untersuchungen zur Herrschafts-, Rechts- und Wirtschaftsgeschichte des Rieses

Ehehaften sind Sammlungen von Rechtssätzen für die kommunale Ebene, entstanden 1450-1800. Die Rieser Ehehaften zeichnen ein anschauliches Bild vom ländlichen Leben in der Frühen Neuzeit. 3-928898-79-5   35,00

Band 25
Barbara Rajkay
Verflechtung und Entflechtung
Sozialer Wandel in einer bikonfessionellen Stadt: Oettingen 1560-1806

Familie und soziale Verflechtung
3-89639-104-6   25,00

Band 27
Bernhard Brenner
Ludwig der Bayer – ein Motor für die Urbanisierung Ostschwabens?
Zu den Auswirkungen herrscherlicher Städtepolitik auf die Entwicklung der schwäbischen Städtelandschaft im ausgehenden Mittelalter

Welche Auswirkungen herrscherliche Städtepolitik auf die Urbanisierung einer Region haben konnte, zeigt diese am Beispiel Ludwigs des Bayern (1314–1347) im ostschwäbischen Raum.
3-89639-494-0   15,00

Veröffentlichungen der Schwäbischen Forschungsgemeinschaft

Reihe 1
Studien zur Geschichte des bayerischen Schwaben
hrsg. von Rolf Kießling

Band 21
Michaela und Mark Häberlein
Die Erben der Welser
Der Karibikhandel der Augsburger Firma Obwexer im Zeitalter der Revolutionen

Hier wird ein bisher unbekanntes Kapitel in der Augsburger Firmengeschichte aufgeschlagen. Entwicklung Organisation und das letztliche Scheitern des Familienunternehmens Obwexer.
3-928898-80-9   10,10

Band 28
Gregor Rohmann
'Eines Erbaren Raths gehorsamer amptman'
Clemens Jäger und die Geschichtsschreibung des 16. Jahrhunderts

Clemens Jäger, Schustermeister und Ratsherr, übernahm die Aufgabe der Familienbuchschreibung und war als »Historicus« der Stadt Augsburg und ihrer Eliten, darunter die Fugger und Welser, tätig. 3-89639-285-9   25,00

Band 29
Benedikt Mauer
'Gemain Geschrey' und 'teglich Reden'
Georg Kölderer – ein Augsburger Chronist des konfessionellen Zeitalters

Die Chronik Georg Kölderers (1550?-1607) stellt eine wichtige Quelle zur Erforschung des ausgehenden 16. Jahrhunderts dar. Ergänzende kulturhistorisch interessante Kommentare sind den Körper-, Krankheits- und Todeserfahrungen, dem Hexenglauben, der Wunderwahrnehmung und der Traumschilderung gewidmet.
3-89639-323-5   25,00

Band 30
Herbert Immenkötter
Die israelitische Kultusgemeinde in Hainsfarth (Landkreis Donau-Ries) im 19. und 20. Jahrhundert

Das Dorf Hainsfarth, nahe Oettingen in Bayern gelegen, hatte um 1850 bei ca. 800 Einwohnern mehr als 300 Juden, deren Geschichte bis ins 20. Jh. hier dargestellt wird. 3-89639-332-4   21,80

Band 31
Claus-Peter Clasen
Gerber und Schuhmacher in Augsburgs Vergangenheit 1500-1800

Gerber und Schuhmacher, die heute in Augsburg kaum noch wahrgenommen werden, spielten in der frühen Neuzeit eine bedeutende Rolle in der Reichsstadt Augsburg. 3-89639-394-4   25,00

Band 32
Dae-Hyeon Hwang
Sozialer Wandel und administrative Verdichtung
Der ländliche Grundbesitz der Augsburger Familien Rehlingen und Imhof während der frühen Neuzeit

Dieses Buch behandelt den Grundbesitz der zwei Augsburger Patrizierfamilien Rehlingen und Imhof, die in der frühen Neuzeit zur Reichsritterschaft überwechselten. 3-89639-428-2   19,80

Band 33
Hella Birk
Das Gesetz zur Verhütung erbkranken Nachwuchses
Eine Untersuchung zum Erbgesundheitswesen im bayerischen Schwaben in der Zeit des Nationalsozialismus

Im Rahmen des am 14. Juli 1933 erlassenen ›Gesetzes zur Verhütung erbkranken Nachwuchses‹ wurden in der Zeit des Nationalsozialismus auch im bayerischen Schwaben viele Menschen unfruchtbar gemacht. Es wird aufgezeigt, wie die erbbiologische Erfassung gehandhabt wurde. Vergleich der Tätigkeit der beiden Erbgesundheitsgerichte Günzburg und Kempten. Es wird auch gezeigt, dass die Argumentationen häufig nicht nur aus der Medizin kamen.
3-89639-471-1   19,80

Band 34
B. Ann Tlusty
Bacchus und die bürgerliche Ordnung
Die Kultur des Trinkens im frühneuzeitlichen Augsburg

B. Ann Tlusty entwirft ein faszinierendes Panorama städtischen Lebens in der Frühen Neuzeit (ca. 1500 bis 1700) unter einem neuen Blickwinkel: der zentralen Rolle, die der Alkohol im privaten, gesellschaftlichen und öffentlichen Bereich spielte. 3-89639-513-0   21,80

Band 35
Claus-Peter Clasen
Weben in schwerer Zeit
Das Augsburger Textilgewerbe im 19. Jahrhundert

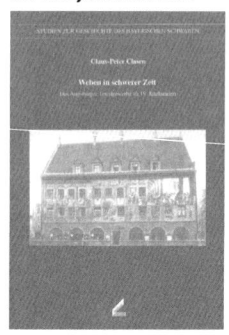

Wie in den Jahrhunderten zuvor bildeten auch in der ersten Hälfte des 19. Jh. die Weber in Augsburg das größte Gewerbe. Zugrunde liegt dieser Arbeit das umfangreiche Archivmaterial des Augsburger Stadtarchivs.
3-89639-535-1   24,80

Rolf *Kießling/Thad. Steiner (Hg.)*
Die ländlichen Rechtsquellen aus der Grafschaft Oettingen

Die Bemühungen der Grafen (und Fürsten) von Oettingen um ein rechtliches Ordnungssystem »vor Ort« spiegeln sich in den hier edierten ländlichen Rechtsquellen wider. 3-89639-462-2   29,80

Thomas Max Safley (Hg.)
Die Aufzeichnungen des Matheus Miller
Das Leben eines Augsburger Kaufmanns im 17. Jahrhundert
3-89639-381-2   19,80

Rolf Kießling (Hg.)
Stadt und Land in der Geschichte Ostschwabens

Sammelband mit wissenschaftlichen Beiträgen. 3-89639-501-7   29,00

Werner Lengger
Leben und Sterben in Schwaben
Studien zur Bevölkerungsentwicklung und Migration zwischen Lech und Iller, Ries und Alpen im 17. Jahrhundert

Zwei Bände. 3-89639-348-0   49,00

Schwäbische Geschichtsquellen und Forschungen

Band 18
Franz Bischoff
Burkhard Engelberg
»Der vilkunstreiche Architector und der Statt Augspurg Wercke Meister«

Der Augsburger Burkhard Engelberg (um 1450-1512) gilt nach neuzeitlicher Einschätzung als »Architekt« der Basilika St. Ulrich und Afra in Augsburg. Sein Leben und Werk werden im zeitgenössischen Kontext anschaulich gemacht.
3-89639-157-7   39,00

Band 23
Magdalene Gärtner
Römische Basiliken in Augsburg
Nonnenfrömmigkeit und Malerei um 1500

Die Augsburger Basilikabilder, gemalt von Hans Holbein d. Ä., Hans Burgkmair d. Ä. sowie einem nicht sicher identifizierten »L.F.«, sind Meisterwerke altdeutscher Malerei an der Schwelle zur Renaissance.   3-89639-351-0   28,00

Zeitschrift des Historischen Vereins für Schwaben

Neues Schrifttum zur Landeskunde Bayerisch-Schwabens

Band 87 (1994) bis
Band 99 (2006)   je 25,00